中国特色社会主义政治经济学 名家论丛

王立胜 主编

中国特色社会主义
政治经济学重大原则

ZHONGGUO TESE SHEHUIZHUYI
ZHENGZHI JINGJIXUE ZHONGDA YUANZE

程恩富 著

山东城市出版传媒集团·济南出版社

图书在版编目(CIP)数据

中国特色社会主义政治经济学重大原则／程恩富著. —济南：济南出版社，2017.9

（中国特色社会主义政治经济学名家论丛／王立胜主编）

ISBN 978 - 7 - 5488 - 2786 - 3

Ⅰ.①中⋯ Ⅱ.①程⋯ Ⅲ.①中国特色社会主义—社会主义政治经济学—研究 Ⅳ.①F120.2

中国版本图书馆 CIP 数据核字（2017）第 222682 号

出 版 人 崔 刚
责任编辑 尹利华
封面设计 侯文英

出版发行 济南出版社
地   址 山东省济南市二环南路 1 号（250002）
编辑热线 0531 - 86131712
发行热线 0531 - 86131728 86922073 86131701
印   刷 济南新科印务有限公司
版   次 2017 年 9 月第 1 版
印   次 2017 年 9 月第 1 次印刷
成品尺寸 170mm×240mm 16 开
印   张 27
字   数 380 千
印   数 1—3000 册
定   价 98.00 元

中国特色社会主义政治经济学名家论丛

中国社会科学院　程恩富

程恩富简介

程恩富，1950 年出生于上海，中国社会科学院首批学部委员、学部主席团成员兼马克思主义研究学部主任，教授、博士生导师，中国社会科学院大学学术委员会副主任，中国社会科学院经济社会发展研究中心主任。 第十一届、十二届全国人大代表。 曾在胡锦涛主持的中央政治局集体学习会上讲解，曾出席江泽民、胡锦涛、习近平等中央领导主持召开的座谈会，上报的内参获得多位中央领导的批示。

担任全球学术团体——世界政治经济学学会会长、中华外国经济学说研究会会长和全国经济规律研究会会长，俄罗斯彼得堡大学、上海财经大学等十多所高校的荣誉或客座教授，国务院学位办马克思主义学科学科评议组成员，国家马克思主义理论研究和建设工程首席专家，国家和教育部的社科基金与社科奖的评委，主编的五份重要学术期刊在中国和英国出版。

主要从事中外马克思主义理论和中外经济学的研究和教学。 在中、美、俄、日、越、印等国内外报刊发表 600 多篇文章，独著和合编 30 多部，在国际马克思主义知识界的影响日渐扩大。 其中独著《程恩富选集》《经济理论与政策创新》《重建中国经济学》《西方产权理论评析》《社会主义三阶段论》等；主编《中国特色社会主义制度体系研究丛书》（五卷本）、《马克思主义经济思想史》（五卷本）、《文化经济学》《中俄经济学家论中俄经济改革》《经济学方法论》等。 首创政治经济学"五过程法"新体系和大文化经济学体系，领衔改革的政治经济学课程被评为国家精品课程；独创性地提出和论证了"马克思主义新定义""广义历史创造者论""社会主义三阶段论""当代经济基本矛盾论""新经济人论""公平与效率交互同向变动论""知识产权优势论""苏联剧变三主因论"等一系列理论和政策思路，被中外媒体称为"中国最有创见的马克思主义学者之一"，被刘国光、卫兴华、张薰华等老一辈著名教授称为"国内外马克思主义学界的领军人物"。

总　序

中国社会科学院　王立胜

习近平总书记在 2016 年哲学社会科学工作座谈会"5·17"讲话中指出："这是一个需要理论而且一定能够产生理论的时代，这是一个需要思想而且一定能够产生思想的时代。我们不能辜负了这个时代。"[①]中国特色社会主义政治经济学就是习近平总书记结合时代要求倡导的重要学说，其主要使命就是以政治经济学总结中国经验、创建中国理论。他指出："坚持和发展中国特色社会主义政治经济学，要以马克思主义政治经济学为指导，总结和提炼我国改革开放和社会主义现代化建设的伟大实践经验。"[②] 在 2017 年省部级主要领导干部"学习习近平总书记重要讲话精神，迎接党的十九大"专题研讨班"7·26"讲话中，习近平总书记提出当前的时代变迁是发展阶段的变化，指出"我国发展站到了新的历史起点上，中国特色社会主义进入了新的发展阶段"[③]，强调"时代是思想之母，实践是理论之源"[④]，要求总结实践经验，推进理论创新。在经济学领域，实现从实践到理论的提升，就是要贯彻习近平总

[①] 习近平：《在哲学社会科学工作座谈会上的讲话》，《人民日报》2016 年 5 月 19 日。

[②] 新华社：《坚定信心增强定力　坚定不移推进供给侧结构性改革》，《人民日报》2016 年 7 月 9 日。

[③] 新华社：《高举中国特色社会主义伟大旗帜　为决胜全面小康社会实现中国梦而奋斗》，《人民日报》2017 年 7 月 28 日。

[④] 新华社：《高举中国特色社会主义伟大旗帜　为决胜全面小康社会实现中国梦而奋斗》，《人民日报》2017 年 7 月 28 日。

书记在中央政治局第二十八次集体学习时提出的重要指示，"提炼和总结我国经济发展实践的规律性成果，把实践经验上升为系统化的经济学说"①——这就是"坚持和发展中国特色社会主义政治经济学"的历史使命和时代要求。

当前中国特色社会主义政治经济学的提出和发展也是六十余年理论积淀的结果。1955 年苏联政治经济学教科书中文版②在国内出版，当时于光远③、林子力和马家驹等④学者就开始着手探讨政治经济学的体系构建问题。从1958 年到1961 年，毛泽东四次提倡领导干部学习政治经济学⑤，建议中央各部门党组和各省（市、自治区）党委的第一书记组织读书小组读政治经济学。他与刘少奇、周恩来分别组织了读书小组。在组织读书小组在杭州读书期间，他在信中说"读的是经济学。我下决心要搞通这门学问"⑥。在毛泽东的倡导下，20 世纪50 年代中后期我国出现了第一次社会主义经济理论研究高潮——正是在这次研究高潮中，总结中国经验、构建中国版的社会主义经济理论体系被确定为中国政治经济学研究的方向和目标，并被一直坚持下来。这次研究高潮因"文革"而中断。"文革"结束后的80 年代，在邓小平的倡导和亲自参与下，我国出现了第二次社会主义经济理论的研究高潮。很多学者在"文革"前积累的理论成果也在这一时期集中发表。在这次研究高潮中，我国确立了社会主义公有制与市场经济相结合的发展方向，形成了社会主义市场经济理论，为改革开放以来40 年的经济繁荣提供了理论支撑。

---

① 新华社：《立足我国国情和我国发展实践　发展当代中国马克思主义政治经济学》，《人民日报》2015 年11 月25 日。

② 苏联科学院经济研究所：《政治经济学教科书》（中译本），北京：人民出版社1955 年版。

③ 仲津（于光远）：《政治经济学社会主义部分研究什么？》，《学习》1956 年第8 期；《最大限度地满足社会需要是政治经济学社会主义部分的一个中心问题》，《学习》1956 年第11 期。

④ 林子力、马家驹、钟祈、朱声缓：《对社会主义经济的分析从哪里着手？》，《经济研究》1957 年第4 期。

⑤ 成义明：《"大跃进"后毛泽东四次提倡领导干部学习政治经济学》，《党的文献》2008 年第3 期。

⑥《建国以来毛泽东文稿》第8 册，北京：中央文献出版社1993 年版，第637 页。此次学习期间毛泽东读苏联政治经济学教科书的批注和谈话成为我国政治经济学研究的重要文献资料。

当前在习近平总书记的倡导下，从 2016 年年初开始，我国出现了研究中国特色社会主义政治经济学的新高潮，形成了中国社会主义政治经济学的第三次研究高潮。经历了六十余年的理论积淀，在中国特色社会主义新的发展阶段，中国特色社会主义政治经济学的发展正逐步汇成一股理论潮流，伴随中国特色社会主义建设事业的蓬勃发展滚滚而来！

　　纵观六十余年积淀与三次研究高潮，中国特色社会主义政治经济学的发展既继往开来又任重道远。一方面，所谓"继往开来"，是中国社会主义经济建设事业的蓬勃发展为中国版社会主义政治经济学的形成开创了越来越成熟的现实条件。20 世纪 50 年代，毛泽东感叹"社会主义社会的历史，至今还不过四十多年，社会主义社会的发展还不成熟，离共产主义的高级阶段还很远。现在就要写出一本成熟的社会主义、共产主义政治经济学教科书，还受到社会实践的一定限制"①。20 世纪 80 年代，邓小平高度评价中共十二届三中全会《中共中央关于经济体制改革的决定》提出的"在公有制基础上有计划的商品经济"，认为是"写出了一个政治经济学的初稿，是马克思主义基本原理和中国社会主义实践相结合的政治经济学"②。当前，习近平总书记指出，"中国特色社会主义是全面发展的社会主义"③，"中国特色社会主义进入了新的发展阶段"④，要"提炼和总结我国经济发展实践的规律性成果，把实践经验上升为系统化的经济学说"⑤。从毛泽东认为写出成熟的教科书"受到社会实践的一定限制"，到邓小平认为"写出了一个政治经济学的初稿"，再到习近平提出"把实践经验上升为系统化的经济学说"，历代领导人关

① 中华人民共和国国史学会：《毛泽东读社会主义政治经济学批注和谈话》（简本），内部资料，第 804 页。
②《邓小平文选》第 3 卷，北京：人民出版社 1993 年版，第 83 页。
③ 习近平：《在十八届中央政治局第三十次集体学习时的讲话》，《人民日报》2016 年 1 月 31 日。
④ 新华社：《高举中国特色社会主义伟大旗帜　为决胜全面小康社会实现中国梦而奋斗》，《人民日报》2017 年 7 月 28 日。
⑤ 新华社：《立足我国国情和我国发展实践　发展当代马克思主义政治经济学》，《人民日报》2015 年 11 月 25 日。

于理论发展现实条件的不同判断表明，随着社会主义建设进入不同历史阶段，政治经济学理论发展的现实条件日益成熟，实践推动理论创新。正如习近平总书记所言："中国特色社会主义不断取得的重大成就，意味着近代以来久经磨难的中华民族实现了从站起来、富起来到强起来的历史性飞跃……意味着中国特色社会主义拓展了发展中国家走向现代化的途径，为解决人类问题贡献了中国智慧、提供了中国方案。"① 在实践的推动下，中国特色社会主义政治经济学的发展，继往开来。

另一方面，所谓"任重道远"，是指中国特色社会主义政治经济学从提出到成熟尚需经历曲折的探索过程。当前中国特色社会主义政治经济学的发展至少需要面临两个方面的艰难探索：第一，理论构建面临诸多悬而未解的学术难题。从 20 世纪 50 年代开始，国内围绕体系构建的"起点论""红线论"等问题就形成了诸多争论，同时，社会主义条件下"剩余价值规律"和"经济危机周期性"的适用性等一些原则性的问题未能获得解决，甚至某些问题上的分歧出现了日益扩大的趋势。这在很大程度上限制了中国特色社会主义政治经济学的理论化水平，使政治经济学经典理论中的价值理论、分配理论、剩余价值理论和危机理论未能充分体现在中国社会主义政治经济学中，从而导致中国实践中涌现的一系列具有中国特色的经济思想未能获得经典的理论化表述。破解这一难题，需要直面六十余年来形成的一系列争论，加速对政治经济学经典理论的创新应用，在中国特色社会主义经济思想理论化的道路上不断探索。第二，时代变革形成的新问题和新挑战倒逼理论探索。20 世纪 50 年代中后期，既是中国社会主义政治经济学的第一次研究高潮，也是我国社会主义初级阶段的起始时期。当前中国社会主义经济建设在经历了六十余年的巨变后，迎来了中国特色社会主义新的发展阶段。中国特色社会

---

① 新华社：《高举中国特色社会主义伟大旗帜　为决胜全面小康社会实现中国梦而奋斗》，《人民日报》2017年7月28日。

主义政治经济学也需要适应新时期新阶段，加速理论创新。正如习近平总书记在"7·26"讲话所强调的："我们要在迅速变化的时代中赢得主动，要在新的伟大斗争中赢得胜利，就要在坚持马克思主义基本原理的基础上，以更宽广的视野、更长远的眼光来思考和把握国家未来发展面临的一系列重大战略问题，在理论上不断拓展新视野、作出新概括。"① 值得注意的是，实践中的新问题与历史累积的学术难题，都将理论探索指向中国特色社会主义政治经济学理论化水平的提升：在实践方面，要形成解释社会主义初级阶段不同时期的理论体系，为新时期的经济实践指明方向，必须提升理论高度；而提高理论高度就需要在理论方面破解体系构建面临的学术难题，创新政治经济学经典理论使之适应当前现实，从而实现中国特色社会主义经济建设经验的理论化重构。理论水平的提升必须遵循学术发展的客观规律，注定是一个任重道远的探索过程，要求政治经济学研究者群策群力、积极进取、砥砺前行。

编写出版《中国特色社会主义政治经济学名家论丛》就是为了响应习近平总书记推进理论创新的时代要求，服务中国特色社会主义政治经济学的发展。纵观中国社会主义政治经济学六十余年的发展历程不难发现：政治经济学学者承担着理论创新的历史使命，学术交流质量决定理论发展水平。当前中国政治经济学界存在着一支高水平的政治经济学理论队伍，他们既是六十余年理论积淀的承载者，也是当前理论创新的承担者。及时把握这些学者的研究动态，加快其理论成果的普及推广，不仅有助于推动政治经济学界的学术交流，也有助于扩大中国特色社会主义政治经济学的社会反响，同时为后来的研究提供一批记录当代学者理论发展印迹的历史文献。"名家论丛"选取的名家学者都亲历过20世纪80年代和当前两次研究高潮，部分学者甚至是三次理论高潮的亲历者。

---

① 新华社：《高举中国特色社会主义伟大旗帜　为决胜全面小康社会实现中国梦而奋斗》，《人民日报》2017年7月28日。

这些学者熟悉中国社会主义政治经济学的理论传承，知晓历次研究高潮中的学术焦点与理论分歧，也对中国特色社会主义经济建设经验具有深刻的理论洞察。在本次研究高潮中，他们的理论积淀和实践观察集中迸发，围绕中国经验的理论升华和中国特色社会主义政治经济学的体系构建集中著述，在中国特色社会主义政治经济学的发展中起到学术引领和理论中坚的作用，其研究成果值得高度关注和广泛推广。同时，从2015年底习近平总书记提出"中国特色社会主义政治经济学"算起，当前这次研究高潮从形成到发展，尚不足两年，还处于起步阶段，需要学界同仁的共同参与、群策群力，使之形成更大的理论潮流。中国社会科学院经济研究所是我国重要的经济学研究机构，也是中国社会主义政治经济学六十余年发展历程和三次理论高潮的重要参与者。在20世纪50年代和80年代两次理论高潮中，经济研究所的张闻天、孙冶方、刘国光和董辅礽等老一辈学者是重要的学术领袖。在本轮研究高潮中，经济研究所高度重视、积极参与中国特色社会主义政治经济学的发展，决心依托现有资源平台积极服务学界同仁。策划出版《中国特色社会主义政治经济学名家论丛》的目的就在于服务学术创新，为当前的理论发展略尽绵薄，也是为笔者所承担的国家社科规划重大项目"中国特色社会主义政治经济学探索"积累资料。

同时，为了更加全面地展示中国特色社会主义政治经济学的理论发展动态，我们还将依据理论发展状况适时推出"青年论丛"和"专题论丛"，就青年学者的学术观点和重要专题的学术成果进行及时梳理与推广，以期及时反映理论发展全貌，推动学术交流，服务理论创新。当然，三个系列论丛的策划与出版，完全依托当前的理论发展潮流，仰赖专家学者对经济研究所工作的认可与鼎力支持。在此我们代表经济研究所和论丛编写团队，对政治经济学界同仁的支持表示衷心的感谢！同时也希望各位大家积极参与论丛的编写和出版，为我们推荐更多的高水平研究成果，提高论丛的编写质量。

目　录

上卷

中国特色社会主义政治经济学

中国特色社会主义政治经济学
八个重大原则

习近平总书记强调，要坚持中国特色社会主义政治经济学的重大原则。根据学界的不同观点，笔者着重阐述对八个重大原则的认识。

一、 科技领先型的持续原则

政治经济学的原理之一，是生产力决定生产关系，经济基础决定上层建筑，生产关系和上层建筑又具有反作用。生产力是最革命、最活跃的因素，而掌握先进科技和管理方式的人，对生产力起着核心作用；生产力的发展，主要涉及劳动力、劳动资料和劳动对象三大实体性要素，以及科技、管理和教育三大渗透性要素。其中，科技具有引领生产力发展的决定性功效；人口的生产应与物质文化生产相协调，由自然环境构成的自然力应与劳动力和科技力相协调。

中国特色社会主义政治经济学必须坚持科技领先型的持续原则。它依据政治经济学的一般原理，强调解放和发展生产力是初级社会主义的根本任务，是社会主义本质的组成部分之一，是社会主义社会的物质技术基础，经济建设是中心工作；强调人口、资源与环境三者关系的良性化，应构建"人口控减提质型社会""资源节约增效型社会""环境保护改善型社会"的"三型社会"，高水平地实现可持续发展；强调自主创新，建设创新型国家，创新是发展的第一动力，实施创新驱动战略。

要认真贯彻习近平关于创新是引领发展的第一动力的思想。我国经济社会发展的"瓶颈"是老动力不足，新动力缺乏。党的十八届五中全会提出的创新理念，实质是解决发展动力问题，因而迫切需要通过科技创新和领先来解决动力不足问题，给经济社会可持续发展注入强大动力。从国际竞争的角度看，也只有重视知识产权优势，从企业、产业和国家层面实施知识产权战略，才能围绕品牌、技术制高点及技术标准制定等构筑企业乃至国家的竞争优势。[1] 当前，在经济新常态的格局中，只有紧紧抓住创新这个发展第一动力，才能化解"三期叠加"风险，破解产能过剩难题，实现经济结构转型升级，跟上世界科技革命步伐。只有把创新作为推动发展的第一要务，以创新转换老动力，用创新培育新动力，使老动力焕发新活力，让新动力层出不穷，才能给经济社会可持续发展注入强劲动力。应扭转"造不如买、买不如租""以市场换技术"等传统观念，正确处理原始创新、集成创新与引进消化再创新之间的关系。经济运行从"自发性"到"自觉化"的演进，要建立政府、市场、科技相结合的三元机制系统，体现出科技这一"决定性"元素的作用，需要在战略高度上认识科技引领配置资源的重要作用。[2]

二、 民生导向型的生产原则

政治经济学的原理之一，是关于生产目的的理论。它揭示资本主义私有制直接和最终的生产目的是最大限度地获取私人剩余价值或私人利润，生产使用价值是为生产私人剩余价值和或私人利润服务的。而社会主义公

---

[1] 韩喜平、周玲玲：《"知识产权优势理论"评析及其应用价值》，《海派经济学》2013 年第 3 期。

[2] 杨承训、承谕：《资源配置向"自觉化"演进：三元机制体系——学习恩格斯〈自然辩证法〉的再思考》，《海派经济学》2015 年第 4 期。

有制的直接和最终生产目的，是为了最大限度地满足全体人民的物质和文化需要，生产新价值和公有剩余价值是为生产使用价值服务的，因而体现了"人民主体性"和民生导向型的生产目的。

中国特色社会主义政治经济学必须坚持民生导向型的生产原则。它依据政治经济学的一般原理，强调初级社会主义的一个主要矛盾就是人民群众日益增长的物质文化需求同落后的社会生产力之间的矛盾，而又好又快地发展生产和国民经济的目的，便能缓解这一主要矛盾；强调发展是硬道理，发展是第一要务，要用进一步发展的方法来解决某些发展中的问题；强调坚持以人民为中心的发展思想是马克思主义政治经济学的根本立场，坚持把增进人民福祉、促进人的全面发展、朝着共同富裕方向稳步前进作为经济发展的出发点和落脚点，部署经济工作、制定经济政策、推动经济发展都要牢牢坚持这个根本立场；强调人民主体性，发展要依靠人民，发展的目的是为了人民，发展的成果要惠及人民，改善民生就是发展，体现了社会主义性质的生产目的性原则和根本立场。

落实习近平关于"改善民生就是发展"的价值导向，与社会主义生产和经济发展的根本目的是内在统一的。我们要继续坚持以经济建设为中心，坚持发展是硬道理的战略思想，变中求新，新中求进，进中突破，推动我国发展不断迈上新台阶。但是，发展生产和经济的出发点和归宿点是改善民生，因而必须以全面建设小康社会为攻坚目标，从改善民生就是发展的战略高度来谋划财富和收入分配、扶贫、就业、住房、教育、医疗卫生、社会保障七大领域的民生改善。要抓紧解决民生领域群众意见最大的某些问题，全力以赴，速补短板，限期缓解，这是新常态下民生导向型的生产原则和协调经济发展与社会发展的主要工作。正如习近平所指出，保障和改善民生没有终点，只有连续不断的新起点，要采取针对性更强、覆盖面更大、作用更直接、效果更明显的举措，实实在在帮群众解难题，为群众增福祉，让群众享公平；要从实际出发，集中力量做好普惠性、基础性、兜底性民生建设，不断提高公共服务共建能力和共享水平，织密扎牢托底的民生"保障网"。

三、 公有主体型的产权原则

政治经济学的原理之一，是生产不断社会化与资本主义私有制的基本矛盾必然导致个别企业的生产经营有计划与整个社会生产和经济活动的无政府或无秩序状态之间的矛盾，导致社会生产经营的无限扩大与人民群众有支付能力的需求相对缩小之间的矛盾，导致生产和国民经济周期性地发生衰退和各种危机，以及贫富阶级对立和经济寡头垄断等一系列严重问题。因此，用生产资料公有制取代私有制，社会主义经济制度取代资本主义经济制度，是历史的必然。

中国特色社会主义政治经济学必须坚持公有主体型的产权原则。它依据政治经济学的一般原理，强调初级社会主义由于生产力相对不发达，因而必须坚持公有制为主体、国有制为主导、多种所有制共同发展的基本经济制度；强调要毫不动摇巩固和发展公有制经济，毫不动摇鼓励、支持、引导非公有制经济发展，推动各种所有制取长补短、相互促进、共同发展，同时公有制主体地位不能动摇，国有经济主导作用不能动摇，这是保证我国各族人民共享发展成果的制度性保证，也是巩固党的执政地位、坚持我国社会主义制度的重要保证；强调这一基本经济制度有别于私有制为主体、多种所有制共同发展的当代资本主义基本经济制度，如果操作得法，公有制不仅可以与市场经济有机相融，而且可以比私有制实现更高的公平与效率。同时，必须看到，在当今世界，国家政权还是一种必须存在的历史时期，国家所有制仍是一种具有合理性的社会主义所有制形式。必须认真领会和坚决落实习近平关于国有企业是社会主义经济基础的支柱、发展混合所有制和改革的目的是为了做强做优做大国有企业等战略思想和方针，汲取过去国有企业改革形成暴富阶层的严重教训，重点发展公有资本控股的双向混合的混合所有制，大力发展农村村级集体经济和合作经济，提升公有经济的活力、竞争力、控制力和抗风险力。应牢固确立邓小平关于发展私有制的目的是为发展公有制和社会主义经济服务的基本思想。对于中外私有经济，不仅要支持，更要引导和监管，以发挥其正能量，减少负效应。依据资本主义国家的先进经验和华为企业的某些超前做法，我国应鼓励和引导私营企业开展职工持股的改革，以推动劳资两利，共同富裕。

四、 劳动主体型的分配原则

政治经济学的原理之一，是生产关系中的所有制决定分配关系，资本主义私有制决定分配方式必然是按资分配，雇佣劳动者只能凭借法律上的劳动力所有权获得劳动力的价值或作为其转化形式的广义工资。在这个大框架和前提下，雇佣劳动者在某一企业的具体工资与具体岗位和绩效挂钩，但这不属于社会主义经济性质的按劳分配；而某些企业、某些部门和全社会的雇佣阶级总体工资状况，则取决于与资产阶级的实际斗争及成效。资本主义私有制范围内的分配，表象是按生产要素的贡献分配，其实质是按生产要素的产权分配。中国特色社会主义政治经济学必须坚持劳动主体型的分配原则。它依据政治经济学的一般原理，强调初级社会主义由于生产力相对不发达，由于坚持公有制为主体、多种所有制共同发展的产权制度，因而必然实行按劳分配为主体、各种生产要素凭借产权的贡献参与分配这一基本分配制度；强调消灭剥削、消除两极分化，逐步实现共同富裕，是社会主义的一个本质内容；强调共同富裕是中国特色社会主义的重要原则，要完善按劳分配为主体、多种分配方式并存的基本分配制度（党的十八大报告用语）；强调缩小收入差距，坚持居民收入增长和经济增长同步，劳动报酬提高和劳动生产率提高同步，健全科学的工资水平决定机制、正常增长机制、支付保障机制，完善最低工资增长机制，完善市场评价要素贡献并按产权贡献分配的机制。

落实党的十八届五中全会公报提出坚持共享发展的新理念，就必须坚持发展为了人民、发展依靠人民、发展成果由人民共享，做出更有效的制度安排，使全体人民在共建共享发展中有更多获得感；必须增强发展动力，增进人民团结，朝着共同富裕方向稳步前进。只有将资源配置的目标着眼于共同富裕，社会生产才能健康稳定地运行，才能显示社会主义制度的优越性。坚持共享发展，主要涉及民生和共同富裕的问题，其中，分配问题当下最为突出。我国现在财产和收入的分配差距都比较大，基尼系数超过美国；1% 的最富家庭已拥有我国家庭财产的 1/3，与美国相同。要注意的是，贫富分化的第一指标不是收入。收入只是财富的流量，而关键是财富的存量，即家庭净资产。家庭净资产才是衡量贫富分化的首要指标。最近十几年来，党中央文件一直强调要"缩小收入差距"，但在学界和政界一直有争议，甚至有文章笼统地赞扬"富豪是经济引擎，也应是社会楷模"。一种极其流行的错误观点认为，目前贫富差距问题不是首要问题，不是由非公经济的大规模发展所导致，而所谓"中等收入陷阱"才是需要担心的问题。事实上，正是发明"中等收入陷阱"一词的新自由主义导致拉美国家陷入所谓中等收入陷阱，导致高收入的美欧日国家陷入金融危机、财政危机和经济危机，导致低收入的非洲等国家陷入发展缓慢。现在，我国只有尽快落实邓小平多次强调的在 20 世纪末就要把解决贫富分化和共同富裕的问题提到议事日程上的指示，遵照劳动主体型分配原则改革财富和收入的分配体制机制，才能真正使共享发展和共同富裕落到实处，使广大劳动人民满意。[1]

① 卫兴华：《中国特色社会主义经济理论的坚持、发展与创新问题》，《马克思主义研究》2015 年第 10 期。

五、 国家主导型的市场原则

政治经济学的原理之一，是价值规律是商品经济的基本矛盾即私人劳动或局部劳动和社会劳动之间矛盾运动的规律，其内涵是：商品的价值量由生产商品的社会必要劳动时间所决定，生产某种商品所耗费的劳动时间在社会总劳动时间中所占比例须符合社会需要，即同社会分配给这种商品的劳动时间比例相适应，且商品交换按照价值量相等的原则进行，而供求关系、竞争和价格波动在资源配置中的作用以市场价值为基础，是价值规律的具体实现形式；在社会主义国家的计划经济中，按比例规律主要表现为整个社会内有组织的分工与生产单位内部有组织的分工相结合，按比例规律靠占支配和主体地位的计划规律和占辅助地位的价值规律相结合来实现；在资本主义市场经济中，按比例规律主要靠价值规律自发调节，计划调节或国家调节作用较为有限。

中国特色社会主义政治经济学必须坚持国家主导型的市场原则。它依据政治经济学的一般原理，强调社会主义可以实行市场经济，而社会主义本身包含国民经济的有计划和按比例发展，要在国家调控主导下发挥市场在资源配置中的基础性作用，使市场在一般资源配置中起决定性作用和更好发挥政府作用；强调着力解决市场体系不完善、政府干预过多和监管不到位等问题，就必须积极稳妥地从广度和深度上推进市场化改革，大幅度减少政府对资源的直接配置，推动资源配置依据市场规则、市场价格、市场竞争实现效益最大化和效率最优化；强调政府的职责和作用主要是保持宏观经济稳定，加强和优化公共服务，保障公平竞争，加强市场监管，维护市场秩序，推动可持续发展，促进共同富裕，弥补市场失灵。

应贯彻习近平关于"要坚持社会主义市场经济改革方向，坚持辩证法、两点论，继续在社会主义基本制度与市场经济的结合上下功夫，把两方面优势都发挥好"的讲话精神，充分认识在我国社会主义市场经济中，市场调节规律（或价值规律）主要是在一般资源的配置领域发挥决定性作用，但发挥作用的条件与资本主义市场经济不同。市场决定资源配置是市场经济的一般规律，但社会主义经济决定资源配置是有计划按比例发展规律，需要将市场决定性作用和更好发挥政府作用看作一个有机的整体。既要用市场调节的优良功能去抑制"国家调节失灵"，又要用国家调节的优良功能来纠正"市场调节失灵"，从而形成高功能市场与高功能政府、高效市场与高效政府的"双高"或"双强"格局。[①] 显然，由于我国社会主义市场经济是建立在公有制为主体、国有制为主导、多种所有制共同发展的基础之上的，包括人大、政府在内的整个国家从法律、经济、行政和伦理等多方面的调节力度和广度，必然略大于资本主义市场经济下的调节能力，从而可以显示出中国特色社会主义市场经济的优势和高绩效。我们不能因为国家规划、计划和调节是有人参与的，就否认其中包含客观性，进而认为"国家调节规律""计划规律"等概念不成立。照此逻辑推论，市场活动也是有人参与的，其主体就是人，那也就不存在"市场调节规律""价值规律"等相似的概念。市场调节说到底是经济活动的自然人和法人的行为变动，也可以说就是企业的行为或调节，如产品、价格和竞争等方面的所作所为。因此，市场调节规律和国家调节规律都是在形式上具有人的活动主观性，在内容上具有人的活动客观性；良性而有效的微观和宏观经济活动，要求在企业和政府工作的所有人，均应努力使人的主观能动性符合有人参与的经济活动的客观规律性，以便实现主客观的有效统一性。

六、 绩效优先型的增速原则

政治经济学的原理之一，是经济增长速度与经济发展绩效要互相协调，

---

① 刘国光、程恩富：《全面准确理解市场和政府的关系》，《毛泽东邓小平理论研究》2014 年第 2 期。

有较高绩效的增长速度是最佳速度；资源没有充分利用的较低增长速度，不利于充分就业、积累财富和提升福利，而资源粗放利用的较高增长速度，又不利于保护生态环境、节约资源和积累真实财富；要辩证分析和对待国内生产总值这一指标，它既有积极作用又有严重缺陷，不应过度追求；经济增长与经济发展，经济效率、经济效益与经济绩效都是有异同点的，应突出经济发展整体绩效优先的经济增长速度。

中国特色社会主义政治经济学必须坚持绩效优先型的速度原则。它依据政治经济学的一般原理，强调我国 20 世纪 80～90 年代在不断提高经济效益的基础上，国内生产总值大体翻两番，而到 2020 年，将实现国内生产总值和人均国内生产总值比 2010 年翻一番，基本建成全面小康社会；强调在高速增长 30 多年的情况下，从 2013 年开始我国进入经济新常态，其标志之一是从高速增长转向中高速增长，重点是过去突出增长速度的粗放型经济发展方式向突出经济绩效的集约型经济发展方式转变，以提质增效为中心。要切实贯彻中央经济工作会议关于"推动经济发展，要更加注重提高发展质量和效益。稳定经济增长，要更加注重供给侧结构性改革"的精神。我国经济下行压力不断增大，其原因主要在于长期形成的结构性矛盾和粗放型增长方式尚未根本改变，高度依赖物质投入和资源消耗，自主创新能力不强。

国内外形势的新变化，迫切需要推动我国经济从速度型发展向质量型发展升级，实现发展动力的转换、发展模式的创新、发展路径的转变、发展质量的提高。我国经济应向形态更高级、分工更复杂、结构更合理的阶段演化，经济发展方式应从规模速度型粗放增长转向质量效率型集约增长，经济结构应从增量扩能为主转向调整存量、做优增量并存的深度调整，经济发展动力应从传统增长点转向新的增长点，以便从总体上坚持绩效优先型的速度原则。

七、 结构协调型的平衡原则

政治经济学的原理之一，是按比例分配社会劳动的规律（简称按比例规律）是社会生产与社会需要之间矛盾运动以及整个国民经济协调发展的规律。其内在要求是，表现为财富的社会总劳动要依据需要按比例地分配在社会生产和国民经济中，以便保持各种产业和经济领域的结构平衡；在社会再生产中，各种产出与社会需要在使用价值结构和价值结构上均保持动态的综合平衡，从而实现在既定的生产经营水平下以最小的劳动消耗来取得最大的生产经营成果；广义的经济结构协调表现为合理化和不断高级化，包括产业结构、地区结构、外贸结构、企业结构、技术结构、供求结构、实体经济与虚拟经济结构等。

中国特色社会主义政治经济学必须坚持结构协调型的平衡原则。它依据政治经济学的一般原理，强调我国产业结构应从中低端向中高端提升，一、二、三类产业内部之间在不断现代化基础上保持平衡，省市和区域结构应异质化发展，外贸结构应增加高新技术含量和自主品牌，企业结构应构建我国大型企业集团支配、中小企业和外资企业并存的格局；技术结构应增大我国自主创新核心技术和自主知识产权比重，供求结构应保持供给略大于需求的动态总量平衡，金融发展应为实体经济服务，虚拟经济不宜过度发展，新型工业化、信息化、城镇化、农业现代化应相互协调。

要贯彻以习近平总书记为核心的党中央关于经济新常态和结构性改革的理论和方针政策，在适度扩大总需求的同时，着力加强供给侧结构性改革，抓紧各种经济结构和重大经济比例的调整和改革，特别是加快缓解结构性产能过剩。要有针对性地去产能、去库存、去杠杆、降成本、补短板，提高供给体系质量和效率，提高投资有效性，加快培育新的发展动能，改造提升传统比较优势，增强持续增长动力。要消除一种长期流行的错误观点，认为只需克服行政干预的经济过剩，而市场化形成的产能过剩和产品过剩是正常的，会自动平衡，不用事先、事中和事后来积极预防和解决。这种新自由主义误论及其做法既是形成我国结构性产能大量过剩的重要原因，又会妨碍向中央经济工作会议精神看齐和落实，必须予以消除。

八、 自力主导型的开放原则

政治经济学的原理之一，是依据国际分工、国际价值规律、国际生产价格、国际市场、国际贸易、国际金融、经济全球化等理论，在一国条件具备的情况下经济适度对外开放，有利于本国和世界的经济增长、资源优化配置、产业和技术互动、人才发挥作用等；一国对外经济开放的方式、范围和程度等，应视国内外复杂多变的情况而灵活有序地进行，发展中国家对发达国家的开放更要讲究战略和策略，因为开放的实际综合利益具有一定的不确定性。

中国特色社会主义政治经济学必须坚持自力更生主导型的开放原则。它依据政治经济学的一般原理，强调我国要在自力更生主导的基础上坚持双向对外开放基本国策，善于统筹国内国际两个大局，利用好国际国内两个市场、两种资源，发展更高层次的开放型经济，积极参与互利共赢型的全球经济治理，同时坚决维护我国发展利益，积极防范各种风险，确保国家经济安全；强调引进来与走出去并重、后发优势与先发优势并重的方针，大力发展中方控股份、控技术（核心技术和技术标准）和控品牌（世界名牌）的"三控型"跨国公司，防止陷入传统的"比较优势陷阱"，实行自主知识产权优势理论和战略。

贯彻中央经济工作会议精神，要继续抓好优化对外开放区域布局，防止区域开放的雷同化和恶性竞争；要推进外贸优进优出，提高国际分工的层次，加强国际产能和装备制造合作，妥善开展自贸区及投资协定谈判，积极参与全球经济治理，在充分利用中资和外汇储备的基础上有效利用外资；要尽快借鉴日本、韩国和美国对待外国企业的经验和措施，防止外企在中国的"斩首"性兼并和支配日渐增多的产业部门和大众化网站等，大力提升对外开放的质量、层次和绩效；要加快"一带一路"的国际合作和建设措施，发挥好亚投行、丝路基金等机构的融资支撑作用，抓好重大标志性工程落地；要积极利用人民币的国际化优势，但资本项目近期不宜开放，以有效抵御金融风险，维护国家金融安全和国民利益。

（原载于《唯实·理论观点》2017 年第 1 期）

为马克思主义政治经济学创新发展
贡献中国智慧

马克思主义政治经济学是我们坚持和发展马克思主义的必修课。要立足我国国情和我国发展实践，发展当代中国马克思主义政治经济学。

习近平总书记在中共中央政治局第二十八次集体学习时强调，立足我国国情和我国发展实践，发展当代中国马克思主义政治经济学，学习马克思主义政治经济学基本原理和方法论，掌握科学的经济分析方法，认识经济运动过程，把握社会经济发展规律，提高驾驭社会主义市场经济能力，提高领导我国经济发展能力和水平。学习马克思主义政治经济学，既要坚持其基本原理和方法论，又要同我国经济发展实际相结合，不断形成新的理论成果，为马克思主义政治经济学创新发展贡献中国智慧。

一、 马克思主义政治经济学是马克思主义的重要组成部分，也是坚持和发展马克思主义的必修课

马克思主义是关于自然、社会和思维发展一般规律的学术思想和科学体系，是工人阶级及其政党进行社会主义革命和建设以及过渡到共产主义社会的指导思想和科学体系，是关于人生信仰和核心价值的社会思想和科学体系。列宁认为，马克思主义有马克思主义哲学、马克思主义政治经济

学和科学社会主义三个主要组成部分。从这三个部分的关系来看，马克思主义政治经济学具有独特的地位和作用。首先，它批判地借鉴英国、法国资产阶级古典政治经济学，在人类经济思想史上第一次建构了科学阐明人类经济活动、经济关系、经济制度和经济运行的理论体系。其次，《资本论》的问世，使唯物史观不是假设，而是科学地证明了的原理。唯物辩证法和唯物史观在政治经济学变革中的创造性成功运用，加深了马克思主义的哲学和政治经济学的有机融合。再次，剩余价值规律的发现和唯物史观的创立，使社会主义从空想变成了科学，确立了科学社会主义的基本框架。最后，马克思主义政治经济学的创立和发展，为马克思主义的政治学、社会学、法学等其他社会科学提供了相关理论和方法。

比如，经济基础概念的政治经济学分析为上层建筑概念的政治学分析给定了科学前提，生产关系概念的政治经济学分析为财产关系概念的法学分析奠定了科学基础，阶级阶层概念的政治经济学分析为阶级阶层概念的社会学分析提供了科学启迪。

当前，我们要深刻认识和践行马克思主义政治经济学这门坚持和发展马克思主义的必修课，消除一些错误观点和做法。

比如，忽视马克思主义政治经济学在国民教育体系中的重要性，一些高校的财经类研究生入学考试只考西方经济学，不考政治经济学。其实，马克思主义政治经济学与西方主流经济学一样，既具有学术性，又具有意识形态性和阶级性。诺贝尔经济学奖获得者索洛坦言："社会科学家和其他人一样，也具有阶级利益、意识形态的倾向以及一切种类的价值判断。不论社会科学家的意愿如何，他对研究主题的选择，他提出的问题，他的分析框架，很可能在某种程度上反映了他的利益、意识形态和价值判断。"因此，必须高度重视马克思主义政治经济学的设置和教研，用马克思主义政治经济学指导西方经济学的教学研究活动。

再如，淡化马克思主义政治经济学对于改革开放的作用，认为改革开放以来的经济社会发展成就主要受西方经济学理论指导和影响。习近平总书记明确指出，改革开放以来，中国特色社会主义经济理论"不仅有力指导了我国经济发展实践，而且开拓了马克思主义政治经济学新境界"。事实已经证明，如果放弃马克思主义政治经济学的理论指导，一味强调和奉行西方经济学理论，很容易产生严重问题。因此，要学好用好政治经济学，自觉认识和更好遵循经济发展规律，不断提高推进改革开放、领导社会经济发展、提高社会经济发展质量和效益的能力和水平。

二、 改革开放新的实践， 形成了当代中国马克思主义政治经济学的许多重要理论成果

习近平总书记指出："党的十一届三中全会以来，我们党把马克思主义政治经济学基本原理同改革开放新的实践结合起来，不断丰富和发展马克思主义政治经济学，形成了当代中国马克思主义政治经济学的许多重要理论成果。"在我国，不仅有新民主主义经济纲领、社会主义社会的基本矛盾理论，还有改革开放以来形成和不断发展的新的政治经济学理论。

——关于社会主义本质的理论。包括三个方面内容：解放生产力、发展生产力是社会主义的根本任务，是最终达到共同富裕的基础；消灭剥削、消除两极分化是社会主义的根本方向，是最终达到共同富裕的制度保证；最终达到共同富裕是社会主义的根本目标，是前两者的终极目标。这一理论体现了生产力与生产关系、目标与手段、过程与结果的辩证关系，丰富了马克思主义政治经济学的理论宝库。

——关于社会主义初级阶段基本经济制度的理论。这一理论要求毫不动摇巩固和发展公有制经济，毫不动摇鼓励、支持、引导非公有制经济发展，坚持公有制主体地位不能动摇，国有经济主导作用不能动摇。这是保证我国各族人民共享发展成果的制度性保证，也是巩固党的执政地位、坚

持我国社会主义制度的重要保证。这是对政治经济学的所有制和产权理论的发展。

——关于树立和落实创新、协调、绿色、开放、共享的发展理念的理论。创新是发展的第一动力，具体表现在经济制度、科技等领域；协调城乡、区域、产业等之间的关系，属于平衡与不平衡发展的基本经济理论问题；绿色发展理论涉及生态马克思主义关于经济的低碳化、循环化和生态环境良性化问题；更高层次的开放型经济，与国际分工、国际贸易、国际金融和国际价值规律等一些政治经济学理论发展密切相关；改革发展成果的合理共享，体现了以人民为中心的发展思想和政治经济学的根本立场。

——关于发展社会主义市场经济、使市场在资源配置中起决定性作用和更好发挥政府作用的理论。社会主义市场经济理论是我国现代政治经济学的最基本、最核心的理论。从一般市场经济的内在要求看，市场应在资源配置中起决定性作用，而从社会主义基本制度和国外现代市场经济的内在要求看，又必然要更好地发挥政府作用。

——关于我国经济发展进入新常态的理论。经济新常态理论涉及经济增长、经济发展、经济结构、经济效益、需求侧与供给侧管理等理论的审视和创新问题，要求经济发展方式从规模速度型粗放增长转向质量效率型集约增长，经济结构从增量扩能为主转向调整存量、做优增量并存的深度调整，经济发展动力由要素驱动、投资驱动等传统增长点转向以创新驱动为代表的新增长点。

——关于推动新型工业化、信息化、城镇化、农业现代化相互协调的理论。该理论强调"四化同步"，深入推动信息化与工业化深度融合，工业化与城镇化良性互动，城镇化与农业现代化相辅相成；关联到工业经济理论、信息经济理论、城市经济理论、农业经济理论、国土经济理论等一些政治经济学和应用经济学的基本理论。

——关于用好国际国内两个市场、两种资源的理论。它属于政治经济学有关市场经济、资源经济、国际经济和开放经济的理论范围。这一理论强调适应经济全球化新形势，必须推动对内对外开放相互促进、引进来和走出去更好结合，促进国际国内要素有序自由流动、资源高效配置、市场深度融合，加快培育参与和引领国际经济合作竞争新优势，以开放促改革。

　　——关于促进社会公平正义、逐步实现全体人民共同富裕的理论。这一理论要求紧紧围绕更好保障和改善民生、促进社会公平正义，深化社会体制改革，改革收入分配制度，促进共同富裕，推进社会领域制度创新，推进基本公共服务均等化，加快形成科学有效的社会治理体制，确保社会既充满活力又和谐有序；要求坚持和完善以按劳分配为主体、多种分配方式并存的社会主义基本分配制度，努力推动居民收入增长和经济增长同步、劳动报酬提高和劳动生产率提高同步，调整国民收入分配格局，持续增加城乡居民收入，不断缩小财富和收入差距。

　　简言之，上述中国特色社会主义经济理论，既坚持了马列主义和毛泽东思想的基本原理和方法论，又同我国新时期经济发展实际紧密结合，书写了马克思主义政治经济学的新篇章。

三、　要深入研究世界经济和我国经济面临的新情况新问题，为马克思主义政治经济学创新发展贡献中国智慧

　　要深入研究世界经济面临的新情况新问题，为马克思主义政治经济学创新发展贡献中国智慧。目前，西方资本主义世界正处于金融危机、经济危机、财政危机和贫富对立中，急于摆脱困境的西方发达国家继续推行新自由主义和新帝国主义的金融霸权和经济霸权政策，加大了全球经济发展的不稳定性、不确定性、不平衡性，加剧了全球贫富分化，加大了改善民生的难度。同时，西方主流经济学的新自由主义和凯恩斯主义两大流派，均无法科学解释和真正解决这些问题。对此，中外现代马克思主义政治经

济学已进行大量科学研究，形成了当代资本主义经济矛盾论、经济危机论、金融资本论、资本累积论、经济调节论、世界体系论等，但政治经济学还有很大的理论创新空间。

今后，我国现代政治经济学的资本主义部分，应进一步加强对当代资本主义经济的规范分析，注重概念、规律和定理的应用；加强对当代资本主义的实证和定量分析，运用大数据和长时段的客观史料来揭示制度变迁和演化的规律和结果；应加强系统论、控制论、博弈论等方法对当代资本主义经济的深层次研究；应加强完善依据《资本论》等体系所构建的现代政治经济学新体系，构建对当代资本主义的马克思主义微观经济学和宏观经济学分析体系。

要深入研究我国经济面临的新情况新问题，为马克思主义政治经济学创新发展贡献中国智慧。目前，我国经济社会发展稳中有进，经济增长和运行保持在合理可控的区间。五大发展新理念及相应的举措，将进一步推动富民强国的改革开放和小康社会的全面建成。不过，城乡和区域发展不平衡、产能过剩和产业结构不合理、金融服务实体经济和监管不到位、民生保障能力不足、贫富差距较大等现象依然存在，亟须马克思主义政治经济学给予科学的理论解释和政策建议。尽管中国马克思主义政治经济学已经提出如社会主义市场经济优势论、公平效率同向变动论、公有制高绩效论、产权决定分配论、市场型按劳分配论、经济利益核心论等，但还需继续创新发展。

今后，现代马克思主义政治经济学的社会主义部分，应继续加强社会主义基本制度与市场经济有机结合的理论研究和创新，以便坚持社会主义市场经济改革方向，坚持辩证法、两点论，继续在社会主义基本制度与市场经济的结合上下功夫，把两方面优势都发挥好；应继续加强完善社会主义基本经济制度的理论研究和创新，以便在支持、引导非公有制经济发展的同时，确保和发挥公有制主体地位和国有经济主导作用；应继续加强完善社会主义基本分配制度的理论研究和创新，以便不断缩小财富和收入差距，促进包容性发展和社会公平正义；应继续加强社会分工和国际分工、对外贸易、对外金融、对外投资、经济全球化区域化伙伴化的基本理论研究和创新，以便发展更高层次的开放型经济，积极参与全球经济治理，坚决维护我国发展利益，积极防范各种风险，确保国家经济安全。

　　综上所述，我们要深入研究世界经济和我国经济面临的新情况新问题，积极构建和完善具有中国特色、中国风格、中国气派的现代政治经济学学科体系和话语体系，为马克思主义政治经济学创新发展贡献中国智慧，为中国和世界经济的持续健康发展与增进人民福祉献计献策。

（原载于《理论导报》2015 年第 12 期）

中国特色社会主义政治经济学
理论基础性研究不容忽视

党的十八大以来，习近平同志提出了坚持和发展中国特色社会主义政治经济学，不断完善21世纪马克思主义政治经济学理论体系的重大理论任务。进一步完善中国特色社会主义政治经济学理论体系，必须重视从马克思主义政治经济学基本原理出发，联系当代世界的变化和中国现实国情，加强政治经济学理论的基础性研究，使中国特色社会主义政治经济学理论创新成果服务于中国特色社会主义的伟大实践。

一、 政治经济学理论基础性研究是中国特色社会主义理论大厦的基石

没有理论的实践是盲目的实践，正如恩格斯指出的："一个民族想要站在科学的最高峰，就一刻也不能没有理论思维。"[1] 理论创新永远是一个国家、一个民族发展进步的重要推动力。对于理论研究和理论创新来说，基础性研究占有重要的地位，它既是理论研究的立足点和出发点，也是构建理论体系的重要前提。马克思主义政治经济学理论的确立首先就是建立在其基础性研究成果之上的。马克思对劳动二重性的揭示、对货币本质和价

---

[1]《马克思恩格斯选集》第3卷，北京：人民出版社，1995年。

值规律的阐释，特别是对劳动价值论、剩余价值理论、资本积累理论的科学说明，为无产阶级彻底告别资产阶级庸俗经济学奠定了思想基础。马克思构建的政治经济学理论体系，今天仍然是观察和研究当代资本主义社会的最科学、最具有说服力和最具有全球性意义的分析工具。同时，它也为包括我国在内的国家，探索如何建设各国特色社会主义提供了重要的理论指导。

在政治经济学领域，基础性研究的分野是马克思主义与非马克思主义的重要的分水岭。政治经济学作为一门历史科学，是一个包含多个层次的理论体系。它既包括逻辑意义上的本质和表象两个层面，也包括历史层面上的规定性与演化性。就前者而言，马克思主义经济学与西方经济学的分歧在于，前者注重从现象的分析和动态的演进中揭示其多级本质，而后者则注重现象、静态和短期的规律与特征。马克思主义经济学方法论是一个科学体系，其核心是唯物史观和唯物辩证法，这决定了本质经济学在其中的主体地位。西方经济学主要将表象经济学作为研究视角，这决定了其在历史的演进中需要不断地进行根本性的修正和修补。这一方法论上的分野，使得两者关于经济学话语权的争夺直接体现为社会制度的抉择。在当前建设中国特色社会主义的实践中，坚持马克思主义的指导地位，需要从马克思主义基本原理和科学的方法论出发，重视中国特色社会主义政治经济学的基础性研究。

基础性研究为一般理论提供方法论的基础，是思想理论争论的前沿领域，具有鲜明的时代性、阶级性和指导性。在经济学说史上，对马克思主义政治经济学理论的攻击一般都是从基础理论下手的。例如用效用价值论、要素价值论等取代劳动价值论；用自私经济人论取代利己利他经济人论；用一般契约论模糊雇佣劳动论；用资源稀缺、资源配置掩盖资本主义生产的组织形式；用资本家的节俭、节欲论来掩盖资本积累的本质；用价值转型问题来质疑马克思的生产价格理论和平均利润率理论；等等。在基础性研究方面，如果不能坚持马克思主义基本原理的底线，各种非马克思主义的经济理论就会大行其道，建立在后者基础上的经济观点和经济政策，就会远远地脱离经济社会的实践本质，给中国特色社会主义事业带来巨大的危害。

改革开放后，我国一些学者奉西方的"经济人"假设、"委托—代理人"理论为圭臬，以"企业家的企业理论"为名，实质宣扬"资本家的企业理论"，以此论证国有企业的低效率和私有企业的高效率，而全然不顾西方社会中私有制企业委托代理问题日益严重的事实，给我国的公有企业改革带来了巨大的思想混乱。

中国特色社会主义政治经济学是正在发展的当代马克思主义政治经济学，需要在坚持马克思主义基本理论基础上针对不断发展的现实加强基础性研究。一方面，中国特色社会主义政治经济学理论来源于马克思主义经典作家的著作，这决定中国特色社会主义政治经济学基础性研究不能脱离马克思主义理论本原；另一方面，在中国特色社会主义建设过程中，我国要将马克思主义政治经济学与中国实际相结合，在理论上不断发展和创新，用新的理论工具分析、阐释新的现象和问题，用新的理论成果指导改革实践。总之，只有重视和加强中国特色社会主义政治经济学的基础性研究，才能有效回应对马克思主义政治经济学理论的质疑，为中国的改革和发展提供中国答案，奠定必要的理论基础。

二、中国特色社会主义政治经济学基础性研究的问题与目标指向

近些年，我国在理论创新上取得了重大进展，解决了社会主义经济制度与市场经济相兼容、相结合等一系列难题。但是，我们必须面对的是，政府和市场的关系还没有完全理顺，宏观、中观和微观的高效结合等还没

有彻底解决好，但受西方经济学"黑箱"理论的影响，忽视了马克思主义对公有制内部生产资料和劳动者结合形式、"自由人联合体"的论断，导致对公私企业内部的劳资关系或劳动关系还缺乏具体而科学的分析。就连以国家长远和整体利益为导向的产业政策要不要这类理论和政策问题尚有激烈的争论，说明我国在学理面和政策面的基础性研究不够。中国特色社会主义政治经济学必须加强与各种错误思潮的交锋和博弈，并研究如何通过宣传教育来逐步占据社会主流和实际指导作用，并通过批判性创新来把实践经验科学上升为系统化的经济概念体系、话语体系、规律体系、理论体系和方法体系。

在改革开放实践中，我国马克思主义经济学家提出了不少具有原创性和时代性的话语、概念和理论，这些都是我国坚持马克思主义基本原理、不断推动理论创新的成果。不过，与改革开放的实践相比，当前中国特色社会主义政治经济学的概念、范畴和逻辑结构在构建过程中存在着分散性和滞后性，主要体现在以下几个方面。

首先，尽管社会主义市场经济在我国已经建立，但作为其理论基础的中国特色社会主义政治经济学还需要进一步系统化。

其次，中国特色社会主义政治经济学的逻辑范畴还需要进一步抽象和概括。马克思运用逻辑抽象法，抽象出了在资本主义经济关系中的商品、价值、劳动力商品、资本、剩余价值等基本范畴，对资本主义生产关系的演变发展作了深刻而科学的揭示。而目前我国在分析当代社会主义基本经济关系时，却缺乏这种抽象的概括。由于在一些基本范畴和概念上，更多是来自于文件和时事新闻的表述用语，导致这种概括带有滞后性和总结性，弱化了经济理论本身所具有的对事物本质的深刻把握能力。

其三，在经济学和工商管理的各分支学科和专业方向上，还需要进一步运用中国特色社会主义政治经济学的基本范畴、原理和研究方法，发挥其全面统领和基础支撑作用。

其四，中国特色社会主义政治经济学在理论假设和分析工具方面需要进一步创新，避免在分析复杂经济现象时过于借助一些含有片面性的西方经济理论。

基础性研究是理论体系的支撑，从根本上是为解释现实问题、指导社会实践服务的。当前加强中国特色社会主义政治经济学的基础性研究，就是要增强对中国特色社会主义经济规律的认识水平和驾驭能力。在 2015 年 11 月中共中央政治局第 28 次集体学习时的讲话中，习近平总书记指出："要立足我国国情和我国发展实践，揭示新特点新规律，提炼和总结我国经济发展实践的规律性成果，把实践经验上升为系统化的经济学说，不断开拓当代中国马克思主义政治经济学新境界。"加强中国特色社会主义政治经济学的基础性研究，就是要"把实践经验上升为系统化的经济学说"，这是中国特色社会主义政治经济学持续发展的目标。

基础性理论的创新是完善中国特色社会主义政治经济学体系的关键。中国特色社会主义政治经济学基础性研究，要走向系统化和学理化，重点是要构建一整套的假设、概念、范畴和分析工具，对我国的现实经济生活和经济规律作出说明并经受实践的检验。中国特色社会主义政治经济学的基础性研究，重点之一是要在前提假设上不断总结、概括和创新，使之在理论研究和宣传中体现出基础性效应。马克思主义经济学的五大理论假设，包括新的活劳动创造价值假设、利己利他经济人假设、资源与需要双约束假说、公平与效率互促同向变动假设、公有制高绩效假设等，都坚持了马克思主义基本原理的精髓，同时可以为当代中国经济发展作出科学的诠释。相信随着实践的发展，将来我国理论界定会在研究中不断提炼出更多适应中国现代政治经济学理论体系的理论假设。

三、 中国特色社会主义政治经济学基础性研究要重视分析工具、 学术话语的创新， 要重视三类经济思想资源

中国特色社会主义政治经济学基础性研究要重视分析工具的创新。应当指出，马克思主义经济理论具有高度的现实针对性。马克思关于现实经济活动和经济现象的理论论述，尽管针对的是当时历史条件下相关领域的现实，都具有具体性，但也有反映市场经济的一般性。

只要根据现实的经济发展对这些理论精髓进行深入挖掘和科学扩展，就能够很好地与各门应用经济学和交叉经济学进行理论互动，在共同发展过程中不断产生新概念和新观点。

学术话语是基础性研究的支撑点和核心点。时代在发展，政治经济学研究的具体内容也会随之变化，相应需要提炼出新的术语来界定、表述和运用。一般来说，每一门科学提出的每种新见解往往都包含该门科学的"术语革命"。马克思主义经济理论提出过大量全新的术语，推动了经济学的革命。坚持马克思主义经济学的逻辑结构和分析框架，并根据现实发展不断提炼出新的、科学的、说服力强的术语，是中国特色社会主义政治经济学基础性研究的必然要求。改革开放以来，中国特色社会主义经济理论和实践发展取得了重要成就，形成了许多关于发展社会主义经济的重要理论成果和独创性观点。接下来，需要进一步地用术语科学地概括这些理论成果和独创性观点。

中国特色社会主义政治经济学基础性研究要重视三类经济思想的资源。一是马克思主义及其中国化的经济思想资源，简称"马学"。它包括马克思主义基本经济原理、国外现代马克思主义经济理论、马克思主义中国化形成的经济思想和理念。这是中国特色现代政治经济学的主体内容和最大增

量。二是中华优秀传统文化的经济思想资源，简称"国学"，这是中国特色现代政治经济学发展十分宝贵的资源。其中关于劳动、土地、人口、财政、税收、商品、货币、价格、资本和外贸等经济思想，大大先于和高于同时代的西方国家，是中国特色现代政治经济学思想之源。三是国外各种经济思想资源，简称"西学"。它包括世界所有国家经济学研究取得的科学成果，这可以成为中国特色社会主义政治经济学的有益营养。

（原载于《人民论坛》2017 年第 3 期（上）。程恩富，侯为民）

马克思主义政治经济学理论体系
多样化创新的原则和思路

改革开放以来，中国马克思主义政治经济学及其理论体系，注重提炼和总结中国经济发展的丰富经验与世界经济的新变化，为坚持和发展马克思主义经济理论，作出了重要贡献，呈现出多样化格局。然而，多样化的政治经济学体系各有长处与短处，需要在科学评析的基础上继续完善和开拓创新。

一、现有政治经济学主要体系简评

经过 30 多年的探索和发展，我国出版的数十种马克思主义政治经济学教材，其主要理论体系的建构大致有以下几种。

——两大类结构的政治经济学体系。在 20 世纪 80、90 年代，把政治经济学分成资本主义部分和社会主义部分两大类，是主流理论体系的结构。其优点在于社会主义经济理论可以充分阐述，缺点在于两大部分的结构和概念是不对称的，时常对同一分析对象，使用不同的概念进行阐述。如资本主义部分使用"扩大再生产"概念，社会主义部分使用"经济增长"概念等。

——三篇结构的政治经济学体系。受当时南斯拉夫等东欧国家政治经济学的影响，这种体系先设政治经济学的一般原理篇，集中阐述基本范畴、原理和观点；再设资本主义经济、社会主义经济两篇。它运用从抽象到具体的方法，有一定的逻辑性，但后两篇内容的构成逻辑和方法是不自洽的，依然存在上述资本主义经济和社会主义经济两大类结构体系的缺陷。

——四篇结构的政治经济学体系。借鉴西方经济学和苏联、东欧国家政治经济学的理论体系，这种体系主要由商品经济、经济制度、经济运行、经济发展四篇构成。它把商品、货币、社会生产一般的内容独立成首篇；在后三篇中分别论述资本主义和社会主义不同的经济制度、经济运行特点和经济发展模式。这只解决了首篇分析的市场经济和社会生产一般概念的对称性，而其余三篇仍然是先后分资本主义和社会主义两大类来论述。此外，另一种四篇结构的政治经济学体系，依照商品和货币、资本主义经济、社会主义经济、经济全球化与对外开放排序。这两种四篇结构的体系有一定的科学逻辑，但不同经济的制度、运行和发展等内容是相对交叉的，且对外开放都为资本主义经济和社会主义经济所内含，完全分割叙述并不完美。

——六篇结构的政治经济学体系。这是参照原有政治经济学和西方经济学的理论模式，综合设计而形成的体系，主要分为社会生产过程、社会经济制度、微观经济运行、社会经济发展、宏观经济运行、国际经济关系六部分。其优点是吸收了西方经济学的某些成分，但并非遵循统一的科学方法论逻辑来构建，分块拼盘明显。

二、 创新政治经济学体系的原则与思路

为了进一步完善和创新 21 世纪马克思主义政治经济学的多样化理论体系，使其尽量符合科学化、时代化和中国化的要求，可考虑确立以下若干学术原则和思路。

第一，应科学地汲取西方主流经济学体系结构的某些思路，而不宜进

行简单的混合式模仿。西方主流经济学体系的结构一般分为微观经济、宏观经济和国际经济三大块，反映了其经济思想史发展的沿革。19 世纪末，马歇尔综合前人研究所形成的经济学体系，只是微观经济学。它在 20 世纪 30 年代大危机冲击下的部分破产，使以凯恩斯主义为基础的宏观经济学体系应运而生。再加上日益成熟的国际贸易理论和国际金融理论，西方主流理论体系形成了微观经济、宏观经济和国际经济三大块结构。这一体系的内容存在严重弊端。科斯批评其属于缺乏产权、制度和交易费用等内容的"黑板经济学"，形式主义盛行；加尔布雷斯也支持法国青年学者的批评，认为西方主流经济学过度数学化，严重缺乏对于现实问题的了解和分析。①哈佛大学经济系学生在罢课声明中强调，真正合理的经济学研究必须包含对各种经济学优缺点的批判性探讨，而不能只为问题百出的不公平社会辩护，但在曼昆讲授的课程中，几乎无法接触其他可供选择的方法和路径来研究经济学和社会。② 这些内容的严重缺陷与其体系结构的缺陷密切相关，因为西方主流经济学体系的形成历来缺乏科学方法论的支撑。鉴于三大块体系结构机械划分的弊端，斯蒂格利茨和沃尔什编写的《经济学》③ 等教材便将之舍弃，转而以交叉设章节陈述三大块内容的方式权宜行事。显然，这些略有差异的新体系结构依然缺乏科学方法的系统性，甚至造成了更加不合逻辑的混乱。譬如，萨缪尔森在其《经济学》的"微观经济学"篇，先论述供给、需求和产品市场，后又设"应用微观经济学"篇，论述政府税收和支出、效率与公平、国际贸易，甚至还设有"会计学"这一目。④ 其实，政府收支当属宏观经济问题，国际贸易当属国际经济问题。因此，倘若现代政治经济学体系的建构，只是在原有体系结构上增加微观经济和宏

---

① 参见贾根良、徐尚：《"经济学改革国际运动"研究》，北京：中国人民大学出版社，2009 年。

② 参见于祖尧：《西方市场原教旨主义的衰败》，《红旗文稿》2012 年第 24 期。

③ 约瑟夫·斯蒂格利茨、卡尔·沃尔什：《经济学》，黄险峰、张帆译，北京：中国人民大学出版社，2010 年。

④ 保罗·萨缪尔森、威廉·诺德豪斯著：《经济学》（第 19 版），萧琛等译，北京：商务印书馆，2014 年。

观经济部分，形成各种混合型的理论体系架构，势必同样缺乏统一的方法论逻辑。我们可以科学地汲取西方经济学体系的思路，即政治经济学需要包括微观经济和宏观经济的有关内容，但绝非简单地在体系结构上进行混合式的模仿。

第二，应综合把握马克思的《政治经济学批判》"六册计划"与《资本论》"四卷结构"之间的辩证发展关系，而不宜将二者相互对立。[①] 1859年，马克思在《政治经济学批判》第一分册的《序言》中，第一次正式宣布了"六册计划"。"我考察资产阶级经济制度是按照以下的顺序：资本、土地所有制、雇佣劳动；国家、对外贸易、世界市场。在前三项下，我研究现代资产阶级社会分成的三大阶级的经济生活条件；其他三项的相互联系是一目了然的。"[②] 但马克思没有能够完成这个宏大的写作计划。正式出版的四卷本《资本论》结构体系，分别为资本的直接生产过程、资本的流通过程、资本主义生产的总过程和剩余价值理论。我们可以科学地综合以上二者的构想和安排，并加上列宁《帝国主义是资本主义的最高阶段》的思路，摒弃资本主义与社会主义两分法的框架，重新设计一种较为完整的、研究现代市场经济的马克思主义政治经济学体系结构，可考虑按照如下逻辑安排。除了在导论部分阐述政治经济学的产生与发展、对象与范围、任务与方法、性质与意义，以及在尾论部分阐述经济制度一般原理以及资本主义和社会主义两种经济制度的异同、共存、竞争和发展趋势之外，主干内容可以分篇阐述直接生产过程、流通过程、社会再生产总过程、国家经济过程和国际经济过程。其中，前三个经济过程重点体现《资本论》关于市场经济的叙述方法；后两个经济过程重点体现"六册计划"中的后三分

[①] 参见汤在新主编：《〈资本论〉续篇探索——关于马克思计划写的六册经济学著作》，北京：中国金融出版社，1995年；许兴亚：《马克思经济学著作的"六册计划"与〈资本论〉——读〈资本论〉续篇探索一书的思考》，《中国社会科学》1997年第3期；徐洋、朱毅：《中国学者对马克思"六册计划"的研究综述》，《马克思主义与现实》2015年第1期。

[②]《马克思恩格斯选集》第2卷，北京：人民出版社，2012年，第1页。

册叙述方法。其中的各篇章节都依循先范畴一般、后范畴特殊的分析法来阐述。例如，在叙述工资范畴时，先讲工资的一般含义，再讲资本主义工资的本质，接着讲社会主义工资的本质；在叙述市场经济范畴时，先讲市场经济的共性，再分别讲市场经济的资本主义特征和社会主义特征。

第三，应尽快构建广义政治经济学体系，而不宜只着眼于仅完善市场经济的政治经济学。我国唯一规范的广义政治经济学体系专著是许涤新在新中国成立初期发表的。[①] 他以三卷本形式，分别阐述前资本主义经济制度、资本主义经济制度和社会主义经济制度。自从恩格斯提出应建立广义政治经济学以来，尤其是在最近几十年，中外关于原始社会、奴隶社会和封建社会的经济史料已十分丰厚，完全可以通过去粗取精、去伪存真、由此及彼、由表及里的科学抽象，提炼出其中的主要经济范畴，揭示它们的经济关系和总体发展规律，从而分别构建统一规范的原始社会、奴隶社会、封建社会的政治经济学，而非满足于一般的经济史学，以便最终创立历史与逻辑相吻合的广义政治经济学新体系。

有论著以我国社会主义市场经济体制尚未成熟为由，认为不能或不应构建包含社会主义市场经济在内的政治经济学体系，这种认识有片面性。相对于 19 世纪后期以来的资本主义发展，《资本论》以及更早形成的资产阶级古典和庸俗的政治经济学体系，是在产业革命胜利前的 18 世纪及之后 19 世纪中叶的自由资本主义条件下创立的，尽管它们的体系、方法和原理存在重大区别。可见，只要一个社会的经济制度和经济关系基本定型或相对成熟，便可以创立科学反映和揭示该社会经济形态演进规律的政治经济学体系。人所共认，任何一个社会的经济制度和经济关系都会不断发展和持续演化，直至过渡为新的社会经济形态。就资本主义社会和社会主义社会而言，其经济制度的改革与发展将不会停止。尽管后者尚处在初级阶段，

---

① 许涤新：《广义政治经济学》第 1 卷、第 2 卷，北京：三联书店，1950 年；许涤新：《广义政治经济学》第 3 卷，北京：三联书店，1954 年。

但从俄国十月革命胜利算起，社会主义经济制度的发展已有近百年的历史，我们总不能坐等到共产主义社会，再来创立各种狭义的政治经济学体系，而是要不断前进。至于有舆论认为，西方主流经济学对任何历史时期所有的经济制度都具有"普世"性，以致中国特色社会主义市场经济体制迟早会变为资本主义市场经济体制，因而否定构建21世纪马克思主义政治经济学体系和中国特色社会主义政治经济学体系的必要性，那就属于一厢情愿的谬论了。

第四，可按照不同的叙述方法，分别谋划政治经济学体系的不同建构，以利于比较研究，而不宜单一化。笔者认为，马克思《政治经济学批判》"六册计划"结构的安排次序可进一步概括为："生产要素结构分析→国家经济整体分析→国际经济关系分析"。第一步的安排先阐述作为资本主义核心概念的"资本"，再阐述作为第二位生产要素和生产关系的"土地所有制"，然后阐述被资本和土地所有制所支配的"雇佣劳动"。这是对资产阶级、土地所有者阶级和雇佣劳动阶级三大阶级经济生活条件及其经济关系的分析，从而完成对资产阶级社会内部结构的范畴分析，成为总体把握其基本阶级关系的依据。第二步阐述作为整体资产阶级的国家经济行为；第三步经由对外贸易，阐述作为资本具体总体的世界市场：通过这两步揭示国家和国际的经济关系和经济规律。与此不同，《资本论》前三卷的总体结构采用黑格尔"正—反—合"螺旋式上升的叙述方法。即先阐述作为核心内圈的"资本的直接生产过程"，中心是分析剩余价值的生产；然后阐述包含内圈的"资本的流通过程"第二圈，中心是分析剩余价值的流通；最后阐述包含生产和流通在内的"资本主义生产的总过程"外圈，中心是分析剩余价值的分配。此外，马克思在《〈政治经济学批判〉导言》中，精辟地分析了生产、交换、分配和消费的各自作用及其相互关系，没有否定从社会生产和再生产的这四个环节和领域来叙述政治经济学的体系结构，并且《资本论》前三卷的理论体系就是先后叙述前三个环节的，消费理论则分散在各卷之中。可见，如果分别采用马克思依据不同的叙述方法，所形成或涉及的政治经济学体系结构，至少也有上述不同层次的三种形式。

现在深一步探讨，倘若要与现代西方经济学进行体系建构上的学术对话，合理借鉴其中的某些方法以及物理学的方法，并用马克思主义方法论的精神，总体指导和超越该理论体系，我们还可以创新出另一种马克思主义政治经济学的体系结构。即依序叙述"渺观经济→微观经济→中观经济→宏观经济→宇观经济"。渺观经济重点阐述劳动与生产一般、个体经济行为和经济活动中的人性。微观经济重点阐述家庭的分工、生产、收入与财富、消费、储蓄与投资、人口；阐述企业的分工、生产、分配；阐述市场的形式与结构体系、地位与作用、要素市场均衡与产品市场均衡、市场与国家关系、国家微观规制。中观经济重点阐述产业的发展、运动、组织、分工、结构和多产业关系；阐述区域经济的分工、组织、一体化、要素流动、贸易关系、城乡关系、均衡与非均衡发展。宏观经济重点阐述国民收入决定与核算、产品市场和货币市场的一般均衡、总需求与总供给的关系和模型、失业与通货膨胀、经济增长和周期、国家宏观调节、居民人口。宇观经济重点阐述国际的分工、生产、贸易、金融、资源与财富分配、生产价格与价值规律、竞争与垄断、全球化与区域化、经济发展不平衡、经济体系、经济调节与秩序。简言之，以中外市场经济为研究范围的现代政治经济学体系创新，应科学地促进多样化发展，实现理论体系差异之间的优势互补与共生，通过比较和争鸣，多学派地丰富和繁荣该学科。

第五，应完整地构建在方法和原理上分层递增的政治经济学体系，而不宜专题化。与西方经济学教材分为初级、中级和高级不同，现有政治经济学教材几乎都没有按照方法和原理的深浅，分层递增地展开叙述。① 硕士

---

① 例如，以下三本经济学教材就是按照方法和原理深浅程度的递进来阐发的。程恩富、冯金华、马艳主编：《现代政治经济学新编》，上海：上海财经大学出版社，2008年；程恩富、余斌、马艳主编：《中级现代政治经济学》，上海：上海财经大学出版社，2012年；程恩富、马艳主编：《高级现代政治经济学》，上海：上海财经大学出版社，2012年。

生和博士生的政治经济学教材和教学都是专题研究，这种不规范的安排亟需改革创新。以方法为例，在初级政治经济学教材中，大体只需讲授马克思的唯物辩证法和他使用过的初等数学；而在中级和高级政治经济学教材中，就应循序增添高等数学、系统论、控制论、心理学、法学、社会学、政治学、文化学、美学等某些叙述方法，进而深化对多种经济现象和多级经济本质的分析，反映经济系统与政治系统、文化系统等的交叉互动，充实理论研究和叙述的深度和广度。再以分析领域和相应原理为例，在初级政治经济学教材中，大体只需讲授马克思关于物质生产的经济原理，而在中级和高级政治经济学教材中，就应循序增添文化、科技、卫生等重要领域及相应的经济理论。还可以某一经济原理为例，从生产力的一般含义界定扩展到生产力的体系结构理论；从生产资料和消费资料两部类再生产实现的公式，扩展到非物质生产部类、环境部类、军工部类及其在开放条件下的实现公式和投入产出模型；从垄断资本主义的性质和特征分析，扩展到对多种生产方式的世界体系分析；从经济危机的一般阐述扩展到短中长三种经济周期理论；从单纯的国际经济学分析扩展到国际政治经济学分析；从对土地和地租理论的一般介绍，扩展到整个"三农"理论；从中国社会主义市场经济体制的分析，扩展到如白俄罗斯社会主义取向等不同市场经济体制的分析，并循序增添对城镇化、城乡一体化、经济区域化和时空经济等重要理论，等等。

第六，应严密构建起始范畴与主线理论逻辑自洽的政治经济学体系，而不宜随意化。单纯研究某一社会经济制度的理论体系，被称为狭义政治经济学；研究一切社会经济制度的理论体系，被称为广义政治经济学。相对而言，我们不妨把同时研究资本主义和社会主义社会经济制度的理论体系，称为"中义"政治经济学。以近现代市场经济为研究范围的"中义"政治经济学，其从抽象上升到具体的起始范畴是什么？既然资本主义和多数社会主义国家都实行市场经济体制，那么，作为细胞，以包含一切矛盾胚芽的商品为始点范畴，看来依然是贯穿对立统一矛盾分析法的最佳安排。而把所有制或劳动等这类复杂概念，当作叙述始点则不妥当。遵循马克思关于社会剩余劳动的构思，社会剩余劳动理论可作为广义政治经济学的主线（红线）理论。但市场经济中的社会剩余劳动一般要转化为社会剩余价值，因而社会剩余价值理论可视为"中义"政治经济学的主线。笔者认为，在这个意义上不妨将社会剩余价值按经济制度的性质进行分类：私人资本及其社会资本攫取的是马克思原本意义的私人剩余价值，公有资本获取的是联合劳动者自己创造的"公有剩余价值"。以往那种既承认资本和剩余价值是资本主义私有制社会所特有的范畴，又把剩余价值的转化形式利润以及工资视为各种所有制的共同概念，在逻辑上难以自洽，会导致"中义"政治经济学体系内部的表述紊乱。

与此相关的是社会生产目的的理论创新问题。私人资本最大限度地攫取雇佣劳动创造的剩余价值，是资本主义私有制经济制度直接和最终的生产目的，它们之所以生产作为其载体的使用价值，完全是为资本主义的生产目的服务的。社会主义市场经济条件下的公有制企业具有双重生产目的。处于竞争性领域的公有企业，其直接的生产目的是追求最大限度的公有剩余价值；而公益性公有企业的直接生产目的，是以使用价值最大限度地满足全体人民的物质和文化需要（含生态环境的需要）。但所有公有制企业的最终生产目的，都是为了最大限度地满足全体人民的物质和文化需要，并服从社会主义国家基于全体人民整体和长远利益所进行的宏观调控，价值形成和价值增值最终是为生产使用价值服务的，因而体现了人民主体性和民生导向性的社会主义经济特征。

（原载于《中国社会科学》2016 年第 11 期）

政治经济学现代化的四个学术方向

中国经济学和政治经济学现代化的学术原则应当是"马学为体、西学为用、国学为根、世情为鉴、国情为据、综合创新"[1]。而政治经济学的现代化应当是在国际化、应用化、数学化和学派化这四个学术方向上持久地开拓创新。

一、 政治经济学的国际化

马克思主义政治经济学从它诞生之日起就是一个国际化的学说，只是后来随着世界上社会主义国家的建立和"冷战"的兴起，政治经济学在东西方两大阵营以及在每个阵营的不同国家内分别走上了不同的发展道路，并日益隔绝起来。中国改革开放以后，对国外的马克思主义政治经济学研究日益关注，翻译和引进了不少学术成果，但迄今为止，这种交流主要是单向的，还处于中国政治经济学界了解和借鉴国外政治经济学的阶段。随着中国长期经济发展奇迹的出现、中国经济模式优势的确立，尤其是中国经济在西方金融和经济危机爆发后的优异表现，中国的政治经济学理论发展日益得到国际知识界的关注。现阶段政治经济学国际化的中心思想是加大双向交流：一方面，中国在世界上的地位越来越重要，中国马克思主义

---

[1] 程恩富、何干强：《论推进中国经济学现代化的学术原则》，《马克思主义研究》2009 年第 4 期。

经济理论研究的国际影响也日趋扩大；另一方面，西方金融和经济危机使马克思主义在苏东剧变之后重新得到世人的广泛关注，马克思在《资本论》中对于资本主义市场经济的批评也被西方国家的民众甚至一些政要认可。国外一大批马克思主义经济学家，如大卫·科茨、莱伯曼、柯瑞文、迪劳内、伊藤诚等以马克思主义经济学的基本原理与当代世界经济的具体实际的结合为主题，阐述了世界资本主义和社会主义市场经济的一系列新的理论和政策思路，为中国经济学家的理论创新提供了可供借鉴的宝贵思想资源。随着中国经济参与世界经济进程的加深，中国马克思主义经济学的研究除继续关注中国的发展外，也将逐步扩大国际视野，积极参与全球政治经济学和左翼经济学的学术研讨和争论。这有益于把马列主义经济学及其中国化理论客观和正确地介绍到各国，有益于中国抵御西方发达国家施加给中国经济的无理压力、维护中国的合理经济权益和推动世界经济的公正有序发展，有益于加强中国政治经济学在世界马克思主义经济学界的平等交流和"话语权"，有益于与西方主流经济学界的对话和论争，以增强对整个国际知识界的影响力。

政治经济学国际化正在积极地进行之中。最近六年，由各国学者推选的中国经济学家领衔的全球学术团体——世界政治经济学学会分别在中国、日本、法国和美国召开世界政治经济学大会；2010年，创办了《世界政治经济学评论》国际英文季刊；2009年开始，每年评选"21世纪现代政治经济学杰出成果奖"；2011年开始，每年评选"世界马克思经济学奖"，不断双向翻译发表一些重要著作和论文。2011年，中国社会科学院支持创刊的《国际批判思想》（中文翻译为《国际思想评论》）国际英文季刊，由30多个国家的约50位国际知名学者担任编委，政治经济学探讨和评论是其十多个重要学科之一。这些世界级的政治经济学学会、刊物、翻译和评奖等学术工作，均有力地推动了中国政治经济学的国际化和国外政治经济学的中国化，在各国的学术影响迅速增大。

二、 政治经济学的应用化

理论是为社会实践和应用服务的，经济理论更是如此，强调经世济民和民富国强，以便更好地解决中外经济社会发展中的问题。现代政治经济学理论应当更多地被运用、拓展到部门经济、应用经济和专题经济的学科中去。从近年来的情况看，西方经济学理论的广泛应用是经济学发展的主要趋势。比如，西方经济学的基本概念、理论、原理和分析方法等，都渗透到了金融、贸易、产业经济等学科之中，体现了理论经济学对应用经济学的引领作用。这一点是值得马克思主义经济学借鉴的。不过，西方金融和经济危机爆发后，西方发达国家内部、西方发达国家之间以及西方发达国家与发展中国家之间的矛盾日益激化，以西方经济学为基础理论的国际金融、国际贸易、发展经济学等应用经济学的内在缺陷日益显露，急需运用科学的经济学基础理论来改造这些应用学科。许多问题，如金融衍生产品到底是化解金融风险、促进经济发展的利器，还是国际金融垄断寡头扩大金融风险、掠夺世界人民的工具，其真相到底如何等等，这些都需要根据马克思主义政治经济学原理改造和发展的相关应用经济学来系统诠释。

马克思主义经济学可以分为马克思主义理论经济学（其中政治经济学是主体）和马克思主义应用经济学两个层次。应当说，经典马克思主义经济学本身已包含对现代学者所细分的应用经济学的分析。马克思关于货币、价格、工资、企业、流通、分配、产业、金融、汇率、信用、危机等理论及其应用，都是当时历史条件下政治经济学理论具体化、部门化和应用化的精华。尽管由于著作篇幅有限，论述得还不够，而且随着时代的变迁，这些理论的部分结论有一定的局限性，但只要根据现实的经济发展对这些理论精髓进行深入挖掘和科学扩展，就能够很好地指导各门应用经济学和交叉经济学。以许多应用经济学和新兴交叉经济学都要涉及的供求关系为例，马克思抓住了资本主义经济的本质，即对私人剩余价值的追逐，论证了资本主义市场经济必然出现生产等相对过剩，出现供给与需求的不平衡。"资本家的供给和需求的差额越大，就是说，他所供给的商品价值越是超出他所需求的商品价值，资本家的资本增殖率就越大。他的目的，不在于使二者相抵，而是尽可能使它们不相抵，使他的供给超出他的需求。"① 因此，与建立在供给与需求处处均衡分析之上的西方经济学相比，马克思主义政治经济学能够给予各门应用经济学科真正科学的方法论和理论导向。

与西方学术界中的"经济学帝国主义"，即用西方经济学的思想和分析方法研究和解释其他社会科学所研究的问题相类似，政治经济学的应用化，还包括其被应用到其他各个学科，尽管其中的缘由与"经济学帝国主义"大不相同。政治经济学关于劳动、财富、价值、产权、资本、资源、成本、收益、经济利益、按比例发展、经济调节机制和经济全球化等分析方法和原理，其中有不少可以被借鉴应用到其他社会科学的学科中。正是因为政治经济学揭示了现代社会的经济运动规律和机制，而经济系统与政治、文化和社会等其他系统存在一定的联系和发展的某种共性，因而它对于其他相关学科往往具有渗透和双向借鉴的意义，这在经济社会学、经济哲学、经济伦理学、经济心理学、经济人类学、新政治经济学、人口学、国际政治经济学、国际关系学等学科发展中尤其重要。

推动政治经济学应用化的方式较多。这里只说明两点：一是要加强大学生和研究生教材的编写。目前，中国社会科学院马克思主义研究院正在组织全国科研单位和高校，重新编写150门左右的理论经济学、应用经济学、交叉经济学及相关学科的教科书，以便逐步摆脱中国经济学科"被殖民化"（美化为中国经济学"与国际接轨或国际化"）的严重偏向，构建真正具有时代精神、世界实践和科学创新的马克思主义经济科学的完整学科体系，实现"以我（国）为主"的经济学双向交流和国际化。其特点和综

---

① 马克思：《资本论》第 2 卷，人民出版社，2004 年，第 134 页。

合创新之处，便是以经济全球化、区域化和集团化为背景，以中外现代经济关系和经济制度为对象，广泛运用中外马克思主义政治经济学及其应用的最新科学研究成果来创造性地编著，能够体现中国和世界现代马克思主义经济学的最高研究水平，适合各国马克思主义经济学的教学和进一步的研究需要。二是要重视由马克思主义政治经济学家领衔召开的应用经济领域和相关领域的研讨会。政府、学术界和社会各界人士，共同研讨经济问题，也是一种很好的方式。近年来中国社会科学院马克思主义研究院和经济社会发展研究中心联合十余所高校共同举办的"中国经济社会智库高层论坛"，应用马克思主义经济学方法和理论精神，对社会普遍关心的重大现实问题进行独创性研讨，已先后提出"先控后减的新人口策论""机关、事业和企业联动的新养老策论""转变对外经济发展方式的新开放策论"和"城市以公租房为主的新住房策论"等，引起社会各界的广泛重视，起到了很好的建言献策和理论传播效果。

三、 政治经济学的数学化

重视数学分析，在定性分析的基础上进行必要的定量分析，一直是马克思主义政治经济学的优良传统之一。《资本论》就是一个典范，可以说，在古典政治经济学体系中运用数学最多的就是马克思。"马克思使用的计算，主要是用作文字论证的补充说明，他的文字论证将过程和横断面分析结合在一起了，这样的计算即使对今天现有的数学技巧来说，也是做不到的。"① 马克思自己曾说："为了分析危机，我不止一次地想计算出这些作为有规则曲线的升和降，并曾想用数学方式从中得出危机的主要规律（而且

---

① ［美］肯尼思·梅（K. May）：《价值和价格：对温德尼茨解法的一个注释》，《经济学杂志》1948 年第 6 期。

现在我还认为，如有足够的经过检验的材料，这是可能的）。"[1] 马克思重视数学方法在经济研究中的作用，但并不迷信数学，而是始终将数学方法建立在正确的分析前提上，即以唯物辩证法为指导，坚持以科学抽象法、逻辑方法和历史方法作为分析的基础。此外，马克思还认为，在纯数学领域内进行的研究，必须通过经济分析进行检查，使它不脱离某一经济现象所固有的经济规律。由于坚持了上述原则，马克思的经济学理论的数学化分析能够增强理论的解释力和科学性。

相比之下，现代西方经济学虽然运用了大量的数学工具，但由于其出发点时常失误或脱离现实，因而其数学化的结果并不能表明其理论的科学性和精确性。例如，西方宏观经济学的计量经济学模型的联立方程组中，通常必有一个方程是按总供给与总需求相均衡的原则设立的，从而这样的数学模型求解出来的结果，必定与生产过剩等的常见实情相距甚远，从而无法发现经济运行中的问题，也无法预测经济危机。另外，数学模型的复杂性并不与数学模型的科学性成正比。比如，西方宏观经济学模型为了体现自己的科学程度，喜欢搞上百个方程和上百个变量的过于复杂的大型模型，却忽略了每个变量都存在计量误差，随着方程数和变量数的增加，每个变量的些许误差的集合会放大成巨大的误差，从而使得模型只有纸面上的意义，难以科学认知和应用。

对政治经济学的数学化可以有两种态度。第一种是坚持唯物辩证法和历史唯物论为总的方法论原则，同时高度重视利用数学分析工具，把数学分析与现代马克思主义政治经济学前提假设和理论基础结合起来，进行马克思主义经济学原理的论证、阐述和发展，以弥补定性分析和规范分析的不足。这里所说的数学化，并非化得越深越好，而是依据理论分析的必要性和可能性。第二种则是盲目地与西方主流经济学接轨，注重数学分析的形式主义和滥用数学工具。为了数学而分析，而不是为了分析而运用数学，

---

[1]《马克思恩格斯全集》第 33 卷，人民出版社，1995 年，第 87 页。

甚至为了便于参照西方经济学的方式运用数学，而采用西方经济学所使用的部分错误假设和前提，背离了在政治经济学里运用数学的初衷，得出了许多错误的结论。现代西方主流经济学偏好以片面的或脱离现实的假设为研究经济问题的出发点，建立一个"理论假设—逻辑推演—实证检验"固定的分析模式，并视为唯一科学的研究范式，排斥研究方法和叙述方法的多样性，以至于把亚当·斯密的《国富论》和马克思的《资本论》称为经济哲学而非经济学著作，这是典型的现代教条主义。前一种态度是中国经济学的主攻方向之一，后一种态度则是需要避免的。

需要指出的是，西方经济学对于数学工具的运用是不充分的。马克思曾经讽刺李嘉图："看来，除了资产阶级社会形式以外，'欧文先生的平行四边形'是他所知道的唯一的社会形式"[1]。与此类似，"令所谓的利润函数一阶导数等于零是西方经济学家所知道的唯一的求解利润最大化的方法"[2]。但是，一方面，这一方法并不总是求解利润最大化的方法；另一方面，考虑到风险的存在，资本家也并不处处追逐短期利润的最大化。显然，不受西方经济学束缚的政治经济学可以更为合理地使用更多的数学方法。

经济学研究中的模型，除了文字模型和图表模型以外，数学模型是重要的表达和分析方法。政治经济学的数学化，将在以下几个方面促进中国经济学的发展：（1）可以运用现代数学的最新成果，为逻辑分析、抽象分析和定性分析等方法提供支撑，对马克思主义经济理论进行更全面的阐述，如价值转形问题、劳动生产率与价值量变动的关系问题等；（2）可以运用数学工具，对现代社会中经济发展的经验材料进行更科学的归纳、整理和分析，并为国家和企业的经济决策提供更为翔实的依据，如劳动报酬和人口的统计分析等；（3）在马克思主义方法论的基础上，对现代市场现象进行数学解释，有利于马克思主义经济理论与西方经济理论的对比，从而增

---

[1] 马克思：《资本论》第 1 卷，人民出版社，2004 年，第 94 页。

[2] 余斌：《经济学的童话》，东方出版社，2008 年，第 19 页。

强人们的理论辨别力，如国有企业的真实效率等；（4）可以使理论更严谨和清晰，易于表达，增强马克思主义经济学的学术解释力和说服力，如一般利润率下降规律等。总之，政治经济学的数学化，将有利于弥补目前政治经济学研究中的部分缺憾，大大促进其理论的传承和创新，真正体现中国经济学的时代特征。

四、政治经济学的学派化

《辞海》中对"学派"一词解释为："一门学问中由于学说师承不同而形成的派别。"这种定义的学派是传统的"师承性学派"。学派还可以指以某一地域、国家、民族、文明、社会或某一问题为研究对象，而形成具有特色的学术群体。这种现代性的学术群体，同样可称为"学派"。在西方经济学界中，有芝加哥学派、奥地利学派、剑桥学派等以地域命名的学派，有重农学派、货币主义学派、供应学派、产权学派等以概念或主题命名的学派，也有凯恩斯主义学派、后凯恩斯主义学派等以某一重要理论创始人命名的学派。以这三种不同形式命名的经济学学派的形成和发展，除了某些是与对抗马克思主义经济学有关之外，主要还是与资本主义国家中阶级的分层及其利益的分层有关，如有的学派主要维护的是大地主阶级的利益，有的学派主要维护的是小资产阶级的利益，有的学派侧重维护的是产业资本阶级的利益，有的学派侧重维护的是金融资本阶级的利益，有的学派主张资产阶级的经济改良主义，有的学派主张维护大垄断资产阶级的利益，等等。随着各自所维护的阶级和阶层在社会和统治集团内部地位的升降，这些学派的学术影响力也相应地升降。

与资产阶级经济学学派的形成和发展不同，中国政治经济学的学派化，不是为了代表劳动阶级不同阶层的利益，而是都应站在劳动阶级和广大人民的整体立场，都应遵循马克思经济学的方法论和理论精神，都应尽可能地全面系统地掌握实际经济情况，在此基础上对马克思主义政治经济学方法、理论及其应用进行深入探讨，并由于认识上的不同或不能完全做到"三个都应"而形成各自的学术流派。

实际上，随着马克思主义政治经济学研究的日益深入，政治经济学的学派化，将是未来的一个主要方向。这是因为，马克思发现的唯物史观和改造旧哲学形成的唯物辩证法，第一次打开了人们科学地认识人类历史发展规律的大门，马克思主义博大精深，涉及经济学、政治学、社会学等许多学科，而且这些学科之间还有丰富的交叉内容，单凭个人或少数几个人的努力要全面研究马克思主义并将其应用于各个学科是做不到的，形成学派势在必行。

学术自由、繁荣和质量的标志之一是学派化，其益处，一是可以集中研究主题，避免泛泛而谈和不够深入的缺点，体现研究成果的特色，形成具有深度的学术积累；二是可以在不同学派中形成争鸣，增强政治经济学的辨别力和旺盛力，形成有学术渊源的思想发展史；三是可以通过学派的传承和壮大，凝聚有特色的研究群体，形成研究合力。在日本政治经济学界，劳农派、宇野派、新古典马克思主义经济学派、演化经济学派等都颇有影响。目前，国内政治经济学研究领域已开始形成一些影响程度不同的学派，如以中国社会科学院和上海财经大学为研究基地的新马克思经济学综合学派（或称海派经济学）等。有些人以为形成学派很简单，其实，学派化对学者尤其是学派的学术带头人的要求会更高。学派要能站得住脚，就要求学者在经济学方法、理论和政策研究上与别人有科学价值的重要区别，但又不能像许多西方主流学派那样，只是把某一方法、理论或政策加以极端化和片面化，呈现极端成派的不良学术格局和倾向。如产权学派只认定产权这一因素最重要，货币学派只认定货币政策最重要，供给学派只认定供给最重要，从而缺乏辩证的系统分析思维，缺乏在一定条件下各种重要因素的地位相互转化的认知。另外，学派不是封闭性的宗派，其思想和人员均应呈现动态式的开放。马克思主义政治经济学的诞生和发展,曾经与各种经济学思潮和流派进行互动、批评和反批评。现代政治经济学的学派化不应当宗派化和极端化,而应当促进思想解放、互相借鉴和正常的学术批评,形成合乎学术规范的争鸣局面。

(原载于《学术月刊》2011 年第 7 期)

重建中国经济学的若干基本问题

　　始于 20 年前的中国经济改革已取得了令世人瞩目的成就，中国经济以惊人的年增长率迅猛发展，但与经济实践相比，中国经济学本身的发展却不尽人意。新中国成立以来，我国理论经济学的发展基本上沿三条主要线索展开：马克思主义经济学、社会主义经济学（包括"苏联范式"）和西方经济学（包括"美国范式"）。"苏联范式"在 50 年代末到 1978 年这一期间最为活跃，而 1978 年以后，中国经济生活和政治生活发生重大转折，"苏联范式"随着"文革"的结束而日渐式微。以毛泽东思想、邓小平理论为指导的广义马克思主义学派与中国改革实践相结合并进行理论创新，经济学的"中国范式"正在形成之中。与此同时，西方经济学作为人类创造的思想成果之一，与西方先进技术一起，被介绍和引进到中国来，并在中国经济学界大行其道。

　　1994 年初，笔者在《21 世纪：重建中国经济学》一文中曾对我国社会主义政治经济学的发展阶段和前景作了总体判断，后引起连锁反响。[①] 目前，理论经济学研究呈现出预料中的百家争鸣局面，然而，各派对当代经济问题的解释大都缺乏一以贯之的理论分析，对经济学的总体认识也都存在着较大的差异，因而迫切需要先在某些基本问题上取得共识。本文针对其中有争议的几个重要问题予以扼要的阐释。

---

　　① 参见程恩富：《21 世纪：重建中国经济学》，《社会科学报》1994 年 4 月 7 日；程恩富、张建伟：《范式危机、问题意识与政治经济学革新》，《河南社会科学》1999 年第 1 期。

一、 理论经济学的研究对象和范围

确定研究对象是科学研究首先要解决的问题。有关理论经济学的研究对象，一直是学者争论的焦点。有些论著认为，马克思主义经济学研究的是生产关系，而西方经济学研究的是社会稀缺资源的配置。显而易见，这种一般性的对象表述已经常被人误解。其实，前者并非不研究社会资源的配置，后者也并非完全不研究各种利益集团和阶级的关系（西方新旧制度主义和新制度经济学还突出了此项研究）。

马克思在《资本论》序言中写道，该书研究的是资本主义生产方式以及与之相适应的生产关系和交换关系。一些论著据此断言马克思经济学只研究人与人的关系，而不研究经济运行、经济增长、社会福利和生产力的发展问题。这是片面的。生产力与生产关系是经济活动方式的两个密切相关的方面。马克思经济学所研究的生产关系并不是孤立的，而是与生产力紧密相连的，是二者共同作用于社会的整个经济运动（经济运行）、经济关系和经济制度。事实上，马克思主义经济学的研究对象和范围，已经把西方经济学中的所谓资源配置问题在基本层面上纳入其中了。例如：关于资本主义直接生产过程、流通过程和总过程的研究，不是分析过经济运行问题吗？关于相对剩余价值生产的三个阶段和地租变动等研究，不是分析过生产力的提高问题吗？关于个别资本和社会资本的再生产与流通等研究，不是分析过经济增长问题吗？关于工人阶级的工资和贫困等研究，不是分析过社会福利问题吗？斯蒂格利茨在《经济学》教科书所说的，资源配置和经济运行涉及到四个问题——生产什么，产量有多大；产品是怎样生产的；产品为谁生产；谁做出经济决策，以什么程序做出决策，难道在《资本论》中找不到基本层面的分析？

马克思经济学和西方新古典经济学的区别不在于要不要研究资源配置，

而在于怎样研究资源配置，即以何种方法论来研究资源配置问题。具体说来，马克思经济学所研究的资源配置与西方经济学有重要区别。其一，马克思经济学认为经济学是一门社会科学，它研究的起点与终点都是人，认为社会生产和再生产，不仅是物质资料的生产和再生产过程，而且是特定经济关系和经济制度的生产和再生产过程；认为社会资源的配置，不仅包含计划或市场的配置方式，而且是公有或私有的配置方式。西方主流经济学所研究的资源配置，是将资本主义生产关系作为研究的假设前提或无摩擦的和谐物，而重点研究人与物的关系或人与人的表象关系（科斯、诺思等新制度经济学也反对主流经济学狭窄的研究对象和思路，事实上是"复活"了马克思和古典经济学的分析视角）。其二，马克思经济学始终站在历史的高度上，认为资源配置和经济运行的方式是不断发展和变化的，并不是一个与社会制度无关的自然现象，其在不同的经济关系下具有独特的社会内容和运动形式。西方主流经济学显然缺乏这种历史高度和辩证思维。

重建中的中国社会主义经济学，应当以物质和文化生产力的发展为出发点（在大文化生产力和大文化产业急速发展的新时代，仅限于研究物质生产领域的经济问题是不够的），重点研究社会主义社会的经济关系和经济制度，并涵盖资源配置、经济运行、经济行为、经济发展和人的福利等基本层面的内容。它应阐释的主要是制度层面而非技术层面，是理论层面而非政策和应用层面。

二、 理论经济学的人文性

理论经济学是一门社会科学。也就是说，它不仅是一种科学，而且与自然科学有本质差别，即具有鲜明的"人文"特征。

当今世界，经济生活充满着矛盾。处于不同群体、集团、阶层、阶级、民族和国家中的人们，具有不同的经济利益。不同的经济学家对于同一经济问题往往有相反的解释，并得出不尽一致的思想结论和政策主张。这除了认识方面的原因以外，主要是因为经济学所研究的材料具有特殊性，它直接涉及不同社会群体、集团、阶层、阶级和国家的权益。经济学家在研究、解释和试图解决经济问题时，往往自觉或不自觉地站在特定利益集团的立场上，代表和维护特定集团的权益，接受反映特定利益集团的意识形态，采取符合特定利益集团的价值判断。这些就决定了经济学在性质上必然不同于没有社会性和人文性的自然科学，也决定了在阶级社会中不存在为各对立阶级共同接受的统一的理论经济学范式。换句话说，在世界上还存在对立阶级的情形下，理论经济学人文性和社会性的一个客观内容（自然还有其他内容）就是表现为阶级性。而马克思经济学所说的阶级性，首先主要是指经济方面的含义，其次才是指由这种经济含义所决定或派生的政治含义和意识含义。

虽然不少学者不太愿意承认西方经济学的阶级性，并在研究中极力回避这一点，声称自己的理论是超阶级的，是为各阶层或各阶级的共同利益服务的。但也有些西方经济学家是公开承认这一客观事实的。例如，诺贝尔经济学奖获得者索洛就坦言："社会科学家和其他人一样，也具有阶级利益、意识形态的倾向以及一切种类的价值判断。但是，所有的社会科学的研究，和材料力学或化学分子结构的研究不同，都与上述的阶级利益、意识形态和价值判断有关。不论社会科学家的意愿如何，不论他是否察觉到这一切，甚至他力图避免它们，他对研究主题的选择，他提出的问题，他没提出的问题，他的分析框架，他使用的语言，很可能在某种程度上反映了他的利益、意识形态和价值判断。"① 其实，在有阶级存在的社会和世界里，是否公开承认均抹不掉理论经济学内含的阶级性。

理论经济学的人文性也可以表现为一定的国度性。比如，19 世纪出于经济发达的英国的经济学同出于赶超阶段的德国的经济学，二者差异就很

---

① 索罗：《经济学中的科学和意识形态》，《当代经济论文集》，波士顿布朗公司，1974 年。

大；20 世纪出于资本主义美国的经济学，同出于社会主义苏联的经济学，二者差异就更大；西方发展经济学、比较经济学和过渡经济学的形成，也绝非偶然，均具有国度性。目前，受国别和发展阶段的经济实践限制，所能重建的社会主义理论经济学，也只能在高度重视各个国家经济学原理的共同性、市场经济的共同性和社会主义的共同性的基础之上，反映我国初级社会主义的市场经济独特性，因而这一理论经济学必然具有国度性、阶段性和历史性。承认国度性并不否定共同性，二者是可以整合在一起的。那种以为西方经济学基本理论是适合一切国家的普遍真理，各国只有具体应用的观点，显然是错误的。人类只有先逐步建立关于各个不同社会形态和不同国家的多种"狭义政治经济学"，最终才能整合成一种恩格斯所说的"广义政治经济学"。

理论经济学人文性的另一种内涵，便是以人为本，表现为对人类的终极关怀。日本著名经济学家山本二三丸教授在《人本经济学》一书中抨击"以食利致富为目的的经济学"，指出"要想配得上称之为科学的经济学，就必须对各种经济法则，特别是在资本主义社会所贯彻实行着的各项经济法则，进行正确的系统性研究。与此同时，还必须致力于探明这个社会是怎样形成和发展的，以及它必然为下一个更高级的历史性社会所取代这一发展规律。……也只有这种科学的经济学，才能在这个被货币牵着鼻子走的、人们生活在比动物世界还要恶劣的弱肉强食的社会中，真正把握关于人与社会的正确思想，才能得出真正的科学的结论，即只有劳动力的承担者，才能成为建构真正的人类社会的主体"[1]。借用学术界公认的"高雅文艺"与"通俗文艺"的说法，理论经济学属于经济科学中的"高雅学科"。其人文性应大大高于一般的应用经济学，才能代表着一国经济思维的主要成就。诚然，强调理论经济学的人文性、反异化和人本主义，同强调其强国富民的功利性是可以统一的。

---

[1] 山本二三丸：《人本经济学——经济学应有的科学状态》，东方出版社，1995 年。

重建中的中国社会主义经济学，应当摈弃传统"唯上、唯书、唯风"的各种教条主义，在辩证的规范分析和全面的实证分析之上注重阶层性（阶级性）、国度性和主体性等，充实丰富多彩的人文内涵。

三、　理论经济学的数量方法

作为一门人文科学或社会科学，理论经济学在对经济规律进行探索的时候，不可能像自然科学那样运用"化学试剂"和"显微镜"。自然科学的研究手段既有概念性分析框架，又有具有物质形态的仪器和设备。而经济学家的分析手段主要是人文性概念和数学工具。只有在验证某一理论和假说时，经济学家可能采取调查和案例研究这一看得见、摸得着的形式，或者在试验某种理论时，采取试点和观察的具体方式。此外，经济学对分析工具的使用，不像自然科学那样，有一个公认的、统一的操作规范，而在很大程度上取决于研究者，即经济学家本人的偏好、信息与知识结构。

马克思经济学的研究方法，一直受到某些苛求性的批评。有人高度评价马克思运用的抽象演绎法、辩证唯物主义和历史唯物主义分析方法，但又提出他不善于运用数量方法来证明自己的观点。实际上，这种不公正的指责是在与大量运用数学手段的本世纪西方经济学相比之后得到的结论，而假如将马克思与他以前和同时代的主要西方经济学家相比，则是当时运用数学方法最多和最好的典范。马克思本人也曾说过：一种科学只有在成功地运用数学之后才能达到完美的地步，并身体力行地在《资本论》中适度地运用数学分析方法。马克思特别注重平均数规律等，始终将经济范畴质的研究与量的分析紧密结合。与当代西方经济学不同，马克思在《资本论》中运用大量的数学分析，并不在于追求数学化和形式主义之美，而是为了更科学地阐明对象上量的规定性。相反，当代西方经济学大多缺乏科学的定性分析和制度说明，往往把经济现象视为本质，将资本主义经济的特殊性视为永恒的一般性，并以此为不加说明的前提进行量的过度分析，舍弃其应有的人文内涵，这明显是对数量的片面运用。

数学是一门严谨的科学，对其他学科是不可缺少的研究工具。在 20 世纪里，经济学的数学化倾向得到前所未有的强化。这种趋势本身应被视作经济学作为一门独立学科专业化不断加强、具体研究领域不断扩展和专业研究者数量不断增多的结果。然而，数学确实在某种程度上被滥用，许多经济学论著常常视被用来炫耀自己的数学功底，而不是理论上的创新与突破。况且，由于过度追求数学的表达方式，使本来可以用文字或简单数学方法说明清楚的理论变得十分复杂，从而增加了他人学习和研究的成本。必须看到，数学是经济学者工具箱中的重要工具，但工具本身并不能创造理论。它只是为理论生动直观地或需要定量地表达，提供了可能的方式。理论经济学是对大量社会经济现象加以分析和科学抽象才能得出结论的学科，而不是单纯依靠实验室里的试验或演算纸上的推理和计算就可得出结论的学科。过分强调数学在经济学中的作用，只会使数学成为经济学的主人，经济学家反倒成为数学的奴仆，失去经济学作为社会科学的人文性，从而也就失去了经济学应有的人文性和真正的科学性。

重建中的中国社会主义经济学必须克服以往忽视运用数学的缺陷，适当增添经济数量的成分，但又要防止走上西方过度数学化的另一个极端，把科学的定性分析与定量分析、人文精神与数理表达有机地结合起来。

四、 理论经济学的假设

假设是科学研究的重要环节，经济学也不例外。有了前提性假设，才可能有自己的演绎过程和逻辑推理。假设有假定与假说两个含义。经济学上所说的假说法，是指以现有的经济事实材料与科学原理为依据，对未知的经济事物或规律性作推测性分析的一种方法。而经济学上的假定法，则是出于简化等经济研究的方便，在逻辑分析的始点就事先设定某种经济状态的一种方法。

科学的经济理论假说，是以现有的经济事实和经济科学知识为依据的，但包含确实可靠与真实性尚未判定的两部分内容，因而具有推测成分，是经济思维接近客观真理的有效方式。经济学假设的验证则是一个历史过程，并且具有实践的相对性。不过，经济学研究不能乱假设，因而需要对它们进行分类：第一，根据假设与现实的关系，可分为接近现实的或远离现实的假设。譬如，假定交易费用为零的"科斯第一定理"，就属于不现实的假设。其道理，如同假定计划经济的管理费用为零是一样的。第二，根据假设的科学性程度，可分为较科学的或不科学的假设。以公有制与市场经济可否有效结合的假设为例，经验已经部分有力地证明：这一问题的肯定性假设比较科学，而否定性的假设则是不科学的。第三，根据假设的覆盖面，可分为全面的或片面的假设。如西方经济学包含完全自私和完全理性在内的"经济人"假设，就属于只能解释部分现象的片面假设，由此得出以偏概全的经济学理论难以被确认为"公理"。第四，根据假设的抽象程度，可分为基本的或具体的假设。作为经济学重要方法的唯物史观，便属于抽象度极高的基本假设，而马克思关于社会总资本扩大再生产的一些假设，则属于较具体的层面。

假设的不同显示出理论经济学的不同派别和体系。马克思经济学的主要假设是劳动价值论、公有高效率论以及利己与利他相结合的"利益人"论等，而资产阶级主流经济学的主要假设是生产三要素论、私有高效率论以及完全自私与完全理性相结合的"经济人"论等。这两大理论经济学方法、范畴、原理和体系既有相互吸收与通约的一面，也有相互批判与排斥的一面，从而呈现为不同的经济学范式。

重建中的中国社会主义经济学，应当以马克思经济学的主要假设为基点，积极借鉴古今中外各种经济思想的合理假设，构造既超越马克思经济学范式和苏联经济学范式，又超越西方经济学范式的新假设，并据此确立反映我国初级社会主义市场经济独特性的经济学范式。诚然，这种中国经济学的新范式是在继承、批判和创新过程中逐渐塑造的，因而与马克思经济学范式、西方经济学范式和苏联经济学范式均有异同点。套用"中学为体，西学为用"的表达方式，可称之为"马学为体，西学为用"，即以马克思主义经济学为主体或基点，科学借用西方经济学的合理颗粒。

（原载于《财经研究》1999 年第 7 期。程恩富，齐新宇）

社会主义市场经济

加快完善社会主义市场经济体制的
"四个关键词"

党的十八大报告明确指出："要加快完善社会主义市场经济体制，完善公有制为主体、多种所有制经济共同发展的基本经济制度，完善按劳分配为主体、多种分配方式并存的分配制度，更大程度更广范围发挥市场在资源配置中的基础性作用，完善宏观调控体系，完善开放型经济体系"（以下没有注明出处的引文均出自该报告）。这就从产权、分配、调节和开放四个层面科学地界定了加快完善社会主义市场经济体制的方向和内涵。我们应结合中共十八大精神，依据不断变动中的国情和世情，对这四个层面或关键词作理论和现实的深刻阐述和创新。

第一个关键词是产权。广义的产权与广义的所有权或所有制在概念上大同小异。公有制为主体、多种所有制共同发展的制度，属于社会主义初级阶段必须长期坚持和完善的基本经济制度。因为它从经济学原理、经济属性和经济类型上规定了什么是社会主义性质的市场经济体制。美国《帕尔格雷夫经济学大辞典》在界定"市场社会主义"词条时认为，资源配置或经济运行主要是市场机制，而公有制经济又是主要形式。这一诠释言之有理。反之，若是私有制占主体，多种所有制共同发展，便是当今资本主义市场经济体制或基本经济制度，即市场资本主义。这是现代政治经济学和西方比较经济体制学的主流共识。

问题在于，如何完善这一初级社会主义的基本经济制度？报告强调

"要毫不动摇巩固和发展公有制经济，推行公有制多种实现形式，深化国有企业改革，完善各类国有资产管理体制，推动国有资本更多投向关系国家安全和国民经济命脉的重要行业和关键领域，不断增强国有经济活力、控制力、影响力。毫不动摇鼓励、支持、引导非公有制经济发展，保证各种所有制经济依法平等使用生产要素、公平参与市场竞争、同等受到法律保护。"传统社会主义计划经济体制和当代资本主义市场经济体制已表明，单纯的公有制或私有制占主体均难以实现科技发展所提供的潜在效率和实然公平。而西方国家每隔若干年发生一次周期性或重或轻的经济衰退和各种危机，也表明私有制市场经济始终内生不可持续发展的功能性痼疾。因此，完善公有制主体与私有制辅体的全社会所有制结构，要在市场竞争和国家导向下增强两种所有制的共生性和互补性，做到"两个毫不动摇"，而非人为地"公退私进"或"公进私退"。不过，面对西方跨国垄断资本逐渐控制我国经济许多领域的严峻局面，当务之急是私营经济与公有经济加强合作而非内耗，共同参与和应对外国垄断资本在国内外的激烈竞争。

第二个关键词是分配。由于产权关系和制度决定分配关系和制度，收益权属于广义产权的一种权利之一，因而公有制主体便决定或派生出按劳分配主体。社会主义初级阶段要实行按劳分配为主体、多种分配方式并存的分配制度。撇开自然经济和个体经济不谈，现代企业制度下分配的基本形式就是市场型按劳分配或按资分配，所谓多种分配方式或按生产要素产权分配，实质上是可以分解为按劳分配或按资分配的。按经营才能分配属于按劳分配，而按土地要素分配则属于按资分配。企业人员获得发明技术的收益属于按劳分配，再折合成股份而获得的收益则属于按资分配。可见，改革中要完善的其实是按劳分配为主体、按资分配为辅体的分配制度。

问题在于，如何完善这一初级社会主义的分配制度？报告强调必须"维护社会公平正义"，"走共同富裕道路"，"共同富裕是中国特色社会主义的根本原则"。目前，居民财富和收入分配差距较大的根源和首因，在于非公经济及由此决定的按资分配比重较大，因而报告提出"要坚持社会主义基本经济制度和分配制度，调整国民收入分配格局，加大再分配调节力度，着力解决收入分配差距较大问题，使发展成果更多更公平惠及全体人民，朝着共同富裕方向稳步前进。"为此，"实现发展成果由人民共享，必须深化收入分配制度改革，努力实现居民收入增长和经济发展同步、劳动报酬增长和劳动生产率提高同步，提高居民收入在国民收入分配中的比重，提高劳动报酬在初次分配中的比重"。这里要求"实现两个同步""提高两个比重"以及"实现两个倍增"（实现国内生产总值和城乡居民人均收入比2010 年翻一番），是必须贯彻"初次分配和再分配都要兼顾效率和公平，再分配更加注重公平"这一分配领域改革发展总方针的。其经济学缘由在于，平等或公平在概念上不等于平均或均等，经济公平与效率的真实关系不是孰先孰后的反向变动的替代关系，而是同向变动的互促关系，即在权利、规则和机会等方面越公平，便越有效率，反之则相反。当前，出于切实有效地解决企业人员的财富和收入分配差距较大问题，应采取笔者多年强调的"四挂钩"方法措施和改革政策，即普通职工的收入须与企业的劳动生产率、利润率、高管收入和当地物价的变动挂钩，以促进分配和谐。

第三个关键词是调节。发挥市场在资源配置中的基础性作用，可以缩称为以市场调节为基础，其对立统一面是国家调节。国家调节主要包括负责立法的人大调节和政府调节，既有宏观调节或调控，又有微观调节或规制。正如萨缪尔森所说的，市场是没有大脑和心脏的，需要国家发挥作用。斯蒂格利茨的《政府经济学》和克鲁格曼关于回归凯恩斯主义等西方不少论著，已充分阐述了功能性双重调节体制机制的应然性和可行性。由于我国是要实行跨越性大发展的后发国家，又要在改革中避免出现政策和机制的缺位或真空，还要"不断增强国有经济活力、控制力、影响力"，以及合理借鉴亚洲"四小龙"等政府主导的有益经验，因而必须发挥国家在又好又快地发展国民经济中的重要作用。社会主义初级阶段应在廉价、廉洁、民主和高效的基础上构建小而强的国家调节体系，形成"以市场调节为基础、国家调节为主导"功能互补性的双重调节体制机制，以此消除西方国家过分实施市场调节或市场化改革所形成的周期性多种经济危机和困境。

问题在于，如何完善这一初级社会主义的调节制度？报告强调"经济体制改革的核心问题是处理好政府和市场的关系，必须更加尊重市场规律，更好发挥政府作用。……健全现代市场体系，加强宏观调控目标和政策手段机制化建设"。加快完善商品、技术、资本、土地、住宅、人力等各类市场的客体结构、主体结构、空间结构和时间结构，释放其耦合性良好功能，是全面深化改革的重要内容。同时，要重点深化财税体制改革，建立公共资源出让收益合理共享机制；深化金融体制改革，健全促进宏观经济稳定、支持实体经济发展的现代金融体系；深化投资和经济结构调整体制，推进经济结构战略性调整，加快转变经济发展方式；深化科技教育文化卫生体制改革，提升科技创新、国家软实力和国民健康水平；深化城乡一体化体制改革，促进解决好"三农"问题。

第四个关键词是开放。市场经济和经济全球化内在地要求国民经济实行内外开放，以优化资源配置、促进优势互补和推动经济发展。开放与保护是一对矛盾，均有正效应与负效应、适度型与过度型之分。发达国家和开放收益显著的国家，在经济开放之前和同时都十分注重自主创新、自力发展和经济安全，突出开放的整体长远效益和国民福利，因而报告提出要"全面提高开放型经济水平。适应经济全球化新形势，必须实行更加积极主动的开放战略，完善互利共赢、多元平衡、安全高效的开放型经济体系"。可见，自力主导型的全方位开放制度，要求处理好引资、引技、引智同主要高效利用本国资本和智力、发展自主知识产权的关系，实行内需为主并与外需相结合的对外经济交往关系，促进追求引进数量的粗放型开放模式向追求引进效益的精益型开放模式转变，从而尽快完成从贸易大国向贸易强国和经济大国向经济强国的转化。

　　问题在于，如何完善这一初级社会主义的开放制度？报告强调"要加快转变对外经济发展方式，推动开放朝着优化结构、拓展深度、提高效益方向转变，创新开放模式"。确实，随着世界经济格局的深刻变化，冷静面对当前对外经济发展面临的问题，迫切要求我国从战略上谋划对外经济关系的长远发展，在加快转变对外经济发展方式上树立新思维，采取新战略和新举措。为此，一是面对中资大量过剩，应适当控制外资依存度，积极提升中外资本协调使用的效益；二是面对构建创新型国家，应适当降低外技依存度，积极提升自主创新的能力；三是面对全球生态环境保护和资源能源相对不足，应适当降低外源（外国资源能源）依存度，积极提升配置资源能源的效率；四是面对出口导向型经济的某些弊端，应适当控制外贸依存度，积极提升消费拉动增长的作用；五是面对美国滥印美元的数轮量化宽松政策，应适当控制外汇储备度，积极提升使用外汇的收益。这五个适当控制与积极提升，是要在科学发展观的指导下，在巩固和完善自力主导型全方位开放体系的基础上，建立起低损耗和高效益的精益型对外开放模式，统筹国内经济发展与对外开放的关系，更加注重经济开放中的自主发展、高端竞争、经济安全、国家权益和民生实惠，以促进国民经济又好又快地持续健康发展。

（原载于《经济研究》2013 年第 2 期）

社会主义比资本主义能更好地
运用市场经济

在中国实行社会主义市场经济体制之前，无论是社会主义国家，还是资本主义国家，也不管是传统马克思主义学者，还是资产阶级学者，都把市场经济等于资本主义，把计划经济等于社会主义，认为市场经济同资本主义结合是天然的最佳结合，社会主义不能搞市场经济。随着我国社会主义市场经济的发展，绝大多数马克思主义学者已改变了这一传统观点，但国外资产阶级学者仍然固执这一教条。中国搞社会主义市场经济的成功实践表明，不仅社会主义可以搞市场经济，而且社会主义比资本主义能更好地运用市场经济，社会主义市场经济优越于资本主义市场经济。

市场经济作为资源配置方式，既有优化资源配置、提高资源利用率之利，也存在"市场失灵"之弊。市场经济与之相结合的基本制度不同，对其利弊的影响也不一样。市场经济同资本主义制度相结合，由于资本主义基本制度自身存在的"缺陷"和"局限"，不仅无法弥补"市场失灵"之不足，反而使市场经济弊端固化和扩大化。社会主义制度的先进性和优越性，不仅能扬市场经济之利，而且能在相当程度上弥补"市场失灵"之弊。资本主义金融、经济和财政等危机频发和弊病丛生，表明市场经济与资本主义制度结合并非最佳结合，也非最优越。市场经济使社会主义中国焕发勃勃生机，生产力持续快速发展，国民生活日益改善，表明市场经济不仅能够与社会主义制度结合，而且是最优结合。

一、 西方学者关于资本主义与市场经济结合的理论

长期以来，西方学者把市场经济等同于资本主义，把计划经济等同于社会主义。早期代表是奥地利经济学家米塞斯和哈耶克。米塞斯在 1920 年发表的《社会主义：经济与社会学的分析》一书中指出："市场是资本主义私有制度的天生儿，与资本主义制度有着天然的联系，只有在资本主义制度下，市场才是有可能的，它是不能在社会主义制度下被'人为地'模拟的。"① 米塞斯否认市场经济能够产生和存在于社会主义公有制的基础之上。他断言，抉择只能是要么是社会主义，要么是市场经济。而哈耶克则在他的《通往奴役之路》一书中，从否定社会主义的角度否认公有制和市场经济结合的可能性，坚持资本主义与市场经济的结合。直至今日，多数西方学者仍然坚持这一观点。北欧经济学家伊萨克森、汉米尔顿和吉尔法松在合著的《理解市场经济》一书中就谈道："没有所有权，就没有资本家；没有资本家，就没有资本主义；没有资本主义就没有市场经济。"② 英国《现代经济学词典》中写道："市场通常也包含着生产资料私人所有制，即资本主义经济。"③《现代日本经济事典》也对市场经济制度的基本原则作了如下解释："（1）私有财产制度；（2）契约自由的原则；（3）自我负责的原则。"④ 1991 年，英国前首相撒切尔夫人来中国访问时坚持说，社会主义和市场经济不可能兼容，社会主义不可能搞市场经济，要搞市场经济就必须实行资本主义，实行私有化。联合国 20 世纪 60 年代通过的一个文件中把现代国家分为两类：一类是市场经济国家，包括发达的市场经济国家如英、美、法、

① 路德维希·冯·米塞斯：《社会主义：经济与社会学的分析》，王建民等译，北京：中国社会科学出版社，2008 年，第 141 页。

② A. J. 伊萨克森等：《理解市场经济》，张胜纪等译，北京：商务印书馆，1996 年，第 97 页。

③ 戴维·皮尔斯：《现代经济学词典》，宋承先等译，上海：上海译文出版社，1988 年，第 375 页。

④《现代日本经济事典》，北京：中国社会科学出版社，1982 年，第 148 – 149 页。

德、日等国家和不发达市场经济国家；另一类是计划经济国家，即当时的苏联、中国等社会主义国家。

西方主流经济学派，不仅把市场经济等同于资本主义，而且对资本主义市场经济大加赞美，认为市场本身的均衡机制足以保证经济长期均衡运行，使资源实现最佳配置，因此，周期性经济危机是非必然的，是可以避免的。然而，在始于 2008 年的西方金融和经济危机爆发以来，世界主要资本主义国家经济相继遭遇寒冬，资本主义市场经济体制的矛盾与缺陷随之暴露出来。这重创了人们对资本主义市场经济的"崇拜"与"信仰"，致使一些西方学者不得不反思资本主义与市场经济之间的"结合"，由此在西方学界掀起了一股对资本主义市场经济制度的反思热潮，开始对资本主义市场经济制度的弊端进行深层次检讨，并希望通过这种方式，找到实现自身"救赎"的途径。

西方学者逐步认识到资本主义市场经济忽视了市场经济体制本身存在缺陷这一事实。《纽约时报》指出："市场的投资者是短视的，没有反映广泛认同的社会目标，导致犯下灾难性错误。"[①] 美国著名马克思主义学者施韦卡特强调，当前资本主义市场经济体制下的"无效率"是不可逆转的，因为这是由企业内部结构的不合理所导致的，并认为西方市场经济体制带来的一个最可怕的结果，就是增加了社会的不稳定性和风险。威廉·格雷德认为，由资本主义市场经济体制所造就的国际金融市场已成了"难于驾驭的脱缰的野马"[②]。新加坡学者谭中说："现在，连美国人都意识到了自由市场的弊病非改不可。"[③] 英国学者伯恩德·得布斯曼表示："随着华尔街金融危机的爆发，我们过去所熟悉的资本主义正濒临末日，马克思当年的预

---

① 陈瑶、刘蓉蓉：《西方反思制度弊端寻找"救赎"途径》，《经济参考报》2012 年 1 月 12 日。
② 陈学名：《批判与超越——学者及西方左翼思想家关于当代资本主义研究的启示》，《上海大学学报》2008 年第 2 期。
③ 谭中：《美国金融危机，中国应吸取教训》，《联合早报》2008 年 10 月 6 日。

言也得到了验证。"① 英国学者威廉·基根指出，西方的市场经济体制滋生了无数的牺牲者，因为"极端的市场经济所依赖和焕发的是人性中最坏的一面"，从而那些善良的人们就必然成了受害者，就如占人口5%的美国每年消耗的资源和造成的污染占了世界的25%。甚至连曾担任美联储主席长达18年之久、彻头彻尾的自由市场经济体制的鼓吹者格林斯潘也承认："缺乏政府监管，对贪婪的华尔街的银行家放任自流，相信自由市场和华尔街的精英是靠得住的，而加上长期奉行低利率政策，导致房地产泡沫，最终引起经济危机。"②

自从18世纪20年代英国爆发人类历史上第一次经济危机以来，资本主义国家均发生了次数不等的各类经济危机，这表明资本主义市场经济并不像西方学者宣扬的那么完美，资本主义自身的"制度缺陷"和"政府失灵"，无法弥补和克服"市场失灵"弊端。

二、 资本主义制度不能弥补和克服 "市场失灵" 弊端

西方学者在宣扬和赞美市场经济的同时，也敏锐地察觉到了"市场失灵"问题，认为完全竞争的市场结构是资源配置的最佳方式。但在现实经济中，完全竞争市场结构只是一种理论上的假设，是不可能全部满足的，仅仅依靠价格机制来配置资源，会出现各种市场失灵，从而导致无法实现效率——帕累托最优。所谓市场失灵，是指市场机制在很多场合不能导致资源的有效配置。市场调节无法解决财富和收入分配不公、失业、区域经济不协调、公共产品供给不足、公共资源过度使用、市场垄断、生态环境恶化、外部负效应等问题。历史和现实证明，市场配置资源并非最有效，

---

① 雷云：《完整准确地理解社会主义初级阶段——牢牢把握"总依据"需要厘清的重大问题》，《中共宁波市委党校学报》2013年第3期。

② 美联储主席格林斯潘2008年10月23日给美国国会的证词陈述稿。转引自宗寒：《美国金融危机的本质及其启示》，《学习论坛》2009年第1期。

更不是万能，"市场失灵"需要政府调控在事先、事中和事后的各种预防和弥补。但在资本主义私有制条件下，不仅存在严重的"市场失灵"，而且也存在由金钱政治和寡头政治制度导致的"政府失灵"。

1. 资本主义私有制必然造成社会经济无政府（弱政府）或无秩序（低秩序）状态，市场经济无法克服资本主义制度造成的资源优化配置障碍

首先，资本主义私有制无法消除个别企业有组织和社会生产无政府的矛盾。在资本主义制度下，一方面，资本家为了生产更多剩余价值，必然要改善经营管理，提高劳动生产率，使个别企业生产富有严密组织性和高度计划性；另一方面，资本主义私有制把整个社会生产分割为既彼此独立、又相互竞争的生产单位，企业生产什么、怎样生产、生产多少由资本家说了算，造成整个社会生产无政府状态，使政府无法做到在国民经济各部门之间有计划按比例地配置社会资源。资本主义制度的这一缺陷，使社会再生产各部类之间的平衡和国民经济各部门之间比例关系的协调，只能在市场自发调节下，通过周期性经济危机来实现，从而造成生产无政府状态和社会劳动巨大浪费。

优化资源配置是人类经济活动的共同追求。资源配置可以分为宏观和微观两大层次。市场经济可以在微观经济活动中优化某些资源配置，但对宏观经济活动中的资源配置却存在"市场失灵"，需要政府通过宏观调控来弥补。政府宏观调控是有条件的，需要以掌控坚实的物质基础为后盾。在资本主义制度下，生产资料归资本家私人占有，企业如何配置资源，完全服从于资本家利润最大化需要。政府在社会资源配置上的调节与计划只有诱导和参考作用，企业认为有利就接受，认为不利则置之不理。因此，在资本主义市场经济中，由于私有制的存在，政府即使是想弥补"市场失灵"之不足，也是"巧妇难为无米之炊"，心有余而力不足。

其次，资本主义私有制无法克服生产与消费之间的矛盾。在资本主义私有制条件下，生产由资本家私人组织，消费则由社会来完成，私有制在

生产和消费之间设置了一道屏障，割断了生产与消费的有机联系。而生产和消费是统一的，没有生产就没有消费，没有消费就没有生产，生产必须适应消费的需要。企业生产的产品（包括物质性和非物质性）如何适应社会需要，为社会所接受，企业只能根据市场信号来安排，听任市场这只"看不见的手"调节。市场调节是通过供求机制、价格机制和竞争机制联动实现的。当商品供不应求时，价格上涨，利润增加，企业扩大生产；当商品供大于求时，价格下跌，利润减少，企业缩减生产。但企业对于供不应求或供大于求区间的弹性程度，是无法准确及时把握的。当商品供不应求时，企业生产扩大多少合适；当商品供大于求时，企业生产缩减多少恰当，企业无法准确知道，只能听任市场调节。往往是当供不应求时，都争着扩大生产，导致产能过剩；当供大于求时，又争着抽走资本，压缩生产规模，导致生产不足。由于市场调节存在信息不透明性、不确定性、盲目性和滞后性，因而，市场自发调节必然加剧社会经济的无政府状态和社会财富的浪费，资本主义私有制造成的生产与消费、实体经济与虚拟经济等经济比例或结构失衡的矛盾，使资本主义市场经济不仅无法真正做到资源优化配置，而且必然造成社会资源巨大浪费。

2. 按资分配制度必然造成两极分化与阶级对立，市场经济无法弥补资本主义制度对公平与正义的损害

按资分配以资本主义私有制为基础，以实现私人资本利益最大化为目的，按照"等量资本取得等量利润"①原则进行分配。按资分配把劳动排斥在分配之外，以资本作为社会财富分配的唯一依据，资本多多得，资本少少得。根据马克思的劳动价值论和剩余价值论，资本作为物化劳动不能自行增殖，只有吸收雇佣劳动者的活劳动才能实现价值。雇佣劳动创造的剩余价值是资本家利润的唯一源泉，利润是剩余价值的转化形式。按资分配制度的实质是资本所有者瓜分雇佣工人创造的剩余价值，体现的是资本剥

---

① 马克思：《资本论》第 3 卷，北京：人民出版社，1975 年，第 172 页。

削劳动的阶级对立，是极不公平的剥削制度。

市场经济作为资源配置方式，不仅调节社会资源配置，而且调节社会财富分配。在资本主义制度下，市场经济调节社会财富分配遵循的是资本与效率原则。一般说来，拥有资本越多越有利于提高效率，越有利于在市场竞争中获利。市场竞争规则必然产生"马太效应"，使资产阶级拥有的财富越来越多，雇佣劳动阶级始终处在无生产资料的被动地位。历史和现实证明，市场经济在实现社会财富与收入公平分配上存在严重的"市场失灵"，市场自发调节不能实现社会公平分配。2013 年出版后轰动世界的托马斯·皮凯蒂著作《21 世纪资本论》，用西方国家长时期的大量数据，再次证实了这一科学论断。

资本主义市场经济作为资本主义制度与市场经济相结合的产物，不仅存在社会财富分配不公问题，还存在"市场失灵"和"政府失灵"。一方面，按资分配的制度缺陷，即资本剥削雇佣劳动和造成社会财富两极分化，不仅不能通过市场调节得到克服，反而被不断扩大和固化；另一方面，政府调节的力度和作用受制于垄断资产阶级的寡头经济和寡头政治格局，也无法根本改变财富和收入的两极对立，从而影响资源的高效配置和优化。可见，资本主义分配制度和市场经济的结合，必然造成贫富两极分化，破坏社会公平正义，损害经济绩效。

3. 资本主义基本经济规律必然导致生产相对过剩危机，市场经济无法消除资本主义制度造成的社会财富和资源的浪费

马克思指出："生产剩余价值或赚钱，是这个生产方式的绝对规律。"[1]基本经济规律决定和支配生产目的，资本主义生产目的是资本追逐剩余价值，实现资本利润最大化，由基本经济规律和生产目的决定的资本主义经济，实质是"以资为本"的经济。

资本主义市场经济具有两重性质，既是市场经济，也是资本主义经济。

---

① 《马克思恩格斯全集》第 23 卷，北京：人民出版社，1995 年，第 679 页。

作为资本主义经济，受剩余价值规律支配，其生产目的是追求私人剩余价值，满足社会成员的需要只是实现生产剩余价值的手段。用马克思的话说："从事生产的资本的目的，决不是使用价值，而是作为财富的一般形式。"①在剩余价值规律作用下的资本主义经济，一方面，为了生产更多剩余价值，资本家要不断扩大生产规模，使生产有无限扩大的趋势；另一方面，资本家为了从雇佣劳动者身上获取更多剩余价值，要加强对雇佣劳动的剥削，提高剩余价值率，使劳动者有支付能力的需求呈相对缩小趋势。生产无限扩大趋势与劳动者有支付能力的需求相对缩小趋势的矛盾，必然导致生产相对过剩的周期性经济危机，造成社会财富和资源的巨大浪费。作为市场经济或商品经济，它要受价值规律支配，以追求交换价值或价值为目的，使用价值只是实现交换价值或价值的手段。价值规律追求的是以最小最少的资本耗费，获取最多最大的利润，对使用价值的关注仅限于能实现预期私人利润。而对消费者或广大社会成员来说，使用价值才是最重要的。

资本主义市场经济，同时受价值规律和剩余价值规律支配。剩余价值规律借助价值规律来实现，价值规律服从和服务于剩余价值规律。作为市场经济，是重交换价值，轻使用价值；作为资本主义经济，是重私人剩余价值，轻劳动力价值。无论是市场经济，还是资本主义经济，都把追求价值增殖作为唯一生产目的。在剩余价值规律和价值规律共同作用下，必然造成资本主义市场经济生产相对过剩，社会财富巨大浪费。这既是资本主义挥之不去的"制度之弊"，更是资本主义无法摆脱的"制度之疼"。市场经济不仅无法克服和弥补资本主义这一"制度缺陷"和"政府失灵"，相反，市场自发调节，更加剧了社会生产的无政府状态和社会劳动的巨大浪费。"市场失灵""政府失灵"和"伦理失灵"交织在一起，使资本主义市场经济存在的生产目的异化、人的需要边缘化、私人资本的贪婪性、劳动者地位弱化等问题推向极端，使资本主义市场经济日复一日异化为有悖

①《马克思恩格斯全集》第46卷（下），北京：人民出版社，1979年，第100页。

"以人为本"的见利不见人的"以资为本"经济。

4. 生产（经济）集中与垄断必然造成技术进步动因减弱，市场经济无法消除资本主义制度束缚技术进步的障碍

技术进步既是推动经济社会发展的动力，也是经济社会发展的标志。与资本主义之前社会相比，资本主义以前所未有的速度推动了人类技术进步。马克思恩格斯在《共产党宣言》中写道："资产阶级在它的不到一百年的阶级统治中所创造的生产力，比过去一切世代创造的全部生产力还要多，还要大。"[1]

不过，自由竞争引起生产集中，生产集中到一定程度走向垄断，而生产集中和垄断又会导致金融的集中和垄断，形成新的产业和金融资本及其寡头，这是资本主义发展的必然趋势和客观规律。当自由竞争资本主义走向垄断资本主义后，技术进步的动因由于垄断而相对减弱。一般说来，对超额利润的追求，是刺激资本家改进与发明新技术的动力。资本家在追求超额利润的内在动力驱使下，一方面，会不停顿地进行资本积累，扩大生产规模，以降低生产经营成本获取规模效益；另一方面，会不断改进技术和发明新技术，通过技术进步提高劳动生产率获取超额利润。由此，资本积累，生产规模扩大，加快了生产和整个经济的集中，当生产集中到一定程度就自然而然形成垄断。

生产和经济的集中和垄断对于技术进步是把"双刃剑"，既在一定程度上有促进生产经营专业化发展和生产规模扩大，为推动技术进步、新技术发明提供支持和创造条件的一面；又有对技术进行控制、封锁和垄断，妨碍技术进步的一面。首先，在资本主义市场经济条件下，一切都成了商品，技术与发明作为商品，要通过技术市场来实现价值。垄断资本家为了获取高额垄断利润，必然要对技术进行操控，新技术发明是否用于生产经营，完全由是否有利于获取垄断利润而定。当一项新技术发明能为垄断资本家

---

① 《马克思恩格斯选集》第 1 卷，北京：人民出版社，1995 年。

带来巨额垄断利润时，会迅速投入使用并千方百计将其垄断起来。如果一项新技术发明的使用，会造成原有生产设备或流水线提前贬值报废，或要投入更多资本改造原有设备，垄断资本家为了防止和减少新技术代替旧技术造成的固定资本贬值损失，会推迟新技术使用，或封锁新技术，妨碍技术进步。其次，当资本主义发展到垄断阶段后，垄断竞争取代自由竞争，垄断资本家对市场和价格控制能力增强，并能在一定时期内保持自己产品的垄断价格。

这时，垄断资本家主要通过经济或非经济手段打击竞争对手，以维护垄断价格来获取垄断利润，改进技术和使用新技术已不再是获取垄断利润的主要手段，使技术进步动因减弱。市场经济与资本主义制度结合，不仅不能更好地推动技术进步，反而造成"人为妨碍技术进步"，资本主义的这一"制度之弊"，在"市场失灵"的推波助澜下更加变本加厉，加剧知识产权垄断和妨碍技术进步负效应。

5. 资本扩张本性必然导致全球性资源掠夺，市场经济无法消除资本扩张引发的世界贫富分化与对立

对外扩张是资本的本性。资本主义的发展，经历了从商品输出到资本输出，再到知识产权输出，从生产经营国际化逐步走向全方位经济全球化的扩张历程。马克思指出："资产阶级，由于开拓了世界市场，使一切国家的生产和消费都成为世界性的了。……过去那种地方的和民族的自给自足和闭关自守状态，被各民族的各方面的互相往来和各方面的互相依赖所代替了。"① 在人类经济发展史上，相对于自然经济，市场经济最适合于资本对外扩张，使资本对外扩张变得便捷。在争夺世界资源的国际竞争中，发达资本主义国家凭借雄厚的资本和先进的科学技术及国际规则的制定，处于强势地位，发展中国家则处在弱势地位。在经济全球化由发达资本主义国家主导，国际市场竞争规则由发达资本主义国家制定的不合理国际经济

---

① 《马克思恩格斯选集》第 1 卷，北京：人民出版社，1995 年，第 276 页。

秩序中，发达资本主义国家不仅把发展中国家变成自己的销售市场、原料产地、廉价劳动力来源、污染转移地，疯狂掠夺蚕食鲸吞发展中国家资源，使发展中国家的财富源源不断流向发达国家，造成世界贫富两极分化，而且，发达资本主义国家为了给资本对外扩张创造条件，除经济的直接掠夺外，还通过文化渗透、军事侵略、政治控制等手段，打压围堵发展中国家，造成一些发展中国家与发达国家尖锐对立，成为引发现代战争的根源。资本对外扩张造成的世界贫富两极分化与对立，与人类社会谋求公平、正义、共富、和平背道而驰。市场经济不仅无法改变和弥补资本对外扩张与掠夺这一"制度缺陷"和"历史局限"造成的恶果，相反，资本对外扩张与掠夺正是通过市场经济来实现的。

综上所述，无论是从历史与现实的时间维度，还是从一个国家局部与整个世界整体的空间维度，或者从经济与政治、文化和军事的领域维度来观察，市场经济同资本主义制度结合，并不像西方学者鼓吹的那样是天然最佳结合（著名学者沃勒斯坦和布罗代尔等也都反对这一论断），相反，资本主义的"制度缺陷"和"历史局限"痼疾，使资本主义市场经济体制黯然失色，远不如同社会主义制度相结合的市场经济制度先进和优越。

三、 社会主义制度能弥补和克服 "市场失灵" 弊端

与福山教授的"历史近视眼"分析结论不同，社会主义制度事实上是人类社会迄今为止最先进、最合理的社会制度。邓小平说："社会主义本质是解放生产力，发展生产力，消灭剥削，消除两极分化，最终达到共同富裕。"① 社会主义公有制和按劳分配制度同市场经济相结合，不仅能消除社会经济无政府状态，更好地实现资源优化配置，促进生产力发展，而且有利于消灭剥削，消除两极分化，更好地维护社会公平正义。社会主义制度

①《邓小平文选》第 3 卷，北京：人民出版社，1993 年，第 272 页。

同市场经济相结合，既能有效克服和弥补"市场失灵"之弊，又能扬市场经济提高资源配置效率之利，具有资本主义市场经济无法比拟的优越性。

1. 社会主义公有制有利于克服市场经济在生产目的上唯利是图的弊端

人类从事社会生产的根本目的，是为了满足自身不断增长的物质生活和精神生活需要，以实现人的自由和全面发展。人类社会的生产目的要受生产资料所有制性质和经济制度的影响。在生产资料私有制下，生产的直接目的不是满足从事生产的劳动者物质生活和精神生活的需要，而是满足生产资料所有者积累财富的需要，私有制使生产目的异化。社会主义公有制，使劳动者成了经济活动的主人，满足劳动者整体自身需要上升为唯一的直接生产目的，从根本上克服了商品生产者和经营者把追求价值增殖、实现利润最大化当作生产经营唯一目的的弊端，有利于从根本上克服背离满足劳动者需要生产目的的假冒伪劣产品生产和破坏生态环境等问题。

公有制市场经济中的商品生产者和经营者具有双重身份：既是生产资料所有者，又是商品生产者和经营者。作为生产资料所有者，其生产经营目的，直接是为了满足劳动者自身物质生活和精神生活需要；作为商品生产者和经营者，同样要追求价值增殖、实现利润最大化，所不同的是对价值增殖和利润的追求，要服从和服务于社会主义生产目的，归根到底是为了满足劳动者自身需要。因此，公有制商品生产者和经营者，能够克服利大大干、利小小干、无利不干、唯利是图的市场经济缺陷。实践已经证明，市场经济与不同的社会制度的结合可以形成各自的特有模式，而中国模式的实践内容——社会主义市场经济，本质上是市场经济的中国化。这一模式尽管有待完善，但由于坚持公有制主体地位的前提，已经在现实中展现强大的生命力，在克服市场经济生产目的上唯利是图弊端展现出了不可比拟的优越性。[①]

2. 社会主义按劳分配和共同富裕制度有利于克服市场经济分配不公的

---

① 邹嵘、何玉长：《中国模式：马克思主义中国化与市场经济中国化》，《海派经济学》2012 年第 1 期。

弊端

按劳分配是社会主义经济制度，它由生产资料公有制决定，是人类社会迄今为止最合理最公平的分配制度。按劳分配最大的优越性和历史进步性在于，从根本上消灭了私人剥削，否定了平均主义和按资分配，实现了公平分配的共同富裕。共同富裕是社会主义的最高价值追求和最终奋斗目标，是社会主义优越于资本主义的根本标志。资本主义虽然也可实现富裕，但在按资分配和市场竞争规律作用下，资本所有者的富裕与雇佣劳动者的贫困是相伴而生的，两极分化不可避免。

市场经济是竞争经济，市场竞争不同情弱者，不相信"眼泪"，竞争的结果是优胜劣汰，适者生存。以追求效率作为最高准则的市场竞争，必然造成收入和社会财富分配不公，资本主义两极分化正是借助市场竞争实现的。市场经济在解决分配不公，维护社会公正上始终存在"市场失灵"弊端。

按劳分配以劳动为尺度，等量劳动领取等量产品，多劳多得，少劳少得，是对私人剥削和平均主义的根本否定。以劳动为尺度进行分配，有利于消除剥削，防止两极分化，维护社会公平；多劳多得，少劳少得原则，有利于克服平均主义，激励劳动者提高效率，促进社会生产力发展。当前，我国经济增长迅速，但社会收入分配却呈现分化的趋势，主要与生产资料占有情况的变化有关，同时也有收入分配监管机制欠缺与不到位等方面的原因。要逐步缩小居民收入分配的差距，一方面，要毫不动摇地坚持公有制和按劳分配的主体地位，提高劳动报酬在国民收入分配中的比重，合理制定收入分配政策；另一方面，需要立足马克思私营企业管理劳动二重性理论，针对私营企业管理劳动的社会贡献和资本逐利性建立相应的评价机制，并完善"限高与堵漏"相结合的收入分配监管机制。[①] 只有政府在社会

---

① 周肇光：《我国收入分配差距演变趋势——以马克思的私营企业管理劳动二重性理论为视角》，《管理学刊》2012 年第 3 期。

财富和居民收入分配上发挥更大作用，才能在收入分配领域体现和维护社会公平与正义。

社会主义按劳分配制度同市场经济相结合，能够有效维护分配公平，实现共同富裕，从而优越于市场经济同按资分配制度相结合。一方面，市场经济同社会主义按劳分配制度相结合，既有利于消除资本主义私有制和按资分配造成的经济剥削和两极分化，弥补资本主义的"制度缺陷"和"政府失灵"，又有利于克服市场自发调节和效率至上竞争所造成的收入和财富分配不公，弥补"市场失灵"和"道德失灵"，维护社会分配公平公正；另一方面，市场经济同社会主义按劳分配制度相结合，有利于发挥市场调节收入分配的灵活性，刺激商品生产者和经营者提高效率的激励作用和长处与优势，服务于社会主义公平分配。

3. 社会主义国民经济有计划按比例发展规律有利于克服市场经济配置资源的自发性盲目性弊端

国民经济有计划按比例发展规律（其实质是国家调控规律）是社会主义特有经济规律。社会主义生产资料公有制，特别是全民所有制或国家所有制，把国民经济各部门各行业联结成根本利益一致的有机整体，使社会主义国家能依据国计民生发展要求优化社会资源配置，克服市场经济配置资源的自发性和盲目性的弊端。

在资本主义市场经济中，资本主义私有制使社会生产处于无政府状态，市场调节这只"看不见的手"（本质上是私人企业，主要是垄断寡头在市场上操作这只"看不见的手"）和政府这只"看得见的手"（实质上也直接或间接为垄断寡头所暗中操纵），一手强一手弱、一手硬一手软，代表垄断资产阶级利益的寡头政府在弥补"市场失灵"上难有大作为。在社会主义市场经济条件下，生产资料公有制使政府在资源配置上的作用与效率明显优越于资本主义市场经济。代表广大人民根本利益的政府能够把市场调节这只"看不见的手"和政府调控这只"看得见的手"有机结合起来，两手抓两手硬。一方面，政府通过发挥"市场在资源配置中的决定作用"，利用市场调节这只"看不见的手"在资源配置上的灵活性、有效性和多样性来提高资源的利用率和效率；另一方面，政府可以充分利用国民经济调控规律在资源配置上的前瞻性、计划性、能动性和可控性，通过政府这只"看得见的手"实现社会资源优化配置。

社会主义市场经济，既能发挥市场调节这只无形的手激发经济活力的优势，又能发挥政府调控这只有形的手保持经济平稳运行的长处；既能克服"市场失灵"的不足，又能弥补政府行为效率低下的缺陷。一方面，政府依据国家调控规律对国民经济实施宏观和微观的高效调控，不仅有助于发挥社会主义集中力量办好大事的优势，而且政府通过经济手段和法律手段，能有效控制经济总量，平衡通货胀缩，调节利益分配，优化产业结构，有效克服市场调节导致的自发性、盲目性和滞后性等弊端，优化全社会资源配置，保证国民经济的稳定持续、快速健康地发展。另一方面，市场和企业在政府宏观和微观调控引导下，有利于生产要素合理流动优化配置，使各经济主体活力迸发，经济发展井然有序，人民需要得到更好满足。理论和实践表明，只要操作得法，国家调控规律与价值规律相结合，国家宏观和微观的系列调控机制与市场竞争、价格和供求等系列调节机制相结合，比学赶帮超的劳动竞赛与优胜劣汰的市场竞争相结合，依法治国的经济制度与以德治国的经济伦理相结合，就可以使社会主义市场经济在宏观和微观的资源配置整体绩效上比资本主义市场经济优越。

4. 社会主义价值观有利于克服市场经济拜金主义、利己主义的弊端

一个文明健康的社会，需要有积极向上的价值观导航。积极向上的价值观是兴国之魂、民族精神之钙。一个国家的价值观是由该国的经济基础和政治制度决定的。建立在生产资料公有制和劳动人民当家做主政治制度基础上的社会主义价值观，倡导为人民服务精神和集体主义思想。

私有制倡导个人主义、利己主义价值观，市场经济遵循的是利益至上，

唯利是图原则。资本主义价值观同市场经济相结合，必然导致个人主义、拜金主义、金钱万能，一切向钱看，把人与人的关系异化为赤裸裸、冷冰冰的金钱关系。发达资本主义国家，虽然科技发达、国力强盛、社会富裕，但由于资本主义价值观和市场经济逐利影响，导致精神颓废、思想空虚、诚信缺失、信仰危机、邪教丛生、腐败泛滥、阶级对立、族群分裂，自杀率居高，吸毒、卖淫、嫖娼等社会丑恶现象频发，偷盗、抢劫、强奸、杀人、恐怖主义、黑社会等犯罪率居高不下，整个社会陷入腐朽堕落病态。西方金融危机的价值观缘由便是华尔街金融寡头等的贪婪、合谋和不讲诚信。

社会主义核心价值观倡导富强、民主、文明、和谐；倡导自由、平等、公正、法治；倡导爱国、敬业、诚信、友善。① 国家层面的核心价值观根源于人民整体利益和根本利益的一致。富强、民主、文明、和谐是社会主义中国的不懈追求。中国道路是从独立解放到发展富强、从人民民主到文明和谐的道路，这条道路发轫于社会主义经济制度的建立，以人民整体利益为最终归宿。社会层面的核心价值观集中反映社会成员的经济关系及其协调准则。就经济意义而言，自由、平等、公正、法治等价值观是重要的社会平衡器。在社会主义市场经济条件下，它们相互支撑，集中体现了社会成员之间的经济关系以及协调这一关系的基本准则。公民层面的核心价值观科学界定社会成员进行经济活动的行为规范。公民个人价值观对一个国家、一个民族具有重要意义。爱国、敬业、诚信、友善是每个社会成员从事经济活动都应遵循的价值取向和行为规范，也是社会主义市场经济高效有序运行的前提。

可见，社会主义价值观同市场经济相结合，有利于规范社会成员行为，引导商品生产者和经营者依法经营、诚实守信，引导消费者文明消费，培

---

① 胡锦涛：《坚定不移沿着中国特色社会主义道路前进为全面建成小康社会而奋斗》，《人民日报》2012 年 11 月 9 日。

养科学健康的生活方式，培育文明向上的社会风尚，凝聚社会共识，促进社会文明进步，从而有利于克服资本主义市场经济存在的个人主义、利己主义、唯利是图、一切向钱看等弊端。

社会主义核心价值观是引领社会主义市场经济健康发展的精神支柱，市场经济如果离开了社会主义核心价值观引领，市场经济的弊端就会从潘多拉匣子跑出来，腐蚀人的心灵，毒化社会风尚。一个民族的进步，有赖于文明的成长；一个国家的强盛，离不开精神的支撑。一个民族的伟大复兴，不仅要在经济发展上创造奇迹，也要在精神文化上抒写辉煌。社会主义市场经济需要和离不开社会主义核心价值观引导，只有把社会主义核心价值观融入市场经济之中，内化为社会群体和个人的意识，外化为群体和个人的行为规范，才能保证市场经济发展的正确方向，使社会主义市场经济在经济价值观和经济意识形态上也优越于资本主义市场经济。

（原载于《当代经济研究》2015 年第 3 期。程恩富，谭劲松）

经济思想发展史上的当代中国
社会主义市场经济理论

纵观 20 世纪初以来的经济思想发展史，关于社会主义与市场经济之间关系的探讨不断深化和细化，成为现代社会主义政治经济学和中国特色社会主义政治经济学的第一重大问题。我们首先回顾和简析西方"市场社会主义"思想史，然后阐述我国社会主义市场经济理论是重大创新，最后诠释习近平总书记关于社会主义市场经济的若干基本思想。

一、 西方 "市场社会主义" 思想史简析

市场与社会主义的内在关联，一直是西方比较经济理论的研究重点。分析这一学说的演变，有助于汲取西方的科学思想，丰富中国社会主义市场经济理论。

西方"市场社会主义"的思想是在实践和争鸣中不断深化的。早在社会主义国家尚未出现的 1908 年，意大利巴罗内就针对荷兰皮尔逊的观点，论证只要对资源、偏好和生产函数有足够的知识及求解方程的能力，中央机构模拟市场职能，便可以实现"帕累托最优"，从而为社会主义经济计算奠定了数学和逻辑的方法论基础。接着，在 1929 年，美国泰勒推进了遭奥地利米瑟斯批评的巴罗内观点，指出国家在决定公民的货币收入和依据成本定价的前提下，可用"试错法"——即根据商品供求状况来校正价格，

达到资源的合理配置。值得称赞的是，1938 年波兰兰格发表《社会主义经济理论》，在批驳米瑟斯的论点中进一步发展了泰勒的观点，认为社会主义没有狭义价格即市场价格，只有广义价格即均衡价格，才是经济计算的工具，而确定均衡价格可以运用"试错法"来解决，并不需要去求解千百万个方程组。兰格把社会主义定义为：为了使社会福利最大化而以自觉的方式进行决策的社会，提出最理想的资源配置方法，是在物品分配中以市场价格为基础，对不同地区劳动力分配中以自由劳动力市场为基础，根据消费品市场和劳动力市场原则，社会主义社会的国家决定生产什么和生产多少。引人注目的是，1934 年勒纳在反驳道布对狄根森的批评时说，由于对经济计算的要求，价格和市场不再被认为是资产阶级的概念，而被认为能够至少像资本主义交换经济中一样地利用这些手段，而且能够利用得更好。他强调，自由的价格制度与科学社会主义的按需分配精神是符合的，社会主义需要市场和自由价格制度，并在 1944 年《统制经济学》一书中再次阐发了这些原理。可见，在 20 世纪 30 年代，以泰勒为代表，已经较明确地提出"市场社会主义"的内涵。①

"二战"后，随着南斯拉夫市场化改革和资本主义国家经济体制调整的兴起，许多西方比较经济学家正式提出和论证"市场社会主义"的概念。其一，在《社会主义经济组织选择的研究》（1967 年）的专著中，美国沃德已经常使用"市场社会主义"的词语。其二，美国格鲁奇在《比较经济制度》（1977 年）一书中清晰地指出，尽管南斯拉夫的市场社会主义是公有制占统治地位，美国的私人资本主义是私有制占统治地位，但它们仍有可能按大体相同的方式运行，并称南斯拉夫的经济为"社会主义市场经济"。其三，1980 年美国格雷戈里和斯图尔特在《比较经济制度学》的著作里写道：市场社会主义是一种以生产要素公有制为特征的经济制度；决策权是分散的，由市场机制加以协调；采用物质刺激和精神鼓励的手段促使参与

---

① 荣敬本、刘吉瑞：《比较经济学》，沈阳：辽宁人民出版社，1990 年。

者去实现目标。他们认为，兰格模型是市场社会主义的理论基础，其现实变体是合作的或自治的经济。其四，在《可行的社会主义经济学》（1983年）一书中，英国诺夫提出的"可行的社会主义经济"模式，实质上是一种没有大私有制和有较强宏观调控的"市场社会主义"模式。其五，1985年美国博恩斯坦在《比较经济体制》的教科书中作了这样的概述：市场社会主义试图把下述社会主义原则中的前两项和第三项结合起来：（1）集体所有制，（2）收入分配中有限的不平等，（3）利用市场和价格分配资源和产品。其六，在20世纪80年代形成了英国的市场社会主义流派，其代表人物埃斯特林和格兰德声称"要将市场与社会主义'联姻'在一起。我们希望证明市场是能够用来实现社会主义的目的的"。其七，美国《新帕尔格雷夫经济学大辞典》（1987年）的定义如下：市场社会主义是一种经济体制的理论概念（或模式），在这种经济体制中，生产资料公有或集体所有，而资源配置则遵循市场（包括产品市场、劳动市场和资本市场）规律。

进入20世纪90年代以来，西方市场社会主义理论不因苏东国家解体而消亡，反而出现了新的发展势头。美国加州大学戴维斯分院罗默和伯克利分院巴德汉分别在《社会主义的未来》（1994年）和《市场社会主义》（1993年）的著作中阐述了市场社会主义的新构想。他们认为，市场社会主义就是把社会主义公有制与市场机制结合起来，创造一种既有经济效益，又使全体公民享有更多社会平等的经济制度。

在这种制度下，投资构成纳入计划，而产出构成、价格和劳动力均不纳入计划；国家运用5~20种利率来指导投资；借鉴日本经验，实行公司互相控股以促使贯彻利润最大化原则；公司利润在纳税后以"社会红利"的形式在所有成年公民中平等分配。

这里，可对西方"市场社会主义"理论作几点简评：首先，这一理论形成的发展轨迹是：计划模拟市场的纯粹社会主义（巴罗内等）→计划部分模拟市场的半市场社会主义（兰格等）→有较强国家调控的市场社会主义（诺夫和罗默等）。其次，计划社会主义在理论模型和经济计算方面确实是可行的，但由于现存生产力所决定的人的管理素质不适应计划社会主义，因而现阶段只能实行国家主导型市场社会主义。再次，在 20 世纪 30—90 年代赞同社会主义的西方学者中，不少人主张在生产要素公有制的基础上实现有较强国家调控的市场经济体制，或者将"市场社会主义"作为一种可行的经济模式而部分地加以肯定，这是人类科学思维的进步。最后，包含发展大私有制经济在内的中国社会主义市场经济体制，是市场社会主义的一种模式，需要在实践中不断改进和完善。中国推行的市场社会主义，实质上应是一种"法人社会主义"和"劳动社会主义"。这是综合某些西方学者思想精华而得出的科学结论。

二、 我国社会主义市场经济理论是重大创新

2015 年 11 月 23 日，中共中央政治局就马克思主义政治经济学基本原理和方法论进行第二十八次集体学习。中共中央总书记习近平在会上阐述了马克思主义政治经济学的重要意义和发展创新等问题，其中提到中国社会主义经济理论的一个重要创新，便是社会主义市场经济理论。可以说，这是当代中国政治经济学和社会主义经济理论的基石和核心，其他有关中国特色社会主义的经济理论均以此为中心来构建和创新的，因而必须深化认识和高度认同。

社会主义与市场经济的有机结合，是中国特色社会主义的重大理论和伟大实践。相比资本主义市场经济理论和实践，它不仅在理论上能站得住，而且在实践上能行得好。

第一，中国社会主义市场经济理论具有系统的创新性。早在 1979 年改革之初，邓小平就提出"社会主义也可以搞市场经济"。[1] 在建立社会主义

---

[1]《邓小平文选》第 2 卷，北京：人民出版社，1994 年，第 236 页。

市场经济体制初期，江泽民便强调"社会主义市场经济体制是同社会主义基本制度结合在一起的"①，"我们搞的是社会主义市场经济，'社会主义'这几个字是不能没有的，这并非多余，并非'画蛇添足'，而恰恰相反，这是'画龙点睛'"②。在总结30年改革开放的经验时，胡锦涛阐明了"必须把坚持社会主义基本制度同发展市场经济结合起来，发挥社会主义制度的优越性和市场配置资源的有效性"③。针对混淆市场经济的不同经济社会性质和类型的误解，习近平明确指出："建立在社会主义公有制基础之上，就是社会主义市场经济，建立在资本主义私有制基础之上，就是资本主义市场经济。"④ 从党的十四大报告提出建立社会主义市场经济体制，到党的十八大提出加快完善社会主义市场经济体制，再到党的十八届三中全会提出全面深化社会主义市场经济改革的方向和举措，我国社会主义市场经济理论已逐渐显示出全面的创新性。它是以社会主义初级阶段国情和理论为前提，在产权、分配、调节、开放等体制机制方面，在区域发展、新型农村、城镇布局、生态环境、民生改善、人口计划、教科文卫体等发展建设方面，均形成不断发展得较为系统的理论，在人类经济理论发展史上有着独特的创新地位。

第二，中国社会主义市场经济理论具有学理的科学性。在中国实行社会主义市场经济体制之前，无论是社会主义国家，还是资本主义国家，也不管是马克思主义学者，还是资产阶级学者，普遍都把市场经济等于资本主义，把计划经济等于社会主义，认为市场经济同资本主义结合是天然的最佳结合，社会主义不能搞市场经济。但是，随着我国社会主义市场经济的发展，中外绝大多数马克思主义学者已改变了这一传统观点，而国外资产阶级学者和政治家仍然固执这一教条。在苏联东欧国家剧变后，匈牙利

---

① 《江泽民文选》第1卷，北京：人民出版社，2006年，第227页。

② 《江泽民论有中国特色社会主义（专题摘编）》，北京：中央文献出版社，2002年，第69页。

③ 《胡锦涛文选》第3卷，北京：人民出版社，2016年，第161页。

④ 习近平：《中国农村市场化建设研究》，北京：人民出版社，2001年，第30页。

经济学家科尔奈宣称市场经济或市场化只能与私有化相结合。这在学理上是不能成立的,其现代政治经济学的道理很简单。因为产权的私人所有制、合作所有制、集体所有制、国家所有制,说的是生产资料或生产要素在法律上的最终归属,而市场经济或市场化说的是经济如何运行,主要是生产什么、生产多少、如何定价的问题,要由各类性质不同的经济主体或企业自行决策。也就是说,前者涉及生产要素的公有与私有问题,而后者涉及到经济运行或经济调节的市场与计划(政府或国家)问题。倘若使用"资源配置"一词,那也是前者指资源由私人企业,还是集体企业或国有企业来配置,而后者指资源是由企业,还是有政府来配置,即"资源配置"包括产权配置和调节(运行)配置两个不同层面的含义。因此,公有制或社会主义可以与计划经济结合,也可以与市场经济结合;私有制或资本主义可以与市场经济结合,也可以程度不同地采用计划或政府调节的方式。如法国等被西方学界称之为计划资本主义,越南和白俄罗斯被称之为社会主义取向的市场经济(市场社会主义),便是这个逻辑。连西方产权学派的创始人科斯都只能承认,以往只有资本主义与市场经济结合的经验,至于社会主义能否与市场经济结合,目前不能被证伪。日本经济学院士伊藤诚曾专门从学理上论证,得出中国把市场经济与社会主义结合起来,是行得通的,其关键在于要消除新自由主义观念和政策的影响。

第三,中国社会主义市场经济理论具有实践的可行性。一种理论行不行,不仅要接受理论逻辑的检验,而且要接受客观实践的检验。法国年鉴学派代表人物布罗代尔考察数百年的市场经济发展史得出,资本主义初期与市场经济是非常矛盾的。而世界体系论的主要创始人沃勒斯坦则一贯强调,资本主义与市场经济是不相容的。其实,应该这样准确地表达,市场经济所要求的企业和个人的自由选择、自由决策和公平竞争,在资本主义私有垄断寡头控制下,均难以充分实现,或者说市场经济所要求的自由性和公平性,与资本的私有性和寡头性内含严重的矛盾性和冲突性的层面。

其实践凸显为私有制主体型市场经济往往存在贫富对立、高失业率、金融经济危机、对外掠夺等。因此，西方不少非马克思主义的著名经济学家，如美国加尔布雷斯早就揭露美国等资本主义市场经济内含垄断型大公司剥削中小企业的"二元体系"对抗性，因而倡导"新社会主义"，并支持法国和英国等青年师生十年前开展的批判资本主义市场经济理论即西方主流经济学的"经济学国际改革运动"；法国皮凯蒂在近年出版的世界畅销书——《21 世纪资本论》中，用数百年的大数据揭露资本主义市场经济是财富和收入分配极不公平的"世袭资本主义"。

可见，被西方实践检验表明的资本主义市场经济理论（西方微观经济学和宏观经济学）并不怎么行，存在无法克服的逻辑和应用弊端。与此相反，社会主义市场经济理论作为人类思想史上的崭新学说，已被中国 30 多年的实践所证实，其国家整体发展绩效和经济公平都比资本主义市场经济状况好得多，这也被国际舆论中广泛使用的中国道路、中国模式、中国经验、中国奇迹等赞扬性话语所肯定。我国搞社会主义市场经济的成功实践表明，不仅社会主义可以搞市场经济，而且社会主义市场经济优越于资本主义市场经济。国内有学者认为，从政治经济学发展的视角看，中国特色社会主义的具体实践，完全可以创建出社会主义的一种新形态，即与中国社会主义初级阶段相适应的民生社会主义。目前这一新形态在我国完全具备了理论抽象的实践条件。① 诚然，作为新生事物，目前我国市场经济实践中确实存在不少问题，其中有些是经验不足所致，有些是依法治国和依法治市不严所致，有些则是受西方不良理论和政策误导所致，亟需在不断提升社会主义市场经济的道路自信、理论自信和制度自信的氛围中，通过全面深化改革和从严依法治国，积极提高国家治理体系和治理能力，从而进一步实现经济理论、政策、体制、机制和实践各方面的中国式创新来圆满解决。要言之，社会主义比资本主义更适合市场经济，因而中国社会主义

① 文魁：《民生社会主义论纲——中国特色社会主义实践的政治经济学思考》，《管理学刊》2016 年第 6 期。

市场经济理论比资本主义市场经济理论更进步，中国现代政治经济学比西方现代西方经济学更科学。

第四，社会主义市场经济理论具有深厚的理论渊源。如前文所述，从20世纪30年代英国经济学家勒纳提出社会主义能够更好地利用市场手段开始，一直到20世纪90年代以来，西方市场社会主义理论不因原苏东国家解体而消亡，反而出现了新的发展势头，均认为市场社会主义就是把社会主义公有制与市场机制结合起来，创造一种既有经济效益，又使全体公民享有更多社会平等的经济制度。中国特色社会主义市场经济理论的构建，不仅没有脱离，而且是建立在马克思主义经济学理论的基础之上的。改革开放以来的中国马克思主义经济学，虽然借鉴了中外市场经济思想，但总体上是坚持以马克思主义及其中国化经济思想为指导的。[1] 以社会主义基本经济制度为前提的社会主义市场经济理论，可以克服完全以私有制为主导的市场经济的内在缺陷，能够为中国经济的可持续发展奠定坚实的理论基础。

三、 习近平关于社会主义市场经济的若干基本思想

党的十八大以来，习近平围绕社会主义市场经济理论和现实问题发表了一系列重要讲话，是当代中国社会主义市场经济理论的最新发展，具有重大意义。限于篇幅，这里主要阐述习近平关于进一步完善社会主义市场经济的基本经济制度、基本分配制度、基本调节制度、自主开放型经济制度的主要思想。

（一）关于完善社会主义初级阶段基本经济制度的思想

习近平说："坚持和完善公有制为主体、多种所有制经济共同发展的基

---

[1] 胡乐明：《论发展马克思主义经济学：若干取向、基本原则与未来方向》，《海派经济学》2016年第1期。

本经济制度，关系巩固和发展中国特色社会主义制度的重要支柱。"① 对于全面深化改革期的经济发展来说，坚持公有制的主体地位和作用尤为必要。通过巩固公有制经济主体地位坚持改革性质，通过完善公有制实现形式深化改革，两者都体现了公有主体型产权制度对于我国经济发展的重要意义。这一发展思想，有利于消除改革过程中"国有企业私有化、土地私有化、金融自由化"的新自由主义干扰和负面影响。

1. 完善基本经济制度的总体思路

把握习近平完善社会主义基本经济制度的思想，必须首先把握其总体思路。总体思路主要有两条：一是强调坚持两个"毫不动摇"；二是必须深化改革。前者体现了"战略定力"，后者则需要"问题意识"，都具有极为重要的现实针对性。两个"毫不动摇"最初是在党的十六大提出的，但是，随着社会经济发展，现阶段坚持两个"毫不动摇"也碰到了一些严峻挑战。对此，习近平明确提出，"国有企业不仅不能削弱，还要加强"②；强调"把国有企业做强做优做大，不断增强国有经济活力、控制力、影响力、抗风险能力"③；"国有企业是壮大国家综合实力、保障人民共同利益的重要力量，必须理直气壮做强做优做大，不断增强活力、影响力、抗风险能力"④；强调"公有制主体地位不能动摇，国有经济主导作用不能动摇，这是保证我国各族人民共享发展成果的制度性保证，也是巩固党的执政地位、坚持我国社会主义制度的重要保证"⑤。

---

① 习近平：《关于〈中共中央关于全面深化改革若干重大问题的决定〉的说明》，《人民日报》2013 年 11 月 16 日。

② 缪毅容、谈燕：《"三年多没去上海了，看到大家，很亲切"——习近平总书记参加上海代表团审议侧记》，《解放日报》2014 年 3 月 6 日。

③《习近平主持召开中央全面深化改革领导小组第十三次会议》，《人民日报》2015 年 6 月 6 日。

④《习近平对国有企业改革作出重要指示强调理直气壮做强做优做大国有企业尽快在国企改革重要领域和关键环节取得新成效》，《人民日报》2016 年 7 月 5 日。

⑤ 习近平：《立足我国国情和我国发展实践，发展当代中国马克思主义政治经济学》，新华社，2015 年 11 月 24 日。

2. 重点发展公有资本控股的混合所有制

积极发展混合所有制，是十八届三中全会的一个重要部署，是习近平经济思想的重要内容。"混合所有制经济"是党的十五大第一次提出的概念，后来又经过党的十五届四中全会和党的十七大的重要发展。新一届党中央和习近平总书记则将积极发展混合所有制思想推向一个新高度。在混合所有制经济的定位上，提出了两个根本性论断：一是首次肯定它是我国基本经济制度的重要实现形式；二是提出它成为新形势下坚持公有制主体地位，增强国有经济活力、控制力、影响力的有效途径和必然选择。两大论断对于坚持公有制主体地位前提下，各种所有制经济平等竞争合作、共同获得发展机会，奠定了强有力的思想认识基础。在参股经济成分的地位与作用上，强调发展公有资本控股为主，也鼓励发展非公有资本控股的混合所有制企业。其中，习近平特别提到要吸取过去国企改革经验和教训，不能在一片改革声浪中把国有资产变成牟取暴利的机会。这将确保混合所有制真正成为公有主体型基本经济制度的重要实现形式。

因此，我国的基本经济制度将是，在全社会上是以公有制经济为主体、多种所有制经济混合发展，在微观上以公有资本控股为主的混合所有制经济大力发展，并适当发展非公资本控股的混合所有制经济，使之成为基本经济制度的重要实现形式，这就是"基本经济制度"的科学内涵。

（二）关于完善社会主义初级阶段基本分配制度的思想

党的十八大报告指出：要"完善按劳分配为主体、多种分配方式并存的分配制度"。2012 年 11 月，在中共十八届中央政治局常委与中外记者见面会上，习近平强调："我们的责任，就是要团结带领全党全国各族人民，继续解放思想，坚持改革开放，不断解放和发展社会生产力，努力解决群众的生活生产困难，坚定不移走共同富裕的道路。"①

---

① 习近平：《人民对美好生活的向往就是我们的奋斗目标》，《人民日报》2012 年 11 月 16 日。

1. 坚持按劳主体型分配制度的必然性

分配是社会再生产的一个环节。生产对分配起着重要的决定作用，分配反过来对生产起着重要的反作用。只有科学贯彻按劳主体型基本分配制度，才能实现效率与公平的统一。实行按劳分配主体型基本分配制度，是我国生产资料所有制结构决定的。公有制的主体地位决定了按劳分配在分配领域的主体地位。而按照资本、土地、技术等生产要素贡献分配的实质，是按照这些要素的产权关系进行分配，是表象与实质的对立统一。

2. 初次分配改革思想

所谓初次分配，就是在生产经营活动中企业作为主体的分配。结合国外和国内现状来看，初次分配都是人们利益关系的根本。它一般占居民收入的80%～90%，再分配只占居民收入的10%～20%（如美国为12.5%）。注重初次分配领域的深化改革，是习近平分配体制改革思想的突出特点，核心是形成合理有序的收入分配格局。为此，第一，着重保护劳动所得，提高劳动报酬在初次分配中的比重。怎样实现着重保护劳动所得和提高劳动报酬在初次分配中的比重？十八届三中全会以来，新一届中央和习近平总书记提出了具体的政策主张。概括起来是四条基本路径：提出要健全工资决定和正常增长机制；提出要完善最低工资和工资支付保障制度；适当减少国有企业管理层的薪水；继续推进和完善企业工资集体协商制度。第二，健全资本、知识、技术、管理等由要素市场决定的报酬机制。第三，改革机关事业单位工资和津贴补贴制度，完善艰苦边远地区津贴增长机制。这有利于实现非物质生产部门的劳动收入增长与社会经济增长同步，优化收入分配的区域格局，促进全社会共享发展成果。

3. 广义再分配思想

所谓再分配，就是政府通过税收、转移支付等手段的分配，以调节初次分配中所没有解决的不公平问题。习近平再分配思想的特点是：既注重运用税收、转移支付等经济手段，又注重运用社会保障这种重要的再分配形式；既注重发挥政府作用，也注重发挥社会力量的再分配作用；既注重一般物品的再分配，也注重建立公共资源出让的收益合理共享，从而大大拓宽了再分配领域的视界，丰富了政策主张。第一，加大和完善社会保障，实行托底社会政策。第二，加大和完善税收、价格、转移支付等多种手段加大再分配。第三，加大发挥社会力量的作用，积极推行社会慈善事业和社会捐助。

4. 规范收入分配秩序

要规范收入分配秩序，完善收入分配调控体制、机制和政策体系，建立个人收入和财产信息系统，保护合法收入，调节过高收入，清理规范隐性收入，取缔非法收入，增加低收入者收入，扩大中等收入者比重，努力缩小城乡、区域、行业收入分配差距。其中，建立个人收入和财产信息系统、清理规范隐形收入，努力缩小城乡、区域、行业收入差距，都是工作重点。只有这样，才能更好地解决共同富裕这个渐成"中心课题"的重大难题，更好体现社会主义的本质。

(三) 社会主义初级阶段基本调节制度的思想

习近平在2013年"两会"的讲话中强调"两个更"：更加尊重市场规律，更好发挥政府作用。在十八届三中全会上，他更进一步强调要使市场在资源配置中起决定性作用和更好发挥政府作用，同时指出："我国实行的是社会主义市场经济体制，我们仍然要坚持发挥我国社会主义制度的优越性、发挥党和政府的积极作用。市场在资源配置中起决定性作用，并不是起全部作用。"[1]

1. 双重调节的科学内涵

十八届三中全会提出了"市场决定"和更好发挥政府作用。从总体上它是强调市场与政府的双重调节，只不过市场与政府的作用和职能是不同

---

[1] 习近平：《关于〈中共中央关于全面深化改革若干重大问题的决定〉的说明》，《人民日报》2013年11月16日。

的。一是在宏微观的不同层次上，中国特色社会主义"市场决定性作用论"强调国家的宏观调控和微观规制共同矫正某些"市场决定性作用"。二是在"市场决定"的资源范围上，正确含义是市场对一般资源的短期配置与政府对地藏资源和基础设施等特殊资源的直接配置、与不少一般资源的长期配置相结合。三是在教育、文化、医疗卫生等非物质资源配置中，政府的主导性作用应与市场的重要作用相结合。

2. 构建完善的市场体系

怎样实现"市场决定"和更好发挥政府作用呢？根据习近平的相关论述和十八届三中全会的决定，主要的路径有两条：构建完善的市场体系和完善政府职能。习近平曾明确指出，"建设统一开放、竞争有序的市场体系，是使市场在资源配置中起决定性作用的基础。""必须加快形成企业自主经营、公平竞争，消费者自由选择、自主消费，商品和要素自由流动、平等交换的现代市场体系，着力清除市场壁垒，提高资源配置效率和公平性。"① 可见，应将构建完善的市场体系放在基础性地位。概括起来，习近平关于构建完善市场体系的思想主要包括：第一，完善要素市场体系；第二，建立公平开放透明的市场规则；第三，完善主要由市场决定价格的机制。

3. 更好发挥政府作用

在新一届中央政治局第十五次集体学习会上，习近平强调："在市场作用和政府作用的问题上，要讲辩证法、两点论，'看不见的手'和'看得见的手'都要用好。""既不能用市场在资源配置中的决定性作用取代甚至否定政府作用，也不能用更好发挥政府作用取代甚至否定使市场在资源配置中起决定性作用。"② 怎么能够将"更好发挥政府作用"理解为由"市场决定"呢？片面强调简放政权亦不对。它应是一个健全宏观调控体系、全面

---

① 《中共中央关于全面深化改革若干重大问题的决定》，《人民日报》2013 年 11 月 16 日。
② 习近平：《正确发挥市场作用和政府作用　推动经济社会持续健康发展》，《人民日报》2014 年 5 月 28 日。

正确履行政府职能、优化政府组织结构的系统工程。核心是建设民主高效的法治政府和为人民服务型政府，要以人民为中心，体现人民主体性。

简言之，今后需要将市场决定性作用和更好发挥政府作用看作一个有机整体。既要用市场调节的优良功能去抑制"国家调节失灵"，又要用国家调节的优良功能来纠正"市场调节失灵"，从而形成高功能市场与高功能政府、高效市场与高效政府的"双高"或"双强"格局。显然，由于我国社会主义市场经济是建立在公有制为主体、国有制为主导、多种所有制共同发展的基础之上的，包括人大、政府在内的整个国家从法律、经济、行政和伦理等多方面的调节力度和广度，必然略大于资本主义市场经济下的调节能力，从而可以显示出中国特色社会主义市场经济的优势和高绩效。

（四）关于完善社会主义初级阶段自主开放型制度的思想

在世界新格局和新形势下，进一步扩大开放，既面临机遇，也要应对挑战。2013 年 1 月，习近平在中央政治局第三次集体学习时强调，我们要坚持从我国实际出发，坚定不移走自己的路，同时要树立世界眼光，更好把国内发展与对外开放统一起来，把中国发展与世界发展联系起来，把中国人民利益同各国人民共同利益结合起来，走和平发展道路，但决不能放弃我们的正当权益，决不牺牲国家核心利益。

在扩大开放中坚持开放的自主性，构建自主开放型经济新体制，决定着我国参与国际竞争的前途和命运。

1. 构建自主开放型经济新体制的总体思路

结合历史、国情与世情变化，我国必须加快构建自主开放型经济新体制。这是习近平和新一届中央全面提高开放型经济水平的总纲领。其总体思路主要体现在：第一，关于主要目标，就是要"在更大范围、更宽领域、更深层次上提高开放型经济水平"①；第二，关于自主型开放经济新体制的

① 杜尚泽、赵成：《中国经济保持持续健康发展将提高开放型经济水平》，《人民日报》2013 年 4 月 9 日。

基本路径；第三，关于推进重心，就是要对外开放要着眼于人，着力于人。

2. 构建自主开放型经济新体制的战略举措

怎样实现引进来和走出去更好结合？怎样更好统筹国内外两种资源和两个市场？怎样培育竞争新优势？解决这些问题必须要有综合性战略抓手。一是加快实施自由贸易区战略。二是深入推进沿边开放战略。中央已作出加快发展"东南国际经济开放圈""西南国际经济开放圈"和"东北国际经济开放圈"等建设。2013年9月，习近平在访问哈萨克斯坦时，提出要与中亚国家共建"丝绸之路经济带"战略构想。10月，在访问印度尼西亚时又提出要与东南亚国家共建"海上丝绸之路"的战略构想。三是加强对外援助，充分展现出我国负责任的大国形象。

3. 提升对外开放水平必须处理好的几对关系

一是独立自主与合作共赢的关系。独立自主的关键是坚持中国特色社会主义道路。2013年3月，习近平在莫斯科国际关系学院的演讲中也指出："'鞋子合不合脚，自己穿了才知道。'一个国家的发展道路合不合适，只有这个国家的人民才最有发言权。"[①] 当今世界，和平、发展、合作、共赢成为时代潮流，各国相互联系、相互依存的程度空前加深，但一些国家霸权主义、强权政治、冷战思维、各种渗透依然存在，强调独立自主仍然有重要的现实性。没有独立自主，也就谈不上合作共赢，因为"最终发展起来也不过成为一个附庸国"[②]。二是正确统筹自力更生与扩大开放、扩大内需和利用国际市场的关系。在世界主要经济体持续滑坡，国际市场疲软，外需不足的情况下，中国经济高速增长也只能主要依靠扩大内需和供给侧结构性改革来支撑，这应当成为我国全面提升开放型经济水平的重要政策方向。三是正确处理相互尊重与聚同化异的辩证关系。由于各国历史文化传

---

① 习近平：《顺应时代前进潮流　促进世界和平发展——习近平在莫斯科国际关系学院的演讲》，《人民日报（海外版）》2013年3月25日。

②《邓小平文选》第3卷，北京：人民出版社，1993年，第311页。

统、社会制度、意识形态和经济发展水平不同，客观上存在各种分歧和摩擦。四是正确处理国际交往中"义""利"关系。2014 年 7 月，习近平在出访韩国时明确提出："在国际合作中，我们要注重利，更要注重义。""只有义利兼顾才能义利兼得，只有义利平衡才能义利共赢。"① 这些思想也都大大地丰富了构建开放型国际经济新体系的内涵。

要言之，习近平关于自主高水平开放的基本思想是："要坚持对外开放基本国策，善于统筹国内国际两个大局，利用好国际国内两个市场、两种资源，发展更高层次的开放型经济，积极参与全球经济治理，同时坚决维护我国发展利益，积极防范各种风险，确保国家经济安全。"②

（原载于《学术研究》2017 年第 2 期）

---

① 习近平：《共创中韩合作未来同襄亚洲振兴繁荣——在韩国国立首尔大学的演讲》，《人民日报》2014 年 7 月 5 日。

② 习近平：《立足我国国情和我国发展实践，发展当代中国马克思主义政治经济学》，新华社，2015 年 11 月 24 日。

坚持公有制经济为主体与促进共同富裕

当前，迫切需要深刻分析不断变化的国内外经济形势，科学总结党的十一届三中全会以来改革开放和现代化建设的基本实践和发展规律，以马列主义及其中国化理论为指导，针对改革开放出现的严峻问题来"调整、充实和完善"社会主义市场经济体制和政策，以便在党的十八大以后进一步推进中国特色社会主义的理论、制度和道路。其中，在经济领域坚持公有制经济为主体与促进共同富裕最为紧迫和重要。

一、 邓小平关于实现共同富裕的构想

回顾和对照二十年前邓小平的南方谈话，我们可以看到，南方谈话所提出的某些重大问题还没有得到解决，特别是财富和收入分配的贫富分化趋势仍然存在，继续偏离共同富裕的目标。邓小平讲，社会主义的本质是解放生产力，发展生产力，消灭剥削，消除两极分化，最终达到共同富裕。走社会主义道路，就是要逐步实现共同富裕。他提出实现共同富裕的途径，就是通过一部分地区有条件先发展起来，先发展起来的地区带动后发展的地区，最终达到共同富裕。他认为避免两极分化的办法之一，就是先富起来的地区多交点利税，支持贫困地区的发展。关于解决两极分化的时机，他认为，太早这样办也不行，太早了会削弱发达地区的活力，还会鼓励吃"大锅饭"。他设想，在 20 世纪末达到小康水平的时候，就要突出地提出和

解决这个问题。到那个时候，发达地区要继续发展，并通过多交利税和技术转让等方式大力支持不发达地区。他坚信，中国一定能够逐步顺利解决沿海同内地贫富差距的问题。不发达地区又大都是拥有丰富资源的地区，发展潜力是很大的。

邓小平的"实现共同富裕"的思想，在中国特色社会主义理论体系中具有重要地位。他把"消除两极分化，最终达到共同富裕"看成社会主义的本质属性，把是否实现这一目标当成判断改革开放成败的标准。他讲："社会主义的目的就是要全国人民共同富裕，不是两极分化。如果我们的政策导致两极分化，我们就失败了；如果产生了什么新的资产阶级，那我们就真是走了邪路了。我们提倡一部分地区先富裕起来，是为了激励和带动其他地区也富裕起来。……提倡人民中有一部分人先富裕起来，也是同样的道理。"① 邓小平鼓励一部分人、一些地区先富起来，是为了让他们帮忙、带动、激励其他人、其他地区也富起来，最终实现共同富裕。改革开放，就是要把社会主义经济这块"蛋糕"做大，但提高经济效益，做大"蛋糕"只是手段而绝不是目的，把做大后的"蛋糕"分配好才是我们最终的目的。分配"蛋糕"与做大"蛋糕"之间有着紧密的联系，分配的方式、分配的根据和分配的结果都会影响"蛋糕"的进一步做大。过去，我们主要强调按照生产要素在生产中贡献的大小来分配"蛋糕"，认为这样有利于做大"蛋糕"，这在某种意义上说是对的。当"蛋糕"不足以满足大多数人的需要时，这确实激励了人们做"蛋糕"的热情，提高了做大"蛋糕"的效率。但当"蛋糕"做得已比较大的时候，分配"蛋糕"的结果对做大"蛋糕"的影响就会大大显现出来。这是因为，此时分配的方式和结果不当，就会造成贫富分化类型的分配不公，影响做下一个"蛋糕"的绩效。进入 21 世纪以来，我们已经到了要强调分配方式和结果对做大"蛋糕"影响的阶段了，应当强调在分好"蛋糕"的同时继续做大"蛋糕"。

---

① 《邓小平文选》第 3 卷，北京：人民出版社，1993 年。

一个时期以来，我国劳动所得占 GDP（国内生产总值）的比重持续下降，甚至低于发达资本主义国家，这导致我国消费对拉动经济增长的作用不断下滑。在消费、投资和净出口这三个拉动经济增长的动力中，对于一个经济大国来讲，消费是最主要、最稳定的动力。如果直接关系到民生的消费性内需难以启动，中国经济要想实现长期、快速增长是难以持续的。所以，目前我国已经到了邓小平所说的要"突出和提出"解决贫富分化和共同富裕这个中心问题的时候了。

二、　我国所有制结构的变化是导致贫富分化的主因

现阶段我国的经济实力和国际影响力都大大增强了。2010 年国民经济规模达到近 40 万亿元，已超过日本，成为世界第二。但是，人均 GDP 不到日本的十分之一，按国际货币基金组织统计，2010 年列世界第 95 位，与发达国家的差距还是非常大的。与此同时，我国收入分配中的贫富分化现象严重，有的指标甚至超过西方资本主义发达国家。我国人民生活水平总体上比过去有很大提高，部分人群、一些地区已经很富。反映贫富差距之一的基尼系数，改革开放前为 0.25，1992 年突破了 0.4 的国际警戒线；世界银行估计，2010 年已达 0.48，如果加上灰色收入、隐性收入、漏计的高收入，估计现在已大大超过 0.5，远远超出资本主义发达国家和许多发展中国家[①]。基尼系数为 0.5 是一个什么概念呢？这意味着最穷的 50% 的人只占有总收入的 12.5%，最穷的 57.7% 的人收入在平均水平以下，最富的 10% 的人占有总收入的 27.1%。收入分配的不公，必然导致财富占有上的更大不公。收入上的累积效应加上财富的累积效应，使得中国当前的财富占有上出现极大不公平，世界银行报告显示，美国是 5% 的人口掌握了 60% 的财

---

① 刘国光：《是"国富优先"转向"民富优先"还是"一部分人先富起来"转向"共同富裕"?》，《探索》2011 年第 4 期。

富，而中国则是1%的家庭掌握了全国41.4%的财富。[①] 倘若这些统计资料是准确的话，那么，表明中国的财富集中度已远远超过了美国，成为全球两极分化严重的国家。

造成财富和收入分配中贫富分化趋势也越来越严重的原因很多。这些原因包括城乡差距扩大、地区发展不平衡加剧、公共产品供应不均、再分配调节不力、腐败泛滥、地下经济涌现等。这些因素都加剧了财富和收入分配的分化，我们必采取措施综合应对。但这些原因并不是最主要的。造成财富和收入分配不公的最根本原因，是所有制结构发生了根本性变化。著名经济学家刘国光教授讲得对：收入分配不公主要源于初次分配。初次分配中影响最大的核心问题是劳动与资本的关系。按照马克思主义观点，所有制决定了分配制；财产关系决定分配关系。财产占有上的差别，才是收入差别最大的影响因素。改革开放以来，我国贫富差距的扩大，除了前述原因外，所有制结构上和财产关系中的"公"降"私"升和化公为私，财富积累日益集中于少数私人，才是最根本的。[②]

三十多年来，我国所有制结构发生了重大变化，大致可分为三个阶段。第一阶段（1978—1991年）：由单一公有制的计划经济向以公有制为主体，多种所有制经济共同发展的社会主义市场经济转化，公有制经济（特别是国有经济）比重逐渐下降，非公有制经济比重不断上升，迅速发展。1978年，我国的所有制结构是单一公有制，几乎是公有制一统天下的局面。这一阶段，公有制经济仍然占据绝对主导地位，国有企业和集体企业的工业产值合计占工业总产值的89.16%。

第二阶段（1992—2000年）：非公有制经济迅猛发展，公有制经济比重大幅下降，主要集中到关系国计民生的重要经济领域。1992年春，邓小平在视察南方后，包括三资企业在内的私有制经济已掀起了一个新的发展高

---

① 夏业良：《中国财富集中度超过美国》，《财经国家周刊》2010年第13期。
② 刘国光：《谈谈国富与民富、先富与共富的一些问题》，《中国社会科学报》2011年10月25日。

潮。经过近十年的发展，非公有制经济比重超过了公有制经济，国有经济丧失了绝对主导地位。2000 年，在 85673.66 亿元的工业总产值中，国有经济和集体经济分别只占 23.53%、13.90%，二者加起来占比为 37.43%。而与此同时，非公有制经济的占比达到了 62.57%。第三阶段（2001—2010 年）：随着国有企业改制和国有经济战略布局的调整，国有经济在整个国民经济中所占的比重大幅下滑，这一比重已经和西方发达国家中的国有经济的比重相近。2009 年，全国规模以上工业企业中，公有制企业（包括国有企业和集体企业）的工业总产值为 5.52 万亿元，占到规模以上工业企业总产值的 10.07%。城镇就业人员中，公有制企业就业人员为 7038 万人（国有企业中 6420 万人、集体企业中 618 万人），占城镇就业人员的 22.62%。①

　　以上这样一种所有制结构和就业结构必然决定财富和收入分配中劳动所得份额越来越少，而资本所得份额越来越多。工资收入对于绝大多数劳动者来说是最主要的收入，财产性收入对于他们来说微乎其微（在股市、楼市不景气的情况下，甚至是负的）。2009 年底共有 3197.4 万个体户和 740.2 万户私营企业，也就是说，有大约 3937.6 万户家庭除了劳动所得外，还有很大一部分的非劳动所得，这样的家庭只占到全国约 3.88 亿家庭中的 10.1%。个体户主要以家庭为单位，通过使用自有生产资料从事生产经营活动，他们的所得中劳动所得实际所占比重较大，与社会平均收入水平差距不是太大。而私营企业主的总收入中，资本所得所占比重较大，这样的家庭只占到全国总家庭数中的 1.9%，这些家庭的总收入水平是大大高于社会平均水平的。除此之外，还有其他一些类型的非公企业的大股东以及高管人员的总收入，也大大高出社会平均水平很多。我国 90% 以上的家庭收入的主要来源是劳动收入，这样一种格局今后也不可能有大的改变。

　　劳动所得不断下降，资本所得不断上升是导致收入分配两极分化的主要原因。从 1997 年到 2007 年，中国劳动者报酬占 GDP 的比重从 53.4% 下

---

① 根据 2010 年《中国统计年鉴》计算所得。

降到 39. 74%，企业盈余占 GDP 比重从 21. 23% 上升到 31. 29%，而在发达国家，由于劳动人民的不断斗争，劳动者报酬占 GDP 的比重大多在 50% 以上。① 我国劳动收入份额的持续下降，是我国内需难以启动的最主要的原因，继续发展下去会严重制约我国经济增长。

三、 完善社会主义基本经济制度才能促进共同富裕

既然我国贫富差距的扩大和两极分化趋势的形成，主因是所有制结构发生了质的变化，那么，要改变当前的现状，必须重视公有制经济的地位和作用，不断壮大国有经济，振兴集体经济，实行公私经济共进，改变"劳穷资富"，才能从根本上加以遏制。同时，必须运用社会主义市场经济制度中的财政政策、税收政策、货币政策、财富和收入分配政策等手段，以及教育、医疗、养老、保险等制度安排，对财富和收入分配进行国家综合调节，才能逐步推进全体人民的共同富裕。

1. 国有经济在促进共同富裕中承担重要职能

早在 1993 年 9 月，邓小平在关于分配问题见于记载的最后一次谈话中，就非常坦诚而语重心长地指出："十二亿人口怎样实现富裕，富裕起来以后财富怎样分配，这都是大问题。题目已经出来了，解决这个问题比解决发展起来的问题还困难。分配的问题大得很。我们讲要防止两极分化，实际上两极分化自然出现。"如何防止两极分化呢？小平同志强调，"只要我国经济中公有制占主体地位，就可以避免两极分化"②。公有制经济在防止两极分化中承担重要职能，只要我们保持公有制和按劳分配为主体，贫富差距就不会恶性发展到两极分化太严重的程度，可以控制在合理的限度以内，最终向共同富裕的目标前进。否则，两极分化、社会分裂是不可避免的。

---

① 程恩富：《面对各种挑战，继续坚持和完善社会主义经济体制和机制》，《国外理论动态》2011 年第 12 期。

②《邓小平文选》第 3 卷，北京：人民出版社，1993 年。

为什么以公有制经济为主体就能够防止两极分化呢？我们认为有这样几个理由：第一，由于公有制企业中，生产资料不是对劳动者进行剥削的手段。劳动者主要根据在生产过程中劳动贡献的大小来参与分配，他们所得到的报酬的差距就比较小。同时和非公有制企业相比，没有了生产资料所有权的经济剥削，他们可以得到比私有制企业中的劳动者更高的收入。从统计数据显示，国有企业中员工的工资普遍高于其他类型企业员工的工资水平。第二，公有制企业中的利润不是被个人所占有，而是为集体或国家所公有，这样有利于集体或全体社会成员来分享经济发展的成果。对于国有企业来说，除了用于扩大再生产之外，上交的利润使得国家有更大的能力提供更多的公共产品和服务，有更大的能力进行转移支付来帮助低收入群体，有更大的能力调控经济。对集体企业来说，它们的利润为集体所共有，除了用于扩大再生产之外，可以直接改善本集体成员的住房、交通、医疗、教育等物质和文化生活，提高集体中全体成员的生活质量。第三，以公有制经济为主体的产权结构决定了以按劳分配为主体的分配结构。按劳分配的性质和方式比按资分配的性质和方式，更有利于维护财富和收入分配上的公平正义。这是由于，虽然劳动的能力、质量和绩效会有一定的差距，但这种差距是在一定的范围之内的，劳动者所得差距一般在几倍范围之内，而对资本的占有所造成的差距却可能成百十倍，从非公企业的内部和国民收入的初次分配中便形成了贫富两极分化。第四，公有制经济的存在对私有经济起到了一定的限制和制约作用，防止了财富和收入的过度集中。在国家调节有序的条件下，公有制企业使得市场竞争比较理性，市场价格比较平稳，避免暴利行业的长期存在。公有制企业的高工资也具有一定的示范效应，进而增加非公有制企业员工在工资谈判中的能力。

为了实现共同富裕，我们必须坚持党的十五大报告明确提出的"坚持公有制为主体，多种所有制共同发展"的社会主义初级阶段基本经济制度，必须毫不动摇地发展和壮大国有经济。国有经济要控制国民经济命脉，在能源、交通、通信、金融、军工等关系经济命脉和高盈利的重要关键行业领域中，国有经济应该有"绝对的控制力"，要不断增强国有经济的控制力、影响力和竞争力，这样才能发挥社会主义经济制度的优越性，促进全社会的共同富裕。

2. 集体经济在农村促进共同富裕中起着决定性作用

集体经济是公有制经济的重要组成部分，对实现共同富裕具有重要作用，特别是在农村地区起到了决定性作用。集体经济能促进共同富裕实现的机制，前面已有论述，这里不再赘述。下面主要就一些实际事例，来谈一下集体经济和合作经济在发展农村经济，实现农村居民生活水平提高中的作用。在今天的中国，有几个村庄很引人注目，它们是江苏的华西村、河南的南街村和刘庄、北京的韩河村等，这些村都很富，但令人深思的是，这里富裕的不是少数人，不是几个能人和村干部，而是全体村民，所有家庭。这些村庄何以能快速发展起来？何以能实现家家富裕、人人幸福的现代新型和谐农村呢？答案就是，这些村庄所具有的共性——一个好的带头人，一个坚强的基层党政班子，一个不断壮大的集体合作经济。

农村共同富裕的实现程度与村里的集体经济的壮大息息相关。笔者在山西等地的调研发现，凡是村里有集体企业的，村庄的整体面貌就比较好，居民的生活水平普遍较高，村里的健身、医疗、学校、文化等设施比较健全，人们的精神状态也非常饱满；凡是没有集体企业的，村里的生活差距比较大，少数人生活得很富裕，而大多数家庭生活却提高很慢，还有少数家庭生活极度困难。有个例子对比鲜明，在山西长治县有两个相邻的村庄，两个村都有小煤矿，一个村在 20 年前就把煤矿承包给了一个江苏的老板，另一个村并没有把煤矿承包给个人，而一直由村里集体来经营。20 年后，把煤矿承包给江苏老板的村庄变化不大。而那个由集体经营煤矿的村庄却发生了天翻地覆的变化。村里硬件设施全部更新，道路硬了，路灯安了，建了新的学校、新的公园、新的文化健身设施，还为每个家庭盖了两层小楼。该村还建立了各项福利制度，孩子上中小学的钱全免、上大学的学费村里负责出，60 岁以上的老人每月 100 元的养老金，每年定期给全体村民进行体检，每年的五一节、中秋节、元旦、春节都要按人头发放米、面、油、肉等食品。这个村的居民幸福感很高，对村干部很满意，对党的政策很拥护，真正过上了全面小康的生活。因此，要落实邓小平关于农村和农业的社会主义改革和发展"两次飞跃论"的方针，积极发展农村集体经济和集约经济，加强农村集体层的经营和管理，组织农民走共同富裕的新路子。①

3. 注重提高劳动收入份额是促进共同富裕的重要举措

劳动收入是 90% 以上家庭最主要的收入来源，这在西方资本主义市场经济下也是如此，在社会主义市场经济下更是如此。因此，要提高居民的收入，特别是中下层收入居民的收入，就必须从提高居民的劳动收入入手。目前，我国的劳动收入只占到 GDP 的 40% 左右，大大低于西方发达资本主义国家，这表明我国劳动收入份额还有很大的提升空间。过低的劳动收入份额也意味着需求不足、生产过剩。所以，提高劳动收入份额具有非常大的迫切性。那种认为提高工资会降低中国产品出口竞争力，因而反对提高工资的观点是错误的。只要我国的工资增长率不高于劳动生产率的增长率，便不会对成本产生大的影响，不会影响我国的产品出口竞争力。实际上，长期以来，我国普通职工尤其是私有企业职工的工资增长率是明显低于劳动生产率的增长率和国民生产总值增长率的。社会主义国家的出口竞争力主要应依赖自主创新和自主知识产权，而不应主要依赖劳动者收入长期不正常提高来实现低工资类型的低成本竞争。

要提高我国劳动收入份额，必须发挥政府和工会的作用，严格实施最低工资制度和八小时工作制，建立合理的工资增长机制。政府要积极维护劳动者的权益，通过立法、建立维权机构，直至对侵犯职工利益的行为起

---

① 徐惠平：《社会主义新农村集体经济和合作经济模式》，《海派经济学（季刊）》2006 年第 2 期。

诉等手段来保障劳动者的权益。要加强工会在劳资谈判中的作用，建立工资形成的劳资共决机制。要立法让职工工资增长实现指数化，实行"四挂钩"机制，即职工收入增长同当地物价、企业劳动生产率、利润率和高层管理人员收入增长同步挂钩。

实现劳动收入份额的提高，长期来看，必须提高经济效率。要提高我国的经济效率，必须转变经济增长方式。传统的经济增长方式是高积累、高投资，这必然导致新增价值分配中资本收入份额较高，而劳动收入份额较低。因此，我国应逐渐转向高附加值的产品和产业，促进产业结构升级，从而实现劳动收入份额的提高。今后，我国要把提高劳动收入份额上升到一个经济发展战略和构建和谐社会的高度来认识，以确保我国经济持续健康发展，不断推动共同富裕的实现程度。

4. 发挥好国家在收入分配中的调节作用

社会主义基本经济制度决定社会主义国家调节包括分配在内的调节体系要比西方国家重要。解决收入分配的两极分化问题，是一个系统工程，需要国家采取多种手段，运用多种政策，建立多种制度，持续进行有利于劳动者收入提升的调整和改革。

近几年来，我国开始强调民生，强调发展成果要与人民共享，这就是解决贫富分化问题的一个好开端。国家发挥收入分配的调节作用可以从两个方面来做，一是增加劳动者的收入，二是减少劳动者的支出。要增加劳动者收入，我们可以从以下几个方面着手。首先，要改革收入分配制度，规范收入分配秩序，增加劳动所得，控制资本所得，不但强调二次分配的公平，更要强调一次分配的公平。其次，加大转移支出的力度，特别是对低收入者、困难群体要给予更多支持；同时也要加大东部地区向中西部地区的扶持力度，要加强对边疆地区、民族地区、革命老区的转移支付；加强城市对农村的支持、工业对农业的反哺。第三，加强立法和执法，保护农民工等体力劳动者的利益，确保最低工资法和加班加薪等保护劳动者利益的法律得到落实。第四，制定就业优先的政策，积极发展微小企业，鼓励企业多雇用员工。就业是民生之本、收入之源，增加就业就是增加收入，就是为社会做贡献。减少劳动者的支出，主要就是要构建更加完善的社会保障体系，增大社会保障范围和力度，增加对医疗、养老、教育、住房等民生方面的补助。简言之，国家要运用财政政策、税收政策、货币政策、分配政策等手段，对财富和收入分配进行综合调节。

（原载于《求是学刊》2013 年第 1 期。程恩富，张建刚）

论资本主义和社会主义的混合所有制

混合所有制是财产权属于两个以上不同性质的所有者构成的一种所有制。从微观层面来看，混合所有制经济是不同所有制性质的投资主体共同出资建立的企业；从宏观层面来看，混合所有制经济是指在一个国家或地区的所有制结构中，包含国有、集体、合作、个体、私营、外资等多种所有制形式及其经济。混合经济的含义比混合所有制宽泛，既包括私有与国有等所有制结构，又包括市场调节与政府调节的调节结构，这二者也有密切关联。

2013年11月，党的十八届三中全会通过的《中共中央关于全面深化改革若干重大问题的决定》（以下简称《决定》）明确指出："积极发展混合所有制经济。国有资本、集体资本、非公有资本等交叉持股、相互融合的混合所有制经济，是基本经济制度的重要实现形式，有利于国有资本放大功能、保值增值、提高竞争力，有利于各种所有制资本取长补短、相互促进、共同发展。允许更多国有经济和其他所有制经济发展成为混合所有制经济。国有资本投资项目允许非国有资本参股。允许混合所有制经济实行企业员工持股，形成资本所有者和劳动者利益共同体。"[1] 自此之后，关于混合所有制经济的讨论便不绝于耳。事实上，混合所有制经济一词并非新的名词，它在我国已经有20余年的历史了（党的十四届三中全会首次提出

---

[1]《中共中央关于全面深化改革若干重大问题的决定》，《人民日报》2013年11月16日。

混合所有制经济一词）。而在西方，与混合所有制经济相似的一个名词——混合经济，其理论与实践也有百年历史了。西方资本主义国家的混合经济的本质是什么？对于发展社会主义市场经济的中国而言，我国的混合所有制经济与西方资本主义市场经济的混合经济有何异同？在发展混合所有制经济过程中应该注意哪些问题？这些都是亟待解释清楚的重要理论和政策问题。

一、　西方资本主义市场经济中的混合所有制

1. 混合所有制是资本主义基本矛盾的产物

西方资本主义经过几百年的发展，其经济体制早已经不是早期资本原始积累阶段的完全自由经济了，而是私有制占主体的资本主义混合经济。关于混合经济或混合所有制经济，迄今没有一个统一公认的定义。法国著名经济学家让－多米尼克·拉费曾这样说："混合经济作为纯社会主义和纯资本主义的混合形式，在很大程度上看来是理论上针对计划经济中极端干涉主义明显失败和自由思潮鼓吹国家退却，鼓吹私有化和鼓吹解除管制而提出的具有双重意义的预防措施……混合经济首先就是这样一种经济，它的数字表明，国家在经济上的作用，不论如何具体发挥，对市场来说都是很大的。例如，任何一种混合经济都包括国有部门和私营部门，而且一般说来，前者不仅包括非商业的行政部门，还包括以国有企业或国家大量参与为形式的重要经济部门。"[①] 国内外学者对西方混合经济的定义有多种，它的出现和发展则是西方资本主义过去几百年来在经济领域中发生的最大变化之一。

混合所有制经济产生于资本主义自由竞争之后的历史阶段，是伴随着垄断的出现而出现的。混合所有制经济的产生并非偶然，它是资本主义基

---

① 让－多米尼克·拉费、雅克·勒卡荣：《混合经济》，宇泉译，北京：商务印书馆，1995 年，第 1－3 页。

本矛盾——生产资料的私人占有与社会化大生产之间矛盾的产物。由于资本主义生产是为了获得利润和财富的增值，资本之间的竞争异常激烈，资本必须不断开拓市场以实现积累和获取更多财富。"如果说流通最初表现为既定的量，那么它在这里却表现为变动的量，并且是通过生产本身而不断扩大的量。就这一点来说，流通本身已经表现为生产的要素。因此，资本一方面具有创造越来越多的剩余劳动的趋势，同样，它也具有创造越来越多的交换地点的补充趋势；在这里从绝对剩余价值或绝对剩余劳动的角度来看，这也就是造成越来越多的剩余劳动作为自身的补充；从本质上来说，就是推广以资本为基础的生产或与资本相适应的生产方式。创造世界市场的趋势已经直接包含在资本的概念本身中。任何界限都表现为必须克服的限制。首先，要使生产本身的每一个要素都从属于交换，要消灭直接的、不进入交换的使用价值的生产。"① 资本在自由竞争中不断开拓市场和生存空间的过程中，必然具有追求垄断的趋势。这是因为，资本主义"生产集中于愈来愈大的企业的过程进行得非常迅速"②，"正是企业的规模巨大造成了竞争的困难，产生了垄断的趋势"③，"自由竞争产生生产集中，而生产集中发展到一定阶段就导致垄断"④。

竞争和垄断是推动资本主义经济关系和经济制度演变的重要力量。"资本主义生产的发展，使投入工业企业的资本有不断增长的必要，而竞争使资本主义生产方式的内在规律作为外在的强制规律支配着每一个资本家。竞争迫使他不断扩大自己的资本来维持自己的资本。"⑤

正是这种激烈的竞争促使资本不仅要垄断市场，将剩余价值中的很大部分转化为生产资料，更要不断开拓市场空间，而劳动生产力在这个过程

---

① 《马克思恩格斯文集》第 8 卷，北京：人民出版社，2009 年，第 88 页。
② 《列宁专题文集·论资本主义》，北京：人民出版社，2009 年，第 107 页。
③ 《列宁专题文集·论资本主义》，北京：人民出版社，2009 年，第 108 页。
④ 《列宁专题文集·论资本主义》，北京：人民出版社，2009 年，第 111 页。
⑤ 《马克思恩格斯文集》第 5 卷，北京：人民出版社，2009 年，第 683 页。

中不断得到提高，又进一步促使剩余价值更多地被生产出来和资本更多地实现积累。然而，"即使资本主义生产是迄今为止一切生产方式中最有生产效率的，但它由于自身的对立性质而包含着生产的界限，它总是力求超过这些界限，由此就产生危机，生产过剩等等"①。无论是简单的私人垄断，还是资本不断开拓市场空间，都不能从根本上消除资本主义的基本矛盾，因为"私人垄断资本对垄断利润的追逐使市场的功能弱点进一步被强化和放大，进而导致经济危机爆发烈度更大，破坏性更强，对社会资源造成的浪费更加严重"②。经济危机最严重时可能致使资本主义经济大规模倒退，最典型的是 20 世纪 30 年代的大萧条。为了克服危机，维护资本主义统治秩序，资产阶级国家不得不对经济进行调节和干预，于是，混合所有制经济逐渐形成了。诚然，社会主义苏联和东欧国家当时实行国有制和计划经济所取得的巨大成就，也对资本主义混合所有制经济的形成产生了一定的影响。

因此，"混合经济在统计学上的定义之所以有效，在于它不是事先构想的制度，而是工业社会发展和资本主义制度变化的历史产物。主要是指由于不受控制的'纯资本主义'而定期发生的震荡所作出的适时反应，而不是协调计划的结果。人们曾经根据不同情况，希望解决经济不稳定、严重通货膨胀或严重失业持续存在、倾向垄断和限制竞争等问题，因为对活动监督不够会引起'外部效应'，引起公共商品与劳务供应不足，引起人们所认为的收入分配太不公平，等等……因此，按照前面设定的统计标准，欧洲各国的经济基本上都变成了'混合'经济"③。在马克思主义看来，混合所有制经济是资本主义国家对资本主义条件下的生产无政府状态、生产资料私人占有与社会化大生产之间矛盾造成的一系列问题进行不断干预和调

---

① 《马克思恩格斯文集》第 8 卷，北京：人民出版社，2009 年，第 387 页。

② 程恩富、高建昆：《论市场在资源配置中的决定性作用——兼论中国特色社会主义的双重调节论》，《中国特色社会主义研究》2014 年第 1 期。

③ 让—多米尼克·拉费、雅克·勒卡荣：《混合经济》，宇泉译，北京：商务印书馆，1995 年，第 3—5 页。

节的产物，正如恩格斯所说"无论在任何情况下，无论有或者没有托拉斯，资本主义社会的正式代表——国家终究不得不承担起对生产的管理"①。进一步地看，混合所有制经济必然产生于垄断之中，它将资本主义条件下的垄断经济推进到一个新的发展高度。混合所有制经济促进了资本主义经济的发展，不仅促使垄断资本的统治势力更加强大，而且使得垄断资本开拓市场空间的力量变得更加强大。大型跨国垄断企业便是混合所有制经济下资本开拓世界市场空间的重要载体。

2. 混合所有制经济是当代资本主义经济的主要形态，但没有从根本上改变资本主义的性质

当代西方资本主义国家的经济模式主要可以分为两种不同的类型。一种是莱茵模式（西欧、北欧资本主义国家），另一种是盎格鲁·撒克逊模式（英国、美国资本主义国家）。无论是哪一种资本主义经济模式，它们都已经不是那种单一的私有制市场经济模式了，而均是混合所有制经济模式。有许多学者从不同方面论述了资本主义的这种变化。如西方著名学者霍布斯鲍姆所说的，"支撑 20 世纪世界经济的结构，即使当它们还是资本主义形式的时候，也不再是商人在 19 世纪 70 年代所接受的'私人企业'式经济结构"②。"在大多数发达国家，整个国民经济都变成了混合经济，以至于看来已经成为一种特定的社会组织制度。"③ 美国著名经济学家汉森也指出，19 世纪末期以后大多数资本主义国家已不再是单一的纯粹的私人资本主义经济，而是同时存在着"社会化"的公共经济，因而成为公私"混合经济"（或称"双重经济"，Dual Economy）④。美国经济学家萨缪尔森也对混合经济持赞成态度，他甚至这样讽刺"市场原教旨主义"者，"那些希望将政府

① 《马克思恩格斯文集》第 3 卷，北京：人民出版社，2009 年，第 558 页。

② 艾瑞克·霍布斯鲍姆：《帝国的年代：1875－1914》，贾士蘅译，南京：江苏人民出版社，1999 年，第 15 页。

③ 让－多米尼克·拉费、雅克·勒卡荣：《混合经济》，宇泉译，北京：商务印书馆，1995 年，第 2 页。

④ 参阅郭飞：《发展混合所有制经济与国有企业改革》，《光明日报》2014 年 4 月 2 日。

缩减为警察加灯塔的人只能生活在梦幻的世界中"①。

然而，混合所有制经济的出现，不仅没有从根本上改变资本主义经济基础的性质，反而使得资本主义的经济根基更加牢固，以至于出现工业企业的高度集中与融合，特别是金融资本与工商业企业紧密融合，在主要经济部门中形成了一大批大型企业。这些大型企业往往都有国家的支持，最终形成大型的跨国垄断公司。也就是说，在混合所有制经济时代，资本主义中的私人垄断发展到了国家垄断，国内垄断发展到国际垄断的地步了。"国家所有制的发展也是现代资本主义的特点。这种所有制的形式，尽管在某种程度上与占统治地位的资本主义公司所有制相比，只是从属的，但却起着重要的作用，这尤其表现在由国家对那些盈利低的企业和经济部门进行接收，以及由国家资本主义企业对非国家所有制的资本主义企业按低价提供生产资料。"② 由此也能看出，我国那些哈耶克和弗里德曼的新自由主义追随者所鼓吹的将国有企业私有化以与"国际接轨"，是完全无视以上资本主义市场经济现实的。尤其是张维迎关于"市场经济是不可能建立在国有制基础上的；唯有在私人财产制度的基础上市场经济才能有效率地运作！""国有企业的比重降到10%左右"③ 等言论，是极其荒谬的。

混合所有制经济在资本主义国家中的突出表现就是大量的国有企业的存在，但这种国有企业与我国的国有企业性质是完全不同的，因为资本主义的国有企业代表总的大资产阶级与金融寡头们的利益而非人民的利益，而政府和总统也是为其根本利益服务的。以西方最发达的资本主义国家——美国为例，"美国总统确实权力很小。但究竟是谁才能把总统的权力关

---

① 保罗·萨缪尔森、威廉·诺德豪斯：《萨缪尔森谈效率、公平与混合经济》，萧琛译，北京：商务出版社，2012年，第41页。

② 米歇尔·阿尔贝尔：《资本主义反对资本主义》，杨祖功、杨齐、海鹰译，北京：社会科学文献出版社，1999年，第40－41页。

③ 陈亮：《国有企业私有化绝不是我国国企改革的出路——兼与张维迎教授商榷》，《马克思主义研究》2012年第5期。

进笼子呢？是人民吗？是民意吗？当然不是！是共济会后面的金融老板们"[1]。2008 年西方爆发金融和经济危机以来，以美国为代表的西方国家又使用国有化的手段拯救金融和投资等企业，但这种国有化不过是用全体人民的税收来救助极少数金融和房地产资本家。连曾经抨击过世界银行和国际货币基金组织的经济学家斯蒂格利茨都不断追问，为什么在美国的财政部、美联储、世界银行、国际货币基金组织中没有工人阶级的代表？[2]

在西方的混合所有制经济中，"如以欧洲各国经济为参考，国有部门雇佣约 30% 的劳动力（其中 2/3 以上在行政单位，1/4 以上在国有企业），并提供 1/4 至 1/3 的附加值。公共开支可能超过国内生产总值的 40% – 50%"[3]。如下表 1 是经济合作与发展组织（OECD）各国的国有企业基本情况（截至 2009 年末），从一个方面揭示了当今资本主义国家混合所有制经济的发展情况。

从表 1 可以清楚地看出，截至 2009 年末，OECD 国家中央政府一级拥有的国有企业有 2085 个，雇佣数量为 4333670 人，企业价值为 14168 亿美元。进一步地分析，"如果从 OECD 国家的国有企业分布领域来看，主要分布于公用事业部门，如能源电力、交通运输、金融、制造业、电信等产业部门。按企业价值来划分，第一大领域属于能源电力，比重占 26%；其后分别是金融部门占 24%、交通运输部门占 19%；再次分别是制造业占 7%、初级产品部门占 5%、电信业占 3%、房地产占 2%、其他公用事业占 2%、其他产业占 12%"[4]。

---

① 何新：《美国总统给谁打工》，《中国国防报》2011 年 4 月 5 日。

② 尹帅军：《"小政府、大社会"、"公民社会"辨析》，《马克思主义研究》2013 年第 9 期。

③ 让—多米尼克·拉费、雅克·勒卡荣：《混合经济》，宇泉译，北京：商务印书馆，1995 年，第 3 页。

④ 陈亮：《国有企业私有化绝不是我国国企改革的出路——兼与张维迎教授商榷》，《马克思主义研究》2012 年第 5 期。

表1　中央政府一级拥有的国有企业

（企业数量单位：个；雇用数最单位：人；价值单位：十亿美元）

	拥有多数股权的上市公司			拥有多数股权的非上市公司			法定企业			总计		
	企业数量	雇员数量	企业市值	企业数量	雇员数量	企业权益账面价值	企业数量	雇员数量	企业权益账面价值	企业数量	雇员数量	企业价值
澳大利亚	0	0	0	7	8283	4.2	10	40562	13.4	17	48845	17.6
奥地利	2	28741	8.2	6	50459	7.8	1	5	0.4	9	79205	16.4
比利时	1	17371	13.2	7	74990	44.6	0	0	0	8	92361	57.8
加拿大	0	0	0	33	105296	21.6	0	0	0	33	105296	21.6
智利	1	156	0.2	9	5559	2.7	24	46013	10.2	34	51728	13.1
捷克	1	33000	25.3	82	38200	9.9	41	95400	8.7	124	166600	43.9
丹麦	0	0	0	11	8680	8.3	2	9828	2.5	13	18508	10.7
爱沙尼亚	0	0	0	32	16261	2.9	22	9574	0.5	54	25835	3.4
芬兰	3	24844	29.4	28	61187	16.3	5	5758	10.9	36	91789	56.6
法国	2	176347	116.1	30	120386	41.6	19	541841	..	51	838574	..
德国	0	0	0	57	66419	22.9	2	4650	18.8	59	71069	41.7
希腊	7	39421	15.8	72	..	..	..	..	..	79	..	..
匈牙利	0	0	0	346	150528	6.7	12	2447	0.8	358	152975	7.5
以色列	0	0	0	29	50264	43.2	..	..	..	29	50264	43.2
意大利	0	0	0	25	289329	105	0	0	0	25	289329	105.4
日本	1	49665	35.8	..	..	..	..	..	..	..	..	..
韩国	8	39599	38.3	48	81056	139	0	0	0	56	120655	177.6
墨西哥	0	0	0	45	..	2.2	23	..	..	68	..	..
荷兰	0	0	0	28	60355	74.1	0	0	0	28	60355	74.1
新西兰	1	10726	0.5	17	17107	9.1	1	4019	9.1	19	31852	18.8
挪威	3	74723	104.7	33	50479	18.3	10	104993	8	46	230195	131
波兰	13	184079	59.5	573	542082	34	..	..	..	..	..	..
葡萄牙	0	0	0	42	81465	16.6	51	99112	1.7	93	180577	18.3
斯洛文尼亚	3	3048	0.9	33	22276	3.1	..	..	..	..	..	..
西班牙	0	0	0	115	106963	36.3	36	53566	44.3	151	160529	80.7
瑞典	0	0	0	43	143253	66.1	4	4879	1.6	47	148132	67.7
瑞士	1	19813	19.8	1	7534	0.7	2	72781	12.8	4	100128	33.3
英国	1	160900	50.7	12	202668	5.5	8	14730	11.2	21	378298	67.4
OECD 汇总	48	862433	518.4	1764	2361079	744	273	1110158	154.8	2085	4333670	1416.8

资料来源于陈亮：《国有企业私有化绝不是我国国企改革的出路——兼与张维迎教授商榷》，《马克思主义研究》2012 年第 5 期。

在混合所有制经济体制下，资本主义政府不仅通过货币政策、财政政策、产业政策对市场经济进行幅度较大的干预，甚至有时会对市场进行全面管制，而且还制定了一系列缓和阶级矛盾的政策，最典型的就是社会保障体系的建立。与此同时，混合经济中的私营部门和国有部门通常密切配合，共同为资产阶级整体和长远利益服务。

显然，混合所有制经济在某种情况下缓解了资本主义的基本矛盾，且具有一定的历史进步意义。不过，混合所有制经济并没有改变资本主义的基本经济关系——私人资本雇佣和剥削劳动，也不表明资本主义是在以社会主义为目标的"自动长入"或"和平过渡"。正如列宁当年在评价资本主义由自由竞争向垄断转变时生产资料占有形式上发生的变化所一针见血所指出的，"但是，生产资料的这种分配，就其内容来说，绝不是'公共的'，而是私人的，也就是说，是符合大资本（首先是最大的、垄断的资本）的利益的，因为大资本正是在民众挨饿，农业的整个发展无可救药地落后于工业的发展，工业中'重工业'向其他一切工业部门收取贡赋的条件下活动的"[1]。西方不少学者对大资本家利用国家政权牟取暴利的行为也持清醒态度："资本家……把钱交到……国家手里，并且收取数量可观的税收的折扣作为他的信贷、风险和努力的报酬。但是更常见的是，资本家充当主要的公债的组织者和持有者。他们的活动也促进了国家经济的货币化"[2]。因而，盛行于西方资本主义国家的混合所有制经济，其主导面和本质依然是垄断经济。其出现标志着资本主义剥削范围由资本家剥削一般雇佣工人，扩大到了资产阶级使用社会集资和国家政权等手段来剥削全社会多个阶级和阶层，甚至掠夺他国人民。

简而言之，20世纪和21世纪初的实践表明，混合所有制经济源于资本主义基本矛盾，资本主义基本矛盾在混合所有制经济中依然存在和发展；

---

[1] 《列宁专题文集·论资本主义》，北京：人民出版社，2009年，第127页。

[2] 韩毓海：《马克思的事业——从布鲁塞尔到北京》，北京：中国人民大学出版社，2012年，182页。

资本主义混合所有制经济的发展具有客观必然性和合理性，但仍然具有垄断性、腐朽性或寄生性、过渡性，且蔓延至全世界。

二、 社会主义市场经济中的混合所有制经济

处于社会主义初级阶段的中国，为了促进经济发展，经过长期探索，确立了建设有中国特色的社会主义市场经济发展模式。社会主义市场经济显然内含国家对市场经济的积极调控之意，以使市场经济更加组织化、有序化和高效化，而作为现阶段基本经济制度重要实现形式之一的混合所有制经济，是我国不断探索公有制和非公有制企业改革和发展的产物。

1. 混合所有制经济是不断探索本国经济发展模式的产物

混合所有制经济是随着我国在经济体制改革过程中，特别是对公有制实现形式认识上的不断深化而提出的。1981 年，党的十一届六中全会通过的《关于建国以来党的若干历史问题的决议》首次提出中国的社会主义制度处于初级阶段，并指出应该根据每一阶段生产力发展的具体情况创造与之相适应的生产关系的具体形式。之后，党的历次重要会议本着解放思想、实事求是的原则，逐步破除了单一公有制观念的枷锁，为多种所有制经济的发展开辟了道路。特别是随着社会主义市场经济理论的提出，我国关于所有制实现形式的理论更加成熟。1993 年，党的十四届三中全会通过的《中共中央关于建立社会主义市场经济体制若干问题的决定》指出："随着产权的流动和重组，财产混合所有的经济单位越来越多，将会形成新的财产所有结构。"1999 年，党的十五届四中全会通过的《中共中央关于国有企业改革和发展若干重大问题的决定》提出："国有资本通过股份制可以吸引和组织更多的社会资本，放大国有资本的功能，提高国有经济的控制力、影响力和带动力。国有大中型企业尤其是优势企业，宜于实行股份制的，要通过规范上市、中外合资和企业互相参股等形式，改为股份制企业，发

展混合所有制经济，重要的企业由国家控股。"2002年，党的十六大报告提出："除极少数必须由国家独资经营的企业外，积极推行股份制，发展混合所有制经济。"2003年，党的十六届三中全会提出："要适应经济市场化不断发展的趋势，进一步增强公有制经济的活力，大力发展国有资本、集体资本和非公有资本等参股的混合所有制经济，实现投资主体多元化，使股份制成为公有制的主要实现形式。"从广义上来看，我国社会主义初级阶段的基本经济制度——以公有制为主体，多种所有制经济共同发展的所有制结构，其本身就是一种全社会范围的混合所有制经济。

"毫不动摇地巩固和发展公有制经济"，国有企业改革要"增强国有经济活力、控制力、影响力"，这些都是中共中央文件反复强调的。党的十八届三中全会文件站在新的历史起点，赋予混合所有制经济前所未有的地位和高度，这是与我国当前的经济发展阶段的所有制结构状况相符合的。国资委数据显示，截至2012年底，全国90%的国有及国有控股企业（不含金融类企业）完成了公司制股份制改革。中央企业及其子企业中，混合所有制企业户数占公司制企业户数的比例接近57%，占中央企业登记企业总户数的一半以上。中央企业资产总额的56%、净资产的70%、营业收入的62%已在上市公司。石油石化、民航、电信、建筑、建材等行业的中央企业主营业务资产已基本成为上市公司。从这个角度看，混合所有制经济在国民经济中已经处于主要地位。① 而国家工商总局发布的党的十七大以来（2007年6月底到2012年6月底）全国内资企业发展分析报告则更能反映我国近些年来企业结构的变化。从表2可以看出，截至2012年6月底，全国非私营的内资企业共238.96万户，注册资本金总额为37.42万亿元，相比2007年6月底企业总数327.62万户和注册资本金总额18.38万亿元，分别增长-27.10%（减少）和103.60%。与此同时，2012年6月底，全国私营企业数量是1025.93万户，注册资本金是28.48万亿元，相比2007年6

---

① 白天亮：《混合所有制，"合"出新天地》，《人民日报》2013年12月2日。

月底企业数量520.46万户，注册资本金8.33万亿元，分别增长了97.10%和242.00%；而外资企业在2012年6月底的数量是43.68万户，注册资本金是11.3万亿元，相比2007年6月底的情况，分别增长了56.10%和74.40%。这说明，私营企业和外资企业的数量总和已经远远超过了非私营的内资企业，它们的注册资本金总和也已经超过了非私营的内资企业，且增长势头迅猛。"资料显示，2011年9月底，我国非公有制企业数量占企业总数的比重突破80%，达到80.3%；2012年6月底，这一数据达到81.74%；2012年年底，这一数据达到82.67%。与此同时，非公有制企业的规模也在稳步扩大。"① 这些数据已经清楚地表明，公有经济在企业总数、注册资本金方面均低于或大大低于非公经济，这是发展混合所有制经济所必须注意调整的一个问题。

另一方面，我国的一些企业已经开始积极介入全球化经济事务并对西方跨国垄断企业造成了不同程度的冲击。2012年，中国内地国有及国有控股企业进入世界500强的有64家，覆盖了20多个行业，一批大型国有企业成为与跨国公司竞争的主要力量②。而制定国际贸易和国际事务规则的西方国家对我国企业的海外并购行为百般阻挠，其最大的借口就是我国大量国企的存在不符合所谓"完全市场经济"的原则。因此，发展混合所有制经济可能有利于减轻我国企业在国际市场所遭遇的不公正境遇。

---

①《我国非公有制市场主体发展强劲第三季度私营企业数量增长快》，http：//www.saic.gov.cn/zwgk/tjzl/zxtj-zl/xxzx/201310/t20131018_ 138840.html。

② 参见石建国：《混合所有制将为国企改革开启新局面》，《福建论坛》（人文社会科学版）2014年第1期。另外，2012年2月3日，《华尔街日报》发表题为《美国将打击目标对准中国企业》的文章称，美国贸易官员们对美中商业冲突的核心环节——受到大量保护和补贴的中国国有企业，发起了协调攻击，因为这些企业不仅在中国，也在全球竞争中正对美国公司造成沉重打击。参见江涌：《产业政策：是异端邪说还是有效扳手》，Http：//www.caogen.cora/blog/Infor_ detail/53978.html。

表2　2007年6月到2012年6月各类型企业数量和注册资本（金）增长变化

类型	企业数量（万户）			注册资本（金）（万亿元）		
	2007年6月底	2012年6月底	增长率	2007年6月底	2012年6月底	增长率
内资 （非私营）	327.62	238.96	-27.10%	18.38	37.42	103.60%
私营	520.46	1025.93	97.10%	8.33	28.48	242.00%
外资	27.98	43.68	56.10%	6.48	11.3	74.40%
合计	876.07	1308.57	49.40%	33.18	77.2	132.70%

资料来源：国家工商行政管理总局网站

2. 混合所有制经济异同

法国经济学家米歇尔·阿尔贝尔曾说："大欧洲创造了社会市场经济，大中国创造了社会主义市场经济。二者之间自然有许多不同之处。但是，在我看来，二者之间也有某些相似性，如果它们能够融会在一起，必会成为21世纪的几大法宝之一。"[①] 西方资本主义市场经济中的混合经济与社会主义市场经济的混合所有制经济，显然具有一些共同特征。

首先，在混合所有制经济中，都是不同形式的资本之间相互持股、相互融合。其中的大型股份制企业和国有控股企业均具有一定的国家背景，且在国内外市场中占据极为重要的地位，不同程度地为国家调控国民经济服务。

其次，无论是社会主义市场经济，还是资本主义市场经济，它们均受一些共同的经济规律支配和影响，如剩余价值规律、价值规律、供求规律、竞争规律等。缺少合理国家干预的无序市场竞争必然会导致经济波动、社会资源的浪费和贫富分化，因此，微观和宏观的混合所有制经济都需要国家对市场的积极调控，都需要在发展经济时兼顾经济效率与经济公平。

另一方面，混合所有制经济在资本主义与社会主义类型的市场经济中

[①] 米歇尔·阿尔贝尔：《资本主义反对资本主义》，杨祖功、杨齐、海鹰译，北京：社会科学文献出版社，1999年，第4页。

具有一定质的不同。

第一，混合所有制经济是在生产资料私有制占主体的资本主义市场经济中诞生的，目的是为了解决资本主义基本矛盾和壮大混合型垄断企业，以最大限度获得垄断利润，因而无论是占统治地位的大型垄断企业，还是大量分散的非大型企业，均没有改变总体上维护和扩展资产阶级利益的格局和实质。而混合所有制经济建立在生产资料公有制占主体的社会主义市场经济基础上，目的是不同资本的优势互补和提高市场竞争力，总体上都要根本维护和积极扩展全体人民的各种利益。不能回避的是，混合所有制经济有以公有制为主体和以私有制为主体之分，它本质上并不是与各种不同所有制形式并列的一种独立的新型所有制形式，也不是一种新生的公有制形式①。换言之，混合所有制经济的公有制性质只能建立在公有资本的控股基础上。

第二，作为混合所有制的大型企业或跨国公司的行为特征和经济效应有质的区别。西方混合所有制中的大型跨国垄断企业均具有程度不同的准国企的特征，它们控制着石油、电力、交通、电信、航空航天等关键性领域，可以获得政府的各种形式的行政支持（如非竞争性订单、变相的财政补贴和各种融资便利等），从而得以在国内外范围内垄断市场，进行资本、价格和利润的操纵，经常逃避税收和"工资套利"，控制知识产权和产业链上游，将污染转移到发展中国家。"把 GDP 留给中国，把利润都带走"②，甚至参与颠覆他国的经济和政治活动。同时，西方政府对本国的跨国企业的海外并购是极端敏感的③。"华尔街一位从事并购业务的美国律师坦言，中国企业取得美国银行 10% 的股权是极其困难的，企图获得 20% 以上的股

---

① 张作云：《关于混合所有制经济的内涵和性质问题——兼论混合所有制经济的研究方法》，《海派经济学》2008 年第 2 辑。

② 丛亚平：《宜尽快实现两税合一》，《瞭望》2006 年第 49 期。

③ 我国企业海外并购失败的主要原因往往并非企业本身原因，而是外国政府有意阻挠的，可参见：《中国企业海外并购失败案例盘点》，http：//www. lawyergong. com/showart. asp？id＝617.

权几乎是不可能的，更不用说取得实际控制权了。美国资本可以在中国控股深圳发展银行，但中国企业在美国却没有相同的案例。"① 而作为世界上最大的发展中国家的中国积极发展混合所有制经济，也要提高本国大型企业和跨国公司在国内外的中高端竞争力和获取利润，但其生产经营的行为特征和经济效应并不在于只求"利"而不讲"义"，而是在实现本企业合法合理的经济利益的同时，带动本国和他国的国计民生共同发展。

三、 发展混合所有制经济过程中要做到 "六个防止"

经过三十多年改革开放的实践与探索，我国经济建设和社会发展既取得了一系列令人瞩目的成就，又面临着大量深层次的问题，全面总结、反思和创新经济发展政策，已是十分迫切的现实。在发展混合所有制经济问题上，我们不仅要全面总结过去国有企业改革中的经验与教训，更要研究出指导未来发展混合所有制经济的一套务实理论和政策。在新一轮全面深化改革大潮掀起之时，防止在发展混合所有制经济过程中出现严重的负面现象。

一是防止国有资产流失。习近平总书记多次强调："发展混合所有制经济，成败在细则。要吸取过去国企改革经验和教训，不能在一片改革声浪中把国有资产变成牟取暴利的机会。"② 我国发展混合所有制经济是为了更好地促进国有资本的发展和国有企业的壮大，因而不能像过去国有企业改制那样，大卖大送国有资产，以致迅速造就了一批富豪和超级富豪，迅速扩大了贫富分化。要汲取当年国有银行改制过程中外资乘机参股谋取暴利的教训，避免类似现象在发展混合所有制经济过程中再次发生。这就必须

①余云辉：《美国需要什么样的中国——美国"魔鬼三角阵"下的中国》，武汉：武汉大学出版社，2013 年，第 146 页。

②《混合所有制要义在"混"得公平透明》，http://opinion.people.com.cn/n/2014/0310/cl59301 - 24582605.html。

制定专门的法律法规（中资金融企业的外资参股或控股这类国计民生大事，须经全国人大立法，而不宜由政府立规），以替代政府唯意志论的口头号召和随意批示，使一切经济改革活动处在法治的框架下运作。发展混合所有制经济过程中应该做到公开透明、规则清晰，避免出现各种"浑水摸鱼"现象的发生。

二是防止外国资本垄断。在发展混合所有制经济过程中，如果实行"国退民进"政策，国有资本和国有企业的实力遭削弱，那么，外国垄断资本必将主导中国的经济版图，中国的国民经济可能会丧失独立自主发展权。现实表明，凡是国有经济逐渐退出的产业，民营经济都没有获得控制权，而是被西方跨国公司迅速占领前几位。据报道，在中国 28 个主要行业中，外国直接投资占多数资产控制权的已经达到 21 个，每个已经开放的前五名几乎都是由外资所控制。与跨国公司在中国的外包活动相比，外国直接投资更直接地通过控制这些产业把高创新率、高附加值和高水平进入壁垒的高质量生产活动牢牢地掌握在自己手中，本土企业则被压制在产业链的低端[1]。因此，面对跨国公司对中国本土企业造成巨大压力的现实，在发展混合所有制经济过程中，我国必须以铸造本国企业的"航空母舰"为目标，实行"国进民也进"方针，民营经济要与国有经济加强资本、市场和知识产权等协作和联合，夺回国内产业控制权，并参与国际中高端竞争，以保护本国经济安全、金融安全和社会稳定。

三是防止非公资本单向参控。按照《决定》精神，允许更多国有经济和其他所有制经济发展成为混合所有制经济。这就是说，发展混合所有制，是各类不同性质的资本互相参股或控股。既包括非公资本参股或个别控股国有资本等公有资本，也包括国有资本等公有资本参股或个别控股非公资本。目前，有些地方和部门只强调前者而否定后者，这是极其错误的。同时，正如十八届三中全会《决定》中所说的，"允许混合所有制经济实行企

---

① 贾根良：《国际大循环经济发展战略的致命弊端》，《马克思主义研究》2010 年第 12 期。

业员工持股，形成资本所有者和劳动者利益共同体"。西方不少国家都在非公企业中积极倡导职工持股，实行"劳资两利"的利润分享制度，中国特色社会主义更应大力推行这一社会主义方向的改革，以坚持人民主体性，充分发挥人民群众的积极性，让人民群众在参与混合所有制经济的改革中分享成果。倘若只是把一大批本来正常盈利和高盈利的国有企业或国有金融企业，行政命令性地让非公资本持股或控股，实际上就是把本来属于人民整体的大量盈利主动送给中外私人。这是背离以人为本的社会主义改革性质和大方向的。

四是防止削弱人民币国际化。当今国际要素市场上，西方跨国垄断企业事实上均与金融垄断有关。只有获得国家支持的巨型企业，才具有对抗金融垄断的能力，才具有与国际寡头平等竞争的实力。现阶段，我国总体上民营资本规模、技术水平、竞争力、管理水平都不如国有资本，更远远不如西方跨国公司的垄断资本。因此，只有具有国际竞争力的国有企业和国有资本，才是我国主要进入国际要素市场的希望，也是我国获得国际要素市场定价权的主通道。所谓人民币国际化，就是在国际市场上使用人民币对大宗商品进行结算，而目前主要是国有企业和国有资本有实力进入国际要素市场，获得国际要素市场的足够份额。如果国有企业被削弱，国有资本被置换，人民币国际化势必受阻。

五是防止只讲混合所有制。现在流行一种误区，即只讲混合所有制，不讲国有企业改革和发展，甚至认为国有企业没有必要存在。按照习近平总书记讲话的精神，对国有企业特别是中央企业，要继续加大支持力度。国有企业关乎国家经济命脉，关键时刻还得靠他们。美国等西方国家忌惮的就是中国共产党的强大，中国共产党强大的一个原因是我们国有企业是支持党的，提供着财力、物力、人力支持，掌握着国家经济命脉。这是我们的一个命门，不能被人家忽悠了。各种所有制经济都是社会主义市场经济的重要组成部分。民营经济发展受到一些歧视，有很多玻璃门，有些领域要开放，不能搞垄断，这是对的。国有企业经营不是完全靠市场决定的，还要靠政治决定。国有企业虽然发生了像中石油案那样的腐败问题，我们要举一反三、加快改革、加强监督，管住管好就是了，不能被有的负面舆论绑架。认为国有企业必然就是一种不好的体制，出路只有"去国有企业""去国有化"，这是不对的。十八届三中全会提出使市场起决定性作用，发展混合所有制经济，有的人格外兴奋，说共产党这回弄对了，把国有企业搞掉了国家就有希望了。这是谬论！我们自己要把握住。我们要去掉国有企业的一些弊端，让它们更好更健康地发展。

六是防止削弱国有经济主导作用。2014 年 3 月 5 日，习近平总书记在参加十二届全国人大二次会议上海代表团审议时强调，国企不仅不能削弱，而且要加强。这与《宪法》《党章》和十八大及其三中全会文件关于国有经济主导作用的措辞和精神是一致的。《决定》明确指出发展混合所有制，要有利于国有资本放大功能、保值增值、提高竞争力。在经济全球化的大背景下，作为相对落后的社会主义新兴经济体，我国国有经济是维系国民经济运转并促进经济走向强大的重要力量。这不是什么发展"国家资本主义"或"权贵资本主义"，而是涉及国家经济的战略问题。须知，发展混合所有制经济与私有化是完全不同的导向，因而，必须防止将"国退民进"作为混合所有制改革的定式和准则。否则，在混合过程中就可能完全让私人资本不受约束地进占国有经济的现存阵地，陷入全面私有化的陷阱[①]。混合所有制在人事、经营和分配等方面会产生单一所有制或一股独大企业所没有的利弊和新矛盾，应该因地因企制宜。国家应该明确哪些领域可以搞混合所有制经济，哪些领域没有必要搞混合所有制经济，要禁止"一刀切"和"一哄而上"政策的发生，以提高中央和各省市大型国有企业的活力、竞争力和控制力，巩固和加强国有经济在国民经济中主导作用。正如习近平总书记有针对性所指出的，国有企业经营不是完全靠市场决定的，还要靠政

---

① 吴宣恭：《所有制改革应保证公有制的主体地位》，《管理学刊》2011 年第 5 期。

治决定。这就是说，在涉及国计民生和国家安全的命脉产业和战略制高点产业（如矿产、能源、军工、航空航天、铁路、电信、教育、医疗等）必须由国家控制，其生产经营管理也不是完全市场化管理，而是必须接受国家调控，从而成为国家调控的主要支柱和基础。中外新自由主义鼓吹的国企私有化和完全市场化管理的论调，已被国内外的实践所否定。

总之，我们理论工作者，尤其是各级党政领导，必须认真学习和积极贯彻习近平总书记在 2014 年 8 月 18 日主持召开中央全面深化改革领导小组第四次会议时发表的重要讲话精神。他指出："国有企业特别是中央管理企业，在关系国家安全和国民经济命脉的主要行业和关键领域占据支配地位，是国民经济的重要支柱，在我们党执政和我国社会主义国家政权的经济基础中也是起支柱作用的，必须搞好……中央企业负责同志肩负着搞好国有企业、壮大国有经济的使命，要强化担当意识、责任意识、奉献意识，正确对待、积极支持这项改革。"[1] 这是当前防止混合所有制发展和改革中的片面性，真正全面深化社会主义改革的重要方针！

（原载于《马克思主义研究》2015 年第 1 期。程恩富，谢长安）

---

[1]《共同为改革想招一起为改革发力群策群力把各项改革工作抓到位》，《人民日报》2014 年 8 月 19 日。

大力发展公有资本为主体的
混合所有制经济

党的十八届三中全会《中共中央关于全面深化改革若干重大问题的决定》中提出：要"积极发展混合所有制经济"，并将"国有资本、集体资本、非公有资本等交叉持股、相互融合的混合所有制经济"作为"基本经济制度的重要实现形式"。"混合所有制经济"这一词并不是第一次出现在中央文件中。早在 11 年前的十六届三中全会《中共中央关于完善社会主义市场经济体制若干问题的决定》中就提到，"坚持公有制的主体地位，发挥国有经济的主导作用。积极推行公有制的多种有效实现形式，加快调整国有经济布局和结构。要适应经济市场化不断发展的趋势，进一步增强公有制经济的活力，大力发展国有资本、集体资本和非公有资本等参股的混合所有制经济，实现投资主体多元化，使股份制成为公有制的主要实现形式。"2007 年的"十七大"报告也曾强调"以现代产权制度为基础，发展混合所有制经济。"此次中央再次提出发展"混合所有制经济"，有其现实和深远意义。是大力发展公有资本控股和为主体的混合所有制经济，巩固和加强我们党执政和我国社会主义国家政权的经济支柱，还是大力发展非公资本控股和为主体的混合所有制经济，对公有企业实行资本主义私有化和股份化改造？这已成为理论界和党政部门关注和论争的聚焦点。

一、 混合所有制经济与混合经济释义

谈到"混合所有制经济"，有人认为它是资本主义特有的经济形式，将发展混合所有制经济等同于发展资本主义；有人认为它是股份制的另一种表述，二者本质上是一样的；有人认为它是社会范畴内公有资本与非公有资本的共存，这两种不同性质的资本各自发展，彼此独立；有人认为混合所有制经济就是计划与市场的混合，是两种资源配置方式的互相配合；维基百科认为，所谓混合所有制经济，就是私人部门和政府相混合的经济。在市场中除了生产者和消费者外，还有政府参与经济活动，对经济总量进行控制。混合所有制经济具有市场经济与计划经济的共同特征。此外，混合所有制经济中还有一些政府运行的企业以及政府提供公共产品。人们对混合所有制经济的解释众说纷纭，莫衷一是，因而有必要继续对什么是混合所有制经济进行科学抽象和界定。

我们认为，混合经济的含义比混合所有制宽泛，既包括私有与国有等所有制结构，又包括市场调节与政府调节的调节结构，二者自然有密切关联。

混合所有制是财产权属于两个以上不同性质的所有者构成的一种所有制。从单体或微观层面来看，混合所有制经济是不同所有制性质的投资主体共同出资建立的企业，因而国有、集体、合作、个体、私营、外资等所有制的各种混合，均可视为混合所有制，而并非只有公有制与非公有制的资本混合才算混合所有制。例如，国有资本与集体资本的混合、集体资本与个体资本的混合、国有资本与私人资本的混合、国有资本与外国资本的混合，等等，均可称为混合所有制企业或混合所有制经济。从社会或宏观层面来看，混合所有制经济是指在一个国家或地区的所有制结构中，包含国有、集体、合作、个体、私营、外资等多种所有制形式及其经济。可见，

混合所有制经济是各种所有制经济相结合的经济形式，是多成分、多形式的混合统一体，其重要实现形式就是现代股份制经济。不过，它与单一的所有制形式一样，都是有利有弊的，关键是要发挥不同的资本、资源、技术、人才、管理等各自的优势，实行合作博弈，优势互补，更好地适应现代市场经济的国内外激烈竞争。

混合经济的另一层含义，是市场与政府共同发挥重要作用的国民经济。实践证明，市场作为资源配置的手段，在特定情况下具有高效率，但也存在自身无法克服的缺陷——凯恩斯在《就业、货币和利息通论》中强调，单纯的市场制度不可能创造出足以达到充分就业的有效需求，而有效需求不足是市场无法克服的顽疾。萨缪尔森进一步认为，市场存在两个实质性的缺陷——不完全竞争和外部性；美国马萨诸塞州工学院的费舍尔等学者则认为，市场具有三大缺陷——垄断权力、外在因素和不完备的信息；美国联邦储备委员会货币信贷政策部副主任利德谢和著名学者多兰指出，即使是最积极的市场拥护者也得承认，市场远不能总是完美地发挥职能作用。这就要求政府必须参与到市场的运行中，对市场的弊端进行调节、干预和管理。萨缪尔森认为，在混合经济中，市场和政府可以共同进行资源配置，这样，既可以充分发挥市场活力，又可以克服市场的盲目性。"我们的混合所有制经济具有财政和货币方面的武器，并有政治上的决心来使用它们，以便消除长期的萧条和奔腾式的通货膨胀。这使人们不再惧怕生产过剩和消费不足，也排除了以军事或帝国主义的计划来增加购买力的必要性。"[①]因此，现代资本主义都是程度不同的混合经济体制。

现代西方国家就是借助于混合经济，以政府调控弥补市场手段的不足，以社会目标弥补私人目标。而国家所有制、国家控股和参股的混合所有制企业，都成为必须听从国家调节的微观基础，所以，私营与国营，市场与国家，两组的作用是紧密相连地相互补充、共同释放的，它比完全私有化

---

① 萨缪尔森：《经济学》，北京：华夏出版社，1999年，第493页。

和唯市场化的自由资本主义经济具有"杂交优势"。但理论地位相当于马克思所说的"庸俗经济学"的现代新自由主义，主张更多地私有化和唯市场化；而相当于马克思所说的"古典经济学"的新老凯恩斯主义，则主张更多地国有制和国家干预。后者可以成为现代马克思主义经济学的理论来源之一。

二、 西方混合所有制经济的发展模式及其借鉴

混合所有制经济最早出现在西方社会，资本经历了自由竞争阶段的积累与发展，逐步走向垄断。随着生产和经济社会化的深入发展，商品、服务和资本的大量过剩日常化和严重化。在每个私人资本都在疯狂地争取私人利润最大化的进程中，社会总体的无秩序或无政府状态是不可避免的。19世纪20年代英国首次爆发经济危机，19世纪50年代首次爆发世界性经济大危机以来的众多经济危机、金融危机等，便是鲜明的例证。为了应对，资本主义国家开始逐步作为一个重要的经济主体参与到经济运行当中，成为协调各大垄断企业利益的机构，国家调控日渐成为市场经济的重要内容。作为国家调控的重要形式，国有与私有混合在一起发展，混合所有制经济也应运而生。不过，在不同的西方国家，混合所有制经济的发展情况不尽一致。

美国的混合所有制经济。在20世纪30年代的大危机中，美国罗斯福总统率先采用国家直接投资等一系列措施以刺激经济发展，开创了政府大规模调节国民经济的先河，从而使美国较早摆脱了危机。此后的几十年间，凯恩斯主义和霸权主义盛行，美国经济实力增强较快，这很大程度上得益于美国政府对经济的干预政策。美国政府并不直接将私人工业国有化，而是通过增加政府开支的方式，为私人资本的发展创造良好的社会环境和经济环境。政府投资于新兴行业、公共事业、基础设施等投资数额大、生产

周期长、利润率低的部门，由此建立了一批国营企业。尽管如此，美国本质上还是自由市场的国家，当政府建立的这些国营企业发展成熟后，政府更多地会将这些开始盈利的企业租给私人垄断资本。近几年，美国政府在解救金融和经济危机中，再次利用广大民众的纳税收入，以国家投资的方式去解救大垄断资本家的亏损和危难，并强调一旦经营正常和盈利，国有资本将逐步退出，而不与垄断资本家争利（美其名曰，"不与民争利"）。这种阶段性发展混合所有制的措施表明，美国政府发展混合所有制和经济调节的目的，是为垄断资产阶级长远和整体利益服务的。

英国的混合所有制经济。英国是一个老牌资本主义国家，在泛左翼力量的影响下，国家的作用比美国大。"二战"后，英国政坛由保守党和工党轮流执政，资产阶级两党对于政府和国有经济的作用认识比较对立。工党早在1945～1951年执政期间，就将英国推向议会社会主义和现代福利国家的新阶段。工党政府坚信国家的基础产业部门不能被置于资本主义的无计划、无秩序状态下，为此，对英格兰银行、煤矿、电力和燃气、钢铁以及其他经济部门实施国有化。由于全部产业的4/5仍然为私人所有，所以，国有化后出现的是一个混合型经济体。政见不同的两个政党交替执政，就形成了英国混合所有制和混合经济或上或下发展的奇特道路。在工党执政期间，国有经济比重增加；在保守党执政期间，又会将国有企业变卖给私人资本。近四十年来，以撒切尔夫人为代表的保守党信奉新自由主义，强调完全私有化、市场万能论、完全自由化和反福利政策，因而大大缩小混合所有制经济的范围；而以布莱尔为代表的右翼化工党执政时期，也没有改变撒切尔夫人执政以来某些新自由主义措施。

法国的混合所有制经济。由于泛左翼力量的制约，法国经济中的政府色彩历来都比较浓厚。法国政府除了在经济发展进程中承担规则制定者、宏观调控者的职能外，还作为市场主体参与到经济的运行中来。据法国国营企业唯一的官方企业名册《法国国家企业一览表（1993年）》中显示，国家参股比重超过 30% 的企业有 600~700 家，法国公共企业（是法国国家所有制和混合所有制企业的总称）则有数千家之多。以法国航空公司为例，法国航空公司是典型的混合所有制企业，在这家航空公司行政管理委员会的 16 名委员中，国家的代表就占了 10 名。公司的很多决策，如企业总发展纲要、预算和计划结算、借贷、不动产业务、聘用和解聘经理等，通常只是在形式上由行政管理委员会批准。原因在于行政管理委员会通常没有自己的业务分析部门，他们在做决策之前，往往需要由企业管理部门熟悉业务的代表和相关部门对技术、经济、法律等方面进行深入细致的研究。因此，在绝大多数情况下，行政管理委员会是迫不得已批准这些决定。在法国航空公司这个国家拥有控股权的企业中，股东大会只是形式上存在而已，其存在的必要性在于不破坏有关股份公司的法规。从本质上来说，法航这个混合所有制企业虽然从行政管理委员会看国有化程度很高，但真实的决策权却在实际的总经理和董事长手中。①

通过对某些西方国家混合所有制经济发展的研究，我们可以从中得到一些启示。

其一，从历史发展来看，混合所有制经济是国家垄断资本发展的必然产物。私人资本经历了多年的自由发展后，资本的矛盾日益累积和暴露，私人垄断资本的出现更是加剧了资本矛盾。20 世纪的大危机无疑就是资本矛盾的总爆发。资本要想继续生存和发展下去，必须做出改变，需要一个不同于任何私人垄断资本的新组织出现，来协调私人垄断资本间的矛盾，扭转社会经济无政府的混乱状态。随后的两次世界大战，使得这种需要日益迫切，国家垄断资本应运而生。国家垄断资本的出现，带来了混合所有制经济，国家资本与私人资本在经济领域多层次、多角度地融合在一起。比如，政府对整个社会经济活动进行总量的干预与调节；国家资本与私人资本联合建立股份公司；国家还可以代表垄断资本家总体直接掌握和经营

① 阿·奥季佐娃：《法国对国有企业和混合所有制企业的管理》，《经济译文》1994 年第 6 期。

资本，即运用国有财政资本对私人资本进行投资或者建立独资国有企业。由此可见，西方各国盛行的混合所有制经济主要并不是资本主义所有制与社会主义所有制的混合，而是在资本主义制度大框架内，资本主义所有制结构的表现形式发生了重要变化。也就是说，以私人所有制为主体的混合所有制是资本主义基本经济制度的表现形式，构成资本主义生产方式基础的私有制与雇佣劳动没有根本动摇。私有资本与国有资本的"混合"，也不过只是变换了资本主义私有制的"实现形式"或"组织方式"，并没有根本改变资本主义基本经济制度的性质。

其二，通过发展混合所有制经济，让国有资本为私有资本服务。混合所有制经济与国家垄断资本主义密切相关。这种理论强调，国家不应当成为私人资本的竞争者，其任务是"填空补缺"，做私人企业所不愿做或不能做的事情。"国有制"的存在无非是为了帮助"私有制"更好地发展和更多地赚钱。其"混合"的实质是：国家对基础设施的投资，是为垄断企业创造赢利的最好条件；国家拨付巨额预算资金，可使垄断组织用以获得大量利润；对科学研究的支出，使垄断组织无需支付应有的耗费而利用科学技术成果；国家订货为私人垄断资本创造稳定的高额垄断利润；当私人垄断企业濒于破产时，国家用广大民众的纳税款出资进行收购。在英法等国，曾经收归国有的尽是些最赔钱的部门（如煤炭工业和铁路运输），以及对整个资产阶级及其国家具有重要意义的一些部门（如电力生产、电站、煤气厂，等等）。在这些亏损企业实行国有化时，垄断资本家获得了巨额补偿金，在企业里占统治地位的依然是垄断资本家或金融寡头的代表；当国有企业或国有股份需要让私人垄断资本经营更有利时，低价出卖甚至是拱手送给私人资本；在国际竞争中，政府是私有资本的坚强后盾，是私有企业的"服务员"。资产阶级经济学家在谈到国家的作用时，也并没有把国家和私人资本的利益对立起来，恰好相反，而是把它看成私人资本的必要补充。

其三，通过发展混合所有制，为私人资本发展提供充足的资本动力。

从微观企业运行的角度来看，混合所有制经济是微观层次的不同形式资本的混合，是私人资本向社会多途径集资的"社会资本"转变。"那种本身建立在社会生产方式的基础上并以生产资料和劳动力的社会集中为前提的资本，在这里直接取得了社会资本（即那些直接联合起来的个人的资本）的形式，而与私人资本相对立，并且它的企业也表现为社会企业，而与私人企业相对立。这是作为私人财产的资本在资本主义生产方式本身范围内的扬弃。"① 可见，在马克思看来，所谓社会企业，就是向社会私人集资的私有企业或私人股份制或私人混合所有制，这与个人业主制的私人企业有不同，但属于资本主义的私人财产关系和生产方式本身范围内的一种消极扬弃，与劳动者的合作所有制或集体所有制的积极扬弃有本质区别。其产生的原因在于，生产经营规模不断扩大，个人业主制和私人合伙制的古典私有制企业已经无法满足企业发展的需要，从而产生对私人股份制和私人资本"混合"的需求。现代分散私人股份控股的股份制公司，就是混合所有制经济的一种重要形式。在私有股份公司内，不同形式的资本脱掉了"质"的外衣，变成了只有量的差别的同质的东西。资本似乎不再是经济关系的代表，而化身为可度量的货币，从而掩盖了混合所有制经济的私人资本本质。

总之，在资本主义生产方式下，大多数混合所有制经济主要是为私人资本增值服务的产权方式和工具。我国实行社会主义市场经济可以采用混合所有制经济，但目的和形式应有所不同。

三、 发展以公有资本为主体的混合所有制经济

党的十八届三中全会《决定》中明确指出："坚持和完善公有制为主体、多种所有制经济共同发展的基本经济制度，关系巩固和发展中国特色

---

① 马克思：《资本论》第 3 卷，北京：人民出版社，1975 年。

社会主义制度的重要支柱。"这就决定了我国发展的混合所有制经济必须以公有资本为主体。

（一）发展以公有资本为主体的混合所有制经济的必要性

第一，以公有资本为主体的混合所有制经济是社会主义性质的保证。马克思主义认为，生产资料所有制是一个社会经济和政治制度的基础，在社会制度体系中处于核心地位。我国宪法规定，"社会主义制度是中华人民共和国的根本制度"。社会主义制度、社会主义生产方式的基础是生产资料的公有制。宪法还规定，"中华人民共和国的社会主义经济制度的基础是生产资料的社会主义公有制，即全民所有制和劳动群众集体所有制"，"国家在社会主义初级阶段，坚持公有制为主体、多种所有制经济共同发展的基本经济制度"。生产资料公有制是社会主义生产方式的基础，也是社会主义制度的基础。改革开放以来，我国的所有制结构逐步调整，公有制经济和非公有制经济在发展经济、促进就业等方面的比重不断变化，增强了经济社会发展活力，但也带来了贫富分化和就业困难的不少严重问题。当前，为了多层次地去发展社会生产力，除大力发展公有制经济外，还必须允许个体经济、中外合资经济、独资经济的存在和发展。但无论如何，都应该毫不动摇地巩固和发展公有制经济，坚持公有制主体地位，发挥国有经济主导作用，不断增强国有经济活力、控制力、影响力和竞争力。[①] 这是保证社会主义制度不变的有效途径和必然选择。

第二，以公有资本为主体的混合所有制经济是完善社会主义市场经济的必要要求。自1992年我国开始建立和发展社会主义市场经济以来，很多领域都引入了市场机制。新的市场机制的引入给经济发展带来活力的同时，也带来了一些市场机制所必有的问题：过于注重对短期利益的追逐，忽视了长期和可持续发展；为了追求经济利润，不惜以破坏环境和生态平衡为

---

① 吴宣恭：《所有制改革应保证公有制的主体地位》，《管理学刊》2011年第5期。

代价；市场的盲目性导致资源配置的重复与浪费；社会财富和收入两极分化，等等。这些问题是与市场机制共生的。坚持发展和壮大公有资本这一国民经济的主体地位，便可以在很大程度上缓解这些问题。[①] 公有资本可以兼顾短期利益和长期利益，以可持续发展为目标；公有资本秉承以人为本的理念，从根本上主张人与自然和谐相处，有利于环境和谐发展；公有资本更加强调经济发展的计划性，可以缓解市场盲目性带来的资源浪费；公有资本可以使重要资源不被少数私人占有，有利于解决两极分化问题，实现共同富裕。混合所有制经济的大发展只有以公有资本为主体，才能真正起到完善社会主义市场经济的作用；反之则相反。

第三，以公有资本为主体的混合所有制经济是维护国家经济安全的重要保障。在经济全球化日益深入的今天，我国身处西方跨国公司的资本全球化环境之中，经济安全形势十分严峻。大量外国资本在我国重要产业领域处于支配和垄断地位。有关资料披露，在中国 28 个主要行业中，外国直接投资占多数资产控制权的已经达到 21 个，每个已经开放产业的前五名几乎都是由外资所控制。[②] 外资在纺织服装、轻工类、电器设备等行业占销售额 30% ~ 40%，一般装备制造业占 40% ~ 50%（59 个小行业中的前 3 位企业都是外资合资），电子通讯、仪器仪表占 70% ~ 80%。轮胎（橡胶）、水泥、玻璃、电梯等前几大企业均为外资；在电机、工程机械、工业锅炉、工业汽轮机、低压电器等行业的重点企业，都有被外资"斩首并购"的情况。外资在轻工业领域占据主导权的，典型者有制药、日用化学品、一般金属制品、饮料、肉制品、粮油加工等。[③] 信息产业巨头也不是中国的民营企业。中国 B2B 研究中心 2009 年发布的《中国互联网外资控制调查报告》中认为："我们不得不正视一个现实：即当前几乎整个中国互联网产业，基

---

① 刘国光：《壮大国有经济，制止两极分化》，《海派经济学》2011 年第 4 期。

② 贾根良：《国际大循环经济发展战略的致命弊端》，《马克思主义研究》2010 年第 12 期。

③ 高粱：《当前我国工业面临的若干重要问题》，《马克思主义研究》2014 年第 5 期。

本上都是外资控制的"，"互联网产业的安全、健康发展已是我国国家信息化战略的重要组成部分"。《中国外资背景互联网企业榜单》中，汽车服务领域被外资风投控制的互联网公司有 10 家（其中包括中国汽车网、易车网、汽车之家等大型网站）；医疗健康服务领域被外资控制的互联网公司有 4 家；电子商务服务领域则有 20 家由国外资本控制，阿里巴巴、淘宝、当当、卓越、京东等我国最主要的电商悉数在列；此外，外资还渗透到房地产服务、IT 传媒服务、人才招聘服务、旅游机票酒店服务、时尚资讯服务、博客服务、在线视频服务等诸多领域。[①] 从上述数据中不难看出，当前我国的互联网产业在看似一片繁荣的景象之下，社会、经济、文化、舆论、商务等各个领域已经潜伏着危机。我国的农产品市场也是以美国为首的外国资本控制的战略目标，以低价农产品直接抢占市场份额，打垮本土种植业；与金融资本联合，全面渗透农产品流通领域；以转基因为武器，逐步控制我国农产品市场。面对如此严峻的国内市场形势，对我国经济安全能真正起到中流砥柱作用的恰恰是大型国有企业。事实上，发达国家的现代市场经济均属寡头垄断型与垄断竞争型相结合的市场格局，因而我国不是国有企业垄断，就是西方跨国公司垄断！也可以说，不是代表人民利益的国有资本垄断，就是代表私人利益的中外私有资本垄断！不是国资或公资"一股独大"，就是外资或私资"一股独大"！凡是国有企业退出的盈利领域，西方跨国公司迅速占据大头，民营企业只不过获得盈利的小头，结果本属于人民的盈利和财富主要送给了外国人手中。诚然，中外现有文献所说的垄断是中性概念，都是指资本和市场份额的占有状态，而不是指非法的价格联盟的垄断行为。可见，只有大力发展国有资本主导的混合所有制，才能真正促进我国的经济稳定、经济安全和国民福利。

（二）增强混合所有制经济中公有资本的控制力和影响力

发展混合所有制经济的终极目标是更好地发展生产资料公有制，更好

---

① 《中国互联网外资控制调查报告》，2009 年。

地发展社会主义生产方式，更好地发展社会主义。在这一目标指引下，我们就能始终保持公有资本的活力、控制力、影响力和竞争力。

第一，我国国有经济的比重越来越低，已低于不少资本主义国家，因而亟须通过主动参股和控股非公经济来推进国有资本控股的混合所有制经济。根据世界贸易组织 2013 年公布的信息数据，国有化经济在世界各国均以不同形式存在着，但程度却又存在着不同，特别是在社会主义国家和资本主义国家中区别明显。需要说明的是，在世界贸易组织统计指标体系中，"国营企业"实际上被解构为所谓"国家资本""集体所有人资本"以及"国家控股资本成分"。见表 1。①

表 1　国有化程度的国际比较

国有化程度	各国国有化情况
极端国有化	**朝鲜（97%）、古巴（93%）**
高度国有化	挪威（72%）、瑞典（68%）、津巴布韦（66%）、阿曼（63%）、委内瑞拉（61%）、芬兰（56%）、卢森堡（54%）、冰岛（52%）、伊朗（51%）
较高度国有化	沙特（47%）、科威特（47%）、卡塔尔（45%）、阿联酋（42%）、安哥拉（41%）、**老挝（40%）**、尼日利亚（38%）、文莱（38%）、印度（36%）、**中国（33%）**、俄罗斯（31%）、**越南（31%）**、法国（31%）

注：括号内为各国国有企业产值占经济总量的百分比值，加粗体者为实行社会主义的国家。

可见，公有资本在关系国家安全、国民经济命脉的重要行业和关键领域居于主导地位，在世界范围内是一种常态。世界各国政府都会在国防、水务、电力、石油石化、煤炭、运输等特殊领域拥有较强的管理权，我国

---

① 世界贸易组织数据库来源：http://stat.wto.org/Home/WSDBHome.aspx? Language.

也不能例外。公有资本一定要在这些领域占据主导地位，而且是绝对控制地位，这样才能保证我国的国家安全和经济独立。目前，有些地方的这类重点部门丧失了公有资本的主体地位，造成了严重后果。① 因此，在重要的竞争性领域，发展混合所有制必须由公有资本控股。

第二，公有资本在公共政策性企业拥有控制权的前提下，也可以采取多种方式吸引非公有资本发展混合所有制经济。如医疗卫生、社会养老等，都是一个极具潜力的市场，完全可以由政府牵头，以公有资本为主导，吸纳非公有资本，通过混合所有制经济来加快发展。

第三，正如党的十八届三中全会《决定》中所说的，"允许混合所有制经济实行企业员工持股，形成资本所有者和劳动者利益共同体"。按照《决定》精神，是允许更多国有经济和其他所有制经济发展成为混合所有制经济。这就是说，发展混合所有制是各类不同性质的资本互相参股或控股，既包括非公资本参股或个别控股国有资本等公有资本，也包括国有资本等公有资本参股或个别控股非公资本。目前，有些政府部门和省市只强调前者而否定后者，这是极其错误的。西方不少国家都在非公企业中积极倡导职工持股，实行"劳资两利"的利润分享制度。中国特色社会主义更应大力推行这一社会主义方向的改革，让人民群众在参与混合所有制经济的改革中分享成果。

第四，对于现有的大型国有企业而言，并不存在资金匮乏的问题，改革应该更多地从企业经营管理方式入手。当前，社会对于国企有很多偏见，国企似乎变成了低效率的代名词。可事实是，国有企业是公有制最重要的实现形式，本身就是先进生产力发展要求的代表，是更有效率的企业组织方式。国有企业长远、整体、综合和合法的高绩效是源于国家的科学调控、无剥削的产权关系和干部职工的主人翁意识。只有在生产资料公有的前提下，劳动者才能摆脱"异化劳动"及其负面影响，真正具有自主性的联合

---

① 程言君、王鑫：《坚持和完善"公主私辅型"基本经济制度的时代内涵》，《管理学刊》2012 年第 4 期。

劳动热情，并自觉配合国家的调控目标。所以，公有制比私有制更适合市场经济，操作得法，便能释放更高的绩效和公平。大中型国有企业的改革不应是化公为私，对社会主义企业进行资本主义的私有化改造或私有股份化改制，而是要做优、做强、做大国有企业，增强公有资本的活力、控制力、影响力和竞争力，更好地为国家发展战略和国计民生服务。

以兰州水务为例，兰州自来水由兰州威立雅水务（集团）有限责任公司承担。该公司是 2007 年 8 月由原兰州供水集团有限公司与法国威立雅水务投资有限公司组建成立的中外合资企业，通过国际招标，威立雅以 17.1 亿元的价格收购兰州供水集团的 45% 股权。威立雅公司来了之后，没有改进设备，没有管网改造，首先做的事就是上调水价，随后又出现了水苯超标、污染等问题，给当地居民的生产生活造成了极大影响。[1]

最后必须指出，当前各级党政领导和学者都必须高度重视和真正落实习近平总书记关于混合所有制和国有企业的多次重要讲话。2014 年 3 月 5 日，他在参加"两会"上海代表团会议时强调，国企不仅不能削弱，而且要加强；3 月 9 日，他又在安徽代表团参加审议时指出："发展混合所有制经济，成败在细则。要吸取过去国企改革经验和教训，不能在一片改革声浪中把国有资产变成谋取暴利的机会。"[2] 2014 年 8 月 18 日，习近平在主持召开中央全面深化改革领导小组第四次会议时发表重要讲话时又指出："国有企业特别是中央管理企业，在关系国家安全和国民经济命脉的主要行业和关键领域占据支配地位，是国民经济的重要支柱，在我们党执政和我国社会主义国家政权的经济基础中也是起支柱作用的，必须搞好。……中央企业负责同志肩负着搞好国有企业、壮大国有经济的使命，要强化担当意

---

① 高凌云、游曼丹：《威立雅水务深陷"兰州污染门"》，《南方都市报》2014 年 4 月 15 日。

②《混合所有制要义在"混"得公平透明》，2014 年 3 月 10 日，http：//opinion. people. com. cn/n/2014/0310/c159301 - 24582605. html。

识、责任意识、奉献意识，正确对待、积极支持这项改革。"① 这是当前防止混合所有制发展和改革中的片面性和企业改革再次失误，真正全面深化社会主义改革的重要方针！可见，那种主张把高盈利、易盈利的产业和产品都让中外私有混合所有制企业或私人企业经营，而让国有混合所有制企业或国有企业拾遗补缺地从事不盈利、难盈利的生产经营，这等于是把盈利和财富让给私人，而把亏损和问题交给代表广大人民的全民所有制企业即国有企业，这是典型的资本主义国家的体制机制，是资产阶级政党和非人民政府执政的标识和通病，是与习近平总书记讲话精神和真正的中国特色社会主义相悖的！

（原载于《政治经济学评论》2015 年第 6 卷第 1 期。程恩富，董宇坤）

---

① 习近平：《共同为改革想招　一起为改革发力》，2014 年 8 月 18 日，http：//news. xinhuanet. com/politics/2014 - 08/18/c_ 1112126269. htm。

完善双重调节体系
市场决定性作用与政府作用

　　经济调节体系是经济运行机制的核心内容，对于资源优化配置具有关键性作用。习近平总书记在 2013 年"两会"的讲话中强调"两个更"：更加尊重市场规律，更好发挥政府作用。在十八届三中全会上，他更进一步强调要使市场在资源配置中起决定性作用和更好发挥政府作用，同时指出："我国实行的是社会主义市场经济体制，我们仍然要坚持发挥我国社会主义制度的优越性、发挥党和政府的积极作用。市场在资源配置中起决定性作用，并不是起全部作用。"① 发挥"两个作用"，不仅直接关系到促改革、稳增长、转方式、调结构、增效益、防风险等"经济新常态"的塑造，也直接关系到完全的竞争性市场机制能否真正解决高房价、高药价、乱涨价、低福利、贫富分化、就业困难、食药品安全、行贿受贿严重、劳资冲突频发、城镇化的质量不高等民生领域的迫切问题。市场与政府的关系问题，既是政治经济学的基本理论之一，又是深化经济体制改革和国民经济又好又快发展的关键。因此，认真研究这一问题具有重要现实意义。

---

① 习近平：《关于〈中共中央关于全面深化改革若干重大问题的决定〉的说明》，《人民日报》2013 年 11 月 16 日。

一、 关于逐步深化对市场与政府作用的认识问题

实践是检验真理的唯一标准，马克思主义科学理论是在实践中不断发展的。社会主义市场经济理论也是如此，我国对经济调节方式的探索也是逐步深化的。从空想社会主义开始，都把商品、货币、市场当作罪恶的渊薮。如温斯坦莱说：“人类开始买卖之后，就会失去了自己的天真和纯洁”，“互相压迫和愚弄”。[1] 科学社会主义创始人认为旧社会在向共产主义社会过渡时期可以存在一定程度的商品货币关系和合作经济等，但资本主义市场经济发展实践，尔虞我诈、贫富分化、周期性经济危机等痼疾充分暴露，于是他们推想未来正式进入共产主义社会以后，“一旦社会占有了生产资料，商品生产就将被消除，而产品对生产者的统治也将随之消除。社会生产内部的无政府状态将为有计划的自觉的组织所代替。”[2] 俄国十月革命后，面对“战时共产主义政策”中产生的经济困难，列宁及时提出以“市场、商业”作为社会经济基础的问题，甚至“我们不得不承认我们对社会主义的整个看法根本改变了”。[3] 列宁“新经济政策”的实践初步表明，生产力相对落后和社会经济的复杂状况，决定了经济建设不能越过商品生产和商品交换的阶段。列宁去世早，之后苏联在斯大林领导下建立起了严格的计划经济。

建国之初，我国借鉴苏联经验，也建立了计划经济体制。后来，虽然以毛泽东为代表的中国共产党人进行了积极的多方面探索，[4] 但总体上是实行计划经济为主体的体制。由于资本主义市场经济和社会主义初级阶段计划经济都存在不可克服的缺陷，因而改革的客观目标是将社会主义基本经

---

[1] 温斯坦莱：《温斯坦莱文选》，任国栋译，商务印书馆，1965 年，第 100 页。
[2] 《马克思恩格斯选集》第 3 卷，人民出版社，2012 年，第 815 页。
[3] 《列宁全集》第 42 卷，人民出版社，1987 年，第 367 页。
[4] 程恩富等：《中国特色社会主义经济制度研究》，经济科学出版社，2013 年，第 140 页。

济制度和市场经济结合起来。

1978 年改革开放以来，邓小平带领全党勇于探索，他本人也多次论述有关市场经济问题（1992 年南方谈话之前讲了 10 次，之后又讲了 2 次，共 12 次——见《邓小平年谱》）。1992 年，党的十四大终于提出我国经济体制改革的目标是建立社会主义市场经济体制。实践充分表明，市场是资源配置和经济调节的有效有段，资本主义可以用，社会主义也可以用。但社会主义市场经济的优越性在于，它可以通过公有制为主体的社会主义基本经济制度和更好发挥政府作用，解决资本主义市场经济已充分暴露的贫富分化、周期性经济危机等痼疾。从 1992 年以来，我国的年均经济增长率超过 9%，迅速成为有重大国际影响力的经济大国。

经过 20 多年实践，我国社会主义市场经济体制已经初步建立并得到一定的完善，但仍然存在不少束缚市场主体活力、阻碍市场和价值规律充分发挥作用的弊端。主要表现在：其一，市场秩序不规范，以不正当手段谋取经济利益的现象广泛存在；其二，生产要素市场发展滞后，要素闲置、资源过度消费和大量有效需求得不到满足并存；其三，市场规则不统一，部门保护主义和地方保护主义大量存在；其四，市场竞争不充分，阻碍了优胜劣汰和结构调整等等。与此同时，市场调节本身的不足（自发性、盲目性、滞后性）亦明显暴露，比如非法经商、投机交易、生态危机、贫富分化、区域差距、高房价、高药价等等。这表明，我国政府调节的缺位、越位和错位亦大量存在。正如习近平总书记指出，"这些问题不解决好，完善的社会主义市场经济体制是难以形成的，转变发展方式、调整经济结构也是难以推进的。"① 正是在这样的背景下，是否需要发挥市场在资源配置中的决定性作用和更好发挥政府作用的问题，就空前突出出来，成为当前解决经济社会发展中各种矛盾的一个总枢纽。

---

① 习近平：《正确发挥市场作用和政府作用推动经济社会持续健康发展》，《人民日报》2014 年 5 月 28 日。

二、 关于市场调节及其功能强弱点问题

价值规律是商品生产和商品交换的内在本质联系，市场经济是通过价值规律自行调节的经济体制和经济运行方式。市场调节功能会随着国民经济社会化程度和经济外向化程度的提高而不断增强，客观上要求在更大范围内和更大程度上重视价值规律及其表现方式即市场调节的作用。

所谓市场调节，就是通过价格、竞争和供求等机制的共同作用，调节商品和资源的供求，引导经济资源在社会各方面流动，并使经济利益在不同利益主体之间进行相应的分配，从而促进国民经济的增长和健康发展。具体来说，市场调节功能的强点或积极效应体现在五个方面：一是微观经济均衡功能，即市场引导自主决策个体的生产经营行为紧随现实需求的变化，从而能够在微观层面调节供求关系及其平衡；二是资源短期配置功能，即市场可以在短期内迅速引导经济资源向效益高的领域流动，直接影响经济主体的资源短期调配；三是市场信号传递功能，即市场可以通过价格信号反映市场供求、竞争强弱等情况，引导生产经营者快速和自主决策；四是科学技术创新功能，即市场可以引导生产经营者改进生产资料、提高生产技术水平和商品质量，提高社会生产力水平；五是局部利益驱动功能，即市场可以驱使生产者基于局部利益考虑来加强经营管理和内外部的合作，从而促进经济发展。

不过，市场调节也存在着自身难以克服的功能弱点。首先，易偏离宏观经济目标。由于市场调节具有自发性、滞后性和无序性，市场行为主体出于自身利益考虑，难以关心全社会的宏观经济整体目标和长远利益。其次，调节领域易受限。现实中并不是所有的领域都适合采用市场调节。与一般商品生产和交换领域不同，在某些因规模经济导致自然垄断的领域，如交通运输等基础设施，供水、供电等领域，完全采用市场调节的效果并

不理想。在公益性和非营利性领域，如教育、卫生、环境保护、文化保护、基础研究、国防经济等，试图以市场调节起主导作用更会引起不良后果。其三，易导致贫富分化。如果社会的财富和收入分配问题完全交给市场来支配，实际上就是交给资本尤其是私人资本来支配，这势必导致"马太效应"的产生。四是产业协调难度较大。市场调节往往促使生产者更关注短期资源配置和短期收益状况，那些回收资金周期长、具有长远战略意义的基础产业往往被忽略，产能容易过剩。五是现实交易成本较大。在日益庞大的现代市场经济中，供需情况、交易价格等因素相互影响、变化频繁，必然导致市场主体花费大量的搜寻成本、决策成本、适应成本甚至是纠错成本，使微观个体和社会整体均承担较高的代价。

需要指出的是，西方经济理论界对市场调节功能的认识也是不断变化的。萨伊从物物交换的商品经济出发，宣称"供给能够创造自己的需求"，主张市场调节万能论。斯密面对自由竞争资本主义的现实，主张让市场这只"无形的手"配置资源，其自由放任思想以个人利益与社会利益的内在一致为前提，却又囿于巩固资本利益的眼界，难以为全社会整体利益的实现提供有效的解决方案。针对垄断资本导致社会生产无序和失控的状态，新老凯恩斯主义主张政府对市场失灵领域的干预和弥补，确认市场功能的多种缺陷。而适应经济全球化背景下国际垄断资本扩张的需要，新自由主义则摒弃政府干预，主张"市场万能论""市场原教旨主义"和"唯市场化改革"（当代凯恩斯主义代表人物斯蒂格利茨和克鲁格曼等批评性用语）。总体而言，对于市场配置资源的功能缺陷，西方学者提出了诸如市场结构理论、公共产品论、外溢性或外部效应、信息不对称、市场不完全、分配不公等观点，值得重视。在实践中，从自由资本主义阶段到私人的或国家的垄断资本主义阶段，乃至资本主义全球化体系，市场配置资源的作用范围、程度并不相同，结果更是迥然有别。市场配置资源的作用在现实生活中并非没有约束条件，也不完全是自发地实现。19 世纪以来，西方资本主义市场经济的众多大大小小经济危机、金融危机和财政危机，以及贫富对立等事实，均证实上述理论分析的客观性，证实市场功能的利弊需要有扬有弃。

三、 关于政府调节及其功能强弱点问题

政府行为是现代经济活动的重要组成部分。什么是政府调节？广义的政府调节涵盖国家的立法机构和行政机构的调节，它等同于国家调节。在20世纪30年代西方大危机以后，政府对经济生活的干预和调节已成为各国经济运行中的常态现象。所谓政府调节，就是政府运用经济、法律、行政、劝导等手段调节各类经济主体的经济行为，以实现经济社会发展的整体和长远目标。政府调节不是随心所欲、杂乱无章而没有内在规律可循的，其内含按比例发展和有计划发展等规律。现代经济社会的持续健康发展，本质上要求在市场发挥资源配置决定性作用的同时，社会自觉地按照经济发展的总体目标进行宏观和中观的调控及微观规制。政府承担这一职能具有客观必然性。那么，政府调节的功能强弱点有哪些呢？

在宏观层面，政府科学调节功能的优势，在于制定和实现经济社会发展总体目标。政府调控的首要目标是宏观经济稳定。"科学的宏观调控，是发挥社会主义市场经济体制优势的内在要求，而这恰恰是政府的职能所在，解决这一领域的问题并不是市场这种手段的优势。"[1] 就业关系到社会稳定，但一般的市场主体并不关心就业总体状况；物价的稳定决定着市场价格信号的准确，而作为个体的市场经营者往往利用透明或不透明的信号谋利；总供求均衡和国际收支平衡由千千万万的生产经营者的整体行为决定，而一般经营者没有能力和动力维持两者的均衡；国际收支失衡已经对某些国家，特别是发展中国家的经济形成巨大冲击，并产生了严重的负面影响；

---

[1] 周新城：《怎样理解"使市场在资源配置中起决定性作用"》，《思想理论教育导刊》2014年第1期。

非公经济关注微观经济收益，难以通过市场调节来解决企业内部和全社会的贫富悬殊问题；单一市场主体关注的是微观经济效益，难以自觉增进全社会整体的经济效益、社会效益和生态效益。有学者指出："政府职能和宏观调控的另一个层面，是整个经济、社会、文化、生态文明等建设方面的作用。这方面已远超出了资源配置的范围，不能都由市场决定"。① 实践也证明，在宏观经济社会发展目标的实现上，政府能够超脱单个企业出于短期和局部利益而作出的经济决策，因而能够更多地站在全局和整体角度调节资源配置和经济运行，从而保持宏观经济稳定，确保充分就业、物价稳定、总供求平衡、国际收支平衡、共同富裕以及人口、资源与环境可持续发展等目标的实现。

在中观层面，政府科学调节功能的优势，在于能够化解经济发展中产业结构和区域经济的发展不平衡问题。由于政府调节具备一定的前瞻性、全局性和战略性，在产业和区域发展上能够更注重协调发展和综合平衡。与市场调节过于注重资源的短期配置不同，政府调节可以注重弥补经济社会发展的"短板"，注重投资于周期较长、战略意义大的新兴产业、关系国计民生的基础产业和区域发展战略。比如，政府可以通过财税政策等工具来促进新技术的大规模应用，加快淘汰落后产能，从而加快产业结构转型升级。我国珠三角、长三角、京津冀、中西部和东北部等区域经济和"带路经济"（长江带、陆上和海上丝绸之路）先后规划和较快发展，便与中央和地方政府的积极调控密切相关。

在微观层面，政府科学调节的功能优势，在于其必要的规制或监管的效能。现代市场经济的有序性和高效性，不能单纯地建立在市场主体的自觉和自律基础上。政府调节具有公正性和权威性，能够更好地规制经济主体的合法和诚信经营，也可以通过准入、惩罚、黑名单制度等经济和行政管理手段，来维护市场正常秩序。其中，事先、事中和事后的监管视情况

---

① 卫兴华：《把握新一轮深化经济体制改革的理论指导和战略部署》，《党政干部学刊》2014 年第 1 期。

不同而各司其职，缺一不可。如在最低工资制度、劳动者权益、环保评估等方面，政府利用政策和法规进行规范，便能有效保障劳动者的利益，维护社会公众的利益，这是市场调节所做不好的。

政府调节同样存在着失灵现象。就政府调节功能的劣势和不足而言，主要是与政府偏好的主观性、调节方向的转换机制、部门间的协调和调节承担者的动力机制有关。具体说来，一是政府调节的偏好不当，易于使政府调节的目标偏离全社会的要求。如"GDP"至上的偏好会导致盲目投资、过度招商引资和忽视民生及生态建设等。二是政府调节的程序不妥，易于使决策走向程序非民主化、措施延迟化和代价增大化，难以及时和灵活地应对市场变动状况。三是政府调节的配套性弱，易于使调节目标受制于具体执行部门的利益和地方的利益，形成政策性内耗。四是政府调节的动力不足，易于使政府调节的主动性减弱，导致已暴露出来的矛盾和问题迁延日久和难以解决，导致政府机构的官僚作风，降低政府调节的效率。实践证明，目前政府非大部制的机构臃肿、过度审批、部门间的推诿、地方保护主义倾向等问题，在一定程度上会导致"定令不当""有令难行"的现象，使政府调节的科学性和有效性大打折扣。

四、 关于市场与政府调节的不同特点问题

党的十八届三中全会提出了"市场在资源配置中决定性作用"和更好发挥政府作用，但某些舆论却对此片面理解，甚至进行某种新自由主义的解读。如有文章认为，提出市场起决定性作用，就是改革的突破口和路线图，基本经济制度、市场体系、政府职能和宏观调控等方面的改革，都要以此为标尺，认为需要摸着石头过河的改革也因此有了原则和检验尺度。因此，必须准确理解十八届三中全会和习近平总书记的中国特色社会主义"市场决定性作用论"的内涵。从总体上，它是强调市场与政府的双重调

节，只不过市场与政府的作用和职能是有区别的，二者存在相辅相成的辩证关系。那么，市场与政府双重调节作用有什么不同特点呢？

一是在宏微观的不同层次上，中国特色社会主义"市场决定性作用论"强调，要采用国家的宏观调控和微观规制，来共同矫正某些"市场决定性作用"。习近平总书记指出，在我国社会主义市场经济中，市场在资源配置中起决定性作用，并不是起全部作用。要"健全以国家发展战略和规划为导向、以财政政策和货币政策为主要手段的宏观调控体系"①。价值规律的自发作用仍会带来消极后果，必须运用国家的宏观调控、微观规制，来避免或降低这些消极后果。宏观调控主要是通过财政、货币等经济手段和政策，以及必要的行政手段对投资和消费等市场活动，事先、事中或事后进行各种调节，以实现就业充分、物价稳定、结构合理和国际收支平衡等宏观经济目标。微观规制或调节主要是综合运用经济、法律、行政等手段对微观经济主体进行行为管理，以维护正常的市场竞争秩序、推动科技创新、发展自主知识产权、促进社会和谐以及保持生态良好，从而实现经济、政治、社会、文化和生态全面协调与可持续发展。

二是在"市场决定性作用"的物质资源范围上，正确含义是市场对一般资源的短期配置，与政府对地藏资源和基础设施等特殊资源的直接配置、与政府对不少一般资源的长期配置相结合。"市场决定性作用"的有效性，主要体现在价值规律通过短期利益的驱动对一般资源的短期配置，而政府配置资源的有效性，主要体现在对许多一般资源的长期配置和对地藏资源、基础设施、交通运输等特殊资源的调控配置。因此，在一般资源的短期配置中，市场发挥完全的决定性作用。在某些一般资源的长期配置中，政府通过统筹短期利益与长远利益来实现规划配置。而由于地藏资源等特殊资源的不可再生性，政府则通过统筹短期利益与长远利益、局部利益与整体利益来加强这些资源的调控配置。具体生产经营项目的市场化操作不等于

①《中共中央关于全面深化改革若干重大问题的决定》，《人民日报》2013 年 11 月 16 日。

市场决定，因为市场决定的实质是微观经济主体自行决定资源的生产经营项目，而事实上不少涉及国计民生的重要项目往往先由政府规划决定，然后再进行市场化操作和运营。改革开放以来，曾经在稀土、煤炭等资源配置上实行"市场决定性作用"，结果导致资源的破坏性低效开采和低价在国际上销售，并造成暴富的"煤老板"和矿难频发现象，教训深刻。当前，钢铁、煤炭等行业的大规模产能过剩，居民住房的高房价与房地产"泡沫"并存，都与市场作用发挥过度和政府作用缺位有关。

除了上述两点之外，还需要从另外三个方面来分析市场与政府双重调节作用的特点。

一是关于在教育、文化和医疗卫生等非物质生产领域资源配置方面市场与政府的作用问题。这就是从第三个角度来分析了。一般文化资源和医疗卫生资源的配置可以发挥市场的决定性作用，但总体上说，在教育、文化、医疗卫生等非物质生产领域的资源配置中，政府的主导性作用应与市场的重要作用相结合。教育和文化大发展是经济社会发展的重要内容，是社会主义核心价值体系和核心价值观的主要载体，应把社会效益放在首位，并与经济效益相结合，因而通过市场作用来实现相关资源的配置要相对小一些。教育和文化中的许多项目对经济社会发展具有全局性、长期性的智力支持功能、文化传承功能、文化凝聚功能和文化导向功能，它只能通过政府发挥主导性作用，以实现非物质资源的高效配置。习近平总书记说得好，文化具有产业性质，但也具有意识形态属性，不管怎么改革，导向不能变，阵地不能丢！

二是关于资源配置所涉及的市场与政府关系问题。资源配置仅仅涉及市场与政府的关系吗？完整地说，资源配置有两个层面，一是市场配置与政府配置，二是私有配置与公有配置。从两种配置关系这第四个角度来分析，中国特色社会主义"市场决定性作用论"与公有制为主体的混合经济相联系。在质上和量上占优势的公有制为主体，是中国特色社会主义市场经济的内在要求，也是其本质特征。"在社会主义经济中，国有经济的作用不是像在资本主义制度中那样，主要从事私有企业不愿意经营的部门，补充私人企业和市场机制的不足，而是为了实现国民经济的持续稳定协调发展，巩固和完善社会主义制度"。① 党的十八届三中全会也明确指出："必须毫不动摇巩固和发展公有制经济，坚持公有制主体地位，发挥国有经济主导作用，不断增强国有经济活力、控制力、影响力。"② 如果公有制在社会主义经济中不再具有主体地位，政府调控能效便会大大削弱，便会严重影响到国家经济社会发展战略的实施，使国家缺乏保证人民群众根本利益和共同富裕的经济基础。那种主张既要大卖公有企业，又要大卖公立学校和公立医院的改革道路，属于新自由主义的典型措施。

现阶段，我国以公有制为主体、多种所有制共同发展的基本经济制度，就比以私有制为主体的当代资本主义经济制度更适合现代市场经济的内在要求，具有更高的绩效和公平。据此，对国有企业特别是中央企业，要继续加大支持力度。国有企业关乎国家经济命脉，关键时刻还得靠它们。美国等西方国家忌惮的就是中国共产党的强大。中国共产党强大的一个原因是我们国有企业是支持党的，提供着财力、物力、人力支持，掌握着国家经济命脉。这是我们的一个命门，不能被人家忽悠了。国有企业经营不是完全靠市场决定的，还要靠政治决定。认为国有企业必然就是一种不好的体制，出路只有"去国有企业""去国有化"，这是不对的。数百年中外经济实践表明，公有制为主体、国有制为主导，就不会像各种资本主义模式那样，时常出现金融危机、经济危机和财政危机，以及贫富两极分化等。社会主义与资本主义在基本经济制度上具有决定意义的差别，就在于生产资料社会所有制结构，即在于以公有资本，还是以私有资本控股的混合所有制占优势。

---

① 刘国光：《社会主义市场经济与资本主义市场经济的两个根本性区别》，《红旗文稿》2010 年第 21 期。
②《中国共产党十八届中央委员会第三次全体会议公报》，《人民日报》2013 年 11 月 13 日。

可见，不能只讲混合所有制和非公经济的发展，而不讲公有经济要在改革中做优做强做大；不能只讲市场在资源配置中的决定性作用，而不讲政府的积极作用。那种曲解党的十八届三中全会精神和习近平总书记讲话精神的貌似改革的观点和措施，是极其错误的。从经济学上说，社会主义信念首先表现为公有制信念，以及由此决定的共同富裕信念。并且，经济决定政治，经济基础决定上层建筑，公有制是共产党执政等社会主义上层建筑的社会主义经济基础，是初级社会主义社会多种经济基础中的支柱和主体。

三是关于在分配领域市场与政府作用的特点问题。在分配领域，市场与政府的作用有什么特点？这就涉及到第五个分析角度。在分配领域，市场与政府在财富和收入的多次分配领域各自发挥较大的调节作用。首先，在初次分配环节，市场通过价值规律的自发作用，对财富和收入的分配发挥较大调节作用，而政府则通过相关法律法规的制定和执行，对财富和收入的分配同样发挥一定的调节作用。只有这样，才能真正实现劳动收入在初次分配中的占比增加，切实维护劳动权益，实现"限高、提低、扩中"的目标。其次，在再分配环节，政府要发挥较大作用，对初次分配造成的贫富分化等问题进行矫正和调节，促进居民财富和收入的实际增长，与经济发展同步。过去，在城市居民住房问题上强调市场的决定性作用，结果导致房价大涨，开发商暴富，老百姓意见极大，直到近几年才积极发挥政府的调节作用，使住房这一重要的民生保障问题出现转机。

五、 关于深化改革要完善市场体系问题

市场的作用是通过市场体系来发挥的，深化改革又怎样完善这一体系呢？习近平总书记曾明确指出，"建设统一开放、竞争有序的市场体系，是使市场在资源配置中起决定性作用的基础。必须加快形成企业自主经营、

公平竞争，消费者自由选择、自主消费，商品和要素自由流动、平等交换的现代市场体系，着力清除市场壁垒，提高资源配置效率和公平性。"[1] 可见，应将构建完善的市场体系放在基础性地位。概括起来，完善市场体系需要做到下列几点：

第一，完善要素市场体系。市场体系是由市场要素构成的市场客观有机系统。它是由消费品和生产资料等商品市场，资本、劳动力、技术、信息、房地产市场等要素市场，以及期货、拍卖、产权等特种交易市场之间相互联系、互为条件的有机整体。改革开放以来，我国商品市场发育较为充分，土地、资金、技术等要素市场发育滞后，要素价格不能反映稀缺程度和供求状况。十八届三中全会以来，将主攻方向放在三大方面：构建城乡统一的建设用地市场，完善金融市场体系，健全科技创新市场导向机制。应当说，这些都有很强的现实针对性。土地、资金、技术都是重要的生产要素，完善这些要素市场，就必然会对转变经济发展方式、优化资源配置、促进公平竞争、构建创新型国家产生一系列深远影响。

第二，建立公平开放透明的市场规则。公平开放透明的市场规则，是市场公平竞争的首要前提。只有着力清除各种市场壁垒，才能提高资源配置的效率。这就要求继续探索负面清单制度，统一市场准入，探索外商投资的准入管理模式，推进工商注册制度便利化，推进国内贸易流通体制改革，改革市场监管体系，健全市场退出机制等等。这对于反对地方保护，反对垄断行为和不正当竞争，建立诚信社会具有重要作用。

第三，完善主要由市场决定价格的机制。通过完善的市场体系形成价格，是市场促进资源优化配置的主要机制。价格能否灵活反映价值量变化、资源稀缺状况和供求变动，是市场体系完善与否的主要标志。因此，为了促进市场体系的完善，必须限定政府定价范围。一方面，应着力于明确政府定价范围，将它主要限定在重要公用事业、公益性服务、网络型自然垄

---

① 《中共中央关于全面深化改革若干重大问题的决定》，《人民日报》2013 年 11 月 16 日。

断环节，并强调政府定价要提高透明度，接受社会监督；另一方面，应还原某些特殊资源的商品属性，推进水、石油、天然气、电力、交通、电信等领域价格改革，促进价格的市场化、规范化。当然，"政府不进行不当干预"并不等于政府不干预，关键在于是否适当有利于国计民生，这同样不能片面看待。

六、 关于如何更好地发挥政府作用问题

党的十八届三中全会以来，理论界和经济界一些舆论基于对"市场决定"的片面理解，提出"有为政府"或政府作用也是由市场决定的观点，认为政府是实现"市场决定"的主要障碍，深化改革的"重心"或"中心"只是"政府改革"，而政府改革又简化为"简政放权"。在中央政治局第十五次集体学习会上，习近平总书记强调："在市场作用和政府作用的问题上，要讲辩证法、两点论，'看不见的手'和'看得见的手'都要用好"，"既不能用市场在资源配置中的决定性作用取代甚至否定政府作用，也不能用更好发挥政府作用取代甚至否定使市场在资源配置中起决定性作用。"[①]怎么能够将"更好发挥政府作用"和坚持基本经济制度这类问题理解为由"市场决定"呢？片面强调简政放权亦不对。它应是一个健全宏观调控体系、全面正确履行政府职能、优化政府组织结构的系统工程，其核心是建设民主高效的法治政府和服务型政府。当下尤其应注重以下改革发展。

首先，健全宏观调控和微观规制体系。根据十八届三中全会的决定，我国的宏观调控架构将出现三大变化：一是针对一般经济主体而言，更加突出地强调国家发展战略和规划的导向地位，在对"主要手段"之一的表述上，用"货币政策"取代"金融政策"一词。二是针对地方政府影响中央宏观调控实效的难点问题，强调要完善考核评价体系，纠正单纯以经济

---

① 习近平：《正确发挥市场作用和政府作用推动经济社会持续健康发展》，《人民日报》2014 年 5 月 28 日。

增长速度定政绩的偏向，加大资源消耗、环境损害、生态效益、产能过剩等指标的权重，加强了对地方政府的约束。三是针对国际经济协调发展而言，强调形成参与国际宏观经济政策协调的机制，推动完善国际经济治理结构。眼下要突出解决食品药品等安全和价格，以及住房等方面规制。

其次，全面正确履行政府职能。科学高效的政府调节，以政府自身正确地履行职能为前提，必须适应宏观调控体系新变化的新要求。为了更好地释放市场潜能，限制部分政府权力确实是一个重要方向。凡是市场能有效调节的经济活动，一律取消审批，政府不能"越位"；同时，政府则要加强发展战略、规划、政策、标准等制定和实施，加强市场活动监管，加强各类公共服务提供，不能"缺位"。凡属事务性管理服务，原则上都要引入竞争机制，通过合同、委托等方式向社会购买，政府不能"错位"。

第三，优化政府组织结构。职能转变及其贯彻落实，又要求必须进一步优化政府组织结构。习近平总书记提出了"优化政府机构设置、职能配置、工作流程"，"完善决策权、执行权、监督权既相互制约又相互协调的行政运行机制"，"严格控制机构编制，严格按规定职数配备领导干部，减少机构数量和领导职数"等相关思想。我国应尽快进行大部制改革，保留不超过20个国务院的组成部门，原来的一些直属行政部门也应缩减。应参照某些管理效能高的国家做法，减少各级政府部门的副职和编制，原则上禁止编制外的人员借调。应制定和实施严格的办事流程和时间表及奖惩措施，突出反对官僚主义和本位主义，将各级政府群众路线教育活动深入下去。

不少西方著名经济学家的观点，也值得注意。前几年，萨缪尔森建议，中国在市场与政府的作用关系上，不要过分偏向哪一方，应走中间道路。今年上半年，斯蒂格利茨在清华大学演讲时说，中国的市场作用太大，而政府的作用太小；中国对私人资本的收益也不收税，分配差距太大。

七、 关于市场与政府作用的功能互补问题

市场与政府的作用和功能是此消彼长的吗？不是的。二者是层次、领域和功能不尽一致的经济调节方式和机制。总之，今后需要将市场决定性作用和更好发挥政府作用看作一个有机整体，而不是此消彼长的截然对立关系。既要用市场调节的优良功能去抑制"政府调节失灵"，又要用政府调节的优良功能来纠正"市场调节失灵"，从而形成作用较大的高效市场即强市场、作用较大的高效政府即强政府这一"双高""双强"格局。这样，既有利于发挥社会主义国家的良性调节功能，同时在顶层设计层面避免踏入新自由主义陷阱和遭遇金融经济危机风险。这根本不是某些中外新自由主义"市场决定作用论"所说的中国仍在搞"半统制经济"，也不是宣扬不要国家调控的竞争性市场机制的所谓"现代市场经济体制"，更不是搞各种凯恩斯主义者都猛烈抨击的市场原教旨主义"唯市场化"改革，废除必要的政府宏观调控和微观规制。

（原载于《中国高校社会科学》2014 年第 6 期）

论按比例规律与市场调节规律、
国家调节规律之间的关系

当前，在我们认识、适应、引领和探索经济新常态过程中①，有必要提出和阐明市场调节规律、国家调节规律和按比例规律及其相互关系的新概念和新理论。

一、 按比例规律是人类社会生产和经济发展的普遍规律

（一）按比例规律的一般内涵

马克思指出："要想得到和各种不同的需要量相适应的产品量，就要付出各种不同的和一定数量的社会总劳动量。"② 按比例分配社会劳动的规律（简称按比例规律）是社会生产与社会需要之间矛盾运动以及整个国民经济协调发展的规律。

按比例规律的内在要求是：表现为人、财、物的社会总劳动要依据需要按比例地分配在社会生产和国民经济中。也就是说，在社会生产与需要的矛盾运动中，各种产出与需要在使用价值结构上要保持动态的综合平衡，

---

① 正如习近平所指出的，我国经济发展已经进入新常态，如何适应和引领新常态，我们的认识和实践刚刚起步，有的方面还没有破题，需要广泛探索。相关详细论述可参见新华社：《干在实处永无止境走在前列要谋新篇》，《人民日报》2015 年 5 月 28 日。

②《马克思恩格斯全集》第 32 卷，北京：人民出版社，1972 年，第 541 页。

以实现在既定条件下靠最小的劳动消耗来取得最大的生产成果；在整个国民经济中，要保持各种产业和经济领域的结构平衡。

（二）按比例规律实现形式的演变

随着社会分工和经济体制的不同，按比例规律的表现形式会相应发生变化。

在以自给自足为基本特征的自然经济中，由于没有以社会分工为条件的商品交换，按比例规律主要表现为家庭或氏族等社会单位内部以性别和年龄等纯生理差别以及随季节而改变的劳动的自然条件为基础的自然分工。① 在这一阶段，"社会是由许许多多同类的经济单位（父权制的农民家庭、原始村社、封建领地）组成的"。② 而"经济条件的全部或绝大部分，还是在本经济单位中生产的，并直接从本经济单位的总产品中得到补偿和再生产"。③ 这种经济形式被称为自然经济。尽管这一阶段的需要由于生产力水平低而处于很低水平，但需要本身迫使社会组织将总劳动时间精确地分配到各种职能的生产上。

在简单商品经济中，按比例规律表现为社会单位内部的分工与社会分工相结合。在这一阶段，由于生产力水平低，社会单位内部的自然分工仍然占支配地位。在商品交换和商品生产中，按比例规律靠市场调节规律（或价值规律）的自发作用来实现。但是，在简单商品经济中，由于交换价值还仅仅表现为生产者为自身生存而创造的使用价值的剩余部分，商品交换和商品生产在社会生产体系中还没有占支配地位。④

在资本主义市场经济中，按比例规律表现为整个社会内部无组织的社会分工与生产单位内部有组织的分工相结合。在这一阶段，作为按比例分

---

① 《马克思恩格斯全集》第 23 卷，北京：人民出版社，1972 年，第 95 页。
② 《列宁选集》第 1 卷，北京：人民出版社，2012 年，第 164 页。
③ 《马克思恩格斯全集》第 25 卷（下），北京：人民出版社，1972 年，第 896 页。
④ 《马克思恩格斯全集》第 46 卷（下），北京：人民出版社，1972 年，第 468 页。

配劳动的实现形式，交换价值获得统治地位，"因此生产者把自己的产品当作使用价值的一切直接关系都消失了；一切产品都是交易品"。① 与此相适应，由于社会分工高度发展，商品交换和商品生产在社会生产体系中占支配地位。

在社会主义国家的计划经济中，按比例规律主要表现为整个社会内有组织的分工与生产单位内部有组织的分工相结合。按比例规律靠占支配和主体地位的国家调节规律（或计划规律）和占辅助地位的市场调节规律（或价值规律）相结合来实现。

在社会主义市场经济中，按比例规律表现为有组织的生产单位内部分工与有规划、有管理的社会分工相结合。按比例规律靠市场调节规律（或价值规律）和国家调节规律（或计划规律）的有机融合来实现。

由此可见，按比例规律是贯穿于人类社会各种经济体制的普遍规律。正如马克思所指出的，"整个社会内的分工，不论是否以商品交换为媒介，是各种社会经济形态所共有的"。②

二、 市场调节规律（或价值规律）与按比例规律的关系

（一）市场调节规律（或价值规律）的内涵

市场调节规律（或价值规律）是商品经济的基本矛盾即私人劳动或局部劳动和社会劳动之间矛盾运动的规律。

价值规律的内涵是：商品的价值量由生产商品的社会必要劳动时间所决定；生产某种商品所耗费的劳动时间在社会总劳动时间中所占比例须符合社会需要，即同社会分配给这种商品的劳动时间比例相适应；商品交换按照价值量相等的原则进行。供求关系、竞争和价格波动在资源配置中的

---

① 《马克思恩格斯全集》第46卷（下），北京：人民出版社，1972年，第468页。
② 《马克思恩格斯全集》第23卷，北京：人民出版社，1972年，第397－398页。

作用以市场价值为基础，是价值规律的具体实现形式。

在商品经济中，由于商品生产者之间的独立关系，每个商品生产者的商品生产劳动首先表现为私人劳动。私人劳动只有通过商品交换才能转化为社会劳动，从而成为社会分工的一部分。因此，为实现商品的价值，商品生产者需要将私人的个别劳动时间转化为社会必要劳动时间。商品生产者的个别劳动时间首先转化为同一生产部门内部生产同种商品的社会必要劳动时间（即在现有的社会正常的生产条件下，在社会平均的劳动熟练程度和劳动强度下生产某种使用价值所需要的劳动时间），然后进一步转化为不同生产部门之间生产不同商品的社会必要劳动时间（即"由当时社会平均生产条件下生产市场上这种商品的社会必需总量所必要的劳动时间"①）。商品按照社会价值进行交换，就必须使社会生产这种商品所耗费的劳动总量时间符合社会总劳动时间按比例分配给这种商品的必要劳动时间，即生产某种商品所耗费的劳动时间在社会总劳动时间中所占比例符合社会需要，同社会分配给这种商品的劳动时间比例相适应。马克思强调："商品的价值规律决定社会在它所支配的全部劳动时间中能够用多少时间去生产每一种特殊商品。但是不同生产领域的这种保持平衡的经常趋势，只不过是对这种平衡经常遭到破坏的一种反作用。"②

从《资本论》的阐述中，撇开国际生产和交换，我们可以得出价值规律对一国资源配置的作用分为两个层面：一是在企业或微观层面上，通过同一种商品的价值由社会必要劳动时间（即第一种含义的社会必要劳动时间）决定的要求，形成社会价值与个别价值的差额，推动同一部门不同企业优胜劣汰，资源向优势企业集中，促进资源配置效率的提高和社会生产力的发展；二是在社会或宏观层面上，通过第二种含义的社会必要劳动时间（即按社会需要合比例地分配于各个生产部门的必要劳动时间）的作用，

①《马克思恩格斯全集》第25卷（上），北京：人民出版社，1972年，第722页。
②《马克思恩格斯全集》第23卷，北京：人民出版社，1972年，第394页。

使资源配置建立在社会劳动按比例分配规律的基础上，在资本为争夺高利润率的竞争中，通过资本和劳动力等生产要素在社会生产各部门的自由流动，推动资源向生产效率高的部门转移，促进产业结构的合理化和高级化。①

（二）与按比例规律的关系

市场调节规律（或价值规律）是按比例规律在商品经济中的一种基本实现形式。马克思说过，"在社会劳动的联系体现为个人劳动产品的私人交换的社会制度下，这种劳动按比例分配所借以实现的形式，正是这些产品的交换价值"②。在商品经济中，价值规律通过竞争引起的交换价值即价值形式的自发波动来实现按比例规律。商品经济中的竞争通过引发商品交换价值的自发波动为商品生产者提供商品供求平衡状况的信号，从而自发地引导生产。恩格斯指出："只有通过竞争的波动从而通过商品价格的波动，商品生产的价值规律才能得到贯彻，社会必要劳动时间决定商品价值这一点才能成为现实"，"单个的商品生产者只有通过产品的跌价和涨价才亲眼看到社会需要什么、需要多少和不需要什么"。③

价值规律实现按比例规律的作用随着交换价值即价值形式和经济体制的变化而不断变化。

1. 在简单商品经济中的作用

在简单商品经济中，市场调节规律（或价值规律）实现按比例规律的作用总体上较小。

在直接为交换而生产的商品经济产生之前，虽然商品交换已经出现，但是市场调节规律（或价值规律）还处于萌芽阶段，在实现按比例规律方面发挥的作用极小。在原始社会早期，由于生产力水平低下，剩余产品的

① 王天义：《论价值规律在资源配置中的决定作用》，《当代经济研究》2015 年第 8 期。

② 《马克思恩格斯全集》第 32 卷，北京：人民出版社，1972 年，第 541 页。

③ 《马克思恩格斯全集》第 21 卷，北京：人民出版社，1972 年，第 215 页。

交换只是非常偶然地发生在部落内部。这些偶然的交换中的价值形式表现为简单的、个别的或偶然的价值形式。这种价值形式对商品价值的表现并不充分，只是以另一种商品的使用价值来表现商品的价值，而没有充分表现出价值的本质，即一般人类劳动的凝结。在原始社会末期，以游牧部落的分离为主要内容的第一次社会大分工，使商品交换逐渐由偶然的交换变成经常的交换，由氏族酋长之间进行的交换逐渐转变为个人交换。相应地，简单商品经济中的价值形式从简单的、个别的或偶然的价值形式缓慢过渡到总和的或扩大的价值形式，并逐渐发展为一般价值形式。总和的或扩大的价值形式第一次使商品价值真正表现为无差别的人类劳动的凝结，但还没有获得统一的表现形式，仍然是一种不充分的价值表现形式。而一般价值形式在商品世界中充当一般等价物，但在时间上并不固定，在空间上局限在较小地区内。因此，在商品经济产生之前的最初交换中，真正意义上的竞争还未形成，从而不能通过交换价值的经常性波动来有力地调节社会劳动的分配。

　　简单商品经济产生以后，价值规律就开始通过自发调节商品生产和商品交换来实现按比例规律，但调节作用仍然较为有限。当以手工业和农业的分离为主要内容的第二次社会大分工逐渐形成和发展，便促成直接以交换为目的的商品生产的发展。① 随着社会分工的发展和商品生产的出现，市场也随之形成，因而列宁说得好："哪里有社会分工和商品生产，哪里就有'市场'。"② 相应地，价值形式逐渐从一般价值形式过渡到货币形式。一种商品的价格形式即这种商品以货币表现出来的价值形式。竞争通过商品价格的自发波动来贯彻价值规律。在这一过程中，市场调节规律（或价值规律）作为一种盲目力量自发调节社会劳动，从而维持着生产的社会平衡，以实现按比例规律。价值规律的这种盲目性调节作用具有两面性。价值规

---

① 《马克思恩格斯选集》第 4 卷，北京：人民出版社，2012 年，第 176 – 180 页。

② 《列宁全集》第 1 卷，北京：人民出版社，1984 年，第 83 页。

律调节（或市场调节）使市场具有资源短期配置、微观均衡、信号传递、技术创新和利益驱动等功能优势，但同时又存在调节目标偏差、调节速度缓慢、调节成本昂贵、调节程度有限、阻碍技术进步等功能弱点。① 这些功能弱点，反映了货币作为流通手段和职能所包含的经济危机可能性。但在转化为资本主义市场经济之前，简单商品经济在整个社会经济中没有占支配地位。因此，这种经济危机的可能性在这一阶段并没有变成现实。

2. 在资本主义市场经济中的作用

资本主义市场经济的发展历程包括两大阶段，即自由放任的自由资本主义市场经济和有国家干预的垄断资本主义经济。但不管在哪个发展阶段，市场调节规律（或价值规律）在实现按比例规律中均发挥决定性作用，只是有量变和部分质变的区别。

在自由竞争阶段的资本主义市场经济中，市场调节规律（或价值规律）与私人剩余价值规律的共同作用使得市场调节规律（或价值规律）的自发作用所产生的功能弱点得到强化和放大。私人剩余价值规律是资本主义基本矛盾（即生产的社会化与生产资料的资本主义私人所有制之间的矛盾）的运动规律。在生产力方面，资本主义商品生产的社会化，不仅要求个别企业内部生产具有组织性和计划性，而且全社会的商品生产形成有组织的社会分工，从而实现按比例规律。在生产关系方面，生产资料的资本主义私人所有制，决定私人资本所有者唯一的生产目的是追求私人剩余价值或私人利润，而劳动力所有者只能靠出卖劳动力为生。因此，在资本主义市场经济中，生产力与生产关系之间的矛盾就具体化为资本主义的基本矛盾。这一矛盾主要表现在两个矛盾：

一是个别企业内部生产的有组织性与整个社会生产的无政府或无秩序状态之间的矛盾。这一矛盾是私人劳动与社会劳动之间的矛盾在资本主义市场经济中的具体体现。由于生产资料的资本主义私人占有，私人资本所

---

① 程恩富：《构建以市场调节为基础、以国家调节为主导的新型调节机制》，《财经研究》1990 年第 12 期。

有者的个别企业内部具有较高程度的计划性和组织性：生产资料由一批劳动者共同使用；生产过程由一系列的分工协作来共同完成；劳动产品成为劳动者的共同产品。但是由于生产资料的资本主义私人占有，在整个社会经济中，各行业各企业之间的商品生产则缺乏协作和调节而处于无效组织状态。这不利于实现按比例规律的良性发展，容易导致生产相对过剩。

二是生产无限扩大的趋势与劳动人民有支付能力的需求相对缩小之间的矛盾。在资本主义市场经济中，追求剩余价值的内在动力和竞争的外在压力，促使私人资本所有者不断把赚取的剩余价值转化为资本，从而使资本积累规模和生产规模不断扩大，以致形成垄断并逐步向世界扩张。但另一方面，生产资料的资本主义所有制决定了私人资本所有者为获取尽可能多的剩余价值而尽可能地加强对劳动者的剥削，造成社会的贫富两极分化：占社会人口少数的私人资本所有者阶层占有大部分社会财富，而占社会人口绝大多数的劳动者及其家庭成员所拥有的财富只占极少部分社会财富。马克思指出："工人为自己生产的不是他织成的绸缎，不是他从金矿里开采出的黄金，也不是他盖起的高楼大厦。他为自己生产的是工资，而绸缎、黄金、高楼大厦对于他都变成一定数量的生活资料，也许是变成棉布上衣，变成铜币，变成某处地窖的住所了。"① 因此，社会多数人口由于财富和收入水平相对低下而对社会商品有支付能力的需求相对不足，即使大搞寅吃卯粮的消费信贷也不能根本缓解。这也不利于实现按比例规律。比如，美国由于劳动者买不起商品房而导致为缓解商品房相对过剩所采用的"次贷"及其引爆的各种危机，便是明证。

在自由竞争阶段的资本主义市场经济中，市场调节规律（或价值规律）与私人剩余价值规律的共同作用，是部分通过破坏性的资本主义经济危机来实现按比例规律的。资本主义基本矛盾及其决定的具体矛盾，必然引起生产相对过剩的经济危机周期性地爆发。马克思指出："一切真正的危机的

---

① 《马克思恩格斯选集》第 1 卷，北京：人民出版社，1995 年，第 336 页。

最根本的原因，总不外乎群众的贫困和他们的有限的消费，资本主义生产却不顾这种情况而力图发展生产力，好像只有社会的绝对的消费能力才是生产力发展的界限。"① 恩格斯也指出："从商品生产以世界市场的范围来进行之后，按私人打算进行生产的单个生产者同他们为之生产、却对其需求的数量和质量或多或少是不了解的市场之间的平衡，是靠世界市场的风暴、靠商业危机来实现的。"② 可见，经济危机客观上成为按比例规律在自由竞争阶段资本主义市场经济中的实现方式。

在国家垄断资本主义经济中，市场调节规律（或价值规律）仍然在实现按比例规律中发挥决定性作用，但一定程度上和一定范围内受到了国家调节规律的制约。由于资本主义经济危机的巨大破坏性，国家垄断资本主义在日渐增多的资本主义国家的国民经济中产生，并逐渐发挥重要功能。在现代资本主义国家，如果市场调节规律（或价值规律）自发作用的消极影响受到国家的有效控制，则各种经济危机的破坏性就有所减弱，从而按比例规律的实现代价就有所减轻；反之则相反。西方国家在 20 世纪 30 年代的大萧条、在 70 年代的严重滞胀、在 90 年代金融危机和当前的金融和经济危机等，均表明倘若市场调节的基础性决定作用与国家调节的主导性决定作用不能有效结合，则国民经济不仅会遭到严重破坏，而且往往波及范围更加广泛、影响更加深刻，从而按比例规律的实现代价仍然很大。

3. 在传统的社会主义计划经济中的作用

在传统的计划经济实践中，除了苏联战时共产主义经济等个别时期几乎取消了商品经济以外，商品生产和商品交换在各社会主义国家的大多数时期得到了不同程度的发展。因此，市场调节规律（或价值规律）仍在一定程度上发挥分配社会劳动、进行经济核算、促进商品生产和交换的作用，但不起基础性或决定性作用。

---

① 《马克思恩格斯全集》第 46 卷，北京：人民出版社，2003 年，第 548 页。
② 《马克思恩格斯全集》第 21 卷，北京：人民出版社，1972 年，第 215 页。

4. 在社会主义市场经济中的作用

在我国社会主义市场经济中，市场调节规律（或价值规律）主要是在一般资源的配置领域发挥决定性作用，但发挥作用的条件与资本主义市场经济不同。

首先，我国社会主义市场经济具有与资本主义市场经济性质不同的经济基础，即中国特色社会主义基本经济制度。其核心是：公有制为主体、多种所有制共同发展。公有制为主体的基本经济制度，从根本上消除了经济危机产生的根源，即生产社会化与生产资料资本主义私人占有之间的矛盾，从而使按比例规律较平稳地在国民经济的许多领域通过市场调节规律（或价值规律）的作用得以实现。

其次，国家调节规律（或计划规律）通过与市场调节规律（或价值规律）的有机结合来实现按比例规律。两者在社会主义市场经济中形成一个有机整体，在功能上能够实现良性互补，在效应上能够达到协同，即市场调节规律（或价值规律）自发调节与配置资源而实现短期利益和局部利益；而国家调节规律（或计划规律）通过专业职能机构来主动规划与配置重要资源，以实现社会和企业的长远利益和整体利益。

因此，在以公有制为主体的社会主义市场经济中，市场调节规律（或价值规律）容易充分发挥其积极引导作用，避免其可能导致的消极后果。

三、 国家调节规律（或计划规律）与按比例规律的关系

（一）国家调节规律（或计划规律）的内涵

国家调节规律（或计划规律）是商品经济的基本矛盾即私人劳动或局部劳动同社会劳动之间矛盾运动在受国家调节的社会化大生产中表现出的客观经济规律。

国家调节规律（或计划规律）的内涵是：国家运用经济、法律、行政、

劝导等国家政权手段，自觉利用社会大生产发展的客观规律，根据社会生产和国民经济的实际运行状况和发展态势，预先制定社会生产和国民经济的总体规划，并科学合理地调节社会总劳动在各生产部门和整个国民经济的分配。可见，国家调节规律（或计划规律）的内涵包含如下要点：

首先，国家对社会生产和国民经济的规划和调节是社会化大生产的必然要求。在垄断资本主义初期的社会化生产中，生产相对过剩的经济危机的猛烈爆发所造成社会资源的巨大浪费，使人们意识到，只有国家从整体上调节社会生产和国民经济，才能矫正价值规律的盲目自发作用，从而实现按比例规律。正如马克思所科学预言的："只有在生产受到社会实际的预定的控制的地方，社会才会在用来生产某种物品的社会劳动时间的数量，和要由这种物品来满足的社会需要的规模之间，建立起联系。"①

其次，国家对社会生产和国民经济的规划和调节，建立在科学认识和准确把握社会化大生产和国民经济发展的相关客观规律的基础之上。国家规划与调节社会生产和国民经济需要以对经济规律系统、自然发展规律系统、社会发展规律系统、科技发展规律系统等的科学认知为指导。凡是有人参与的活动，均具有主观性和客观性的双重性。不能因为国家规划、计划和调节是有人参与的，就否认其中包含客观性，进而认为"国家调节规律""计划规律"等概念不成立。照此逻辑推论，市场活动也是有人参与的，其主体就是人，那也就不存在"市场调节规律""价值规律"等相似的概念。市场调节说到底，是经济活动的自然人和法人的行为变动，也可以说就是企业的行为或调节，如产品、价格和竞争等方面的所作所为。因此，市场调节规律和国家调节规律都是在形式上具有人的活动主观性，在内容上具有人的活动客观性；良性而有效的微观和宏观经济活动，要求在企业和政府工作的所有人，均应努力使人的主观能动性符合经济活动的客观规律性，以便实现主客观的有效统一。

---

① 《马克思恩格斯全集》第 25 卷（上），北京：人民出版社，1972 年，第 209 页。

第三，国家对社会生产和国民经济的规划和调节是由调节目标、调节手段和调节机制这三部分构成的有机系统。国家规划和调节社会生产，首先需要规划和制定科学的调节目标，并以合理的调节机制为依据，综合运用有效的调节手段来实现调节目标。因此，调节目标、调节手段和调节机制构成相互联系、不可分割的有机整体。

（二）与按比例规律的关系

我国著名经济学家刘国光近年重新倡导和阐述"有计划按比例发展规律"①，这是十分必要和重要的。不过，按比例规律与计划规律是有密切关联的两个规律，国家调节规律（或计划规律）是按比例规律在受国家调节的社会化大生产和国民经济中的一种实现方式。马克思认为，在以共同生产为基础的社会中，"社会必须合理地分配自己的时间，才能实现符合社会全部需要的生产。因此，时间的节约，以及劳动时间在不同的生产部门之间有计划的分配，在共同生产的基础上仍然是首要的经济规律"。② 但是，在国家垄断资本主义阶段和社会主义初级阶段，由于国家的存在，对社会生产和国民经济的总体规划和综合调节只能由国家来承担。

通过国家调节规律（或计划规律）实现按比例规律的作用，在不同社会和同一社会的不同发展阶段差别很大。

1. 在国家垄断资本主义经济中的作用

国家垄断资本主义产生于第一次世界大战期间主要参战国的战时国民经济管理，1929～1933年经济危机后逐渐在主要资本主义国家的经济中占主导地位。为实现按比例规律，国家垄断资本主义对市场调节规律（或价值规律）的消极作用加以矫正和调节。

国家垄断资本主义调节经济的指导思想主要有两大理论流派，即各种

---

① 参见刘国光：《关于政府和市场在资源配置中的作用》，《当代经济研究》2014年第3期；刘国光：《有计划，是社会主义市场经济的强板》，《光明日报》2009年3月17日。

②《马克思恩格斯全集》第46卷（上），北京：人民出版社，1972年，第120页。

凯恩斯主义思想和各种新自由主义思想。

凯恩斯主义思想于实践中的运用在一定程度上有利于按比例规律的实现，但具有很大的局限性。凯恩斯主义的核心内容是：为实现充分就业（其实质是按比例规律），政府可运用主要是财政政策以及货币政策来弥补私人投资的不足。这一思想流派的各种理论在社会化大生产实践中的运用，的确在一定程度上减轻了市场调节规律（或价值规律）的消极作用，缓解了经济危机的破坏性，使得主要资本主义国家的经济在第二次世界大战后的 20 多年中保持了相对稳定的增长。但是，由于仍然坚持生产资料资本主义私有制的主体地位，凯恩斯主义思想指导下国家对社会生产的规划和调节在调节范围、调节程度和调节效果上都具有很大的局限性。此外，凯恩斯主义思想的政策主张在具体实施过程中的扩张性，导致了 20 世纪 70 年代的滞胀现象。

新自由主义思想在实践中的运用为金融危机和经济危机的频繁发生埋下了祸根。新自由主义的核心是：在长期，市场调节规律（或价值规律）的自发作用可使一国实际就业率趋向于与由该国技术水平、文化风俗和自然资源等因素决定的自然就业率相等（即实现按比例规律），而国家对社会经济的规划和调节对于实现自然就业率是无效的。[1] 20 世纪 70 年代中期以后，由于凯恩斯主义对滞胀问题的束手无策，新自由主义思想流派的政策主张在主要发达资本主义国家得到不同程度的实施。新自由主义流派代表人物弗里德曼关于控制货币供给量的货币政策主张在实践中的运用，对于抑制通货膨胀，从而使经济摆脱滞胀，确实发挥了一定的积极作用。但是，新自由主义对市场调节规律（或价值规律）总体上的自由放任，必然造成资本主义基本矛盾更加突出、贫富两极分化、金融危机和经济危机频繁发生等严重的消极后果。[2]

---

[1] 高鸿业：《20 世纪西方微观和宏观经济学的发展》，《中国人民大学学报》2000 年第 1 期。

[2] 张作云：《我国改革发展两种不同思路评析》，《管理学刊》2014 年第 1 期。

2. 在传统的社会主义计划经济中的作用

各社会主义国家在成立初期，在生产资料公有制的基础上都建立了高度集中的传统计划经济体制。尽管社会生产组织形式在不同历史时期存在一定差异，但各社会主义国家都对整个社会生产进行了统一、集中的组织和管理，从而使国家调节规律（或计划规律）在按比例规律实现中取得了支配地位，而市场调节规律（或价值规律）处于辅助和从属地位。传统计划经济体制由于以生产资料公有制为基础，从根本上消除了经济危机产生的根源，即生产社会化与生产资料资本主义私人占有之间的矛盾，对于按比例规律的实现发挥着重要作用，从而促进了生产力的大发展。但与此同时，这种经济体制暴露出国家调节偏好主观、国家调节动力匮乏等国家调节规律（或计划规律）的弊端。[1] 为了克服这些弊端，包括中国在内的一些社会主义国家实行"计划经济功成身退、市场经济继往开来"的市场取向经济改革。[2]

3. 在社会主义市场经济中的作用

在我国社会主义市场经济中，国家规划和调节社会生产的指导思想或核心观点是：国家调节规律（或计划规律）通过与市场调节规律（或价值规律）的有机结合来实现按比例规律。

国家调节规律（或计划规律）在实现按比例规律中的作用主要有以下几个方面：

一是通过宏观调控和微观规制共同矫正市场调节规律（或价值规律）的消极作用，即弥补市场失灵。宏观调控主要是根据经济运行状况，通过财政、货币、产业、分配等经济手段和政策，以及法律和必要的行政手段，对投资、消费、外贸、就业和科技等市场活动进行调节，从而保持宏观经济稳定，实现就业充分、物价基本稳定、产业结构合理、国际收支平衡、

---

① 程恩富：《构建以市场调节为基础、以国家调节为主导的新型调节机制》，《财经研究》1990 年第 12 期。

② 舒展、崔园园：《"诺斯悖论"消解：政府与市场两种决定作用的耦合》，《海派经济学》2015 年第 1 期。

分配公平等宏观经济目标。微观规制主要是综合运用经济、法律、行政等手段对微观经济主体的行为进行监管，以及加强和优化公共服务，以维护公平的市场竞争秩序、推动科技创新、促进社会和谐以及保持生态良好，从而实现经济、政治、社会、文化和生态全面协调与可持续发展。

二是对一般资源的长期配置和对地藏资源等特殊资源起决定性作用或直接配置。在一般资源的长期配置中，政府通过统筹短期利益与长远利益来实现规划配置。而由于地藏资源等特殊资源的不可再生性，政府则通过统筹短期利益与长远利益、局部利益与整体利益来实现这些资源的直接配置。航空、江河、铁路、公路和管道及邮电等交通运输方面的物质资源配置，基本上都是由国家决定，然后才进行部分市场化操作，而非直接由市场（企业）决定这些重要物质资源的配置。

三是在教育、医疗、文化等非物质资源配置中发挥决定性或主导性作用。教育、医疗和文化中的许多项目对经济社会发展具有全局性、长期性、公益性和民生性的特点。如果这些服务领域搞唯市场化和市场决定，那么，社会公平正义和价值导向就无法圆满实现。这些领域只能由国家调节规律（或计划规律）发挥主导性作用，结合市场机制，以实现作为非物质资源的高效而又公平的合理配置。

四是通过在财富和收入分配领域的较大调节作用来促进共同富裕。首先，国家调节规律（或计划规律）在初次分配环节调节收入和财富的分配。一方面，政府通过相关法律法规的制定和执行，对收入和财富的分配发挥较大的调节作用；另一方面，国家通过公有制企业来确定积累与消费的适当比例和按劳分配，确保劳动报酬在初次分配中的合理比重，促进劳动报酬增长与劳动生产率提高同步。其次，在再分配环节，国家调节规律（或计划规律）对初次分配造成的贫富过度分化的趋势进行矫正和调节，促使居民收入增长和经济发展同步，从而实现居民收入在国民收入分配中的较高比重。一方面，政府通过不断完善基础设施、基本公共服务、社会保障、资源要素和户籍等方面的制度来构建社会公平保障体系；另一方面，政府通过税收等制度来调节高收入群体的过高收入，通过转移支付手段来提高低收入群体的收入，并通过法律手段来取缔非法收入。[①]

综上所述，当前我们在认识、适应、引领和探索经济新常态过程中，提出市场调节规律、国家调节规律和按比例发展规律及其相互关系，具有极其重要的学术价值和政策内涵。按比例规律是人类社会生产和国民经济的普遍规律。市场调节规律（或价值规律）是商品经济中按比例规律的重要实现方式，并在简单商品经济转化为资本主义商品经济以来，在按比例规律实现中发挥决定性作用。国家调节规律（或计划规律）是按比例规律在受国家调节的社会化大生产和国民经济中的一种实现方式。在我国社会主义市场经济中，国家调节规律（或计划规律）与市场调节规律（或价值规律）结合成在功能上良性互补、效应上协同的有机整体来实现按比例发展规律，消除各种比例失调的经济旧常态，从而"以尽可能少的资源投入生产尽可能多的产品，获得尽可能大的效益"。[②]

（原载于《复旦学报（社会科学版）》2015 年第 5 期。高建昆，程恩富）

---

① 程恩富、高建昆：《论市场在资源配置中的决定性作用——兼论中国特色社会主义的双重调节论》，《中国特色社会主义研究》2014 年第 1 期。

② 习近平：《关于〈中共中央关于全面深化改革若干重大问题的决定〉的说明》，《人民日报》2013 年 11 月 16 日。

转变对外经济发展方式的
新开放策论

从强调经济开放战略指导方针和主题变换的意义上说，30 多年的经济开放可分为三个阶段，第一阶段是强调"引进来"的单一战略，单纯追求对外国的资本和技术等引进；第二阶段强调"引进来和走出去"并重的战略，在继续追求"引进来"的同时，实施中国企业走出去投资的举措；第三阶段强调"自主创新"的新战略，实施自主知识产权和创新型国家的举措。2009 年 3 月，胡锦涛总书记在"两会"期间广东代表团的讲话中首次提到要"转变对外经济发展方式"①。2010 年 2 月 3 日，在省部级主要领导干部深入贯彻落实科学发展观加快经济发展方式转变专题研讨班上，胡锦涛同志又深刻地指出："国际金融危机对我国经济的冲击表面上是对经济增长速度的冲击，实质上是对经济发展方式的冲击。综合判断国际国内经济形势，转变经济发展方式已刻不容缓"。并把"转变对外经济发展方式"作为八项重点工作之一。

目前，在要不要和如何加快转变对外经济发展方式这一重大理论和政策问题上，存在歧见，亟需探讨。

本文认为，我国的经济开放应在前三个阶段的基础上及时进入第四阶

---

① 笔者之一程恩富《加快转变对外经济发展方式须实现"五个控制和提升"》一文中率先提出"转变对外经济发展方式"问题，参见《经济学动态》2009 年第 4 期。

段，即强调并积极实施"转变对外经济发展方式"的全新战略，适度控制对外资、外技、外产、外贸、外汇和外源的依赖程度，积极提升协调使用国内外各种广义资源的综合效益。这一新战略和新策论，在巩固和完善"自力（更生）主导型多方位开放体系"的基础上，更加注重经济开放中的自主发展、高端竞争、经济安全、国家权益和民生实惠，以促进经济大国向经济强国、全面小康社会向生活富裕社会的根本转变。

一、　我国传统开放型经济面临的问题

30 多年开放型经济的发展，对中国经济增长起了推动作用。我国开放型经济是在发展初级阶段和粗放型条件下生成的，基本上是以追求引进资本和技术数量为主要特征，以注重增加国内生产总值和出口创汇为发展导向。这种偏重数量而忽视质量、偏重总量增长而忽视结构调整的对外经济发展方式，使目前的中国经济面临着巨大的风险，在实践中也难以为继。其弊端和内在风险主要体现在以下几个方面。

1. 外国直接投资的过度利用及其负面影响

改革开放初期，在资本相对短缺的条件下，我国采取了积极利用外资的政策，推动了我国经济增长和社会进步。截至 2009 年底，在华投资的外资企业达 68 万家，外商投资总额逾 10000 亿美元，连续 17 年位居发展中国家之首，使我国成为世界上吸收外商直接投资最多的国家。2010 年，我国实际使用外资金额 1057.4 亿美元，同比增加 17.4%，创历史新高。然而，我国利用外资方面取得的成就，往往是以外资"超国民待遇"所隐含的巨大成本为代价的，而这种代价的付出并不总是对经济长远发展有益。由于外国直接投资本身追求资本利益最大化的资本主义目的，发展中国家期望通过引进外资实现国家利益的初衷即使不是单厢情愿，在实践中往往也不能顺利地实现。即使联合国贸发会议跨国公司与投资司在其编著的报告中

也认为，引进外资对发展中国家的开放政策及其驾驭开放的能力，实质上是一种考验。该报告指出："有必要认识到跨国公司的目标与政府的目标并不一致：政府试图促进本国范围内经济的发展，而跨国公司试图增强其在国际范围内的竞争力。因此，并不是所有的 FDI 都总是、并自动地符合东道国的最佳利益。有些会对发展造成负面影响。"① 这些负面影响包括：外资对东道国企业的并购、市场的占领、民族品牌的削弱，还包括对东道国就业、产业结构和经济安全的影响等。因此，需要结合我国引进外资付出的成本，来全面认识外资的作用。

我国在利用外资方面付出的巨大成本，至少体现在以下几个方面。

（1）土地代价较大。在片面追求国内生产总值和引进外资越多越好的总体格局下，一些地方政府为了达到引资目的，不惜以低于成本价格甚至无偿出让工业用地来吸引外资，致使引资"门槛一降再降、成本一减再减、空间一让再让"。2006 年，审计部门审计调查 87 个开发区，发现其中 60 个开发区存在违规低价出让土地的行为。在苏州，其工业用地开发成本平均为每亩 20 万元，但为了引进外资，却将地价压至每亩 15 万元。前些年苏北地区协议出让的土地最低每亩几百元，一般也就几千元。② 表面看这些资金搞活了地方经济，其实质是把土地这样一个稀缺且不可再生的资源贱卖。我国引进外资的土地代价，还体现在继续对部分外资企业的政策优惠上，如 2010 年 4 月 6 日颁布的《国务院关于进一步做好利用外资工作的若干意见》中提出，对用地集约的国家鼓励类外商投资项目优先供应土地，"在确定土地出让底价时可按不低于所在地土地等别相对应《全国工业用地出让最低价标准》的 70% 执行。"这一优惠措施，使地方政府可以合法地对外资占用工业用地实施政策倾斜，而国内企业还没有参与市场竞争，仅在土地成本上就已处于不利地位。

---

①《1999 年世界投资报告：外国直接投资和发展的挑战》，中国财政经济出版社，2000 年。
② 丛亚平：《利用外资八思》，《瞭望新闻周刊》2006 年第 51 期。

（2）税收代价较大。长期以来，外资企业在我国一直享受"超国民待遇"。而外资企业通过政策优惠发展起来的产值及其市场占有率优势，在实践中并没有体现为相应的纳税贡献。据资料统计，2009 年外资企业产值已占我国工业产值的 30% 以上，出口占 56% 以上，但纳税仅占 20%[1]，外资企业的纳税额与其经济规模并不对称。造成这种现象的原因，并不是外资企业纳税能力弱。相反，外资在中国市场取得的利润量巨大，远高于其在其他国家和地区投资的收益。仅以美国在华投资为例，据《人民日报》转述中美商会发布调查报告，2009 年 71% 在华企业实现盈利，而 46% 的受访企业在中国市场的利润率高于其全球利润率。[2] 可见，外资企业纳税比重相对较低，与经营状况相关性并不大（国内民营企业盈利能力总体上要低于外资企业），而主要是由于我国对外资企业的税收优惠政策。

需要提及的是，外资企业除了堂而皇之地享受合法的免税、减税和低税率保护伞，还常常利用非法手段进行避税和逃税等活动。国内有学者估计，外资企业利用各种手法偷漏的税款金额每年至少有 1000 亿元。所谓的"超国民待遇"不仅使外资企业规避了社会发展的义务，使政府财政收入减少，同时也人为地制造了一个不平等的竞争环境，使国内企业很容易开始就输在起跑线上。还有学者指出，内外资企业税制统一前，外资企业所得税水平仅为内资企业税收水平的一半左右。税收上的不公平待遇竟然使很多境内企业转而以海外注册公司的形式生存，直接导致国内财政税收进一步流失。[3] 在这种情况下期望扩大外资引进规模和进入领域，来体现外资企

---

[1] 龚宗杰：《跨国公司仍然具有两重性》，《经济参考报》2010 年 9 月 2 日。

[2] 崔鹏：《美国在对华经贸合作中受益巨大》，《人民日报》2011 年 1 月 17 日。

[3] 马红漫：《外资企业应习惯平等竞争》，《环球时报》2010 年 12 月 1 日。

业的所谓平等地位,更是南辕北辙。①

取消外资企业税收优惠是否会导致外资大规模撤离?事实说明,这种担心是完全多余的。我国"两税合一"和《国务院关于进一步做好利用外资工作的若干意见》实施以来,国内吸引外资数量仍然在持续上升,2010年1月至11月,全国新批设立外商投资企业24302家,同比增长17.97%;实际使用外资金额917.07亿美元,同比增长17.73%。② 可见,对外资税收优惠并不是引进外资的必要条件,相反,我国如继续对外资实施优惠,只会给国内带来更大的税收、市场等利益损失。③ 此外,外资的过度引进并没有促进就业。截至2009年,我国外资企业直接吸纳就业近5000万人,仅占全国就业总数77995万人的6.4%,享受税收优惠的外资企业,其就业容纳能力与其产值、市场占有率和税收贡献是不相称的。但外商直接投资对国内投资的"挤出效应",则不仅损害了民族产业,还在某种程度上加重了民生、就业、资源等经济社会问题。

(3) 环境代价较大。"外资利润流走,留下生态失衡"的现象较为普遍。发达国家从保护本国环境、调整产业结构的目的出发,通过国际经济合作、国际投资或跨国公司经营等途径,将造纸、建材、制药、纺织、化工等污染严重的行业转移到中国等发展中国家。有学者指出,污染排放水平较高的制造业是外资流入的首选行业,经验观察和大量的实证研究均表明,2000年以后我国实际利用外资的大规模增长,与我国工业二氧化硫、

---

① 尽管外资企业由于具有超国民待遇在我国获得了大量的优惠,但我国前两年却仍然存在一种观点,认为"一家外商投资企业经中国政府批准成立以后,它接受中国政府的监管,向中国政府交税,为中国创造就业机会,它就应该是百分之百的中国企业"。(参见:翁拓、龙永图:《把外资在华企业当真正的中国企业来对待》,中国新闻网2008年12月8日,http://www.chi-nanews.com)这种片面强调外资企业税收贡献和就业贡献,而忽视外资本质上与国内企业差别、盲目推崇开放外资进入领域的观点,显然是经不住实践和统计资料检验的。

② 《我国利用外资连续16个月增长》,《北京日报》2010年12月16日。

③ 对此,前两年日本《经济学人》就曾载文"世界进入空前的超额利润时代"指出,发达国家通过利用发展中国家廉价劳动力,实质上获得了显著的超额利润。(参见李长久:《在华外资企业不是中国企业——关于"在华的外资企业是中国企业"的争论和建议》,《中国经济时报》2010年4月28日)

固体废弃物排放水平的大幅度攀升存在着一定的关系。[1] 在污染和落后产业向我国转移的过程中，跨国公司起了主导作用。我国的一些地方政府由于引资心切和管理薄弱，大大降低在国际上或本国（本地区）企业奉行的环保标准和治污成本，甚至不惜牺牲当地居民的长远利益，对那些污染严重、破坏生态平衡的项目也大开方便之门。使跨国公司得以利用这些便利，通过规避环保成本来大肆攫取利益。据 NGO 组织"公众与环境研究中心"统计，2006～2008 年，被中国环保部门点名批评过的跨国公司的数量就从八、九十家增加到近三百家。[2] 该研究中心认为，跨国企业在中国污染状况呈上升势头，原因在于他们执行双重标准，在中国缺乏环境责任感。因此，表面上看，利用外资增加了引进外资地区的经济收益，但背后付出的却是巨大的生态成本和长期的社会收益，损害了经济长期发展的基础，并且很难在短期内消除影响。

2. "外源"依赖性的增强及其对经济发展的制约

战略性资源的供给问题关系到我国经济的长期稳定发展。虽然中国拥有总量较大的国内资源，但人均拥有量却很贫乏，这大大限制了中国的工业生产和经济发展。20 世纪 90 年代以来，中国的"外源"（指某些进口比例很高的外国能源和资源，如石油、铁矿石等）使用急剧增长，出口导向对外经济发展方式所需的能源原材料的约束日益加大，风险也越来越大。从能源消费看，根据国家统计局公布的数据，2002 年能源净进口占国内能源消费的比重仅为 0.9%，而 2006 年即上升到 6.9%，而且进口主要集中在关键性的石油和煤炭等战略性资源上。以石油为例，自 1993 年中国成为净进口国以来，对外依存度逐年上升。2009 年原油净进口 1.99 亿吨，增长 13.6%，中国原油对外依存度约为 51.3%，已经超过 50% 的警戒线。[3] 在煤

① 陈军亚:《外商直接投资的环境效应》,《光明日报》2010 年 12 月 21 日。

② 刘世昕:《环保总局通报批评三家跨国公司污染行为》,《中国青年报》2008 年 1 月 10 日。

③ 华艳:《2009 年原油产量下降对外依存度约为 51.3%》,新浪网 http://finance.sina.com.cn。

炭方面，海关总署的数据显示，2009 年 1～12 月我国煤炭进口 12583.4 万吨，同比增长 211.9%，而同期出口同比下降 50.7%，全年煤炭净进口达到了历史性的 10343.4 万吨。[①]

近年来，我国不仅在能源方面对外依赖性在上升，在原材料上的进口比例也较大。首先，我国部分原材料进口大幅增长。2009 年 3 月中国进口铁矿石、铜都创下历史新高，分别达到 5210 万吨和 37.49 万吨；而钢材、未锻造铝及铝材也分别进口 14.7 万吨和 127 万吨，中国成为钢材及电解铝净进口国的日期日益逼近。不仅如此，我国大豆、油菜籽等大宗农产品进口近年来也大幅增长，接近历史高位。[②] 其次，部分原料进口量持续超越出口量。有关统计数据显示，2010 年 1～3 月份，我国大部分基本有机化工原料及主要无机原料（如硫酸、盐酸、硝酸），都呈现进口量大于出口量的格局，有的产品进口量大于出口量达数百倍（如甲苯、甲醇），甚至数千倍（如二乙醇胺），部分原料则完全依赖进口弥补国内供需缺口（如三乙醇胺）。[③] 其三，是我国出口产业中来料加工部分占有较大比例。根据科普曼对 2006 年中国外贸数据的测算，当年我国在对美出口 2010 亿美元中，来自世界其他地区的原材料和零配件价值为 1130 亿美元，占总额的 55%。[④] 从总的发展趋势看，中国资源能源的对外依存度在未来二三十年还将继续呈扩大状态。

我国对"外源"需求的长期急剧增长可能造成多重不利后果。

（1）增加我国能源供给的不确定性。由于国际市场原料不断涨价，外贸对经济效益提高的牵引作用会明显下降，社会风险越来越高。2000 年以来，国际市场原材料价格总体呈上升趋势，金融危机后国际市场原材料（如铁矿石等）价格上升更为迅猛，对经营管理粗放特征显著的国内产业产

---

① 田甜：《2009 年我国煤炭净进口超亿吨》，中国产业安全指南网 http：//www.acs.gov.cn。
② 《原材料进口连创新高，世界工厂变世界仓库》，《中国证券报》2009 年 5 月 11 日。
③ 《需求强劲，我国基本化工原料进口增势持续》，《医药经济报》2010 年 8 月 26 日。
④ 何伟文：《应重新计算对美贸易顺差》，《环球时报》2010 年 12 月 28 日。

生了很大的成本压力，威胁一些企业的正常经营和职工就业。

（2）使我国面临利益损失和价格风险。经济发展过程中对"外源"依赖性的上升，导致我国能源供应容易受到实体因素以及投机因素的冲击，而直接导致利益损失。首先是导致大量国民财富外流。根据国家信息中心测算，单纯由于涨价因素，2005 年一年中国就有相当于 1200 亿元人民币的国民财富转移到产油国和国外石油巨头手中，近年来能源价格暴涨使中国国民财富净溢出的总额更是达到数千亿元人民币。其次是使我国面临价格风险。2005 年以来，国际油价上涨幅度明显加快，与国际石油炒家的大肆投机活动有很大关系，这进一步增大了中国能源（主要是石油）供应的价格风险，使我国国内经济增长受到影响。

（3）削弱我国国际市场上的话语权。过度依赖"外源"的发展模式，不仅使我国某些能源资源的消费受制于国际市场供应方的打压，也面对环境保护的指责。近年来，我国在铁矿石、石油等领域的谈判屡屡受到国际市场阻击，在国际谈判中处于被动和不利地位。尽管我国在发展中承担了更多的环境压力，但西方发达国家却罔顾我国人均能源消费量远低于发达国家的事实，鼓吹"能源消费大国责任论"，在碳排放问题上对我国提出了过分的要求。[①] 这些因素的综合作用，无形中降低了我国在国际市场上的话语权和主导能力。

3. 对外技术依存度的提高及其冲击效应

对外技术依存度是反映一个国家对技术引进依赖程度的指标。一般认为，国家对外技术依存度与技术引进经费、研发经费相关。其计算采取公式为：技术依存度（％）＝技术引进经费/（R&D 经费 + 技术引进经费）。一般说来，不管是发展中国家，还是发达国家，适度引进国外的先进技术，可以对国内起示范效应，增强国内企业技术创新的动力，但对外技术依存度过高，则会造成国内企业依附于国外核心技术而在竞争中惨遭淘汰。由

---

① 杜海涛：《"能源消费大国责任论"混淆视听》，《人民日报》2010 年 8 月 2 日。

于技术依存度与研发经费成反比，过高的技术依存度，往往反映出国内研发能力的欠缺和技术保障能力的薄弱。换言之，一个国家的对外技术依存度较高，表明该国对国外技术的依赖程度较强；反之，技术依存度较低则表明该国自主创新成分较大。注重引资数量和出口创汇导向的对外经济发展模式，使我国因重视国际贸易而片面注重引进国外先进技术，产生对外技术依存度过高的倾向。我国对外技术依存度过高及其负面影响，可以从以下方面来认识。

（1）对外技术依存度过高不利于经济自主发展。在推进开放、进军国际市场的过程中，我国对外技术依存度指标变动的总趋势是由低向高发展。在开放初期，我国还坚持以我为主，依托大量自身技术和自有品牌发展，但经历合资合作等过程，我国原有技术、品牌被摒弃的同时，导致原始创新能力不足，技术自给率低，特别是关键技术自给率急剧下降。资料表明，2005 年我国占固定资产投资 40% 左右的设备投资中，有 60% 以上要靠进口来满足，高科技含量的关键装备基本上依赖进口。[1] 2007 年，我国的高新技术产业产值只占工业产值的 8%，而发达国家占 40%；软件产业产值我国只占世界比重的 7%，而美国、欧盟则占到 30%。在不到三十年的时间里，我国从开放初期的几乎主要依靠自我研发、自我发展，发展到技术对外依存度高达约 60%，与发达国家对外依存度的差距进一步拉大。[2] 对外技术依存度过高，会直接影响到我国的产业控制力。例如，近几年机械行业外资股权控制度一直维持 30% 以上，车用发动机和汽车、摩托车配件等行业，外资也达到对企业的相对控制程度，而在文体用品制造业等轻工领域外资控制度已超过国际公认的安全标准。又如，2008 年以来，外资对钢铁、石化产业的技术控制度呈快速上升趋势，外资涉入并控制我国有色金属开采活动的步伐在加快。[3] 由于我国大多数出口企业在技术上不具备核心竞争力，

---

① 《九大问题挑战"创新型国家"》，人民网 2006 年 1 月 9 日。

② 《我国技术对外依存度过高亟待突破》，网易财经 http://news.163.com。

③ 李孟刚：《我国产业安全面临新形势》，《内部参阅》2010 年第 43 期。

其生产过程和产品市场逐渐被外资支配，经济自主性相应被削弱。

（2）过度依赖国外技术不利于国际竞争。中国目前虽被称为"世界工厂"，但总体上缺乏核心技术和品牌竞争力，不能从根本上保证自己的经济利益。如：中国是世界上最大的 DVD 生产国和出口国，但在 DVD 的 57 项关键技术中，我国掌握的仅有 9 项；中国的纺织品、服装、皮革产品的国际市场份额都是全球第一，但国际竞争力仅为第 12 位、第 30 位和第 13 位。又如：目前中国汽车市场已经高度繁荣，产量达到世界第一，但中国汽车企业的竞争力却没有实质提升，合资汽车企业仍倾向于从外方直接获得技术援助，而不是通过自主开发形成独立的技术创新能力。① 根据国际经验，在来料加工的贸易方式中，生产国实际能够得到的外汇收入仅为贸易额的 20% 左右，国民所得更为有限。中国目前大量从事贴牌生产的企业，其利润额的 92% 都要被外资公司拿走，留在国内的不足 8%。令人痛心的是，在这样微薄的利润下，我国出口产品既要参与国际市场价格竞争，还要同时受到贸易伙伴国内知识产权法律的限制。例如，目前我国已经成为美国超级 301 调查最多的国家。② 当中国放弃粗放式的价格竞争而转向技术和品牌竞争时，西方跨国企业却凭借其在知识产权领域的先发优势打压中国产品出口。据报道，目前我国已连续 6 年位居 337 调查涉案国家（地区）的首位。③ 可见，对外技术依存度过高，已成为加剧我国国际贸易争端、恶化国际竞争环境的一个重要因素。

（3）对外技术依存度过高加剧国内低水平竞争。由于过度依赖于外国技术，我国现有的发明和专利主要还是集中在外观和实用新型技术上，原始技术特别是核心和关键技术一直难有重大突破，而外国投资商和技术拥有者却坐收巨大的专利利益。过度依赖于外国技术，还导致国内企业短期化倾向严重。很多企业只是简单地依靠来料加工、代工贴牌来维持生产运

---

① 万军：《汽车业别沉浸于虚假繁荣》，《环球时报》2009 年 9 月 4 日。

② 隆国强：《中国对外开放面临的挑战与新战略展望》，《三江论坛》2009 年第 7 期。

③ 孙楠：《部分跨国企业借 337 调查遏制中国企业转型升级》，《国际商报》2010 年 10 月 28 日。

营，赚取生产链低端的微薄利润，并不真正努力创立自主独立的知识产权和知名品牌，使产业陷入低水平重复建设和恶性竞争，从而加剧产业同一化的弊端，为产业结构进一步优化升级和转变国内经济发展方式增加了困难。

4. 外汇储备过大产生的利益损失和国际争端风险

出口创汇导向型的对外经济发展方式所带来的问题，经过长期的积累，必然使我国在外汇储备规模和结构方面的矛盾日益突出。首先是外汇储备规模过大。从纵向角度看，在开放过程中我国外汇储备存在着过快增长的趋势。根据国家统计局公布的数据，2000 年我国外汇储备规模还仅有1655.7 亿美元，而 2009 年末即达到 23992 亿美元，这一上升势头仍在保持。据国家外汇管理局最新公布的数据，截至 2010 年 10 月我国外汇储备已达 26483.03 亿美元，增长幅度超过了同期 GDP 增长幅度。[1] 从横向角度看，我国外汇储备的规模过大，还体现在其相对国内生产总值的比重过高，2008年我国外汇储备占国内生产总值的比重已经接近 45%[2]，而同期其他各主要经济大国一般保持在 25% 以下。尽管美国因其美元地位是个例外，但德国这样外贸依存度高达 73% 的国家，其外汇储备也仅仅维持在不到 11% 的低水平（见表 1）。可见，中国外汇储备的规模，已经不仅仅远远高于发达资本主义国家，也高于一般发展中国家（如巴西、印度）的水平。

表 1　2008 年外汇储备占国内生产总值比重的国际比较

国家	外汇储备 （亿美元）	国内生产总值 （亿美元）	外汇储备占国内 生产总值比重%
中国	19460.3	43262	44.98
美国	495.8	142043	0.35
德国	385.6	36528	10.56

---

[1] 参见国家外汇管理局网站公布的资料，http://www.safe.gov.cn。

[2] 2009 年这一比重已经上升到 48.1%，并且目前仍在保持着快速上升势头。

国家	外汇储备（亿美元）	国内生产总值（亿美元）	外汇储备占国内生产总值比重%
日本	10036.7	49093	20.44
韩国	2004.8	9291	21.58
印度	2466	12175	20.25
巴西	1928.4	16175	11.92

其次，我国外汇储备结构不合理。对外贸易中产生的巨额外汇储备，因对外直接投资时受西方国家限制，只能投资于美国等发达资本主义国家的政府和企业债券。我国近年来已经成为美国的"头号债主"，据美国《华盛顿日报》2010 年 12 月 16 日转述美国财政部月度国际资本的报告，截至2010 年 10 月我国所持美国国债总额高达 9048 亿美元。[①] 由于我国外汇储备存在形式相对单一和相对集中，使外汇风险也相对增大。外汇储备相对于经济总量规模过高和结构上的不合理，在实践上会导致一系列难题。

（1）加大人民币升值压力。在美元为储备主体且美国是主要贸易对象的情况下，我国外汇储备规模过大，使人民币面临较大的升值压力。本来，将贸易问题与人民币汇率挂钩并没有依据，2005 年我国进行汇率改革以来，人民币汇率已累计上升约 25%，但外贸顺差仍然在急剧增加，汇率并不是造成贸易失衡的主要原因。但西方国家却将两者挂钩，目前我国的"外汇储备过万亿"，已经被美国等发达国家看作是人民币币值低估的最具体表现。在这一借口下，美国等国家已经开始更加强硬地要求人民币升值，并且以各种制裁措施相威胁，导致我国商品出口遭遇较多的贸易摩擦和贸易壁垒，在个别情况下还会激化贸易争端。

（2）加大国内宏观调控难度。外汇储备规模过大的一个直接影响，就是通过货币传导机制干扰国内的经济平稳运行。在现有结售汇制度下，我国的外汇储备管理制度实际上已经导致了人民币的超额发行，并容易使中

[①] 尚未迟：《中国增持美国债创一年新高》，《环球时报》2010 年 12 月 17 日。

央银行货币的政策独立性落空。它对国内经济生活的消极影响：一是会引起国内流动性过剩，使资产价格过度上涨，加大经济泡沫风险；二是促使国内非理性投资活动膨胀，扰乱正常的投资活动和生产经营；三是扭曲价格机制，削弱市场配置资源的功能。这些因素，在客观上都加大了我国宏观调控的难度。

（3）导致国民财富大量流失。虽然自人民币汇率改革以来，我国外汇储备已经开始转向一揽子储备方式，但其中美元储备还是大头，外汇储备结构不合理的情况仍没有根本改变，为我国国民财富流失埋下了隐患。外汇储备过高带来的国民财富损失主要通过两种方式：间接方式和直接方式。间接流失主要体现为外汇贬值带来的损失。截至 2009 年末，中国持有美国国债 8948 亿美元，比美国国债第二大买主日本持有的 7688 亿美元还多出1260 亿美元。由于中国成为美国国债第一大买主，因此，日趋走低的美元汇率，也使中国成为外汇储备贬值损失最大的国家。而美国则从中国外汇贬值中受益：根据美国会研究局 2009 年 7 月发布的报告，如果没有中国大规模购买美国国债，美国利率将提高 0.5 个百分点，相应需要多支出国债利息约 616 亿美元。[①] 从直接损失来看，2008 年中国持有美国债券组合投资有1.06 万亿美元，除了 51% 美国国债外，还有 42% 为政府相关企业债券，7% 企业债券，其中包括大量的资产支持证券和抵押债务证券。仅我国持有的"两房"债券，就可能高达 3760 亿美元。尽管我国海外投资损失的数据没有公开，但美国次贷危机后企业倒闭、破产和经济萧条等，直接使我国在美投资的债券，特别是资产支持证券和抵押债务证券遭受重创，使外汇储备蒙受了巨大的直接经济损失。

外汇储备结构不合理，还导致人民币面临着进一步的贬值风险。本来，金融危机爆发后，美国为应对金融危机通过了所谓的巨额救市法案，其近8000 亿美元救市资金中的很大一部分，主要通过发行债券来筹集。而继

---

① 美联社：《中国重返美最大债主地位》，《参考消息》2010 年 2 月 28 日。

2009 年 3 月 18 日美联储首次实施量化宽松货币政策不久，2010 年 11 月初，美联储又推出了第二轮量化宽松政策，继续向市场大量注入货币。这些措施已经导致中国外汇储备因贬值而损失较大。最近美联储主席伯南克又表示，不排除推出第三轮的量化宽松政策。据部分学者估计，美国为保证经济增长并避免通货紧缩，将不得不启动新的量化宽松政策。[①] 如果这一趋势延续下去，随着美元大幅贬值和全球大宗商品价格上扬，我国美元资产收益将进一步降低，外汇储备面临的损失和风险也将日益加大。

5. 外贸规模过大导致的经济运行风险

对外贸易依存度是指在一定时期内（通常为一年）一国或地区的进出口贸易总值占其国内生产总值或国民生产总值的比重，是衡量一国经济发展对对外贸易依赖程度的重要指标。改革开放以来，我国对外贸易规模逐年扩大。进出口总额从 1978 年的 206 亿美元，发展到 2008 年的 25616 亿美元，30 年增长了 124 倍。

相应地，我国的外贸依存度在 1978 年时仅为 9.74%，2004 年和 2005 年最高峰值时曾一度高达 70%，2008 年仍居于 66% 的高位。[②] 国际金融危机爆发以来，这一指标开始下降，2009 年我国外贸依存度降到 44.9%。[③] 但 2010 年后，即使在人民币已经大幅升值的情况下，我国外贸依存度又重拾升势。根据国家商务部发布的《中国对外贸易形势报告（2010 年秋季)》，2010 年前三季度进出口总额 21486.8 亿美元，比上年同期增长 37.9%[④]；而国家统计局的数据表明，同期国内生产总值 268660 亿元。[⑤] 换言之，国际金融危机冲击后，我国外贸依存度重新回到了 53.6% 的较高

---

① IMF 古拉斯：《美联储可能被迫启动第三轮量化宽松》，《上海证券报》2010 年 11 月 11 日。

② 历史数据根据《中国统计年鉴》相关年份数据计算得出。2008 年数据根据国家统计局最新颁布资料计算得出。

③ 国家统计局：《中华人民共和国 2009 年国民经济和社会发展统计公报》，http://www.stats.gov.cn。

④ 《今年前三季度，中国进出口总额 21486.8 亿美元》，中国工业信息网 http://www.587766.com。

⑤ 国家统计局：《前三季度国内生产总值 268660 亿元》，人民网 http://finance.people.com.cn。

水平。

外贸依存度的高低，总是与各个经济体的规模及其所处的一定经济发展阶段相联系的。一般来说，经济大国、发达国家的外贸依存度相对较低（德国是个例外），而小国、不发达国家的外贸依存度相对较高。[①] 但中国作为发展中大国，外贸依存度远远超越于一般发展中大国。仅以 2008 年的数据进行比较，我国外贸依存度不仅高于发达国家，也高于发展中国家平均水平。特别值得一提的是，与中国发展水平相近的印度和巴西，其外贸依存度要远远低于中国。（见表 2）

表 2　2008 年各主要国家外贸依存度比较

国家	国内生产总值（亿美元）	货物进出口总额	外贸依存度%
中国	43262	25608	59.19
美国	142043	34569	24.34
德国	36528	26656	72.97
日本	49093	15446	31.46
印度	12175	4709	36.68
巴西	16175	3804	23.52

过度依赖对外贸易，必然会加大经济运行的风险。一是使国内经济增长受国际市场的影响。2008 年"金融海啸"所引发的一系列冲击就是鲜明的例证。受其影响，我国 2009 年 1 月的进出口总值为 1418 亿美元，比去年同期下降了近三成。其中出口下降了 17.5%，进口下降了 43.1%。这是中国十余年来创纪录的两位数跌幅，尤其出口已经连续三个月出现了负增长。[②] 二是导致国内生产能力大量过剩。由于国内大量产能主要用于生产出口商品，在实践中必然导致我国生产性投资超越国内真实需求，使总投资

[①] 如：根据 WTO 和 IMF 的数据测算，全球平均贸易依存度在 2003 年接近 45%。其中，发达国家平均水平为 38.4%，发展中国家平均水平为 51%，发展中国家整体水平要相对高于发达国家。

[②] 海关统计，中华人民共和国海关总署，2009 年 2 月 11 日。

和总消费失衡，导致国民经济主要比例关系不合理。三是威胁我国经济安全。在市场经济条件下，商品在交换过程中的实现是一个惊险的跳跃，国内过剩产能生产的大量商品一旦不能在国际市场出售，很容易导致生产过程的中断和阻塞，进而使国内经济发生危机。同时，西方主要进口国家也往往会以此打压我国，威胁我国的经济安全。四是为西方国家打压我国提供了借口。据环球时报报道，我国在对外贸易中产生的顺差，其中有 65% 来自外企。中美顺差中至少有 60% 是美国企业的利润，但美在华企业赚走巨额利润的同时，人民币汇率反成替罪羔羊，美国国内竟出现了"中国偷走美国工作"的指责，借口顺差问题对我国进一步施压。[①]

6. 开放型经济运行中的失衡和经济循环问题

我国利用对外开放的战略机遇，取得举世瞩目的绩效。但是，由于开放型经济是建立在低起点、低层次基础上的，发展至今，它的运行仍然具有高度的粗放、低效和利益流动极不合理的特征，导致某些失衡现象的存在。例如，内需不足形成内需与外需有所失衡；又如，大量外资企业的进入有"挤出效应"和"垄断效应"，形成内外资企业发展有所失衡；再如，国内技术的提升却往往伴随着发达国家高附加值零配件和核心技术进口的增长，形成国外引进与自主创新生产技术有所失衡。国民经济部分失衡的体系，其本身包含着国内资本、国际资本、国内外融合资本三个不同的循环体系，都在影响投资、消费、分配、外贸、知识产权和生态环境等，产生着正负经济效应。

（1）从国内资本来说，为了出口就需要大量要素投入，从而加剧价格等方面竞争，但压低产品价格和压低工资，往往又导致国内消费不足，这又势必依赖出口。这是中国低端参与国际竞争的一种经济循环。在出口创汇型发展战略下，国内的企业本身存在着出口的冲动，这有多重原因：一是存在着政策上的导向，包括存在着出口退税等优惠政策；二是由于国内

---

① 任安里：《苹果，美对华"逆差"的故事》，《环球时报》2010 年 12 月 7 日。

技术相对落后，地方出于增长需要在低技术领域的重复投资，客观上导致企业过度竞争，而国内产能过剩造成国内市场狭小的压力，迫使企业竞相出口。但是，这种出口导向型的发展，却极大地耗费了国内大量的能源和其他资源，并在国际竞价的压力下压低了国内的工资水平，从而导致国内消费能力的下降，并使企业受制于新一轮出口竞争之中。在这个过程中，由于大量的出口，中国还形成了巨大的外汇储备。其原因也是多样的：一者是因为中国企业因自身技术、管理等因素，对外直接投资的能力不足，竞争力弱，从而难以"走出去"；一者是因为国际对我国的封锁和打压；等等。由于大量外汇储备的形成，中国出于保值需要购买的主要发达资本主义国家政府及企业债券，却一方面陷于贬值的风险之中，另一方面为国际资本对中国再投资提供了支撑。

（2）从国际资本来说，为了利润和控制中国市场而投资，在这一过程中，它们享受政策优惠，使用低价资源和较高素质劳动力，获取了高额利润后再进行投资。这是跨国公司通过独立投资和控制中国市场等途径形成的一种良性经济循环。国际垄断资本还通过垄断我国信用评级业，来掌握我国资本市场的定价权和话语权，进而通过资本市场谋取利益。[1] 目前，外资控制了越来越多的中国产业和重要经济领域的生产、流通和经营。

（3）从国际资本与国内资本融合来说，大都是外企以外国的资本、技术或品牌等资源投入，形成合资合作企业以后，利用国内生产要素生产产品和提供服务，在国内外销售获取高额利润后再投资。这是外资先投资参股、后并购，或者直接在华并购所形成的另一种经济循环。其经营形式在各地区、各领域的发展呈多样化趋势。

应当指出，在后两个经济循环中，我国有大量国有资产和国有资本被

---

① 根据国际惯例，一国所有机构发行外币债券的评级均不得超过本国主权信用等级。尽管从总债务余额、财政赤字和外汇储备比重等各方面看，中国政府偿付能力均要优于美国，但 2004 年以前，标准普尔对我国主权信用评级却一直维持在 BBB 级 10 年不变，这一评级仅为"适宜投资"的最低级，导致我国企业和金融机构普遍成为不值得信任的 BBB 以下的"投机级"，为国际垄断资本低价攫取中国国有资产大开了方便之门。世界银行 2007 年 5 月在《中国经济季报》中曾指出，中国银行股被境外战略投资者低价购买，问题不在 IPO 环节，而是在此前引入战略投资者的定价上。

低价整合进合资企业中，其品牌、销售网络和人才，同样被以较低廉的价格为合资企业或外商独资企业所用，成为国际资本从中国获益的重要手段，而我国的流行舆论则一律称赞为"引进战略投资者"。总之，目前我国以高度依赖性增长为特征、强调引进和数量扩张为目标、以资源高消耗为手段、以环境损坏为代价的粗放式对外经济发展模式，已经不能适应国内外经济协调发展、特别是"十二五"发展的新形势和转变经济发展方式的新要求。

二、 加快转变的战略抉择： 六个适当控制与积极提升

加快转变对外经济发展方式，需要确立科学的开放观，从战略上谋划对外经济的长远发展。新的发展阶段，我国应当在科学发展观的指导下，统筹国内经济发展与对外开放的关系，积极调整开放战略和对外经济政策，避免成为国际垄断资本的利益输送地、发达国家的廉价打工仔、西方投机资本的跑马场、跨国公司的专利提款机和世界污染的避难所，通过对外资、外源、外贸、外技、外汇和外产的适当控制和提升，从根本上建立起"低损耗、高效益，双向互动，自主创新"的"精益型"对外开放模式，促进国民经济又好又快地持续发展。

1. 适当控制外资依存度，积极提升中外资本协调使用的效益

随着世界经济格局的变化，在新的历史时期我国必须对利用外资做出重大调整。一方面，要看到经过多年发展，外商投资企业目前在我国经济中已占有重要地位，我国工业部门的产业结构和产品质量提升都与外商投资企业相关；另一方面，我国也不能继续沉浸在引资规模的扩张上，而是要追求引资质量的提高。

（1） 必须引导和实现外资投向和要素流入结构的改善。必须从注重"引资"转为谨慎"选资"，应制定以保护环境为主的外资进入产业目录，严格限制污染性行业的外资进入，加大对"清洁"外资的引进力度，应引进弥补我国产业和产品空缺的、符合低碳经济要求的、科技含量高的企业。有的学者认为，中国经济已经步入快车道，是全球经济的强者，公用事业

等领域开放不必担心外资入侵的问题，"多一些善待外资就是善待自己的前瞻性"。[①] 这个观点混淆了公用事业领域和一般竞争性产业领域的区别，把具有稳定盈利和预防外资支配而有损于民生的公益事业，轻易地让位于外资，以为引进外资越多越好，实际上这并不利于发挥内外资的综合效益。

（2）需要确立公平的竞争环境。一是要逐步取消外资企业在税收方面的优惠，保证国内企业在同一起跑平台上参与竞争；二是要通过提高环保标准来提高投资门槛，吸引真正有实力的"清洁投资者"，使引资工作适应我国结构调整与产业升级的大方略，服务于我们转变生产方式的大目标。

（3）需要调动国内资本，促进内外资合作。合理利用和引进外资，提高引资质量，其前提条件是必须充分唤醒和启动国内已有的巨大储蓄存款资源。存差通常是指商业银行存款减去贷款的差值。从 1995 年我国金融机构首次出现存差开始，2009 年末全部金融机构本外币各项存款余额 61.2 万亿元，本外币各项贷款余额 42.6 万亿元，存差早已突破了 10 万亿元，达到 18.6 万亿元。[②] 这表明我国目前储蓄增长相对过快，信贷增长相对不足，资金闲置和使用效率低。在这种新形势下，倘若继续如饥似渴地引进外资，势必产生"挤出效应"，影响中资的有效配置和利用效益。因此，适当控制外资依存度，是亟需统一认识和创新政策的重大问题。目前，关键是要推动以中资为主的中外资合作，引导和激发国内资本进入高新技术领域，适当控制外商独资企业的发展，提升中外资协调使用的经济效益。

（4）需要加强对中国境外的投资，发挥中国过剩资本的有效作用。商务部的数据显示，2010 年中国境内投资者共对 129 个国家和地区的 3125 家境外企业进行了直接投资，累计实现非金融类对外直接投资 590 亿美元，同比增长 36.3%，创历史新高。截至 2010 底，中国累计非金融类对外直接投资 2588 亿元。[③] 鉴于中方资本在国内使用不掉等情况，必须进一步加大对发展中国家，特别是发达国家的投资，包括工业交通、商业、农业、旅游、

---

① 谢著：《别一谈外资就用"阴谋论"》，《环球时报》2009 年 8 月 25 日。

② 国家统计局：《中华人民共和国 2009 年国民经济和社会发展统计公报》，http：//www.stats.gov.cn。

③ 姜煜：《我国利用外资首破千亿美元》，《北京日报》2011 年 1 月 19 日。

文化、新闻媒体等多领域的多元化灵活投资。

2. 适当降低外技依存度，积极提升自主创新的能力

事实证明，在缺乏核心技术而形成的"三高一低"（高污染、高能耗、低附加值、高依存度）模式下所获取的贸易利益，只能属于初级开放阶段的状态。倘若长期照此模式继续下去，过度依赖发达国家的高科技产品，会在外贸结构、贸易条件、社会整体福利水平提高等方面改善缓慢，并逐渐陷入"比较优势陷阱"。

（1）确立自主知识产权优势战略。我国的对外贸易战略虽然要重视发挥"比较优势"，但不能以西方教科书上的比较优势战略作为主要模式，需要解放思想，突破以传统比较优势理论为基础的旧式国际分工模式的束缚，变"比较优势"为"知识产权优势"。只有具有自主知识产权的优势，企业和产业的核心竞争优势才有可能形成并长期保持。或者说，知识产权优势是维护持久、高端竞争优势的必要性条件。那种只强调保护国内外知识产权，不强调创造自主知识产权的做法，那种主要寄希望于依赖式不断引进外技、外牌和外资的策略，那种看不到跨国公司在华投资双面效应的思维，都是不科学的僵化开放理念。[①] 至于西方跨国公司批评中国政府鼓励自主知识产权创新是所谓用"公权力"对抗"私权力"，这完全是站不住脚的，因为西方发达国家一贯如此。

（2）强化国际科技合作，积极完善国内创新环境。降低外技依存度，需要推动以我为主的国际国内的科技合作，使科技合作与经济合作相融合。实现国际科技合作的关键在于完善国内创新环境。一是要完善科技人才成长和发展环境，加大创新人才的培养力度，建设一支适应时代和社会发展需要的民族创新人才队伍；二是要加大自主创新的研发经费投入，完善创新载体和创新平台，为自主创新提供必要的物质基础；三是要充分发挥政府的主导作用，利用社会主义集中力量办大事的优势，组织好若干重大科研项目的攻关，努力在若干技术前沿领域和重要产业领域，掌握一批自主

---

① 程恩富：《比较优势、竞争优势与知识产权》，《文汇报》2005 年 6 月 12 日。

核心技术和技术标准，积极提高中方专利和品牌的档次和质量。

（3）强化国内企业科技创新的主体地位。积极提升自主创新能力，重点要积极发展控技（尤其是核心技术和技术标准）、控牌（尤其是名牌）和控股的"三控型"民族企业集团和跨国公司，突出培育和发挥自主知识产权优势，以打造"中国的世界工厂"来取代"世界在中国的加工厂"，尽快完成从技术大国向技术强国、专利大国向专利强国、品牌大国向品牌强国的转型。

3. 适当降低"外源"依存度，积极提升配置资源的效率

能源等一些资源过度依赖进口，既使我国未来的经济发展背上沉重的成本负担，也威胁到国家的经济政治安全，并且容易引发更多的国际争端。适当降低对国际市场能源和资源的依赖程度，是我国转变对外经济发展方式的重要内容。

尽管能源大量依赖进口存在着较高的风险，但由于国内能源供给数量有限，进口仍然会成为中国能源供给的重要方式之一。问题的根本在于，如何把握能源进口的依赖程度。一些舆论认为，中国目前的能源对外依赖程度并不足以引起高度警戒，也没有必要加以防范。其理由一是从国外进口开采成本低，符合经济规律，二是中国到目前为止并未遭遇过政治上的禁运。事实上，国际原油价格一度突破百元大关，日日高企的原油价格令低成本说不攻自破，而至今没有遭遇禁运，也绝不能推论出未来就没有遭遇禁运的可能。因此，中国某些能源和资源的进口高依存度"无风险"论并不能成立，需要及时建立风险防范措施。

（1）需要尽快建立起自己的重要能源（特别是石油）战略储备体系，形成一道基本的防火墙。在开放经济条件下，由于处于低端生产环节，我国能源原材料需求急剧增加，供需缺口加大，但国家能源等战略储备建设滞后，而且国内又存在西方大型公司的垄断化经营，导致我国一方面由于对国际市场存在刚性依赖，难以有效防范国际市场价格的异常波动带来的风险。另一方面，也对国内能源安全带来冲击，不利于增强我国在国际市场的自主性。建立能源战略储备体系，既可以防范国际市场价格风险，也

可以应对不可预见的突发事件。最重要的是，能源战略储备体系可以平抑国内能源市场价格波动，引导和促进我国能源消费的合理化。

（2）需要重视国内资源能源的科学开发和高效利用。一是要科学制定国内能源和资源的可持续开发、利用和保护计划；二是要提高国内矿产资源开发的门槛限制和企业标准，提高能源开采效率；三是要适当提高资源消费价格，引导资源消费行为，提高资源的利用效率。

（3）需要坚持鼓励和支持对新能源的开发和利用，从政策上重奖节能，重罚浪费。要积极出台政策，大力支持低碳技术、节能减排技术的创新和应用，限制"三高一低"项目的发展，减轻资源环境的压力。

（4）需要加强石油、黄金、有色金属、煤炭等各种稀缺资源的战略性管理，提升资源类商品的国际市场定价权和市场控制力。据有关资料，由于不掌握定价权，我国出口稀土曾便宜到每公斤价格仅 18 元人民币，而国际市场价格竟高达 1000 美元/公斤。英国《金融时报》的文章提到，中国2005 年时的稀土产量曾经达到全世界的 96%，出口量也达到 60% 以上，但是稀土的定价权却并不掌握在我国企业手里。[①] 这个教训值得汲取。今后，我国对重要的能源和资源都应该加以出口管制，力争战略性资源产品定价主导权。要由"价格追随者"变为"价格制定者"，尤其要注重提高黑色金属（如铁矿石）、有色金属（如铜、铝、铅、锌、锡、镍）及稀土资源的国际定价权。

4. 适当控制外汇储备规模，积极提升使用外汇的收益

充足的外汇储备有利于增强我国的对外支付和清偿能力，防范国际收支和金融风险，提高海内外对中国经济的信心。但是，如果长时间和大幅度地超过合理规模，会给经济发展带来诸多负面影响。解决外汇储备过度的问题，不仅要控制低收益的加工贸易的发展规模，从根源上减少贸易顺差，降低外汇储备激增的速度，而且要通过扩大内需，增加国内消费，更多地进口以平衡对外贸易。历史经验证明，大部分发达国家都经历了一个

---

① 陶短房：《中国稀土令西方焦躁》，《环球时报》2009 年 9 月 3 日。

先"引进来",再"走出去"的过程。目前我国比较充裕的外汇储备,可以为我国"走出去"提供坚实的经济后盾。

巨额的外汇储备是我们来之不易的宝贵财富,除了尽可能实现保值和增值,以及合理地安排其在境外的投资结构以外,也要及时地合理配置手中已有的外汇资源。从国内来说,应当有计划地激活这些资源,用于国内急需的国计民生领域和项目,如社会保障、基础教育、医疗卫生、扶贫、住房、环境保护、基础设施、西部开发等等。

从国际来说,针对不断贬值的美元外汇储备,必须及时提高外汇使用的效率,改善现有外汇的配置。一是可赎回被美国企业收购的中国重要国有企业资产;二是可用来支持中国企业收购海外资源和有价值实体企业,或收购控制着中国战略性行业的跨国公司股份;三是可用来引进国外的关键技术和科研人才,实现"引智创新";四是积极建立"主权基金",或直接进行"海外购物",购买高端技术和设备或相关物资;五是参股或并购海外各种媒体,客观介绍中国,反击妖魔化中国的浪潮,增强国际话语权和软实力。总之,要采取多种方式,降低货币资本储存的机会成本。同时,还要在不放弃对资本流动管制的条件下,大力促进人民币的区域化和国际化进程,使人民币逐步成为世界贸易结算、流通和储备货币之一,从根本上解决"币权"问题。

5. 适当控制外贸依存度,积极提升消费拉动增长的作用

在经济自主发展、竞争力不断提高的基础上参与国际竞争,积极开拓国际市场,是转变对外经济发展方式的内在要求。增强经济自主性,需要发挥内需拉动经济增长的作用,适当降低外贸规模;提高国际市场竞争力,需要加快提升贸易层次和调整贸易结构。作为一个发展中大国,从保持经济健康可持续发展和提高人民生活角度考虑,都不能不重视外贸依存度问题,需要将外贸依存度控制在略低于发展中国家的平均水平。适当控制外贸依存度,重点是做好以下几个方面。

(1)尽快扭转我国进出口不平衡的趋势。技术层次低、竞争力弱和发展中短期利益倾向,容易导致对外贸易方式相对单一、贸易对象和内容单

调、贸易结构不合理,是造成我国进出口不平衡的主要原因。今后,不仅需要平衡好进出口数量关系,也需要调整好进出口结构。首先,是要优化我国的贸易方式,在积极提升加工贸易的同时,大力发展边境贸易、易货贸易、转口贸易、租赁贸易等其他贸易方式;其次,是要促进服务贸易的进出口增长,适度开放服务贸易领域,提高服务贸易额在总贸易额中的比重;其三,是要加快改善外贸结构,改变贸易主体长期由外资主导的局面,促进本土企业参与高端国际贸易和竞争;其四,是要加快改善文化贸易的结构,消除"文化赤字";最后,改善扭转进出口不平衡局面,还需要适时调整对外贸易区域,改变国际贸易上对发达国家的过度依赖。

(2)积极促进内需与外需协调发展。积极扩大内需,既是转变经济发展方式的条件,也是消化国内过剩产能的重要手段。扩大内需有利于适当降低企业对国际市场的依赖程度,有利于降低外贸依存度。今后,在推动外贸平稳增长和提高档次的同时,要更加重视促进外贸企业服务于扩大内需的大局。一方面,要推动外贸出口企业调整产品结构、调整市场方向;另一方面,国家也要适时出台相关政策,引导和支持外贸出口企业的转型,引导社会消费合理化,使消费成为拉动经济增长的内在动力。

(3)大幅提高中低阶层收入水平。社会中低阶层收入水平的提高,是增强全社会消费能力、扩大内需的前提条件。过去30多年,虽然我国城乡居民收入水平有所提高,但中国企业的薪酬福利平均成本不到总成本的8%,远低于欧洲的22%和美国的34%;人多地少的国情和国际农产品的冲击,也使农民增收缓慢,很多农民不得不进入外向加工型企业打工。这种建立在廉价劳动力基础上的竞争优势,其实是以牺牲民生福利水平为代价,是不可持续的。大幅提高中低阶层收入水平,关键是要加快财富和收入分配制度改革,调整国民收入分配初次分配和再分配的结构,尽快提高劳动收入占GDP的比重,扭转收入和财富分配差距不断扩大的趋势。大幅提高中低阶层收入水平,还需要尽量减轻居民生活负担,提高其消费意愿和能力。一是要考虑通过加大农业和农村的基础设施投资,促进农民持续增收等措施,持续扩大农村消费;二是要坚持提高社会医疗和社会保障水平,解除基层群众后顾之忧；三是要加大基础教育和健康卫生方面的公共投资，逐步缩小公共物品和公共服务的分配差距，有效改善人们的消费预期，提高消费倾向。

6. 适当降低"外产"依赖度，提升参与国际分工的层次提升国内产业的国际分工水平，是转变对外经济发展方式的立足点

只有提升产业分工层次，消除"微笑曲线"不良分工现象，① 才能降低对外国产业的依赖度，打破西方发达国家对我国的"产业链阴谋"（郎咸平语）。当前，要扭转以"引进战略投资者"为理由，主动或被动地逐步让西方跨国公司支配或控制中国产业和重要产品的现象；要利用西方金融和经济危机过程和今后国际生产和贸易格局变革的历史机遇期，适当淘汰高污染、高能耗的外向型加工业，积极推进产业优化升级，提升参与国际分工层次。

（1）加快调整产业结构。以提高产业竞争力和产品附加值为导向，促进产业结构合理化，使产业在调整中优化和提高。调整优化产业结构涉及诸多方面，主要是做好以下几个工作：首先是要用先进技术改造传统产业，推动传统产业技术装备更新换代和产业升级，力争使传统产业在全球产业链获取更高的附加值，避免陷入"比较优势陷阱"，防止我国沦为西方发达国家的"生产基地"；其次是要制定中长期的国家产业创新战略，切实推进产业创新，大力发展信息产业和新能源产业，大力发展设计、咨询、物流等现代服务业和文化教育产业，抢占未来全球经济和文化教育竞争的制高点；三是要鼓励民间创业和国内企业创新，改革和完善投融资体制，引导和鼓励国内资本调整投资方向，使新增投资逐渐向现代服务业和高新技术产业转移，以便像中国高铁成为首个发展中国家向发达国家输出的战略性高新技术领域那样，逐步提升参与国际分工的层次。

---

① 国际分工中的"微笑曲线"是中国"外产"依赖度高的直接体现。2010 年，美国智库凯利托研究所发表报告指出：中美国际分工呈"微笑曲线"模式，即美国控制了高利润的商标、概念设计等前期生产过程及物流、销售和市场开发等后期服务，而中国仅承担低附加值的中期生产加工。从双方获利比率来看，美方才是中美经贸合作的最大受益方。据其测算，中国创造的产品附加值仅占对美出口总额的1/3 到 1/2。

（2）完善国家经济安全防范体系。加强国家经济安全，首先是要加强对外资企业并购中国企业的监管，加大对关系到国计民生和战略性产业的保护。要运用经济的、法律的手段，制止西方跨国公司越来越多地控制和垄断我国产业的行为。其次，是要严格执行环保等前置性审批，完善外资投资目标指引，提高外资进入门槛和标准，遏制跨国公司将技术落后和污染严重的生产基地转移到我国的现象。最后，是要健全金融监管体系，稳健开放金融业等涉及国家经济安全的核心产业，确保国内产业安全和金融安全。

（3）积极参与国际货币体系改革，改善国际经济环境。降低对国际产业的依赖，需要积极创造公平合理的国际经济竞争和合作条件。一方面，我国应主动和积极地介入国际高端产业分工，广泛开展国际市场竞争；另一方面，也要积极推动国际货币金融体系改革，增强我国在国际经济规则制订中的主动权，避免西方发达国家利用非市场力量打压我国。需要清醒地看到，只有通过"走出去"来提升我国的全球要素配置能力，才能创造出参与国际分工的新优势。[1] 当前，应利用我国外汇储备急剧增长、人民币升值等有利因素，在国内资源整合和产业升级的基础上，积极开展海外投资和跨国并购，化解目前开放层次低、利益少、自主性差的发展难题。在自主、自立和自强的基础上，真正使我国开放型经济体系成为全球生产体系的重要组成部分。

（原载于《当代经济研究》2011年第4期、第5期。程恩富，侯为民）

---

[1] 安毅、常清、付文阁：《历次国际金融危机与世界经济格局变化探析》，《经济社会体制比较》2009年第5期。

引领经济全球化健康发展

当今世界，一方面是物质财富不断积累，科技进步日新月异，人类文明发展到了前所未有的水平；另一方面是地区冲突不断，贫富两极分化严重，恐怖主义、难民问题突出，世界面临的不确定性增加。对这些问题应该怎么看、怎么办？从去年二十国集团领导人杭州峰会、亚太经合组织领导人利马峰会到今年达沃斯世界经济论坛、"一带一路"国际合作高峰论坛，习近平主席以宏大的历史视野和富有远见的新理念新思想新战略作出了深刻回答，为引领经济全球化健康发展提供了一份完整系统的中国方案。

构建人类命运共同体的中国愿景

构建人类命运共同体，是以习近平同志为核心的党中央为全球治理、为人类社会发展贡献的中国愿景。它顺应时代潮流，充分体现和衷共济的责任担当和兼济天下的世界情怀，为增进人类福祉、维护世界和平指明了前进方向。

20 世纪上半叶，遭受两次世界大战劫难的人类最迫切的愿望是缔造和平。20 世纪五六十年代，殖民地人民最强劲的呼声是实现民族独立。冷战结束后，各方最殷切的诉求是扩大合作、共同发展。可以说，和平与发展是全人类的共同愿望。"我们要顺应人民的呼声，接过历史接力棒，继续在和平与发展的马拉松跑道上奋勇向前。"近代以来，为建立公正合理的国际秩序，在国家关系演变中形成了一系列公认原则，如 360 多年前《威斯特伐利亚和约》确立的各国之间平等和主权原则，150 多年前日内瓦公约确立的国际人道主义精神，70 多年前联合国宪章确立的处理国际关系、维护世界和平与安全基本原则，60 多年前万隆会议倡导的和平共处五项原则，40 年前联合国大会关于建立新的国际经济秩序的宣言和行动纲领等。

"让和平的薪火代代相传，让发展的动力源源不断，让文明的光芒熠熠生辉，是各国人民的期待，也是我们这一代政治家的应有担当。中国方案是：构建人类命运共同体，实现共赢共享。"人类的命运应由全世界人民共同掌握，世界事务应由各国人民共同治理，世界安全应由世界各国共同维护，国际规则应由世界各国共同制定，发展成果应由各国人民共同分享，这是历史发展的必然趋势和全世界人民的强烈呼声。人类命运共同体是民族共同体、利益共同体、区域共同体的发展和升华。它着眼于人类文明的永续发展，着眼于推动建立新的文明秩序，超越了狭隘的民族国家视野，集中反映了我们党的执政理念和价值追求。

坚持合作共赢的中国理念

每个国家都有自己国家的利益，首先要把自己的事情办好。但是，其他国家也有发展的权利，也要维护自身的利益。因此，每个国家都应以更加开阔的视野维护自身利益，同时不能损害别国利益。习近平主席强调："我们要坚定不移发展开放型世界经济，在开放中分享机会和利益、实现互利共赢。"中国坚持合作共赢理念，积极构建以合作共赢为核心的新型国际关系，坚持国家不分大小、强弱、贫富一律平等，带头走"对话而不对抗，结伴而不结盟"的国与国交往新路，强调彼此之间要义利兼顾、风雨同舟、命运共担。合作共赢的理念超越了种族、文化、国家和意识形态的界限，为解决人类面临的现实问题、思考人类未来的发展前景提供了全新视角，给出了理性可行的方案。合作共赢理念向全世界昭告：要坚定不移地发展开放型世界经济，在开放中分享机会和利益、实现互利共赢；下大力气推进全球互联互通，让世界各国实现联动增长、走向共同繁荣；坚定不移地发展全球贸易和投资，在开放中推动投资和贸易自由化便利化，旗帜鲜明地反对保护主义。"搞保护主义如同把自己关进黑屋子，看似躲过了风吹雨打，但也隔绝了阳光和空气。打贸易战的结果只能是两败俱伤"。习近平主席在世界经济论坛 2017 年年会开幕式上的主旨演讲，具有很强的现实针对性。合作共赢理念是应对逆全球化的良方，也是推动全球治理更加公正合理的行动指南。

在世界经济的汪洋大海中，想人为地切断各国之间的资金流、技术流、产品流、人员流，是不可能的；想让世界经济的大海退回到一个一个的小湖泊、小河流，是违背时代潮流的。经济全球化让地球村越来越小，社会信息化让世界越来越平。不同国家和地区已是你中有我、我中有你，一荣俱荣、一损俱损。过时的零和游戏必须摒弃，不能只追求你少我多、损人利己，更不能搞你输我赢、赢者通吃。历史昭示人们，弱肉强食不是人类共存之道，穷兵黩武无法带来美好世界。要和平不要战争，要发展不要贫穷，要合作不要对抗，推动建设持久和平、共同繁荣的命运共同体，是各国人民的共同愿望。合作共赢的中国理念，吸取中国传统文化的智慧和精髓，并将其内化为新的价值观念，顺应和平与发展的时代潮流，彰显了大境界和大情怀。

弘扬改革创新的中国精神

当前，世界经济面临的根本问题是增长动力不足。因此，最迫切的任务就是引领世界经济走出困境、走上健康可持续发展的轨道。怎样为世界经济发展提供动力？习近平同志给出的答案是改革和创新。"创新是引领发展的第一动力。与以往历次工业革命相比，第四次工业革命是以指数级而非线性速度展开。我们必须在创新中寻找出路。只有敢于创新、勇于变革，才能突破世界经济增长和发展的瓶颈。"

改革开放近 40 年来，中国坚持通过改革开放克服前进中遇到的困难，勇于破除妨碍发展的体制机制障碍，不断解放和发展社会生产力，取得了举世瞩目的成就。从农村改革到城市改革，从经济体制改革到各方面体制改革，从对内搞活到全方位对外开放，一系列改革创新实践为发展中国家发展经济、走出贫困提供了鲜活的中国经验。中国坚持以改革开放促进创新、以创新引领改革开放，推动经济社会持续健康发展。以制度创新为核心，加快构建开放型、创新型经济发展新体制；以业态创新为重点，积极培育和发展新型产业和贸易业态；以技术创新为动力，加快转变经济发展方式，在促进本国新动能发展壮大的同时，为世界经济注入强劲的创新动力。

2017 年初，在达沃斯世界经济论坛的主旨演讲中，习近平主席强调：我们要创新发展理念，超越财政刺激多一点还是货币宽松多一点的争论，树立标本兼治、综合施策的思路。我们要创新政策手段，推进结构性改革，为增长创造空间、增加后劲。我们要创新增长方式，把握好新一轮产业革命、数字经济等带来的机遇，既应对好气候变化、人口老龄化等带来的挑战，也化解掉信息化、自动化等给就业带来的冲击，在培育新产业新业态新模式过程中注意创造新的就业机会，让各国人民重拾信心和希望。丰富的中国实践提供中国经验，成功的中国道路孕育中国精神。习近平主席的重要讲话着眼人类整体发展、寻求各方利益的最大公约数，是中国为世界发展提供的重要方案，蕴含着中国发展成功的宝贵经验，彰显了改革创新的中国精神。

倡导开放包容的中国风范

"和羹之美，在于合异"。多样性是人类文明的基本特征。历史反复证明，开放带来进步，封闭导致落后。不同文明要取长补短、共同进步，让文明交流互鉴成为推动人类社会进步的动力、维护世界和平的纽带。

中国从一个积贫积弱的国家发展成为世界第二大经济体，靠的不是对外扩张、殖民主义和强权政治，而是人民的辛勤劳动、艰苦奋斗。中国不寻求一枝独秀或一家独大，而是致力于同世界各国共同发展，实现全人类的共同利益，共享人类文明进步的成果。中国越发展，对世界的和平与发展就越有利。一个日益繁荣强大的中国出现在世界面前，不仅有利于维护中国人民的利益，而且有利于增进各国人民的共同福祉。新中国成立以来，中国在致力于解决自身问题的同时，力所能及地向广大发展中国家提供不附加任何政治条件的援助，今后将继续在力所能及的范围内做好对外帮扶。国际金融危机爆发以来，中国对世界经济增长的贡献率年均在 30% 以上。未来 5 年，中国将进口 8 万亿美元的商品，吸收 6000 亿美元的外来投资，中国对外投资总额将达到 7500 亿美元，出境旅游将达到 7 亿人次。这将为世界各国发展带来更多机遇。中国的发展得益于国际社会，也愿意以自己的发展为世界各国的发展作出贡献。中国人民深知实现国家富强和民族振兴的艰辛，对各国人民取得的发展成就都加以点赞，希望他们的日子都越来越好，不会犯"红眼病"，不会抱怨别人从中国的发展中获得了好处。中国将继续奉行开放包容的政策，将自身的发展机遇同世界各国分享，也欢迎世界各国搭乘中国发展的"顺风车"。习近平主席在多个国际场合发表重要讲话所呈现的大国风范，受到众多国家的高度赞誉。

改善全球治理的中国智慧

全球治理是指通过制定一系列具有约束力的国际规则来规范各个国家的行为，维持正常的国际政治经济秩序。现有的全球治理体系是二战后在发达国家主导下形成的，它既有合理性和正当性的一面，也存在不完善、不适应形势发展的一面。党的十八大以来，中国以现有国际秩序维护者、改革者的姿态出现在国际舞台上，量力而行、尽力而为，顾全大局、勇于担当，兼顾国情和世情，努力找到与其他国家互利共赢的"最大公约数"。中国从理论层面深化对全球治理的认识，阐释全球治理的中国主张；从实践层面将全球治理作为参与多边外交的重要议题，拿出中国方案，展示中国智慧。

中国以天下为公的胸襟，将自身利益与世界利益有机结合起来，在维护自身利益的同时推动世界各国共同繁荣和进步。中国积极参与全球治理变革，保持既有理又有礼的大国风度，塑造了温和自信的国际形象。例如，生态危机是全球性问题。中国主张人类应该遵循天人合一、道法自然的理念，寻求可持续发展之路。中国积极倡导绿色、低碳、循环、可持续的生产和生活方式，不断开拓生产发展、生活富裕、生态良好的文明发展道路。再如，中国致力于推动经济全球化进程更有活力、更加包容、更可持续，支持建立开放、包容、透明、非歧视性的多边贸易体系，倡导建立公正合理的国际政治经济新秩序。中国以融入现有国际秩序为基础，积极推进全球治理改革完善。中国对全球治理的积极态度，有助于世界各国明确方向、凝聚共识、增强信心。

推进一带一路建设的中国实践

习近平主席提出的"一带一路"倡议，是对古丝绸之路的传承和提升。它顺应时代要求和各国加快发展的愿望，坚持共商、共建、共享，致力于实现中国与相关国家发展的对接联通，努力在开放合作中实现互利共赢。在当前经济全球化遭遇阻力的国际形势下，"一带一路"建设成为中国向全球提供的重要公共产品，是新时期中国引领经济全球化健康发展的重大倡议，是追求世界各国合作共赢目标的具体实践。

"一带一路"建设的重要内涵和举措是互联互通。如果将"一带一路"建设比喻为世界经济腾飞的两只翅膀，那么，互联互通就是这两只翅膀的血脉和经络。"一带一路"建设所要实现的互联互通，不仅仅是修路架桥或平面化、单线条的联通，而是政策沟通、设施联通、贸易畅通、资金融通、民心相通五大领域协同推进。这是全方位、立体化、网络状的大联通，也是生机勃勃、群策群力、开放包容的大系统。

为了推进"一带一路"建设，中国设立丝路基金、发起成立亚洲基础设施投资银行、推动建设金砖国家新开发银行，目的是支持各国共同发展。因为中国深知，那种你多我少、你输我赢的旧思维不利于维护和发展世界人民的整体利益。中国始终认为，世界好，中国才能好；中国好，世界会更好。正如习近平主席在 2017 年 5 月"一带一路"国际合作高峰论坛开幕式上的演讲中指出的："4 年来，全球 100 多个国家和国际组织积极支持和参与'一带一路'建设""中国同 40 多个国家和国际组织签署了合作协议，同 30 多个国家开展机制化产能合作。"所以说，"一带一路"倡议来自中国，但成效惠及世界。

（原载于《人民日报》2017 年 6 月 15 日。副标题：深入学习习近平同志关于世界经济与对外开放的重要论述。程恩富，朱炳元）

马克思主义经济学

现代马克思主义政治经济学的
四大理论假设

过去，人们为了强调马克思主义经济学的真理性和现实性，往往偏好使用"普遍原理"或"基本原理"来指所谓马克思的某些经济思想，而不愿把这些思想同时也视为一种"理论假设"。似乎理论假设都是脱离实际或无意义的空想和幻想，把马克思的某些经济思想视为理论假设就贬低了马克思主义经济学原理的重要性。实际上，采用"理论假设"及其逻辑叙述方法更有利于同现代西方主流经济学对话或论战。严格说来，理论假设同原理或公理是有区别的，但也是可以转化的。在某一经济学理论假设算不算作公理的问题上，渗透着研究主体不同的价值判断和对实证资料的不同理解。基于不同的方法和立场，即使马克思主义者依据坚实的实证史料和科学的逻辑证据，资产阶级经济学家也不一定承认马克思主义经济学的一些基本理论是正确的，但会确认其为理论假设，这将有益于论争的简化和深化。此外，马克思主义经济学中某些被资本主义或前资本主义经济实践证明是正确的理论，以及属于对向社会主义过渡或社会主义的理论分析，均须在当代中外经济实践中继续进行检验和展开，并使其逻辑体系不断完善。从这个意义上说，那些被认为是某种原理、公理或预见的思想，不妨也可称之为理论假设。

如同现代西方经济学把"生产三要素创造价值论""完全自私经济人论""资源有限与需要无限论""公平与效率高低反向变动论"等视为理论假设一样，现代马克思主义政治经济学的理论创新也有必要把"新的活劳动创造价值论""利己和利他经济人论""资源和需要双约束论""公平与效率互促同向变动论"等视为理论假设。下面拟详略不同地阐述现代马克思主义政治经济学的这四个理论假设。

一、新的活劳动创造价值假设

(一)"新的活劳动创造价值假设"的要义

依据已有的商品经济、市场经济实践和马克思关于活劳动创造为市场交换而生产的商品价值,以及纯粹为商品价值形态转换服务的流通活动不创造价值的科学精神,可以推断,凡是直接为市场交换而生产物质商品和精神商品以及直接为劳动力商品的生产和再生产服务的劳动,其中包括自然人和法人实体的内部管理劳动和科技劳动,都属于创造价值的劳动或生产劳动。这一"新的活劳动创造价值假设",不仅没有否定马克思关于"活劳动创造价值假设"的核心思想和方法,而且恰恰是遵循了马克思研究物质生产领域价值创造的思路,并把它扩展到一切社会经济部门后所形成的必然结论。具体说来:

第一,生产物质商品的劳动是创造价值的生产性劳动。如为市场提供物质商品的农业、工业、建筑业、物质技术业等领域中的生产性劳动。这是马克思早已阐明的。

第二,通过交通从事有形和无形商品场所变更的劳动是创造价值的生产性劳动。如为市场提供货物和人员空间位移的运输劳动,提供书信、消息、电报、电话等各种信息传递的邮电劳动。场所变更或信息传递就是广义交通劳动产生的效用,它们是可以发生在流通领域内的特殊生产性部门。这也是马克思基本阐明的观点。

第三,生产有形和无形精神商品的劳动是创造价值的生产性劳动。如为市场提供精神商品的教育、社会科学、自然科学、文化技术、文学艺术、广播影视、新闻出版、图书馆、博物馆等领域中的生产性劳动,其中包括讲课、表演等无形商品或服务劳动。应当突破价值创造仅限于物质劳动的理念，确认生产有形和无形精神商品的劳动同样创造价值。[①]

第四，从事劳动力商品生产的服务劳动是创造价值的生产性劳动。直接涉及劳动力这一特殊商品的生产和再生产的部门，除了包括上述有关人们生活的生产性部门以外，还包括医疗、卫生、体育、保健等等。[②]

第五，生产性企业私营业主的经营管理活动是创造价值的生产性劳动。中外传统的政治经济学承认，在公有制企业内，厂长经理从事生产性管理活动是创造商品价值的生产劳动，而对于资本主义私营企业内，从事生产性经营管理的活动能不能创造价值的问题，则持完全否定或回避的态度。这在分析逻辑上就形成一种难以自圆其说的矛盾：本来属于创造价值的生产性管理活动，一旦与该企业的财产私有权相结合，便完全丧失了其创造价值的生产劳动属性。其实，倘若生产性私营企业的主要投资者或所有者，同时又是该企业的实际经营管理者，那么，这种管理活动具有两重性：一是从社会劳动协作的必要管理中产生的劳动职能，客观上会创造商品的新价值；二是从财产所有权获利的必要管理中产生的剥削职能，客观上又会无偿占有他人的剩余劳动。在现实经济生活中，这两种职能交织在一起，并由一个人来承担，并不妨碍在科学分析进程中加以定性区别。[③]

第六，劳动生产率变化，可能引起劳动复杂程度和社会必要劳动量的变化，从而引起商品价值量的变化。马克思在阐述商品价值量与劳动生产率变化规律时舍掉了劳动的主观条件对劳动生产率的影响作用，而认定劳动的客观条件和自然条件变动引起的劳动生产率提高只引起使用价值量变动，不会影响价值总量，所以就得出了商品价值量与劳动生产率反向变化规律。但是，就一般意义而言，引起劳动生产率变化的重要因素是科技的进步，而它会引致劳动复杂程度、熟练程度和强度的提高，进而增大商品的价值量，并由此增大社会价值总量。1. 如果劳动生产率变动是由劳动的

---

① 程恩富：《倡导"新的活劳动价值一元论"》，《光明日报》2001 年 7 月 17 日。

② 程恩富：《新的活劳动价值一元论》，《当代经济研究》2001 年第 11 期。

③ 这是马克思没有否认而未强调的论断，参见程恩富《生产性管理活动都是创造价值的生产劳动》，《社会科学》1995 年第 7 期；《经济管理活动创造价值吗》，《人民日报》2000 年 12 月 14 日。

客观条件变动而引起的，劳动的主观条件没有发生变化，那么劳动生产率与价值量是反向变动关系，这种情况在一定条件下和一定时期是存在的。2. 如果劳动生产率变动是由劳动的主观条件变动引起的，劳动客观条件没有变动，那么，劳动生产率与价值量变动是正向变动。3. 如果劳动生产率变动是由劳动的主观和客观条件共同变动引起的，劳动生产率与价值量变动方向不确定，可能是正方向变动，也可能是反方向变动，也可能不变。4. 由于劳动的复杂程度、熟练程度和强度的提高而引起的劳动生产率的提高是主要的，因而长期来看商品的价值总量和社会价值总量会具有一种向上变动的趋势，而不是不变。我们对马克思的商品价值量与劳动生产率的规律作了如上的界定和新理解，就可以科学地说明科技劳动和管理劳动等在价值创造中的作用与事实。①

（二）与新假设密不可分的"全要素财富说"和"按贡分配形质说"

与上述"新的活劳动创造价值假设"密切相关的是"全要素财富说"和"按贡分配形质说"。必须指出，活劳动是价值的唯一源泉，但就劳动过程而言，显然，仅有活劳动是远远不够的。人们还必须拥有除劳动之外的其他生产要素才能进行现实的生产和服务活动，提供能满足人们各种需要的使用价值或效用。其中，包括土地、资本、技术、信息，以及自然资源和生态环境等。因而，财富、效用或使用价值的源泉是多元的，是所有或全部相关生产要素直接创造和构成的。同一些论著随意批评马克思经济学忽视财富及其生产要素的观点相反，马克思是一贯高度重视财富及其各种生产要素作用的。

十分明显，这里的"全要素财富说"与"活劳动价值说"不仅不矛盾，而且是相辅相成的，共同构成了关于创造商品和财富的完整理论。前者说

① 需要突破马克思关于劳动生产率提高而价值量不变的假设与论断，确立科技等劳动的复杂性和熟练性的提高所导致的劳动生产率，一般会增大商品价值量这一新观点，详见马艳、程恩富：《马克思"商品价值量与劳动生产率变动规律"新探》，《财经研究》2002 年第 10 期。

明的是作为具体劳动过程的生产要素与社会财富（商品使用价值或效用）之间的关系，其目的主要是揭示在创造使用价值的具体劳动过程中人与物之间的关系和物与物之间的关系。在这个层面上，财富的源泉必然是多元的。后者说明的是作为抽象劳动的活劳动与商品价值之间的关系，其目的主要是揭示在特定的社会生产方式下新价值创造过程中人与人之间的关系。在这个层面上，价值的源泉又必然是一元的。

同时，二者的内在联系又表明：作为劳动主体的活劳动，既是价值的源泉，也是财富的源泉；作为劳动客体的有形或无形生产资料，既是财富的源泉，也是价值创造的必要经济条件或基础。但是，要素价值论者声称财富的源泉就是商品价值的源泉，既然劳动不是财富的唯一源泉，那么劳动也不是价值的唯一源泉，其他生产要素的劳动一起共同创造价值。在这里，他们混淆了财富与价值、具体劳动与抽象劳动、不变资本与可变资本、劳动过程与价值创造过程等一系列区别。

最后，还有一个重要问题也必须指出，我国现行的收入分配制度是以按劳分配为主体，多种分配方式并存的制度。把按劳分配与按生产要素分配结合起来，这是社会主义市场经济的一项基本制度。广义上看，按生产要素分配中自然包括按劳动力这一主体性要素分配（在了解了劳动与劳动力的严格区别后，不妨碍我们说劳动是一个独立的生产要素），而市场型按劳分配首先表明的是要视劳动力同其他生产要素一样，可凭借自身的所有权参与分配，其次才表明要根据劳动力的实际有效支出或贡献，即有效劳动的数量和质量，来具体确定可分配的价值量或金额。这不会否定我们经常从狭义上把按劳分配从按生产要素分配中独立出来，并分别加以阐明。

马克思在《资本论》中全面系统地论述了生产要素的多种产权状态与生产成果的多种分配状态及其相互关系[①]，这启发我们可以从国民收入初次分配的角度提炼出"多产权分配说"，即多种产权关系决定了按资和按劳等多种分配方式。无论是资本主义市场经济，还是社会主义市场经济，其多

---

① 《马克思恩格斯全集》第 25 卷，人民出版社，1972 年。

种分配形式都直接取决于生产要素的所有权或产权。①

事实上，劳动价值论是一切市场经济的理论基石，所揭示的是市场经济条件下劳动与商品之间的一般规律以及劳动机制和价值机制，指出价值是由活劳动创造的，生产资料的价值只是被转移到商品价值中，因而使其旧价值得以保存；而马克思所描述的经典社会主义的按劳分配是没有商品货币关系和市场经济的，因而劳动价值论不可能成为马克思设想的社会主义按劳分配的直接依据。不过，在现阶段我国社会主义市场经济的运行中，劳动价值论同市场型按劳分配有了一定的联系，因为分配的是商品出售后的价值，又由企业自主分配并完全货币化。尽管市场化按劳分配的直接依据是生产资料的公有制和劳动力的个人所有制，但从宽泛的意义上说，公有制范围内的工资既是劳动力价值或价格的转化形式，也是市场型按劳分配的实现形式。

进一步说，按生产要素贡献分配的表现形式，是按生产要素所有者在自身创造财富和价值过程中的具体贡献来分配的，而其经济实质则是按生产要素所有者在要素创造财富和活劳动创造价值过程中所贡献或提供的要素数量及其产权关系来分配的。这就是按生产要素贡献分配的形式与实质，用哲学上的形质来表达，可简称为"按贡分配形质说"。

现代西方主流经济学的"生产三要素创造价值假设"把按生产要素贡献分配的形式或表象当作其本质，而现代马克思主义政治经济学理论，既承认按生产要素贡献分配的形式或表象，又揭示了其经济实质，并在形式与本质相统一的基础上理解和新用"按贡献分配"这一术语。这与西方经济学一贯主张按贡献分配的诠释和立场是有本质区别的。

有的论者以为，只要承认"按贡献分配"的用语，就等于承认生产要素所有者都亲自创造或贡献了财富和价值，并据此进行分配。这是有误的论证。其理由在于：当我们使用"按贡献分配"一词时，只是承认在特定

---

① 所有权与产权在广义上可以相等。详见程恩富：《西方产权理论评析》，当代中国出版社，1997 年，第 74－76 页。

的经济制度下，要素所有者拿出了一定数量的土地、资本等非活劳动性质的要素同劳动力相结合，进而由劳动者运用非活劳动生产要素实际创造财富和价值。从产业资本循环的三个阶段来分析，要素所有者只是在实际生产财富和价值之前的购买阶段从"预付""拿出"或"提供"的意义上"贡献"了非活劳动生产要素，而所有的财富和价值都是在生产阶段由劳动者运用非活劳动生产要素进行实际创造和生产的，并在生产阶段结束后（若是商品则在销售阶段后），由购买阶段的各个要素所有者依据"预付"要素的数量及其所有权进行生产成果的分割或分配。可见，是要素本身成为财富的源泉，而不是要素所有者成为财富的源泉；是要素本身对财富的实际构成作出了生产性的贡献，而非要素所有者对财富的实际构成作出了生产性的贡献；从一般劳动过程考察，劳动者运用各种生产要素实际生产或贡献出财富或价值，只与各类生产要素的数量和质量有关，而同要素的所有权状况（私人所有、集体所有、国家所有或公私混合所有）没有直接的关系。

其实，"按贡分配"归根到底可以分解为劳动所得或按劳分配与资本所得或按资分配。当把管理、技术、信息等作为劳动来看待并参与实际分配时，它们属于劳动所得或按劳分配的范畴；当把管理、技术、信息等作为资本来看待并实际参与分配时，它们属于资本所得或按资分配的范畴。例如，科技人员因技术发明而获得收入，属于劳动所得或按劳分配；科技人员再把这项技术发明折合成一定数量的技术股并参与分配，则明显地属于技术资本所得或按资分配。又如，让某个名人在企业挂名并给予一定数量的干股，而他不为该企业从事任何工作，则是将名人的无形资产转化为资本，全部属于资本所得或按资分配。再如，对实际在企业工作的某个管理者或员工实行部分工资加部分干股的总收入分配方式，则其总收入都属于劳动所得或按劳分配。其他生产要素均可作以此类推的分析。

那么，各种要素收益的量的规定是由什么规律和机制进行调节的呢？要素价值论者认为，用边际分析法可准确测定其各自应得的实际贡献额。事实上，各种要素所有者参与分配的量的多少，其依据和分割规律是不同的。工资收入是劳动力价值或价格的货币表现，工资的多少并不影响商品的价值，其实际数量多少取决于全体或部分劳动者的谈判和博弈状态，而不是劳动者的边际贡献。[①] 非劳动的生产要素所有者在竞争规律和平均利润率规律的作用下，等量资本大体获取等量收益，并具体表现为地租、利息和利润等形式。这一趋势性的收益分割规律和机制，并不排除各种垄断、产业地位、交易能力和博弈智慧等主客观因素影响其实际收益数量。

当前，我们要高度重视和发挥劳动、科技、信息、管理、环境和资本等各种生产要素的作用，切实保障一切要素所有者的合法权益，促使国民经济和人民生活又快又好地健康发展。这是由"新的活劳动创造价值假设"，以及与此有关的"全要素财富说""多产权分配说"和"按贡分配形质说"必然推出的政策思想。

二、 利己和利他经济人假设

西方经济学自英国近代的亚当·斯密、西尼尔和约翰·穆勒以来，一直到当代美国的哈耶克、弗里德曼和布坎南，只把"自私人"即"经济人"作为探究人类经济行为和市场经济的始点、基点和定点，并由此推演出整个经济学体系和经济进化史。即使现今某些新自由主义经济学家对传统"经济人"内涵进行修补，把分析范围扩展到非经济领域，增添机会主义行为描述和信息成本约束，或者把含义扩展界定为可用货币衡量的经济利益与不可用货币衡量的精神利益两个层面，也没有根本摆脱作为"最大化行为"的"自私人"的思维模式。这种"完全自私经济人假设"包含三个基本命题：1. 经济活动中的人是自私的，即追求自身利益是驱动人的经济行为的根本动机。2. 经济活动中的人在行为上是理性的，具有完备或较完备的知识和计算能力，能视市场和自身状况而使所追求的个人利益最大化。3.

[①] 以美国工人为例，1992 年工会化雇员得到的平均周工资要比非工会化雇员高35%，而对所有行业的蓝领工人来说，这个比例达 70%，但没有证据显示工会化的企业劳动生产率要高于非工会化企业。见毛增余主编《与中国著名经济学家对话——顾海良、王振中、林岗、程恩富》第 5 辑，中国经济出版社，2003 年。

只要有良好的制度保证，个人追求自身利益最大化的自由行动会无意而有效地增进社会公共利益。

（一）"完全自私经济人假设"的误点

正如当代法国经济心理学学会创始人阿尔布在批判西方"经济人的神话"时所说的，各门人文科学的进步，尤其是心理学、社会学和社会心理学的进步，使我们不难证明有关"经济人"的这些论点是不够的或不确切的。具体说来，"完全自私经济人假设"或"完全利己经济人假设"的理念存在下列误点：

其一，理念源于功利主义。19世纪，边沁将大小私有者在经济活动中自发产生的功利标准泛推到伦理领域，把最大限度地追求个人利益的自私精神说成是最大多数人的最大幸福的途径。这是亚当·斯密经济学及其后继者的主要哲学方法。其实，休谟早就批判过类似观念，他写道："自私这个性质被渲染得太过火了，而且有些哲学家们所乐于尽情描写的人类的自私，就像我们在童话和小说中所遇到的任何有关妖怪的记载一样荒诞不经，与自然离得太远了。"①

其二，理念同预设主义相吻合。现代科学哲学的预设主义认为，在科学发展中，存在着某种预设的、超历史的、不变的、不可违背的方法、基本假设、推理原则和"元科学"概念。而"完全自私经济人"理论恰恰强调，不管人在历史上和现实中是不是完全自私的，经济学必须以理性的"自私人"为不变的假设或预设，这是不可违背的分析方法和推理原则。奥地利的经济哲学家米塞斯在《经济学的认识论问题》一书中，就完全排斥经验的方法和历史的方法及实证主义方法，反对新康德主义者文德尔班和李凯尔特关于经济学是说明个别性的历史科学这一观点，而宣称经济学是以原子式个人主义为基础的规律化的先验理论，"先验的理论并不是来自经验"②。显然，这又沿袭了康德先验论的思维方法。

---

① 休谟：《人性论》下册，商务印书馆，1997年，第527页。
② 米塞斯：《经济学的认识论问题》，经济科学出版社，2001年，第26页。

其三，理念的历史唯心论意蕴。"旧经济人"理念视利己心为与生俱来和一成不变的东西，不分历史时间地把"自私人"抽象化、永恒化和绝对化，无视特定的经济关系和经济制度对人的经济行为与经济心理的作用，这就有意无意地陷入了历史唯心主义的泥潭。这连杜威也不赞同，他说："事实上，经济制度与关系乃是人性中最易改变的表现方式。历史便是其变化幅度的活生生的证据。……如果人性是不可改变的，那么就不存在教育这类事情，我们从事教育的全部努力就注定会失败。"①

其四，理念渗透着形而上学的偏见。当代西方私有产权学派代表人物张五常曾经透彻地表达了西方主流经济学的信念："经济学上最重要的基本假设是：每一个人无论何时何地，都会在局限约束条件下争取他个人最大利益。说得不雅一点，即每个人的行为都是一贯地、永远不变地以自私为出发点。……在经济学的范畴内，任何行为都是这样看：捐钱、协助他人、上街行动等，都是以自私为出发点。"② 略懂唯物辩证法的经济学家和哲学家，大概均不会首肯此类极端片面的、孤立的和静止的理性"自私人"观点。博兰在 1997 年出版的《批判的经济学方法论》中这样评论："新古典经济学醉心于下述形而上学观点，即：每一位个别决策者都是理性的（至少在个人的行为能用理性的论据加以解释的程度上）。令人遗憾的是，当理性和个人主义联系在一起时，就会产生一种颇为机械的关于决策行为的观点——也就是个人被视为一台机器。"③

其五，理念存有"经济—道德"二元悖论。斯密在《国富论》中只确认经济领域的自私自利行为，而在《道德情操论》中又确认道德领域的人可能有某些同情心和利他行为，这似乎形成一个"经济—道德"二元悖论。难道经济活动过程中没有道德和利他问题？完全和永恒的"自私人"与"道德人"或"利他人"行为如何协调？与西方经济学家一般因谈不清而不敢谈经济行为的道德问题不同，贝克尔撇开这一难题，承认在家庭和亲戚

---

① 杜威：《新旧个人主义》，《杜威文选》，上海社会科学院出版社，1997 年，第 125 页。

② 程恩富：《西方产权理论评析》，第 151 页。

③ 劳伦斯·A·博兰：《批判的经济学方法论》，经济科学出版社，2000 年，第 229－230 页。

范围内有程度不一的利他行为，即主张"血亲利他主义"。但不管怎样，只要在经验或实践中存在利他行为（含家庭经济活动），完全的"天性利己主义"假说就被证伪了。诚然，"血亲利他主义"也解不开"经济—道德"二元悖论的矛盾死结，因为它只是放宽了家庭这一领域的分析，非家庭的广大领域依然笼罩着"自私人"思维。

其六，理念奉行唯理论的教条。西方主流经济学所说的理性，是指个人谋求自身私利的合理行为，因而"理性人"也就是"自私人"，甚至合称"理性经济人"。在他们的视野里，人若不自私，那就属于非理性。这可称"自私拜物教"，是极端片面和夸大理性作用的观点。经验表明，自私不等于理性；某些自私行为属于非理性，如因故一时冲动而签订私人经济合同；某些理性行为属于利他，如有些匿名捐款。事实上，弗洛伊德主义及其心理实验也可印证，西蒙的"有限理性"假说比"完全理性"或"充分理性"假说要贴近现实。不过，"有限理性"假说仍是在旧"自私人"理论框架内的改良，没有本质上的创新，因为这一理论改良也无法阐明"抢银行是不是理性的"（博兰的问题），以及"盗窃何害之有"（张五常的主张）等逻辑怪题。

其七，理念崇尚人类低级本能的意识。个人的本能或人类的本能是一切动物所共有的，是由生理决定的。而个人的本性或人类的本性则是由特定的社会环境所决定的。旧"经济人"理论却用个人的低级本能及其经济行为与经济心理替代人的多样化社会本性，形成思维的单一性和呆板性。美国的凯里曾愤怒地指责：穆勒的"政治经济学的对象实际上不是人，而是受最盲目的情绪驱策的想象的动物"，"他们的理论，讨论人性的最低级本能，却把人的最高尚利益看作是纯属干扰其理论体系的东西"，因而亵渎了大写的"人"字。[①] 弗洛姆甚至把接纳倾向型、剥削倾向型、贮藏倾向型和市场倾向型的人格归于病态，而只把充分发挥自己的潜力，且不以损人利己来达到自己目的的生产倾向型人格，称作真正健康的人格。即使参照

① 杨春学：《经济人与社会秩序分析》，上海三联书店、上海人民出版社，1998年，第175页。

弗洛伊德关于"本我""自我"与"超我"的划分，也不能将天生的、原始的、本能的"本我"等同于道德的、高级的、超个人的"超我"，旧"自私人"理念只相当于"本我"层次和根据一般现实原则行事的理性"自我"层次。

其八，理念局限于"店老板"的狭隘思维和人性异化心理。在近代，过分强调个人主义的经济和哲学思想具有反封建和反禁欲的积极效应，但属于资产阶级缺乏学术严谨性的意识之一。德国历史学派的李斯特在抨击斯密"经济人"的人性假设及其理论体系时就尖锐地指出："这个学说是以店老板的观点来考虑一切问题的"，"完全否认了国家和国家利益的存在，一切都要听任个人安排"，"利己性格抬高到一切效力的创造者的地位"。①该学派认为，客观存在着三种现实人的行为：一是在私人的经济中，一切以个人利益为转移；二是在强制的公有经济中，以社会全体利益为行动准则；三是在以慈善福利为目的的经济中，主要以伦理道德为行动规范。历史学派的这一经济哲学的思维逻辑有着深邃的意义。在马尔库塞和弗洛姆的理念里，人性异化是自有人类社会以来就存在的现象，只是在当代资本主义社会中变得更加突出和严重，并充分表现在生产和消费等各个方面。实际上，"店老板"的心理就是人性异化心理的重要反映，而不管西方"自私人"理论披上多么豪华的数学理性的外衣，都掩饰不了其经济哲学思想的某种阶级和社会的印记。

（二）"利己和利他经济人假设"的基本命题

依据人类实践和问题导向，并受马克思的思想启迪，我认为必须确立一种新"经济人"假说和理论，即"利己和利他经济人假设"（或称"己他双性经济人假设"），其方法论和哲学基础是整体主义、唯物主义和现实主义的。作为创新的现代马克思主义政治经济学基本假设之一，它对应"完全自私经济人假设"，也包含三个基本命题：1. 经济活动中的人有利己和利他两种倾向或性质。2. 经济活动中的人具有理性与非理性两种状态。

---

① 程恩富：《西方产权理论评析——兼论中国企业改革》，当代中国出版社，1997 年，第 158 页。

3. 良好的制度会使经济活动中的人在增进集体利益或社会利益最大化的过程中实现合理的个人利益最大化。

关于第一个命题。作为逐渐脱离动物界和超越动物本能的人类，具有极其丰富的情感和理智，不是单纯地表现为完全的自私性。倘若我们摆脱单向度的思维定式，超出大小私有者的眼光去观察人类经历过的社会，便可明显地看到三种情形的利他主义（他人利益泛指除自己利益以外的个人利益、集体利益、国家利益和人类利益等）：（1）愿意花费自己的时间、精力和财富，来换取某种即刻可见的他人利益；（2）愿意花费自己的时间、精力和财富，来换取某种未来的他人利益；（3）愿意花费自己的时间、精力和财富，来换取某种实际无效的他人利益，即愿为他人利益而不讲究实际效果。除了后一种属于特殊和个别的利他行为之外，前两种利他行为既存在于单位、家庭和社会等各个范围，也存在于经济、军事、文化和政治等各个领域。可见，利己与利他是"经济人"（经济主体）可能具有的两种行为特性和行为倾向。

至于社会上利己和利他哪种行为特征突出或占主导地位，那就取决于社会制度和各种环境。因为人的利己与利他是一种社会网络中的互动行为，具有互促性的内在机理，总是与特定的社会整体大环境和群体小环境相关联。摩尔根在潜心探究古代印第安人的原始经济生活后描绘道："在很大程度上生活中的共产制是印第安部落的生活条件的必然结果。……在他们心里还没有产生任何可见程度的个人积蓄的欲望"；"这些风俗习惯展示了他们的生活方式，并且揭示出他们的生活状况与文明社会的生活状况之间，以及没有个体特性的印第安家庭与文明社会高度个性化的家庭之间的巨大差异。"① 毋庸置疑，是以后数千年的多种私有制支配了人类社会，才促使私有经济的活动主体逐渐驱散了利他心态，甚至见利忘义，惟利是图，损人利己。

必须指出，把一切利他行为均视为利己行为，是不合情理的。西方旧

---

① 摩尔根：《印第安人的房屋建筑与家庭生活》，文物出版社，1992年，第86、99页。

"经济人"理论的解释者认为，和尚救济穷人，雷锋助人为乐，抗洪牺牲者，反法西斯冲锋陷阵者等等，都是自私的，因为当你觉得助人为乐和牺牲光荣时，已经满足了个人的心理需求和主观欲望。这种用主观欲望的满足来界定自私行为的唯心论方法，混淆了利己与利他的客观行为界限，也混淆了真善美与假恶丑的客观行为界限。我们不能不切实际地要求人们产生"助人为悲""牺牲可耻"的心理感觉之后，才算其为利他。事实上，利己与利他、主观与客观之间的典型组合有四种：主观利己，客观利己；主观利他，客观利他；主观利己，客观利他；主观利他，客观利己。自然，其中舍去了利己的同时也可能利他、利他的同时也可能利己等复杂因素。

关于第二个命题。与一般自然界的动物相比，人是有理性的动物。人的正常行为是从一定的理性出发，并反映人们对于个人与他人、与社会、与自然的相互关系的思考，决定着行为的形式和内容。广义地说，理性具有纯洁与肮脏、合理与荒唐、正义与邪恶、完善与欠缺、不变与可变、单一与多样、简单与复杂等特性。著名基督教哲学家尼布尔正是在宽泛的意义上声称，理性归根结底是一种工具，既能服务于善，也能服务于恶。不过，狭义地说，理性是指认识的纯洁、合理、正义和完善，是认识能力强和认识的高级阶段，而认识的不纯洁甚至肮脏、不合理甚至荒唐、不正义甚至邪恶以及不完善甚至欠缺，便相对地算作非理性。这就是为何有很多哲学家和经济学家歌颂真正理性的缘由。可见，理性与非理性一般呈现出相对性、程度性和历史性。难怪马克思说："人类理性最不纯洁，因为它只具有不完备的见解，每走一步都要遇到新的待解决的任务"。①

从狭义角度分析，经济活动中的人具有理性与非理性两种状态。循着上述确立的新观点，就可以合乎逻辑地解答中外学术界争论不休的难题。例如，抢银行是不是理性的？盗窃是不是理性的？卖淫是不是理性的（波斯纳曾分析过）？造假货是不是理性的？从新"经济人"的理论来辨析，此类涉及经济的活动均属非理性，尽管他们在行动前一般经过"构成其行为

①《马克思恩格斯全集》第4卷，人民出版社，1958年，第151页。

动机的目的"和"限制其达到目标的约束条件"等"理性"的思考（西方旧"经济人"理论所强调的）。其实，西蒙以企业家只能寻求"满意的利润"和"足够好"为例，来用"有限理性"否定"最大化的理性"，是难以驳倒旧"经济人"理性的，因为谁又会主张"无限理性"和百分之百的"完全理性"呢？理性上追究约束条件下的最大化，不等于实际经济生活中能实现，但无法因此而否定"最大化的理性"。况且，在约束条件下寻求"满意的利润"和"足够好"，实质上就是理性所寻求的利益相对最大化。

关于第三个命题。在私有经济范围内，个人追求自身利益最大化的自由行动会无意而正负效应程度不同地增减社会公共利益，并非如旧"经济人"理论所说的，只要有良好的制度保证，个人追求自身利益最大化的自由行动肯定会无意而有效地增进社会公共利益。这是因为：根本经济制度与具体经济制度（确切地说是具体经济体制）有紧密的关联，私有制必然从根本上限制良好经济制度或体制的建立和健全；个人一味地优先追求自身利益最大化，经常会同各类群体利益和社会利益发生矛盾与冲突，个人利益的总和不一定等于群体利益或社会利益的总和与潜在的最大化。

从理论上分析，在社会公有经济范围内，良好的制度会使经济活动中的人在增进集体利益和社会利益最大化的过程中实现合理的个人利益最大化。这是因为：在良好的制度下，公有经济的基点是为集体或社会谋利益，作为在其中活动的个人及其理性首先要服从集体理性或社会理性，即首先寻求集体利益最大化（类似戴维·米勒等所说的"社群"，但这里不谈社会理性与集体理性的矛盾）或社会利益最大化，否则，就会因个人主义而受到利益制约和利益损失；在良好的制度下，已经取得相对最大化的集体利益或社会利益，必然较公平地分配给每个人（如按劳分配等），从而最终实现个人利益的最大化。

现在，直观的流行思维可能会以某些公有企业不景气为理由来非议上述理念，这肯定不能成立。诚然，以上理论探析尽管已有文献作出过详细的逻辑证明，但公有制能否实际达到高绩效，须以高水平管理的操作为前提。迄今为止的公有制实践，已经部分地有力证实了新"经济人"理论。

哲学上的证伪主义有些绝对化。理论不是不能被证实，而是可能一直被不断地或间歇地部分证实。所谓实践是检验真理的标准，也并非单指某一时点上的具体经验或实践。

最后应当指出，近有新的论文一方面辩解说假定人自私，绝非倡导人们自私，另一方面又赞同"人为财死，鸟为食亡"的"完全利己经济人假设"，并只承认人的自私可以导致社会协作与公共福利的增加。[①] 其实，西方已有日渐增多的文献探讨利他经济人假设和理论模型，利他经济人假设对制度安排、诚信建设和荣辱观教育等都具有积极的作用，更可以导致社会协作与公共福利的增加。

三、 资源和需要双约束假设

有些论著认为，马克思主义经济学研究的是生产关系，而西方经济学研究的是社会稀缺资源的配置。显而易见，这种一般性的对象表述已经常被人误解。其实，前者并非不研究社会资源的配置，后者也并非完全不研究各种利益集团和阶级的关系，西方整个近代政治经济学、新旧制度主义和当代新制度经济学都突出了此项研究。现代马克思主义政治经济学和现代西方主流经济学的区别不在于要不要研究资源配置，而在于怎样研究资源配置，即以何种方法论来研究资源配置问题。

具体说来，现代马克思主义政治经济学所研究的资源配置与现代西方主流经济学有重要区别。首先，前者认为经济学是一门社会科学，它研究的起点与终点都是人，认为社会生产和再生产，不仅是物质资料的生产和再生产过程，而且是特定经济关系和经济制度的生产和再生产过程；认为社会资源的配置，不仅包含计划或市场的配置方式，而且是公有或私有的配置方式。后者所研究的资源配置，是将资本主义生产关系作为研究的假设前提或无摩擦的和谐物，而重点研究人与物的关系或人与人的表象关系

---

① 王东京：《澄清经济学的三大问题》，《中国改革》2006 年第 9 期。

（科斯、诺思等新制度经济学也反对主流经济学狭窄的研究对象和思路，事实上是"复活"了马克思和古典经济学的分析视角①）。其次，前者始终站在历史的高度上，认为资源配置和经济运行的方式是不断发展和变化的，并不是一个与社会制度无关的自然现象，在不同的经济关系下具有独特的社会经济内容和经济运动形式。后者显然缺乏这种历史高度和辩证思维。②

作为上述经济思维的具体表现，现代西方主流经济学的重要假定或假设之一是资源有限与需要（欲望）无限。从辩证思维和假定的一致性或对称性来分析，尽管西方经济学对资源与需要相互关系的描述有一定的道理，但仍然存在着明显的逻辑缺陷。这表现在：其一，从假定对称层面看，当假定资源有限时，暗含着以一定的时间和条件为前提，而假定需要无限时，并没有以一定的时间和条件为前提。把两个前提不一致或不对称的经济事物和概念放在一起加以对比或撮合成一对经济基本矛盾，显然过于简单化和绝对化，缺乏完整的逻辑性和辩证性。西方学者实际上是用"稀缺"来定义"资源"的，不稀缺的就不算作资源，资源一词已内含着稀缺性，因而再说资源是稀缺的，无异于同义反复。

其二，从资源利用层面看，各类资源在一定条件下是有限的，但从某种意义上看又是无限的，因为包含资源在内的整个宇宙本身是无限的，科技发展、物质变换和循环经济也是无限的。我们不能撇开地球自然资源与宇宙物质世界之间的必然联系，把资源局限在宇宙中物质形态的一小部分即地球资源，而忽视宇宙资源和物质的广泛性、无限性和可循环性。依据这个假设，现代西方主流经济学似乎过分强调人类的生产、分配和交换源于资源的"稀缺性"，而不强调源于生活需要。其实，即使相对于若干需要的某些可用资源已经处于充足和丰裕境地，人与人之间也要结成一定的生产关系，并在某些可用资源总量充足的条件下从事"丰裕性"的生产和消费的结构性选择，因为还有需要主体的非可用资源总量因素的各类选择。

---

① 科斯：《论生产的制度结构》，上海三联书店，1994 年；诺思：《制度、制度变迁与经济绩效》，上海三联书店，1994 年。

② 周肇光：《关于资源有限与需要无限假设的理性分析》，《经济问题》2004 年第 2 期。

如某些人拥有的货币可掌控"丰裕性"的生产资源，但基于不同的偏好或目标函数，仍需进行生产选择；某些人拥有的货币可掌控"丰裕性"的饮食或穿戴资源，但基于生理、偏好和健康等因素仍需进行消费选择。

其三，从需要满足层面看，需要在一定条件下也是有限的，而且在市场经济中能实现的需要，还是专指有货币支付能力的需要即需求，并非指人们脱离现实生产力水平和货币状况的空想性需要。人类不断增长的合理需要本身也是受到一定约束或限制的。西方理论没有明确区分需要的种类及其约束条件，笼统地说需要始终处于无限状态，是不合情理的。

因此，批判地改造西方主流学者的上述理论假设的必然结果，就是创新的现代马克思主义政治经济学提出的"资源和需要双约束假设"，即假设在一定时期内资源和需要都是有约束的，因而多种资源与多种需要可以形成各种选择或替代组合，进而在一定的双约束条件下实现资源的高效配置和需要的极大满足。这样的理论假设反映现实全面，论证逻辑严密。与三百年来的西方经济学不同，现代马克思主义政治经济学清晰地将需要分为三类：一是脱离现有经济条件的无约束欲望或需要；二是符合现有经济条件的合理欲望或需要；三是具有货币支付能力的需要即需求。后两类需要是经济学科要研究的主要任务之一。其缘由是在一定时期内，可利用的资源不能完全满足人们不断增长的合理需要，供给与需求的总量和各类结构也会经常失衡，这就要善于作出各种资源与各种需要在某种条件下不同的选择性组合，使资源相对得到最佳配置，需要相对得到最大满足。

"资源和需要双约束假设"的内在要求之一，是通过科技和管理的改进等途径来实现各种资源的高效利用和最佳配置。资源的破坏性开发、环境的不友好利用、物品的过度包装、不可再生资源的滥用、循环经济的轻视、物种的人为毁灭、生态的战争性损害、人力资源的浪费等等，均不合乎自然规律、经济规律和该理论假设的客观要求。

"资源和需要双约束假设"的内在要求之二，是通过有效需求和合理需要的总量和结构的科学调节等途径来实现各种需求的最大满足。人们有货币支付能力的需要（需求）与现有生产力水平基础上所能达到的正常合理需要有差异。人们有效需求的满足程度，在价格一定的条件下取决于其支付能力。可见，关键在于调节社会总供给与总需求及其多种结构的均衡关系。

"资源和需要双约束假设"的内在要求之三，是通过资源的高效利用和最佳配置来不断满足日益增长的社会有效需求和合理需要。与私有制主体型的资本主义市场经济体制不同，倘若公有制主体型的社会主义市场经济体制操作得法，市场的基础性调节和国家的主导性调节互补地有效结合，便可更好地以最小的社会成本获取最大的社会收益，进而实现资源利用的极优化、需要满足的极大化。

简言之，在现代马克思主义政治经济学的领域中，资源的有限性与无限性、稀缺性与丰裕性、基于深思熟虑的选择性与任意随机的无选择性，均呈现复杂的辩证关系。变革中的现代政治经济学须解析资源的稀缺与丰裕、需要的限制与满足、机会成本的确定与选择、效益的结构与提高、节约的实质与途径、环境的利用与保护等的一般含义和社会约束条件，更加科学地给出理论抽象和政策意义。

四、 公平与效率互促同向变动假设

（一）经济公平、经济效率的理论与现实

经济学意义上的公平，是指有关经济活动的制度、权利、机会和结果等方面的平等和合理。经济公平具有客观性、历史性和相对性。把经济公平纯粹视为心理现象，否认其客观属性和客观标准，是唯心主义分析方法的思维表现；把经济公平视为一般的永恒范畴，否认在不同的经济制度和历史发展阶段有特定的内涵，是历史唯心论分析方法的思维表现；把经济公平视为无需前提的绝对概念，否认公平与否的辩证关系和转化条件，是形而上学分析方法的思维表现。

公平或平等不等于收入均等或收入平均。经济公平的内涵大大超过收入平均的概念。从经济活动的结果来界定的收入分配是否公平，只是经济

公平的涵义之一。结果公平至少也有财富分配和收入分配两个观察角度，财富分配的角度更为重要。况且，收入分配平均与收入分配公平属于不同层面的问题，不应混淆。检视包括阿瑟·奥肯和勒纳在内的国际学术界流行思潮，把经济公平和结果平等视为收入均等化或收入平均化，是明显含有严重逻辑错误的，并容易路径依赖地进一步生成"公平与效率高低反向变动假设"或"效率优先假设"的思想谬误。

美国等资本主义国家存在着严重的不公平。据美国联邦储备委员会和国内税务局发表的联合调查报告披露，1989 年全国家庭净资产共计 15.1 万亿美元，包括住宅、其他不动产、股票、债券、汽车和银行存款等，其分配比例是：1% 的最富家庭占 37%，另外 9% 的富有家庭占 31%，其余 90% 的家庭仅占 32%；布鲁金斯研究所经济学家柏特里斯研究发现，1995 年美国最富有的 5% 的人收入是最贫困的 5% 的 25 倍，而 1969 年的差距为 11.7 倍。21 世纪初美国财富和收入分配结构没有大的比例变化。[①] 美国人口普查局发表的国内家庭消费支出调查报告显示，美国 2005 年的基尼系数达到了 0.469，成为 1967 年以来的最高记录。报告显示，美国家庭收入差距在不断扩大。美国最富有的 20% 家庭中年收入上涨了 2.2%，即 3592 美元，达到 16.6 万美元，占全体收入的 50.4%。而最贫穷的 20% 家庭中年收入仅上升了 0.2%，即 17 美元，达到 11288 美元，占全体收入的 3.4%，创下自上世纪 60 年代中期以来的最低比例。[②] 可见，尽管西方私有制主体型国家居民的生活水平渐渐增长，但社会财富占有和收入分配上的贫富两极始终存在，其数百年繁多的分化演变和高低起伏，并没有根本消除贫富两极对立的现象。所谓"中产阶级"不断壮大的说法，只不过增添了分析的层次性和丰富性而已。

倘若囿于西方主流经济理论关于机会平等和结果平等的肤浅之说，那便认识不到即使在号称机会最平等的美国，由于财产占有反差巨大、市场

---

① 倪力亚：《当代资本主义国家的社会阶级结构》，福建人民出版社，1993 年；以及《经济日报》1995 年 5 月 11 日、12 月 27 日。

②《国际金融报》2006 年 8 月 31 日。

机制经常失灵、接受教育环境不同、生活质量高低悬殊、种族性别多方歧视等缘故，因而人们进入市场之前和参与市场竞争的过程中，机会和权利也存有许许多多的不平等性。萨缪尔森在分析贫穷的原因时也承认："收入的差别最主要是由拥有财富的多寡造成的。……和财产差别相比，工资和个人能力的差别是微不足道的。……这种阶级差别也还没有消失：今天，较低层的或工人阶层的父母常常无法负担把他们的子女送进商学院或医学院所需的费用——这些子女就被排除在整个高薪职业之外。"[1] 所以，资本主义的不公平，主要表现在私有财产制和按资分配及其派生现象上。与此相异，传统社会主义的不公平，主要表现在体制僵化和平均主义分配及其派生现象上。至于由生产技术原因直接导致的某些经济不公平现象，在比较两种制度的公平与否时应暂时舍弃。

人类的任何活动都有效率问题。经济学意义上的效率，是指经济资源的配置和产出状态。对于一个企业或社会来说，最高效率意味着资源处于最优配置状态，从而使特定范围内的需要得到最大满足或福利得到最大增进或财富得到最大增加。经济效率涉及生产、分配、交换和消费各个领域，涉及经济力和经济关系各个方面，它不仅仅属于生产力的范畴。

即使在传统体制和国际环境有利于私有制大国的条件下，中苏两国的发展业绩和效率也超过了绝大多数西方国家。1953—1978 年，我国国民生产总值年均增长 6.1%，与资本主义国家中增长最快的日本在二战后至今的年均增长率相同，远远超过资本主义市场经济国家的平均增长速度；我国的综合国力，1949 年排名世界第 13 位，1962 年列第 10 位，1988 年进入世界第 6 位。到 20 世纪 80 年代末，苏联的综合国力大大超过德国、法国、英国和日本等发达或不发达的私有制国家，成为与美国日益接近的世界第二号强国。难怪美国费希尔和唐布什合著的《经济学》教科书也确认公有制国家的较高效率："计划体制运行得如何？在第二次世界大战后的大部分时

---

① 萨缪尔森、诺德豪斯：《经济学》，中国发展出版社，1992 年，第 1252 - 1253 页。

期内，苏联的增长虽然没有日本快，但比美国快。"① 可见，那种认为资本主义国家均属高效率、社会主义国家均属低效率的论点，与本世纪各国经济发展的实证分析结论和科学精神格格不入。还是美国凯斯和费尔在90年代初颇为流行的经济学教科书中阐述得较为客观："关于私有制和竞争市场是有效率的结论在很大程度上基于一系列非常严格的假设。……但就效率而言，主流派经济理论也并没有得出自由放任的资本主义是完全成功的结论。"②

科学社会主义性质和类型的市场取向的改革目的，就是要进入高效率的最佳状态。法律意义上的社会主义资产公有制，只是为微观和宏观经济的高效率以及比私有制更多的机会均等开辟了客观可能性，而要将这种可能性变为现实，须以科学的经济体制与经济机制为中介。效率是实行公有制和体制改革的基本动因。中国现代马克思主义者研究过多种产权制度及其效率，其旨在赶超一切私有制国家效率而实行"市场社会主义"的理念（非英国工党等社会党所宣扬的资产阶级中左翼的私有主体型"市场社会主义"），是建立在大量可靠的经验比较基础之上的，代表着人类不断向前的先进思想。

（二）公平与效率的内在关联

经济公平与经济效率是人类经济生活中的一对基本矛盾，也是经济学论争的主题。人们之所以把这一矛盾的难题解析称作经济学说史上的"哥德巴赫猜想"，其缘由在于：社会经济资源的配置效率是人类经济活动追求的目标，而经济主体在社会生产中的起点、机会、过程和结果的公平，也是人类经济活动追求的目标。这两大目标之间的内在关联和制度安排，就成为各派经济学解答不尽的两难选择。

收入和财富的差距并不都是效率提高的结果，其刺激效应达到一定程度后便具有递减的趋势，甚至出现负面的效应。例如，世界各国普遍存在

① 费希尔、唐布什：《经济学》下册，中国财政经济出版社，1989年，第586页。
② 凯斯、费尔：《经济学原理》下册，中国人民大学出版社，1994年，第693 – 695页。

的"地下经济"、"寻租"活动、权钱交易等形成的巨大黑色收入和灰色收入，与效率的提高没有内在联系，有时反而是资源配置效率下降和损失的结果。再如，一部分高收入者的工作效率已达顶点，继续加大分配差距不会增高效率；也有一部分低收入者已不可能改变内外条件来增加收入，进而导致沮丧心态的产生和效率的降低。换句话说，人们接受高收入刺激的效率有着生理和社会限制，不会轻易进行没有新增收益的效率改进活动，全社会或某一行业（如我国目前调控不力的国有金融行业）过大的收入和财富差距，必然损失社会总效率。

高效率是无法脱离以合理的公有制经济体制为基础的公平分配的。从现实可能性来观察，可将所有制、体制、公平和效率这四个相关因素的结合链分归四类：公有制→体制优越→最公平→高效率（效率Ⅰ）；私有制→体制较优→不公平→中效率（效率Ⅱ）；公有制→体制次优→较公平→次中效率（效率Ⅲ）；私有制→体制较劣→不公平→低效率（效率Ⅳ）。在制度成本最低和相对最公平的状态中实现高效率，是坚持和完善社会主义市场经济体制改革方向的目标。

与"公平与效率高低反向变动假设"或"效率优先假设"的涵义截然不同，"公平与效率互促同向变动假设"表述的是，经济公平与经济效率具有正反同向变动的交促互补关系，即经济活动的制度、权利、机会和结果等方面越是公平，效率就越高；相反，越不公平，效率就越低。

当代公平与效率最优结合的载体之一是市场型按劳分配。按劳分配显示的经济公平，具体表现为含有差别性的劳动的平等和产品分配的平等。这种在起点、机会、过程和结果方面既有差别，又是平等的分配制度，相对于按资分配，客观上是最公平的，也不存在公平与效率哪个优先的问题。尽管我国法律允许按资分配这种不公平因素及其制度的局部存在，但并不意味着其经济性质就是没有无偿占有他人劳动的公平分配。可见，按劳分配式的经济公平具有客观性、阶级性和相对性。同时，只要不把这种公平曲解为收入和财富上的"平均"或"均等"，通过有效的市场竞争和国家政策调节，按劳分配不论从微观或宏观角度来看，都必然直接和间接地促进效率达到极大化。这是因为，市场竞争所形成的按劳取酬的合理收入差距，已经能最大限度地发挥人的潜力，使劳动资源在社会规模上得到优化配置。国内外日趋增多的正反实例也表明，公平与效率具有正相关联系，二者呈此长彼长、此消彼消的正反同向变动的交促关系和互补性。在初级阶段的社会主义分配制度上，以按劳分配为主体，按资分配为补充或辅体；在高度重视效率的同时更加注重社会公平，建立和完善公平与效率的和谐互动机制；当前特别要强调收入和财富分配上的"提低、扩中、控高、打非"。这些基于"公平与效率互促同向变动假设"的论断和政策具有一般意义和科学性。

市场型按劳分配为主体的分配格局可以实现共同富裕和经济和谐。与计划经济相比，在市场经济条件下，等量劳动要求获得等量报酬这一按劳分配的基本内涵未变，所改变的只是实现按劳分配的形式和途径。详细地说，一是按劳分配市场化，即由劳动力市场形成的劳动力价格的转化形式——工资，是劳动者与企业在市场上通过双向选择签订劳动合同的基础，因而是实现按劳分配的前提条件和方式；二是按劳分配企业化，即等量劳动得到等量报酬的原则只能在一个公有企业的范围内实现，不同企业的劳动者消耗同量劳动，其报酬不一定相等。也就是说，按劳分配的平等与商品交换的平等结合后，市场竞争会影响按劳分配实现的方式和程度，但若不与私有化相结合，其本身无法带来社会两极分化，妨碍构建社会主义共同富裕与和谐的社会。实际上，现阶段的共同富裕是脱离不了按劳分配这一主体的。倘若我国不重蹈为某些资本主义国家所走过、又为美国库兹涅茨所描述的"倒 U 型假说"之路径，那么，就能通过逐步健全一种公平与效率兼得的良性循环机制，来推进全社会的共同富裕和经济和谐。

（原载于《中国社会科学》2007 年第 1 期）

用发展的马克思主义政治经济学
引领应用经济学创新

一、 问题的提出

每当世界经济发生重大事件的时候——东欧剧变、苏联解体、全球化浪潮、亚洲金融危机乃至时下由美国次贷危机诱发的世界性经济危机等等，马克思的理论在欧美、在全球一再冲出书斋，让那些反马克思、怀疑马克思的西方主流经济学家也不得不承认马克思经济学思想的科学性和强大生命力，纷纷从马克思的著作中去寻找现实经济问题的答案。观察一种思想是否具有生命力，一是看其是否与现实历史的发展相吻合，二是看其是否能够对社会发展方向产生影响。马克思主义经济学是一门历史的科学，固然有其历史的局限性，但是它对社会经济发展历史的预见性以及对社会经济发展方向的影响力，是任何其他的理论都无法与之相比的。中国社会主义革命和社会主义建设尤其是改革开放以来的巨大成就是在马克思主义理论与中国具体实践相结合的中国特色社会主义理论指导下取得的，我们完全可以说，离开马克思主义的指导就不可能有中国特色的社会主义经济改革和建设的成就，就不可能形成有中国特色的社会主义经济改革和发展模式，这是不容怀疑的。但是很多学者还是坚持认为马克思主义经济学是革命的、破坏旧世界的经济学，而不是建设新世界的经济学。自 20 世纪 90 年代中期以后，我国理论经济学界"去马克思化"的倾向愈演愈烈，西方经济学主流化的声音甚嚣尘上，马克思主义经济学的指导地位被削弱、被边缘化，有人甚至错误地认为西方经济学是我国经济改革和经济发展的指导思想，中国经济改革和经济发展取得的举世瞩目的成就是西方经济学理论在我国成功运用的典范，有些经济学家公然主张用西方经济学取代马克思主义经济学；中国实行改革开放、建立社会主义市场经济体制成了社会主义失败论和马克思主义经济学过时论的证据。这种状况在一定程度上说明马克思主义经济学理论的发展和创新与现实世界的发展有差距，降低了马克思主义经济理论对现实经济问题的解释能力，这是必须要正视的事实。我国应用经济学的一些学科自觉或不自觉地脱离了现代马克思主义经济学的理论基础，不加甄别地直接照抄照搬现代西方应用经济学的论著，缺乏学术原创，处于学术"被殖民"或"学术搬运工"的状态。这有悖于中央倡导的构建具有中国特色、中国风格和中国气派的哲学社会科学体系的精神，因此，有必要加强用发展的马克思主义经济学的理论、观点和方法引领应用经济学的创新，夯实马克思主义经济学指导地位的根基，而不是仅仅停留在抱怨、忧虑、喊口号和不作为的层面上。

二、 马克思主义经济学是一个科学体系

对马克思主义经济学的看法，学术界存在多种观点。如张宇和孟捷教授将马克思主义经济学概括为三种形式：经典马克思主义经济学、传统马克思主义经济学和现代马克思主义经济学，从而实现马克思主义经济学在当代的继承、创新和发展。[①] 这种观点从马克思主义经济学发展的时间序列上进行归纳和分类，当然不失为一种可资借鉴的发展马克思主义经济学的思路，但是并没有回答马克思主义经济学是不是一个学科体系的问题，或者说只承认马克思主义经济学是一个学科而不是一个学科体系。

从学术界对马克思主义经济学理论体系的多种理解也可以很容易得出一个结论：马克思主义经济学不是一个学科体系。对经典马克思主义经济

---

① 张宇、孟捷等主编：《高级政治经济学》，北京：经济科学出版社，2002 年。

学的理解大致是以《资本论》和《帝国主义论》为蓝本来建立马克思主义政治经济学的理论体系的。对传统马克思主义经济学的理解实际上是以"苏联模式"为蓝本并结合我国的社会主义建设实践产生的新理论、新问题来建立政治经济学的理论体系，并将其人为地划分为社会主义和资本主义两个部分。与突破"两部分制"相对立的一种观点是"三部分制"，即由政治经济学原理、社会主义微观经济学、社会主义宏观经济学三部分组成。也有学者主张突破"两部分制"，这方面的理论成果还相当丰富，如程恩富教授的"五过程论"就是这方面的代表。对现代马克思主义经济学的理解，认为现代模式是探索创新中的模式，要求运用马克思主义经济学的方法论研究当代社会经济生活，是马克思主义经济学基本理论在当代的继承、发展与创新。在对待发展、创新马克思主义经济学，构建马克思主义政治经济学的现代形式这个问题的态度上，有人主张"修补式"，即在传统政治经济学的基础上，补充当代生活经济社会的元素，进行创新和发展；有人主张"嫁接式"，即将西方主流经济学的研究方法和成果嫁接到马克思主义政治经济学中来，重建中国特色的社会主义经济学；也有人主张"去马克思化"的"重构式"，即用所谓的现代经济学范式取代马克思的经济学范式，重建中国的政治经济学。无论是哪一种观点，一方面反映了马克思主义经济学学术界百家争鸣、积极探索、直面挑战的科学精神和学术气魄，另一方面也不可否认，马克思主义经济学学术界内部对事关马克思主义经济学发展创新的重大问题存在着严重的分歧，需要尽快实现统一。

在传统意义上，人们习惯于将马克思主义经济学作为马克思主义政治经济学的同义语，将两者完全等同起来，这种认识的危害性表现在：人为地割断了马克思主义政治经济学与其他应用学科之间的逻辑联系，实际上就是主动放弃了对应用经济学科的指导性，客观上为"学术殖民"提供了条件，为"学术搬运工"们提供了行动空间，更不用说用马克思主义政治经济学引领应用经济学创新了。西方经济学固然有许多值得批判的地方，但是也有值得马克思主义经济学借鉴的地方。比如以宏观经济学和微观经济学为核心，以国际经济学、国际贸易学、发展经济学、国际金融学、国际投资学、产业组织学等等为依托的学科体系。如果我们把宏观经济学和微观经济学视为西方经济学的理论经济学，那么其基本概念、基本理论、基本原理、基本的分析方法和分析技术等都渗透到了诸如国际金融、国际贸易、发展经济学等学科之中，体现了理论经济学对应用经济学的引领作用，这一点非常值得马克思主义经济学借鉴。所以，笔者认为，马克思主义经济学是包括马克思主义理论经济学（政治经济学）和马克思主义应用经济学两个层次在内的完善学科体系。实际上，这个观点也不是什么新的提法，马克思的六册写作计划已经可以被视为马克思主义经济学学科体系的雏形，这是马克思经济学思想的完整体现，只是由于马克思没有完成他的这个宏大的计划，后来者才一再忽视除《资本论》以外的经济学思想。在这个体系中，马克思主义政治经济学就应该是整个学科体系的基石，处于金字塔的塔尖，它除了揭示人类社会经济发展的一般规律以外，还必须能够为其他的学科提供基本概念、基本理论、基本方法、基本的分析范式和分析逻辑，甚至也包括一些基本的分析技术，只有这样，马克思主义政治经济学与应用经济学之间的天然联系才能建立起来，马克思主义政治经济学的指导地位才能实实在在地得到体现，也才能更好地用发展的马克思主义政治经济学引领应用经济学创新，改变中国的应用经济学被"学术殖民"的现状，也唯有如此，才能建立起具有中国特色、中国风格和中国气派的经济学学科体系。

三、 用马克思主义政治经济学的元理论引领应用经济学创新

对马克思主义政治经济学的性质，恩格斯曾经在两个地方有过论述，一是 1876 年在《反杜林论》第二篇《政治经济学》中写道："因此，政治经济学本质上是一门历史的科学。它所涉及的是历史性的即经常变化的材料；它首先研究生产和交换的每个个别发展阶段的特殊规律，而且只有在完成这种研究以后，它才能确立为数不多的、适用于生产一般和交换一般的、完全普遍的规律。同时，不言而喻，适用于一定的生产方式和交换形

式的规律，对于具有这种生产方式和交换形式的一切历史时期也是适用的。"① 二是 1895 年恩格斯在写给威·桑巴特的信中谈到 "不论资本家还是资产阶级经济学家都没有意识到：这种追求的真正目的是全部剩余价值按同等的比例分配给总资本。那么平均的过程事实上是怎样完成的呢？这是个非常有趣的问题，马克思本人对此谈得不多。但是，马克思的整个世界观不是教义，而是方法。它提供的不是现成的教条，而是进一步研究的出发点和供这种研究使用的方法。因此这里还有一些马克思自己在这部初稿中没有做完的工作要做。"② 文中加点的两句话经常被学者们广泛引用，笔者在这里进行了更全面一点的引用。这两段引文实际上告诉我们这样一个结论：马克思主义政治经济学不是教义和干巴巴的原理，而是随着历史的发展变化而不断丰富发展、具有高度开放性的思想体系和方法论体系，但同时，马克思主义政治经济学又蕴藏着适用于一切历史时期的元理论，也就是通常人们所说的马克思主义政治经济学的 "硬核"。元理论抑或硬核是马克思主义政治经济学得以发展创新的基础，也是用发展的马克思主义政治经济学引领应用经济学创新的出发点，是马克思主义经济学体系中理论经济学与应用经济学内在的、本质联系的接点。究竟什么是马克思主义政治经济学的元理论？要回答这个问题可能相当困难。除了马克思创立的辩证唯物主义和历史唯物主义的方法论外，应该还有其他更具体的理论。纪宝成教授和张宇教授曾经提出过要加强对马克思主义经济学基本理论和基本观点的研究，并具体阐明了他们的学术主张：（1）对因主观和客观原因被忽略或简化了的马克思主义经典作家的科学观点要正本清源；（2）对与当前现实不符的观点要实事求是地根据实践的发展加以修正；（3）对因历史条件所限，马克思主义经典作家没有深入讨论和研究过的问题，要根据马克思主义的立场、观点和方法做出科学的解释；（4）要分清哪些是马克思主义经济学中不能动摇的基本观点，哪些观点是根据当时的历史提出的

---

① 《马克思恩格斯选集》，第 3 卷，北京：人民出版社，1995 年，第 489 – 490 页。

② 《马克思恩格斯选集》，第 4 卷，北京：人民出版社，1995 年，第 742 – 743 页。

并随着历史的变迁而不断改变的具体结论。① 所谓"不能动摇的基本观点"就是本文所说的元理论，但是他们也没有更具体地指出哪些是"不能动摇的基本观点"。关于马克思主义政治经济学的元理论，目前我国学术界尚无比较系统和权威的研究成果，林岗教授和张宇教授关于马克思主义经济学的五个方法论命题——（1）从生产力与生产关系的矛盾运动中解释社会经济制度的变迁；（2）在历史形成的社会经济结构的整体制约中分析个体经济行为；（3）以生产资料所有制为基础确定整个经济制度的性质；（4）依据经济关系来理解政治法律制度和伦理规范；（5）通过社会实践实现社会经济发展规律与目的的统一，② 具有先导性和奠基性的意义。程恩富教授关于现代马克思主义政治经济学的四大理论假设——（1）新的活劳动创造价值假设；（2）利己和利他经济人假设；（3）资源和需要双约束假设；（4）公平与效率互促同向变动假设，是对马克思主义政治经济学元理论研究的开创性工作。③

尽管对马克思主义政治经济学元理论的研究尚不成熟，有待深入系统的挖掘和凝练，但马克思主义政治经济学元理论无疑是引领应用经济学创新发展和构建马克思主义应用经济学学科体系的逻辑起点，同时也是马克思主义理论经济学与应用经济学内在联系的逻辑接点，有了这个逻辑接点，应用经济学理论体系的展开就获得了一个纲。

四、 用马克思主义政治经济学引领应用经济学创新的逻辑路径

由于马克思主义政治经济学的元理论还缺乏系统的、共识性的成果，加之不同的应用经济学也各有其自身的特质，所以在这里我们只能原则性地提出一种用发展的马克思主义政治经济学引领应用经济学创新的逻辑路

---

① 张宇、孟捷等主编：《高级政治经济学（第二版）》，北京：中国人民大学出版社，2006 年，第 17 - 18 页。
② 同上，第 42 - 66 页。
③ 程恩富、胡乐明主编：《经济学方法论：马克思、西方主流与多学科视角》，上海：上海财经大学出版社，2002 年。

径，我们将其概括为：根据马克思主义政治经济学的元理论，结合不同应用经济学的特质（研究对象和最终要达到的目的），确定元理论与应用经济学特质之间内在的逻辑联系，构建该应用经济学的概念体系和分析范式，进行应用经济学理论体系和方法体系的逻辑展开，从而实现对具体的经济现象和经济问题的科学解释，提出符合事物发展规律的政策建议。从整个经济学（包括理论经济学和应用经济学）学科体系的演化过程可以看出，绝大多数应用经济学学科都是从政治经济学这门基础性学科中衍生出来的，政治经济学与应用经济学之间本身就存在着天然的联系，它们原本理论相通、理论分层相关、分析方法相连、政策应用相通，因而才有经济学一、二、三级学科和研究方向的内在联系和差别。现在提倡社会科学各个学科之间以及社会科学和自然科学之间的相互渗透与交叉融合，说明社会科学与自然科学之间除了方法上的相互借鉴外，客观上也存在着共通的元理论，这是交叉与融合的基础。既然社会科学与自然科学之间都能够交叉与融合，难道经济科学内部政治经济学与应用经济学之间反而要人为割断它们的联系、断绝学术上的渊源关系吗？事实上，无论承认与否，用马克思主义政治经济学的元理论，在科学借鉴现代西方经济学的理论和方法的基础上，创新应用经济学的成功范例并不少见。如我国著名的《资本论》研究专家张熏华教授，运用马克思主义政治经济学的理论和方法，开创性地编写和撰写过《土地经济学》《交通经济学》和《环境经济学》等著作，为这些学科的建立和完善作出了重要的理论贡献。20 世纪 90 年代初期，程恩富教授运用马克思主义政治经济学的原理和方法，在科学借鉴西方经济学合理成分的基础上，编写了国内第一部大文化领域的应用经济学著作——《文化经济学》，成为用现代政治经济学的元理论指导应用经济学创新的代表作之一。在国外也不乏用马克思主义政治经济学指导应用经济学创新获得成功的例子，据唐珏岚 2007 年向"首届现代马克思主义政治经济学与应用经济学创新"国际学术会议提交的论文——《20 世纪 90 年代西方〈资本论〉研究现状》就列举了若干这方面的例子，如英国约克大学的史蒂夫·汤姆斯 2005 年在《会计学观察评论》上发表的《资产定价模型，劳动价值理论和它们对会计理论的意义》一文中就指出，西方主流的会计理论和金融理论无法合理解释真实的社会经济关系，而马克思的方法得到发展并被广泛应用于包括管理学、劳动合约和社会资本研究等方面，马克思的理论与现代金融和会计的分析方法结合，提供了对资本主义分析的基本工具。有的西方学者甚至根据马克思的劳动价值论，构建了现代资本主义的会计理论体系。总之，马克思主义政治经济学蕴藏着非常丰富的思想和科学价值，而应用经济学又是一个庞大的体系，有各自特定的研究对象、研究任务和研究方法。要实现用发展的马克思主义经济学引领并指导应用经济学创新，关键是要实现下列三个方面的结合：一是马克思主义政治经济学的元理论与具体的应用经济学研究对象的结合，并将这种结合通过统一的逻辑主线贯穿整个学科的全过程；二是马克思主义政治经济学的元理论与以具体的应用经济学学科的起始范畴和核心范畴为基础构成的多层次的概念体系相结合；三是马克思主义政治经济学的元理论要与具体的应用经济学学科的研究方法相结合，从而能够将现实经济问题归入一个规范、科学的分析框架中，并能形成有效结论，用以解决和指导社会经济实践。

（原载于《教学与研究》2010 年第 2 期。程恩富，王朝科）

论推进中国经济学现代化的学术原则

一、 问题的提出

1994 年初，程恩富在《21 世纪：重建中国经济学》[①] 一文中曾对中国经济学的发展阶段和前景作了总体判断，引起连锁反响。关于"中国经济学向何处去"[②]，一直是经济理论界的热门话题。后来，这个话题又由一些学者以如何推进中国经济学的"国际化"、如何推进"现代经济学的本土化"等形式提了出来。[③] 在上述问题引导下，目前理论界流行诸如"西方经济学本土化""西方经济学中国化""中国经济学必须西方化或国际化""经济学要与国际接轨""西方经济学是现代经济学和建设经济学马克思经济学是批判经济学或破坏经济学""西方经济学是发展市场经济的科学基础""政治经济学是意识形态而非学术""马克思主义经济学被西方经济学取代是改革方向""中国经济学的国际化只有先从组织上让非马克思主义的'海归'执掌院校"之类的解答。这是值得商榷的。

从科学创新的角度来看，提出问题是先导，但是，问题本身必须反映客观事实的内在矛盾和发展要求。从思维主体对客体事物的反作用来看，倘若提出的问题只是反映了事实的表面矛盾，或者只是反映了事物的假象显示的矛盾，那只能对人们的思维起误导作用。只有反映了客观事实的内

---

① 程恩富：《21 世纪：重建中国经济学》，《社会科学报》1994 年 4 月 7 日。

② 于光远、董辅礽：《中国经济学向何处去》，北京：经济科学出版社，1997 年。

③ 例如，《光明日报》2007 年 9 月 4 日的"理论周刊"版，发表了洪水深的《中国经济学教育与研究必须国际化》、黄少安的《走国际化与本土化结合的路》等文章。

在矛盾和发展要求的问题，才能真正引导人们正确认识事物的本质和表象，从而达到正确地改造事物和实现主体价值目标的作用。

中国自 1956 年完成了属于社会主义准备阶段的新民主主义革命以来，便已经处于社会主义社会初级阶段，并逐步形成马克思主义指导下的包括经济学在内的中国特色社会主义文化。中国经济学作为应当科学地揭示当代中国经济运行和发展规律的重要理论，必须适应当代国际经济环境对中国社会主义经济提出的挑战，必须适应中国社会主义初级阶段的经济科学发展的要求。因而，对于中国经济学发展趋势的正确提问，就绝不是如何与现代西方经济学的接轨、使现代西方经济学"本土化"的问题，而应当是如何在唯物史观的指导下，推进中国经济学在科学轨道上实现现代化的问题。进一步说，也就是我国的经济学教学和研究如何适应现代社会主义市场经济和趋向社会主义的经济全球化的科学发展的需要，实现马克思主义经济学在中国的现代化和具体化的问题。

"问题和解决问题的手段同时产生。"[1] 分析如何推进中国经济学现代化这个问题涉及方方面面，我们认为，就解决这个问题的基本方针和原则而言（可能总体上适合整个哲学社会科学），可以扼要地概括为："马学为体、西学为用、国学为根，世情为鉴、国情为据，综合创新。"这里，"马学为体、西学为用"的用语，是对中国清朝末年洋务派官僚张之洞的所谓"中学为体，西学为用"这种表述在形式上的借用和内容上的创新。[2] 下面将较为详细地阐述我们对上述基本原则的一些看法，以期理论界展开研讨。

---

① 马克思：《资本论》第 1 卷，北京：人民出版社，1975 年，第 106 页。

② 关于"体用"概念，人们往往想到张之洞在 1898 年《劝学篇》中提出的"中学为体，西学为用"的主张。他所说的"用"，突破前期洋务派所划定的"西方技艺"，即器械与自然科学的范围，包含了"西方政艺"的部分内容，即主张在学校、赋税、武备、法律、通商等领域实施某些西方的模式。但是，他的"中学为体"，是要以儒家的"三纲五常"等伦理道德作为立国的不能更改的根本原则。所谓"西学为用"，主要是作为维护中国封建皇权和地主阶级统治的一种手段，从实质内容上看是改良主义。不过，这并不妨碍我们从语言角度对"体用"概念的使用。我们完全可以赋予"体用"以崭新的现代科学含义。

二、"马学为体"

"马学"是指中外马克思主义知识体系。这里的"马学",指的是中外马克思主义经济知识体系。它是在唯物史观和唯物辩证法指导下形成的内容极为丰富的中外马克思主义经济思想,包含19世纪中期以来马克思创作的《资本论》及其继承、丰富和拓展的经济学方法和理论。"体",在中国古代哲学语言中具有"根本的、内在的"含义。[①] 强调中国经济学现代化必须坚持"马学为体",就是要始终坚持马克思主义经济学是中国现代经济学的根本和主导。这就是说,中国经济学的现代化,在研究方向上,必须始终毫不动摇地坚持唯物史观和唯物辩证法的指引,"沿着马克思的理论的道路前进"[②];在内容上,必须毫不动摇地以马克思主义经济学知识体系中的基本范畴、科学原理为主体,面对新的历史条件进行拓展和创新;在处理中外多元经济思想的关系上,必须毫不动摇地坚持马克思主义经济学的指导地位。

"马学为体"是中国经济学现代化必须强调的根本原则。一旦偏离这一原则,理论创新将难以为继,经济学的现代化将偏离科学化的轨道。必须充分认识,中国经济学的现代化,绝不是一个简单的时空发展概念,而是在时空发展中的不断科学化的过程。只有"马学为体",才能保证实现中国经济学的现代化创新始终沿着科学的轨道前进。

同任何领域的学科一样,经济学有科学与非科学之分。科学的经济学必定是能够揭示经济现实的内外在机制和发展变化规律,深刻地从本质原因阐明表面经济现象的学说。它必定是能够分清经济现象的真相与假象的

[①]《辞海》语词分册(上),上海:上海辞书出版社,2003年,第200页。

[②] 让我们记住列宁的忠告:"从马克思的理论是客观真理这一为马克思主义者所同意的见解出发,所能得出的唯一结论就是:沿着马克思的理论的道路前进,我们将愈来愈接近客观真理(但决不会穷尽它);而沿着任何其他的道路前进,除了混乱和谬误之外,我们什么也得不到。"(《列宁选集》第2卷,北京:人民出版社,1995年,第103-104页)

学说，从而是能够指导人们遵循客观规律从事经济实践，推动经济的社会形态按其内在规律向前发展的科学。由于经济学研究的现实对象与人们的物质利益关系不可分割地联系在一起，因而只有彻底抛弃为私人及其集团谋利益的狭隘眼界，站在客观公正的立场上，才有可能做到实事求是地反映经济现实的本来面目，使经济学成为科学。显然，只有站在工人阶级立场上的经济学，才有公正无私的可能性；而只有贯彻唯物史观基本思想，才能客观辩证地揭示经济现实的真相。在人类有经济思想以来，能够实现唯物史观科学思想与公正无私的立场相统一的经济学，唯有马克思经济学和后马克思经济学。这就是中国经济学的现代化为何必须"马学为体"的缘由。

强调"马学为体"，有必要纠正近些年来流行的一些对马克思主义经济学的认识误区。

——有论著把马克思主义经济学视为与西方经济学各种流派相提并论的一种理论流派。这种观点是幼稚的或抱有宗派主义成见的。事实上，马克思主义经济学是以作出开创性贡献的马克思的名字命名的科学经济思想体系的总称。它是时代和实践的产物，是人类经济科学思想长期发展的硕果。作为人类的科学思想，如果没有马克思这个人物的出现，在历史发展到那个时代，它迟早也会通过别的人物程度不同地生成和发展。正如恩格斯指出的，"如果说马克思发现了唯物史观，那么梯叶里、米涅、基佐以及1850年以前英国所有的历史编纂学家则表明，人们已经在这方面作过努力，而摩尔根对于同一观点的发现表明，发现这一观点的时机已经成熟了，这一观点必定被发现。"① 可见，以唯物史观和唯物辩证法作为基本方法的马克思主义经济学，不仅属于工人阶级，而且属于整个人类。当经济实践和认知能力已经使人类具备了科学地反映客观近现代经济运动规律的时候，马克思主义经济学就必然会产生出来，必然随着人类社会经济实践的延续而进一步丰富和发展。

---

① 《马克思恩格斯选集》第4卷，北京：人民出版社，1995年，第733页。

从经济思想体系的视野来看，应当说，科学经济学的现代化，指的就是马克思主义经济学的现代化。非科学的经济学当然也会在新的历史条件下采取某种现代的形式和内容或者说现代化，但是，形式上的现代式样和部分内容的客观性并不能说明经济学整个知识体系达到了现代历史条件下的科学性。例如，现代西方经济学的数理实证形式似乎很现代，但是并没有跳出近代西方经济学亚当·斯密"利己经济人论"、萨伊"三要素价值论"和马歇尔"均衡方法论"的陈旧观念，其范畴的"核心带"内容依然是很片面的、不科学的，甚至连历史上李嘉图的思想深度都没有达到。[①] 只有渗透唯物史观和唯物辩证法的马克思主义经济学的现代化，才是科学经济学的现代化。应当这样认识，马克思主义经济学是一个学派（恩格斯使用过"马克思学派"一词），但同时又是一个相对最正确的一个学派，因而可以成为中外经济实践的指导性理论和政策基础。

——有论著说，马克思创作《资本论》的目的（任务、使命）是"革命"，而当今的中国的任务是"建设"，因而要把马克思"革命的经济学"创新为"建设的经济学"，强调政治经济学资本主义部分的任务只是批判，社会主义部分的任务只是建设。按照这种观点，中国经济学的现代化，其含义就是构建"建设的经济学"。这是一种似是而非的说法，只会给人们造成马克思开创的经济学已经过时、政治经济学社会主义部分没有批判的方法、内容和任务等错觉。其实，这种说法曲解了马克思主义经济学立论的科学目的——揭示人类社会发展的客观经济规律，重点是阐明资本主义市场经济的规律和运行机制。

须知唯物史观的基本思想，就是"把经济的社会形态的发展理解为一种自然史的过程"[②]。马克思十分清楚地表明，他创作《资本论》的"最终

---

① 李嘉图分析了工资与利润的矛盾，已经从流通领域深入到生产领域，在很大程度上看到了剩余价值体现的阶级矛盾。新自由主义的制度分析却停留在流通领域，否认劳动价值论和阶级矛盾。参见何干强：《评唯心史观的制度解释》，载程恩富、黄允成主编：《11 位知名教授批评张五常》，北京：中国经济出版社，2003 年，第 180—206 页。

② 马克思：《资本论》第 1 卷，北京：人民出版社，2004 年，第 10 页。

目的就是揭示现代社会的经济运动规律"①。对于中国的科学经济学体系来说，无论是新民主主义革命和建设时期，还是社会主义革命或改革和建设时期，其立论的目的都是为了揭示客观经济规律。实现了这个目的，在前一时期就能为根据地和解放区的经济建设以及整个经济和政治的革命取得胜利服务，在当今时期就能为认清现代资本主义市场经济的痼疾和中国特色社会主义经济建设顺利发展服务。只有明确了经济学的这种科学目的，才能在理论创新过程中，遵循实事求是和解放思想相一致的原则，克服把批判与建设对立起来的片面僵化思维，辩证地把对国内外的错误经济理论和实践的科学批判同正确经济理论和实践的不断建设融合起来，进而自觉地把中国经济学的现代化与科学化结合起来，防止限于追求表面形式的"现代化"，拜倒在西方主流经济学的过度数学化和形式主义的学术窠臼之中。任何不断完善的完整认识和实践，都是不破不立，有破有立，破中有立，立中有破，经济学也不能偏离这一辩证的思维方法。

——有论著认为，强调马克思主义的指导地位，这只不过是出于"意识形态的原因"，具有意识形态的经济学"不是学术"。这种说法完全无视马克思主义经济学是有史以来唯一科学的思想体系；同时，还在人们中造成了一种经济学的科学性与意识形态性相对立的印象。其实，学科研究对象的实质是由人们的物质利益关系所决定的，各种理论经济学都不可避免地代表一定集团（在阶级社会中表现为阶级及其阶层）的利益，都不可避免地既是学术体系，又是一种理论信仰和经济意识形态表现为学术性、意识形态性的统一。马克思主义经济学和西方经济学概莫能外。马克思主义经济学的意识形态性质，体现在它代表和维护工人阶级和绝大多数人的经济利益，进而成为解放全人类的经济学说，具有学术性、科学性与意识形态性、阶级性以及实践性相一致的鲜明特征。因此，马克思主义经济学公开声明它代表工人阶级的利益，这正表现了它的科学性质。西方经济学明明代表资产阶级利益，明明只会用"利己经济人"的有色眼镜去片面地分

---

① 马克思：《资本论》第 1 卷，北京：人民出版社，2004 年，第 10 页。

析复杂的经济关系，却竭力掩盖自己具有意识形态的性质，用所谓经济学的非意识形态性来标榜自己的"学术性"或"科学性"，掩盖自己的非科学性，这不过是凸显它在科学上的虚弱性。

——此外，有论著推断说，西方市场经济搞了二三百年，发达资本主义国家的市场经济及其体制很成熟了，因而研究市场经济的西方经济学也很成熟和科学了，以为经济发达国家的经济学一定是先进的。这是一种错觉，用生产力发展与自然科学发展的状况来定性社会科学的先进与否问题，是明显有误的。发达资本主义国家的主流经济学，是为垄断资产阶级利益集团服务的，极端的利己主义和霸权主义，使这种经济学不可能客观地分析问题。其貌似高深的数理形式，往往是用数学逻辑的科学来掩盖、替代经济逻辑分析的贫乏。中外经济学界已有大量学者撰写了批判性的论著。[①]与世界各国的社会主义经济制度相比，19世纪20年代以来众多周期性经济危机和当前的西方金融危机，从根本上不断验证了资本主义市场经济制度的相对落后性和低效率性，不断验证了为这一制度辩护和出谋划策的西方经济学也不可能是先进的。只有渗透唯物史观的科学思想方法，站在无私的工人阶级立场上，为人类大多数人谋福利，推动社会主义生产关系和经济制度去适应经济社会化和全球化大趋势的经济学，才具有整体的科学性和先进性。

在追求经济学科学化的意义上，可以说，越是坚持"马学为体"，就越能促进中国经济学的现代化；而越是偏离"马学为体"，越是追随现代西方经济学，中国经济学越难以实现科学的现代化，而且有可能使中国经济学陷入现代资产阶级经济学"学术殖民地"和"马前卒"的可悲地位。这是值得高度警惕的。

---

① 余斌：《微观经济学批判》，北京：中国经济出版社，2004年。

三、"西学为用"

强调"马学为体",便意味着不宜"西学为体"。"西学"是指西方马克思主义以外的知识体系。这里的西学,指的是西方的马克思主义经济学以外的经济知识体系,主要指阐述西方主流经济思想的西方经济学。西方经济学在新中国成立以来的学科含义中历来十分明确,不是地域性的概念,而是具有社会和阶级性质的概念。它是资产阶级经济学的总称,不包括西方资本主义国家的马克思主义经济学。现代资产阶级经济学简称为现代西方经济学。

我们应当充分认识现代西方经济学或西方主流经济学的非科学性。就整体看,它们仍然保持着当年马克思揭示的资产阶级经济学的非科学的固有特征。这主要是:(1)表面性(即庸俗性)。例如,研究市场经济的总供给和总需求关系,主要停留在流通领域,用心理等因素解释"有效需求",看不到市场供求关系的深层问题实质上是阶级关系,是生产资料所有制决定的生产关系和分配关系。(2)主观性。例如,单纯用"自私经济人"假设,来解释和演绎整个微观经济和宏观经济复杂的经济运动。(3)片面性。例如,沿袭斯密由于不懂劳动二重性、不懂资本流通和一般商品流通的区别和联系而丢掉了不变资本价值(实质是丢掉了生产生产资料的第Ⅰ部类产品价值的ⅠC这一部分)所形成的"斯密教条",仅以企业与居民的交换流程为基础分析宏观经济运动,把储蓄等于投资当作宏观经济平衡的基本条件,从而无法弄清各产业部门在再生产中的价值补偿和实物补偿的途径,无法科学地解决社会再生产运动中的产业结构调整问题。(4)虚伪性和辩护性。例如,认为基于生产资料所有制的资本主义生产方式是优越的,而只需改进资本主义分配方式,为资本主义经济对抗性的基本矛盾辩护,宣扬"私有产权神话""市场原教旨主义""社会主义是通向奴役之路"等。所以,从整体上说,现代西方经济学不是科学的经济思想体系。那种把现代西方经济学等同于"现代经济学",主张"现代经济学本土化"的观点;

那种认为中国经济学应当与西方经济学"国际接轨"，才有出路的观点，无异于把中国经济学推向整体上非科学的老胡同。

但是，不能使用"西学为体"，不等于不要"西学为用"。我们所说的"西学为用"，当然不是"西学为体"意义上的"为用"，而是在"马学为体"前提下对"西学"有扬有弃的借鉴和利用。按照我国古代哲学的"体用"一般含义，"'体'是最根本的、内在的，'用'是'体'的表现和产物"①。从这种"体""用"一致的思维看"马学"与"西学"，可以看到，两者之"体"存在唯物史观和唯心史观基本方法的根本区别，存在劳动价值论与要素价值论基本观点的根本区别；相应地，两者的"用"或者说表现形式和发生作用的方式也存在一些差异。譬如，在理论结构上，西方经济学分为微观经济学和宏观经济学两大缺乏有机联系的理论板块；而马克思主义政治经济学则从抽象上升到具体，是一个再现一定历史条件下的社会经济形态的有机理论体系（"直接生产过程、流通过程、生产的总过程"的"三过程体系"，或者再加"国家经济过程、国际经济过程"的"五过程体系"）②。然而，如果把"马学"与"西学"的"体用"区别绝对化，以为"马学为体"就不能借鉴、利用"西学"，那就陷入了孤立地对待"马学""西学"的形而上学误区，在思想方法上就连近代的张之洞都不如了。

我们在坚持"马学""体用一致"的同时，有必要提出"西学为用"（这与毛泽东提出的"洋为中用"的精神是一致的，是批判地借鉴和利用的意思，而非"体用一致"意义上的"用"）。这是因为，在唯物史观看来，西方占主流地位的现代资产阶级经济学，作为观念的东西，它毕竟是"移入人的头脑并在人的头脑中改造过的物质的东西"③。尽管由于唯心史观方法论的妨碍，它不可能全面深刻地、实事求是地揭示发达或不发达资本主义经济的运动和发展规律，但是，从它具有的片面性、表面性和扭曲性的

---

①《辞海》语词分册（上），上海：上海辞书出版社，2003年，第200页。

② 马克思《资本论》三卷是"三过程体系"；"五过程体系"是程恩富主编的《现代政治经济学》，详见上海财经大学出版社2000年版和2007年版。

③ 马克思：《资本论》第1卷，北京：人民出版社，1975年，第24页。

理论内容中，我们仍然能够通过分析，或多或少地从中发现许多现代历史条件下的经济事实和合理元素。马克思主义者可以受其启发，从其片面性分析中创新出全面性的理论，从其表面性分析中创新出结合表面性的实质性的理论，从其扭曲性分析中创新出正确性的理论。由于生产力水平和经济管理水平需要不断提高，因而对于包含生产力高度发展的社会经济形态多种信息的西方经济学知识体系，无论如何都不应抱不屑一顾的幼稚态度。

还应当认识到，尽管总体上说现代西方经济学不是科学的理论体系，但这不等于说它不包含任何科学成分。在西方经济学众多流派中，有的描述了社会分工制度、市场竞争机制对于生产力发展的促进作用；有的承认了资本主义社会失业、危机的不可避免；有的创建了宏观经济运行的总量分析、调控和预测方法；有的揭示出产业发展和经济增长的某些规律，有的对企业管理一般制度作了不同角度的研究；有的形成了经济政策学；凡此种种，或多或少地反映了社会经济、市场经济、资本主义市场经济的客观状况和人类探索真理的历程，提出了不少可改用或直接有用的经济范畴。这是我们坚持和发展马克思主义经济学的一个重要理论素材和思想来源。

在对待"西学"的态度上，马克思为我们树立了讲科学的榜样。他把资产阶级经济思想史上的"在科学史上是有意义的，能够多少恰当地从理论上表现当时的经济状况"① 的经济见解，作为创立《资本论》的思想来源之一。在彻底批判资产阶级经济学非科学性和辩护性的同时，对于资产阶级经济学家提出的有一定合理性的经济范畴和科学原理，马克思采取的态度是，对它们用唯物史观的分析方法进行"术语的革命"② 和分析改造，并加以充分运用。比如，对于资产阶级经济学广泛使用的价值范畴，他通过唯物辩证的分析，赋予了它是抽象人类劳动的凝结这种科学含义。正是法国布阿吉尔贝尔的有关论述，启发马克思提出决定价值的社会必要劳动时间的含义是合乎社会再生产比例的劳动时间的这个命题③；对固定资本和流

---

① 马克思：《资本论》第 1 卷，北京：人民出版社，1975 年，第 32 页。
② 马克思：《资本论》第 1 卷，北京：人民出版社，1975 年，第 34 页。
③ 陈其人：《世界经济发展研究》，上海：上海人民出版社，2002 年，第 410 页。

动资本这对范畴，他以劳动二重性的科学眼光，揭示出它们的形式区别在于价值流通和价值周转的根本差别，于是科学地划清了两者的界限。又如，马克思是在非常认真地分析研究了重农学派魁奈的经济表，研究了斯密在考察固定资本和流动资本时不自觉地表述的关于社会再生产的思想片断，才揭示出研究社会再生产要从社会总产品出发，弄清生产资料生产和消费资料生产这两大生产部类之间的交换关系，弄清全社会的产品价值构成要素之间如何形成合理的组合，使各种社会产品要素在货币流通的中介作用下，既实现价值补偿，又实现实物补偿，从而才形成了科学的社会再生产原理。① 就这样，一批原本是资产阶级经济学的范畴和原理，经过马克思革命性的批判、借鉴和创新，以崭新的含义纳入了马克思经济学的科学系统。

毫无疑问，我们今天也必须"西学为用"，充分地运用现代西方经济学的思想资料，学会从中筛选、改进和吸收一切有价值的科学思想成分，融入有中国特色的现代马克思主义经济学体系之中。在这个意义上说，中国经济学的现代化必须与国外经济学实行"引进来、走出去"的双向交流。尤其要看到，国外经济学某些学术前沿，恰好是马克思主义经济理论曾经提出过的，如制度分析就是如此。可以相信，马克思主义经济学在回应各种思想的碰撞中，更能显示它的科学力量！

这里有必要指出，决不能把"西学为用"与一种流行的倾向混同起来，这种倾向认为，马克思主义经济学没有应用价值，在解决市场经济的实际问题方面只能用"西学"。应当承认，在过去的计划产品经济体制下，以及在这种体制下形成的传统政治经济学教科书，往往存在以实用主义或者以僵化的思想对待马克思主义经济学的态度。例如，把《资本论》理解为包容一切经济实践的著作，殊不知马克思强调，《资本论》主要是阐明资本的一般运动规律的，像国家经济行为、对外贸易、世界市场和市场竞争的实际运动、信用制度的具体形式和手段等，并没有纳入《资本论》的写作计划，"资本主义生产的这些比较具体的形式，只有在理解了资本的一般性质

----

① 马克思：《资本论》第2卷，北京：人民出版社，1975年，第398-399页、第404-410页。

以后，才能得到全面的说明；不过这样的说明不在本书计划之内，而属于本书一个可能的续篇的内容。"① 由于存在对马克思主义经济学的上述严重误解，多年来，中国马克思主义经济理论在应用经济学领域进展很慢。一些应用经济学家直接照搬西方应用经济学进行教学和研究，以致产生只有西方经济学才有应用价值这种错觉的重要原因。也由于上述原因，中国经济学在马克思主义经济学的"用"上，下的功夫还很不够，还远不能满足中国特色社会主义经济实践的要求。然而，这并不意味着在马克思主义经济学的"体"中应当毫无原则地注入西学的"用"。以上我们已经强调，马克思主义经济学之"体"有自己的"用"。

正确的态度是，我们必须努力完成马克思没有完成的任务。处于社会主义市场经济和经济全球化新的历史条件下，在弄清资本一般性质的基础上，弄清由此产生的一系列现代具体经济形式，创建马克思主义的现代应用经济学，如马克思主义金融学、马克思主义贸易学、马克思主义财政学等。正是这方面的重要任务，决定了我们应当尤其重视现代西方应用经济学，努力吸收"西学"这方面的有益成分，同时加快发展马克思主义的理论经济学和应用经济学。这样的"西学为用"，是为丰富和发展马克思主义经济学之"体"服务的，也是中国经济学现代化的内在要求。

四、"国学为根"

广义的"国学"是指中国古近代社会科学和自然科学的知识体系；较狭义的"国学"是单指中国古近代社会科学知识体系或单指中国古近代自然科学知识体系。本文所说的国学，指的是中国古近代知识体系中的经济思想。国学为根，就是要在中国经济学现代化过程中，重视中国古近代经济思想中的精华，并以此为根基。正如毛泽东曾强调"古为今用"，"我们这个民族有数千年的历史，有它的特点，有它的许多珍贵品。""从孔夫子

---

① 《马克思恩格斯全集》第 25 卷，北京：人民出版社，1974 年，第 127 页。

到孙中山，我们应当给以总结，承继这一份珍贵的遗产。"① 这对于形成中国特点、中国气派和中国风格的经济学现代体系，具有不可低估的思想价值。

在唯物史观看来，中国本土历史上形成的各种经济思想，都是一定历史时期经济事实的多重反映。它们直接、间接甚至扭曲地反映着的，不仅有在相同历史条件下各国普遍存在的经济因素，而且有中国特殊的国情和文化因素，这些特殊性因素所生成的经济思想属于中国经济学之"根"。同时，借用生物学的说法，传统的经济因素属于中国经济形态的"基因"。只要中国作为民族国家还存在，这些"基因"就会存在。在中国经济学的现代化的进程中，始终重视中国的特殊国情和历史传统因素及其经济思想，才有助于形成具有中国特色的现代马克思主义经济学。

不言而喻，古近代经济思想不可能达到唯物史观思想方法的高度。作为认识主体的经济思想家，除了少数人代表革命农民的利益之外，多数人站在统治阶级或剥削阶级立场上，观察和分析经济问题。他们对当时经济形态的理解，不能不有一定程度的表面性和片面性，有的往往是扭曲地反映经济现实。因此，我们主张以"国学为根"，不是说可以简单地、不分青红皂白地弘扬"国学"，而是主张剔除其封建性的糟粕，吸收其体现中国优良传统的、科学性的精华。

历史地看，中国古近代经济思想中，包括许多给当代人诸多启发的科学成分，确实是很了不起的。例如，我们在史书中可以读到"劳则富"②"节用而爱人，使民以时"③ "治国之道，必先富民"④ "俭节则昌，淫佚（逸）则亡"⑤ 等等，这些经济思想认识到劳动创造财富，富民才能强国，主张爱护劳动力，珍惜劳动时间，崇尚节俭，反对浪费；我国古籍中关于

---

①《毛泽东选集》第 2 卷，北京：人民出版社，1991 年，第 533－534 页。

②《大戴礼·武王践阼·履屦铭》，胡寄窗：《中国经济思想史简编》，北京：中国社会科学出版社，1981 年，第 2 页。

③《论语·学而》，胡寄窗：《中国经济思想史简编》，北京：中国社会科学出版社，1981 年，第 47 页。

④《管子·治国》，周伯棣：《中国财政思想史稿》，福州：福建人民出版社，1984 年，第 2 页。

⑤《墨子间诂·辞过》，周伯棣：《中国财政思想史稿》，福州：福建人民出版社，1984 年，第 104 页。

预先规划国家经济活动（如《管子》的"国规"思想）、封山禁猎、封湖禁渔等记载，包含着从全局布局生产力，力求经济持续发展等等，可以说是现代国家调控、可持续发展思想的先声。这些思想反映了人类社会经济运动的一般要求，具有长远的思想价值。

研究中国古近代经济思想，尤其可以发现一些体现中国特殊国情因素的科学经济思想。例如，汉代初年的晁错，为了充实国家北部边境的防务，提出"移民实边"的建议。他改变秦王朝为达到同样目的用政治权利强迫移民的方式，用经济方式鼓励人民迁移边疆，凡应募的移民均赐以某种低级的官职并免除其家人的劳役，并先行修好住所，备置器具，使移民"至有所居，作有所用"。尽管他当时的建议并未得到落实，但是，其建议把安定人民生活与防卫边境结合在一起，周密细致，难能可贵。① 两千多年后的今天，看"移民实边"的经济思想，这显然是由中国有广阔的内陆边境这种国情所决定的，至今也有现实意义。新中国成立以来，毛泽东、党中央关于"屯垦戍边"的重大决策以及新疆生产建设兵团在我国西北边疆地区创造的巨大业绩，可以说正是"移民实边"这种中国特有的传统经济思想的现代创新，具有显著的中国特色。这种举措在西方发展经济学中是看不到的。如果把思想凝固在西方经济学教科书关于城市化这种发展战略上，便不会想到"屯垦戍边"这种从国情出发的成功决策。又如，中国疆土辽阔，每年不同地区大小自然灾害或多或少总难避免，因而历代思想家很少不接触救灾荒问题的。南宋时期的董煟撰写了《救荒活民书》，评价了前人提出的各种救灾荒措施，系统地提出了自己的救荒政策。② 这些政策涉及丰年与歉年之间、城市与乡村之间、官府与百姓之间、灾区与非灾区之间、赈济救灾与依靠市场之间等等关系的处理意见，为现代的救灾救荒提供了宝贵的思想资料。我国在经济现代化过程中，仍然需要不断地与自然灾害作斗争，研究历代关于救灾救荒和反贫困的经济思想，必将有益于中国现

---

① 胡寄窗：《中国经济思想史简编》，北京：中国社会科学出版社，1981 年，第 192 – 193 页。

② 胡寄窗：《中国经济思想史简编》，北京：中国社会科学出版社，1981 年，第 361 – 363 页。

代经济学的历史厚重感和丰满。

研究中国古近代知识体系中的经济思想，还有助于增强推进中国经济学现代化的民族自信力，纠正那种一讲经济现代化，就只想到西方经济学的学术自卑乃至崇洋心理。历史展示出我国古近代产生过许多卓越的经济思想，如春秋战国"百家争鸣"时期，产生了《管子》（相传为崇奉管仲的一些学者所作）这样的系统论述经济管理的著作，内容涉及经济哲学思想、经济与政治的关系、财富与劳动的关系，阐释了分配、消费、贸易、财政以及市场、货币、价格等广泛的经济范畴，堪称世界范围内的罕见的经济学辉煌巨著；产生了一批具有深刻思想的大家，如墨翟把"利"归结于物质财富，那时就提出了与西方近代斯密思想相近的"交相利"的思想（彼此相利，利人就是利己）；范蠡提出了可能是全世界最早的经济循环论[①]；还有关于人口问题的理论和政策的长期争论与探讨，这些思想都可与西方古希腊等思想家对人类的贡献相媲美。

就近代具有进步意义的经济思想而言，洪秀全的《天朝田亩制度》和《资政新篇》，反映了农业空想社会主义和工商业资本主义的经济思想和政策主张；康有为在政治上虽然是保皇的改良主义者，但他的《大同书》，是用"国学"语言和智慧来表达社会主义的经济思想和终极经济模式，是具有中国风格的最具想象力的空想社会主义著作，足以名列世界伟大空想社会主义思想家之列，并在一定意义上成为"国学"的集大成者和终极者，成为"马学"的同盟者；体现新生资本主义生产关系发展要求的经济思想也并不单纯是西方的舶来品，以孙中山为代表的、反帝反封建、扶助农工的中国式的民族资本主义思想，以及平均地权和抑制私人大资本的小资产阶级经济思想，也有"马学"和建设国有经济为主导和控制力以及公有制为主体的初级社会主义可溯源、可借鉴之元素。

显然，在推进中国现代经济学具有中国特点、中国气派和中国风格的过程中，如果忽视"国学为根"，而是推崇经济学的"西化""国际化"，

[①] 胡寄窗：《中国经济思想史简编》，北京：中国社会科学出版社，1981 年，第 27 - 31 页。

进行西方经济学的"思想拷贝"和"学术盗版",其后果只能是使越来越多的经济学人变成忘记本国的经济思想史和经济史,缺乏民族精神和学术创新能力的"理论搬运工"。近些年来,这种倾向实际已经蔓延。目前不少高校忽视或者不开中国经济史和中国经济思想史的课程,师资尤其紧缺,是应当引起高度重视的时候了!

五、"世情为鉴"和"国情为据"

"马学"、"西学"和"国学",这三大知识体系的本身都属于学术结晶、思想资料和理论来源的范畴。前面阐述的"马学为体、西学为用、国学为根",无非是我们在推进中国经济学现代化进程中对这三大知识体系的作用定位和价值取向。然而不能忘记,已经形成的三大知识体系都是观念形态的东西。它们归根到底都不过是经济事实在人的头脑中的某种反映。我们强调"马学为体",这是因为"马学"同"西学"和"国学"相比,具有较大的科学性和较多的真理性,即"马学"客观地反映了一定历史条件下的经济的社会形态的运动和发展规律,并为人们在新的历史条件下进一步探索不断演变的客观经济运动和发展规律,提供了科学的方法。但是,我们决不能认为,中国经济学的现代化只要同现有的思想材料打交道,就可以完成。我们认真地研究先辈们和同辈们存在的经济思想文献,为的是继承已有的智慧,获得人类发展到当代应达到的最高科学思维能力。而要全面深入地推进中国经济学的现代化,我们还必须密切结合新的中外经济实践,才能圆满地做到。结合现代中外经济实践,是推进中国经济学现代化的至关重要的环节。

结合实践,就是要遵循"通过实践而发现真理,又通过实践而证实真理和发展真理"[1] 的认识规律,来推进中国经济学的现代化。作为经济领域科学真理的现代马克思主义经济学,不是天才的头脑中固有的,也不是实

---

[1]《毛泽东选集》第 1 卷,北京:人民出版社,1991 年,第 296 页。

践自发可提供的。它只能来自人的头脑自觉运用科学的思维方法，对经济事实进行科学的抽象和正确的反映。只有通过社会经济实践这个不可缺少的中介过程，人们才有可能从经济的表面现象深入到经济的内部本质，从而发现经济规律和内在经济机理，并用理论形式再现它们。马克思的研究方法没有过时，他说"研究必须充分地占有材料，分析它的各种发展形式，探寻这些形式的内在联系。只有这项工作完成以后，现实的运动才能适当地叙述出来。"[1] 曾经领导我国财经工作、作出过卓越贡献的老一辈经济领导人陈云提出，"不唯上、不唯书、只唯实，交换、比较、反复"[2]，这也是我们应当遵循的结合实践的原则和学风。

在经济不断社会化和全球化的今天，必须确立世界的眼光，面向全球范围的中外经济实践，做到"世情为鉴"和"国情为据"，知己知彼，方能科学地推进中国经济学的现代化。

（1）"世情为鉴"。"世情"有多样和深邃的含义，从经济的角度是指世界各国和世界总体经济的历史、现状和趋势。经济"世情"的来龙去脉和正反多方面的经验教训，对于中国经济学的现代化有着不可忽视的重要实践来源。以 20 世纪 90 年代以来美国经济的发展为例，如果全面地弄清情况，便可以看到其发展的两类原因：一类是出于高科技推动的生产力、信息化和经济全球化，以及经济关系、经济体制和政策的相应调整，这是一般原因。另一类是特殊原因，如苏联解体、东欧国家的相对削弱和经互会的瓦解等，使美国在资源、市场、技术、人员和军火等方面获利巨大；包括金融在内的经济霸权主义的特殊地位，使美国成为较为安全的贸易和投资场所，是贸易逆差最大和资本净流入最大的国家，并通过大量发行美元、各种对冲基金、控制国际经济组织等，来主导制定和推行较有利于美国的国际经济秩序和规则及某些保护主义措施，合法与非法地占有了别国的大量财富，客观上也推动了本国的经济增长。这后一原因的"经验"不但不

---

①《马克思恩格斯全集》第 44 卷，北京：人民出版社，2001 年，第 21－22 页。

②《陈云文选》第 3 卷，北京：人民出版社，1995 年，第 371 页。

能照搬，而且是必须高度警惕的。事实上，美国在实行新自由主义的经济政策后，经济似乎有了相当发展，但即使有高科技、高利润军火和经济霸权，美国经济发展速度也并不快，而且发生过经济衰退，近年又发生影响全球的"次贷危机"和金融危机。可见，美国经验教训不可照搬。

又如，新自由主义主张非调控化的市场原教旨主义、宣扬"私有产权神话"、反对建立国际经济新秩序、反对建立福利国家而主张福利个人化和贫富两极分化。在美英等发达国家推行下，一度成为全球盛行的经济学思潮。然而，纵观近10年来这种思潮主导下的经济全球化实践，可以清晰地看到：苏东是出现倒退的10年，拉美是失去的10年，日本是爬行的10年，美欧是缓升的10年。被联合国认定的49个最不发达的国家（亦称第四世界），并没有通过私有化和发达资本主义国家主导的经济全球化途径富强起来，有的反而更加贫穷。近年来，拉美国家纷纷倾向"社会主义"，这显示出，新自由主义主导全球化阶段正走向终结，经济全球化终将趋向社会主义主导的阶段。

以上述"世情"为鉴，中国现代经济学对西方现代经济学"中看难中用"的理论，对美国经济发展的经验和新自由主义经济政策，就不能采取欣赏、照搬的态度。①

（2）"国情为据"。创造中国特色、中国气派和中国风格的科学现代经济学，只能依据由生产力水平决定的社会形态、文化传统、自然环境等复杂因素构成的国情，其中又包含各种"色层"的省情、市情、县情和城乡差别实情等；中国人民的当代社会经济实践是在这种现实的国情下展开的，也只有广大人民群众的经济实践，才具有鲜活性和深刻性，才有可能将经济国情的多样性和层次性显示出来。因此，只有依靠广大人民群众的经济实践，才能做到"国情为据"，这是中国经济学现代化进程中实现科学创新的主要现实源泉。

---

① 参见程恩富：《世界政治经济学学会会长开幕词》，程恩富、顾海良主编：《海派经济学》第14辑，上海：上海财经大学出版社，2006年，第3页。

改革开放 30 年来，广大人民群众最重要的经济实践是极其丰富的，值得科学抽象和总结。就"中国模式"或"北京共识"的经济制度和战略内涵而言，至少可以提炼为"五结构说"，即共同主张要建立和完善"五个结构"：一是公有制主体型的多种产权结构；二是劳动主体型的多种分配结构；三是国家主导型的多种市场结构；四是自力主导型的多种开放结构；五是科学发展型的多种战略结构。其中，实践和理论难点在努力实现社会主义公有制与市场经济的高效结合。要充分看到，中国城市已经出现了一批富有实力、活力和竞争力的国有大型和特大型企业及企业集团。中国农村也出现了一批坚持社会主义公有制，在市场经济环境中实现共同致富的典型，如河南的南街村和刘庄、江苏的华西村和长江村等。从它们的实践经验中，可以发现前无古人的市场经济与公有制有效结合的新规律和新机理。只有从这些富有创造性的社会主义经济新生事物和实践经验中吸取营养，才能真正推进中国马克思主义经济学的现代化。

六、"综合创新"

上述阐发的"马学为体""西学为用""国学为根""世情为鉴""国情为据"，它们最终都要贯彻和落脚到中国经济学现代化进程中的"综合创新"上。

从哲学层面上说，经济学现代化的"综合创新"，就是人的思维充分运用各种思想资料，结合现代历史条件下的社会实践，实事求是地反映经济现实运动和发展趋势，并形成科学经济理论的过程。唯物史观方法论认为，思维要实事求是地反映现实，就必须尽可能详细地占有各种历史的和现实的经济材料，运用唯物辩证法（它是客观事物运动的一般辩证法在人的头脑中的反映）努力发现其中的内在联系，并客观地、全面深入地加以分析。而全面深入地揭示经济现实运动和发展的规律，也就是综合。分析与综合是对立的统一，不断地贯穿在思维与现实之间反映与被反映的过程之中。没有分析，就不可能综合；没有在不断分析过程中的相应的不断综合，也就不能做到深入的分析和全面的综合。而分析与综合要做到逐步地接近真理，就必须建立在不断发展的社会实践的基础上。因此，在唯物史观看来，中国经济学现代化进程中的"综合创新"，也就是运用唯物辩证法，对古今中外的经济实践、对"马学""西学"和"国学"三大知识体系所提供的经济事实和思想材料进行分析与综合的过程。"综合创新"，意味着积极吸收和正确处理三大知识体系之间的相互关系，以及理论上的分析综合与实践检验之间的关系。

由此可见，中国经济学现代化过程中的这种"综合创新"，乃是追求真理的经济学者在唯物史观指导下发挥主观能动性的过程。在这个过程中，"马学为体""西学为用""国学为根"应当成为正确发挥主观能动性的基本学术原则。这就是说，要以中外马克思主义科学的经济学理论为主体或导体，以西方非马克思主义经济学知识和合理元素为借用，以古近代的经济思想史料为思想源头和根基，进行实质性的综合创新和理论超越。

应当看到，中国经济学的现代化要在科学的轨道上前进，道路不会平坦。作为理论经济学的"马学"与"西学"，由于本质上各自都必然代表一定阶级的经济利益，这种经济利益之间的对立性，不可避免地通过理论的人格化，即坚持"马学为本"和坚持"西学为本"的经济学家，在他们之间的学术交流和思想博弈表现出来。马克思指出，"政治经济学所研究的材料的特殊性，把人们心中最激烈、最卑鄙、最恶劣的感情，把代表私人利益的复仇女神召唤到战场上来反对自由的科学研究。"① 这种情况在中外经济思想发展史上是得到证实的。由此说来，中国经济学的现代化，不单纯是学术上一般的坚持"马学为本"和对"西学"、"国学"的有扬有弃的创造性思维活动，而且不可避免地包含着复杂的意识形态的互动和交锋。追求真理的经济学者对此应当有充分的思想准备，并在这种博弈中采取主动积极的态度。因为真理通过人格化才能战胜谬误，追求真理的经济学者应当力求成为人格化的真理，应当具有捍卫真理的主动性、为真理而奋斗不

---

① 马克思：《资本论》第 1 卷，北京：人民出版社，1975 年，第 12 页。

止的自觉性。

坚持"马学为本"的"综合创新"，除了必须主动应对经济学领域同西方学术思想和意识形态的论争之外，还必须努力纠正中外学界存在的思想方法的认识误区。例如，目前流行甚广的误区就是：哪国经济强大，就认为要照搬哪国的经济制度及其主流经济学范式；或者以为市场经济体制只有一种固定的模式，可以不管市场经济制度的所有制性质的社会规定和国别类型，照抄照讲所谓"无国度性""无阶段性""无阶级性"和"无意识形态性"的西方经济学范式。在片面地、绝对地、机械地看事物的形而上学思想方法影响下，过去出现过的对经济学"苏联范式"的盲目崇拜，现在又以倾向"美国范式"表现出来，殊不知以美国为代表的现代西方经济学已陷入"范式危机"而无法自拔。现代西方经济学的分化并生成众说纷纭的许多流派，部分表明它并未完全真正形成经济学体系、核心和方法的共同"范式"。诚然，西方经济学相对计划产品经济体制下的传统政治经济学，在现代市场观念和实证分析、数量分析、边际分析等研究方法方面，拓宽了人们的视野，的确给中国经济学带来了某些新思想、新方法。不过，注重经济理论形式的现代化并不能表明理论内容的科学化，盲目地崇拜现代西方经济学的某些形式主义方法和理论，只会使中国和世界的整个经济学现代化走入歧途。西方国家的许多主流经济学家也看出了这一点，如凯恩斯、列昂节夫、科斯、斯蒂格利茨，还有许多左翼激进经济学家，都不同程度地批评过经济学追求形式化的害处。[1] 所以，中国学者就更应纠正这种错误认识。

中国经济学现代化的"综合创新"，为的是形成具有中国特色、中国风格和中国气派的中国现代马克思主义经济学。这需要确立自主创新的志气和方法。应当结合中外实践，从简单引进和模仿国外经济学的自在方式，实现向理论创新的自觉或自为方式的转变，不断提高"文化自觉"和"理论自觉"的意识。这意味着要实现两个超越：既在具体化的意义上超越马

---

① 程恩富：《范式革命与常规理论发展——经济学的分化与综合》，《光明日报》2004 年 1 月 20 日。

列经典经济学，又在科学范式的意义上超越当代西方经济学；要体现两种实践：既体现东西方市场经济实践，又体现有中国特色的社会主义实践；要显现两种创新：既要有经济学的某些常规发展，又要有其范式的革命。它将是一种科学反映经济现代性的"后现代经济学"，同时也将是一种"后马克思经济学新综合"。也就是在唯物史观指导下，以世界眼光，坚持"马学"为指导或主体，在当代国外经济学继续分化和局部综合的基础上，去实现全面系统的科学大综合。其中包括分析和借鉴国外马克思主义经济理论、西方左翼激进经济理论、新老凯恩斯主义经济理论（其理论地位和作用总体相当于马克思所说的"资产阶级古典经济学"，而多种新自由主义经济学的理论地位和作用总体相当于马克思所说的"资产阶级庸俗经济学"，但也不等于没有任何可取之处）、克鲁格曼国际经济理论、发展经济学、比较经济学以及"中心—外围"等发展中国家经济理论；积极汲取当代哲学、伦理学、美学、心理学、法学、政治学、系统学、场态学、生物学、数学等多学科的可用方法。[①]

在这个综合创新的过程中，中国的马克思主义经济学者应当同各国学界和政界（如国外执政或不执政的共产党）的马克思主义经济研究者建立密切的良性互动关系。同时，要遵循学术发展规律，坚定不移地贯彻落实"双百方针"，允许和鼓励马克思主义思想体系内部发展不同经济学派，在活跃的学术争鸣中深化理论研究，探索和构建中外学界马克思主义与政界马克思主义的良性互动机制。这必将有利于中国乃至全球经济学的现代化。

当前，中国经济学在改革开放和"学术走出去战略"的推动下正在快速向前发展。我国一大批老中青经济学家结合建设中国特色社会主义经济和经济全球化的伟大实践，正在积极推进中国马克思主义经济学的现代化，目前已呈现出经济学的"五大发展态势"。即注重对重大现实经济问题进行体现科学发展观的理论和政策探讨、注重对经济学原理的超越性发展、注重对政治经济学理论的数学表达和分析、注重用现代马克思主义政治经济

---

① 程恩富：《范式革命与常规理论发展——经济学的分化与综合》，《光明日报》2004 年 1 月 20 日。

学引领应用经济学创新、注重与国外马克思主义经济学的互动和借鉴，并已经产生了一批富有开拓性的理论成果。[①] 这种发展态势的出现，正是马克思主义经济学具有强大生命力和持续创新力的表现，也反映出中国社会主义现代化建设的内在要求。

我们坚信，坚持"马学为体、西学为用、国学为根，世情为鉴、国情为据，综合创新"的基本思维方法和学术原则，必将使中国经济学的现代化道路越走越宽广，并为中国特色社会主义经济和世界经济的科学发展作出应有贡献。

（原载于《马克思主义研究》2009 年第 4 期。副标题：主析"马学""西学"与"国学"之关系。程恩富，何干强）

---

① 程恩福：《经济学现代化及其五大态势》，《高校理论战线》2008 年第 3 期。

重建中国经济学
超越马克思与西方经济学

　　1994年，笔者曾发表《21世纪：重建中国经济学》一文指出随着社会主义市场经济的日益发育成熟，系统地科学反映这一经济实践变化的中国理论经济学，在20世纪末的反思与论争及方法论的变革后，必将以全新的面貌出现于21世纪初。[①] 近几年，关于"中国经济学"的讨论热烈而又深刻，表明中国社会主义理论经济学经过50年的多阶段的曲折发展，现在确实到了全面重建的新时期。笔者拟在分析我国社会主义理论经济学演进状态及其缺陷的基础上，对在重建中国经济学进程中如何超越马克思经济学与西方经济学这一课题作些分析。

一、 中国社会主义经济学的演进阶段与若干倾向

　　新中国50年，中国社会主义理论经济学总体上以马克思主义为思想指导，以中国社会主义经济实践为实践源泉，取得了人类经济学说发展史上的重大成果，并对高绩效的中国经济发展作出了巨大的贡献，体现出中华民族伟大的经济智慧，为全世界的经济学发展提供了具有"中国学派"色彩的系统经济理论。然而，中国社会主义理论经济学在具体演进中创新、

　　[①] 程恩富：《21世纪：重建中国经济学》，《社会科学报》1994年4月7日；程恩富、张建伟：《问题意识与政治经济学革新》，《经济学家》1999年第3期。

改良与若干不良倾向是并存的，现作详略不同的评述。

（一）新建阶段与"仿苏"倾向

这一阶段的历史跨度是从中华人民共和国成立到"文革"前。

1949 年 10 月，中国人民取得了新民主主义革命的伟大胜利，建立了新中国。然而由于马克思的（资本论）是以资本主义的生产关系为研究对象，并没有系统的社会主义经济理论，因而中国的社会主义建设缺乏必要的理论指导。但此时苏联已经进行了几十年的社会主义建设的伟大实践，初步勾勒出了社会主义经济的基本框架并且取得了伟大的成就。于是，苏联的社会主义经济模式便成为新中国领导人模仿的对象。在自己缺乏建设实践的经验时，苏联的社会主义经济实践便被当成了我国建设的"真知"。

与实践相一致，在经济学上也开始模仿苏联。1952 年，斯大林的《苏联社会主义经济问题》中文版出版发行。

1959 年，苏联科学院组织编写的《政治经济学教科书》中文版出版发行。这两本书的发行对中国理论经济学的发展产生了深远的影响。由于当时的苏联是国际共产主义运动的领袖，且中国的社会主义建设缺乏自己的理论，因而这两本书便被当作中国社会主义理论经济学的"教科书"而被"顶礼膜拜"。当时，党中央、毛主席号召全党学习苏联的政治经济学理论。高等院校的政治经济学教材也是以《政治经济学教科书》为基本体系向学生讲授社会主义理论经济学。中国的社会主义理论经济学完全将西方经济学的合理颗粒拒之门外，而照搬苏联的社会主义经济学理论。"苏联范式"的经济学是马克思、列宁、斯大林经济思想与苏联经济实践的一种综合，有其相当的科学性，在经济学说史具有划时代的重大意义，但也有不少误点和局限性。

在这一阶段，由于中国的理论经济学主要是照搬苏联的政治经济学，因此，苏联政治经济学的历史局限也就成为中国社会主义理论经济学的局限。这些局限性主要表现在：相对忽视生产力的研究；否认价值规律对生产的调节作用；忽视定量分析等。尽管当时的中国理论经济学具有以上局限性，然而它毕竟指导中国经济顺利实现了由新民主主义革命向社会主义革命的过渡，而且在理论上初步构建了社会主义理论经济学的基本框架和研究方法及基本概念和范畴。所以，从这一层面来讲，在新建阶段中尽管有仿苏倾向，但中国社会主义理论经济学仍然具有积极意义。而且，毛泽东同志的《论十大关系》《毛泽东读苏联〈政治经济学教科书（第三版）〉的谈话要点》及有关价值规律等论述，陈云同志在 1956 年 9 月提出"计划调节为主，市场调节为辅"等观点，以及马寅初的人口理论和孙冶方的价值规律思想等，均标志着我国的社会主义理论经济学开始试图用自己的理论来指导我国经济实践。60 年代上半期，我国陆续编写和出版的《政治经济学（社会主义部分）》教科书，充分体现了"苏联范式"与当时中国特色的混合。其中包括 1958 年及以后萌生的某些极左思想和政策。

（二）"革命"阶段与极左倾向

这一阶段主要是 10 年"文化大革命"时期。

在"文革"时期，我国的经济建设和社会主义经济理论的发展都出现了不少失误。在"四人帮"的干扰下，经济工作受到政治运动的严重冲击，经济理论服务于政治运动的需要。尤其是在"四人帮"授意下搞的《社会主义政治经济学》一书，完全是以"大批判经济学"的极左面貌出现，将许多有利于发展生产力的做法当作资本主义的"尾巴"而大加批驳，将按劳分配说成是资产阶级产生的土壤，将当时并不存在的经济上的阶级斗争和党内资产阶级作为经济学研究的主题等等。

尽管受到"左"的思想的干扰，但不少经济学家并未停止思索与研究。如许涤新在被关押期间，就依据马克思《资本论》体系，构思社会主义生产、流通与分配的总体框架和主线，并形成系统思维（"文革"后不久立即将成熟的思想变成文字，出版了《社会主义生产、流通与分配》力作）。

（三）改革阶段与"仿美"倾向

这一阶段是从 1979 年至今。

在这一阶段，开始全面清理社会主义经济理论中"左"的思想，重新用科学的马克思主义理论指导中国社会主义理论经济学的研究，提出我国社会的主要矛盾是人民日益增长的物质文化需要同落后的社会生产之间的矛盾，因而党和国家的重点必须转移到以经济建设为中心的社会主义现代化建设上来。1982年召开的党的十二大提出必须贯彻计划经济为主、市场调节为辅的原则。1984年召开的十二届三中全会上提出了社会主义经济是有计划的商品经济，而商品经济的充分发展是社会主义经济发展不可逾越的阶段。1992年党的十四大则明确提出建立社会主义市场经济体制。

至此，社会主义市场经济体制作为我国经济体制改革的目标而确立下来。丰富的改革实践为我国社会主义理论经济学的发展提供了肥沃的土壤和充足的养料。

伴随我国经济改革和建设的巨大成就，社会主义理论经济学的理论变得丰富和完善。如社会主义市场经济理论和社会主义初级阶段理论的确立，生产力理论和所有制结构理论的调整，现代企业制度理论和市场体系理论的提出，市场型按劳分配及其他分配理论的发展，经济公平与经济效率理论的拓展，宏观调控理论和对外开放理论的阐发，等等。社会主义理论经济学出现了一个新的发展高潮。

尽管社会主义理论经济学的发展取得了建国以来最为辉煌的成就，但发展过程中却也暴露了不少问题：首先是对现实经济问题缺乏系统的解释力和预见力。经济理论的生命力在于其对现实经济问题的预见和解释的能力。而社会主义理论经济学的研究却在某种程度上变成了政治领导人讲话、中央文件和政策的注解，理论的研究反倒落在经济实践的后面，这在相当程度上影响了人们对社会主义理论经济学的信任度。其次是经济理论研究的近视性。这表现在缺乏对基础理论的系统研究，而往往只是对流行思潮的妙作。如对"一包就灵""一股就灵"等观点的宣传和对计划与市场关系极端对立的认识。最后是研究上缺乏方法论的整合和系统创新。偏好于搬马恩原著或当代西方经济学经典的原话来对现实经济问题作出理论的分析，而非应用中外马克思主义的基本观点来研究和指导现实的经济实践。

随着改革开放的深入和西方经济学理论的引进，西方经济学在中国的影响日趋增大。由于传统的社会主义理论经济学对现实经济问题解释力和预见力的不够，"苏联范式"的某种僵化及西方经济学研究方法和工具的使用，使得西方经济学不断动摇中国社会主义理论经济学的支配地位。一些理论研究工作者也由以前对"苏联范式"的崇拜而简单地倒向"美国范式"，但又对以美国为代表的当代西方经济学的"范式危机"并无感觉。

中国社会主义的理论经济学研究存在"仿美"或"仿西"的倾向至少表现在：

1. 缺乏应有的人文性，数学在某种程度上被滥用。

与国外专业经济学杂志上连篇累牍的数学公式相似，我国的经济学杂志上也开始充满了数学公式。虽然说还没有到数学的使用被作为炫耀作者数学功底的程度，却也被当作作者理论上的创新，认为只有使用数学工具的文章才是具有理论创新的文章，否则，就属于"垃圾"。工具被当作了目标，简单明了的经济思想披上了烦琐的数学外衣，增大了认知费用，理论经济学有被数学主宰的倾向。与此相反，经济学应有的人文性、阶层性和终极关怀等分析较为匮乏。

2. 私有化"产权神话"和"自私人"（"经济人"）理论的流行。

虽然说西方产权理论的制度分析、交易费用分析和契约分析对中国经济转型具有一定的理论解释力，但是其理论上的一些误区却也在理论界大行其道。其中最为典型的便是私有化"产权神话"和"自私人"理论的流行。产权的明晰仅仅被简单地理解成只有私有的产权才是清晰的产权，私有化被当作经济发展的"灵丹妙药"而全然不顾东欧国家和俄罗斯私有化悲剧的上演。"自私人公理"被作为现实经济的逻辑起点和理论研究的逻辑起点在理沦经济学中被广为渲染，却没有看到此理论是对人类经济行为的片面认识，全然否定了利他主义和群体主义。[①]

诚然，西方经济学的确给中国输送了市场观念和实证分析、数量分析、边际分析等经济科学的研究方法，开拓了理论研究的视野。但另一方而，它的过度形式主义和理论与中国经济的脱节，也会使中国经济学误入歧途。

---

① 程恩富：《西方产权理论评析》，当代中国出版社，1997 年。

数学只是经济学者工具箱中的重要工具，但工具本身并不能创造理论。对于私有化"产权神话"，美国著名经济学家斯蒂格利茨也认为："这个神话十分危险，因为它误导许多转轨国家仅仅关注产权问题，过分信赖私有化，而忽略了一系列更广泛的问题。"[①] 而对于在我国广为流行的"自私人"理论，布热津斯基先生曾恍然大悟道："以相对主义的享乐至上作为生活的基本指南是构不成任何坚实的社会支柱的；一个社会没有共同遵守的绝对确定的原则，相反却助长个人的自我满足，那么，这个社会就有解体的危险。"[②] 可见，西方经济学本身的逻辑缺陷及苏东社会主义国家改革的悲剧说明，随意照搬西方经济学并不能解决中国社会主义理论经济学和中国经济的现实难题，唯一的出路在于进行合乎马克思主义基本精神和中国国情的理论创新。

二、 传统和现有社会主义经济学理论模式的基本缺陷

在上述评析的基础上，我们可对传统和现有的社会主义经济学理论模式的主要缺陷作一总结或概括。

第一，在规范分析层面，单纯进行社会主义与资本主义的范畴和规律对比，缺乏研究深度。

中国传统的社会主义理论经济学受"苏联范式"的影响，在描述社会主义生产关系的现象和本质时，往往运用不同社会经济形态的简单对比来替代对其实证性的研究。实证性分析比重较少，规范性分析掩饰经济活动中的某些内在矛盾。有关社会主义经济体制和经济行为的一些价值性判断立意不高，理论视野不宽，甚至过于武断。尽管在社会主义政治经济学的初创阶段和发展过程中难以避免，但这毕竟是弊端之处。

第二，在实证描述层面，没有继承马克思经济学高度重视数学方法的

① 斯蒂格利茨：《社会主义向何处去》，吉林人民出版社，1998 年。

② 布热津斯基：《大失控与大混乱》，中国社会科学出版社，1995 年。

优良传统，缺乏定量分析。

凡是了解外国经济学说史的人都确认，与英国的斯密、李嘉图，法国的魁奈、西斯蒙第以及德国的李斯特等人相比，马克思是同时代经济学大师中运用定量分析最多和最好的典范。那种以为马克思经济学不重视定量研究的看法是一个误点，那种以现代西方经济学大量采用数学方法来抨击马克思经济学，则属于一种无规则和反认识论的苛求。然而，十分遗憾的是，在过去社会主义理论经济学的理论研究中，的确没有继承和发扬马克思经济学的这一学术特色，没有借鉴当代西方经济学的一些分析工具，不少经济范畴、经济规律、经济运行和经济行为的阐述毫无量的规定性。

第三，在政策研究层面，一味地"唯上"和"跟风"，并作辩护性的解释，缺乏反思意识。

一国的经济政策同经济实态和价值判断是紧密相连的，理论经济学的研究往往从不同的规范角度或实证角度推出相应的政策主张。问题在于，基于科学理论规范和实证描述之上的具体政策推导，同官僚主义的"唯意志论"的政策推行，有天壤之别。倘若社会主义理论经济学时时刻刻围绕主观多变的经济政策转，并以此来推导出实证性的结论和理论模型，那就会葬送这门学科。传统政治经济学演变的历史教训值得汲取。

第四，在学科重构层面，以社会主义市场经济学取代社会主义理论经济学，缺乏本质揭示。

西方国家搞了数百年的商品经济和市场经济，并未出现市场经济学，尽管其政治经济学或经济学一直是以资本主义市场经济为分析背景，以资本主义市场经济的资源配置为研究对象的。传统社会主义理论经济学是研究计划经济的，改革后的社会主义理论经济学自然是研究社会主义市场经济的。不过，这属于政治经济学研究的现实经济体制及相关内涵发生了变化，并不意味着可以取消理论经济学，而用主要研究社会主义经济运行的市场经济学这门具体学科，来替代作为各门具体经济学科理论基础和指导的社会主义政治经济学。笼统地以经济运行或资源配置的一般分析排斥特定经济关系的揭示，以经济关系的具体实现形式的一般分析排斥特定经济关系本质和根本经济制度的揭示，是不足取的。

第五，在方法变革层面，简单照搬西方经济学的范畴和理论，缺乏创新精神。

改革陈旧的社会主义理论经济学需要进行方法论的拓展，其中包括科学地借鉴国外经济学的分析方法和理论模型。但现有的某些社会主义理论经济学作品"食洋不化"，以为西方经济学讲的观点都是真理，用的方法都是科学的，以致在分析方法、范畴体系和理论框架上作单纯的模仿，甚至认为只要在现代西方经济学的教科书中添加一些中国经济案例或实证资料，即为改革成功的现代社会主义理论经济学。这种"短平快式改革"的思潮比较时髦，操作起来也省力，迎合了出书快和出名快的市场价值观。可是，这终究不是严谨的思想和学术创新。

三、 重建中国社会主义经济学范式的原则与思路

当我们批评了传统和现有社会主义理论经济学的种种弊病以后，就要回答究竟应当怎样科学地重建中国社会主义理论经济学，也就是说，依据什么思想方法和理论原则来创新呢？笔者主张，以中外社会主义经济实践为思想源泉，以马克思主义经济学的主要假设为基点，积极吸纳古今中外各种经济思想的合理成分，广泛借鉴相关社会科学和自然科学的可用方法，构造既超越马克思经济学范式和苏联经济学范式，又超越西方经济学范式的新范式，即新建在世界经济大环境中主要反映中国初级社会主义市场经济独特性的经济学范式。

（一）思想源泉：中外社会主义经济多种实践

经济实践是经济认识的基础和检验经济学真理的唯一标准，科学的经济学理论永远是在经济实践的基础上产生并随着经济实践的发展而发展。经济实践的内涵丰富多彩，并非单指一国一时一地的具体经济活动或实践。然而，人们在辨别某一经济理论的正确与否时，往往固执地引用某一时空范围内具体经济实践的案例来确立检验其真理性。局部的或短期的经济实

践并不能全面检验某一经济学原理的正确性。从这个角度说,当代西方哲学中关于理论只能被"证伪"而不能被"证实"的认知方法有一定道理。即使是科学的经济学理论,也只能不断地被部分证实下去,而不可能通过一次或若干次具体实践就得到全面和永远的证实,但证伪只需一次,也许这一证伪只具有个别或局部意义。

以社会主义与市场经济能否有效结合的重要命题为例。国内外许多学者对此都持否定意见,并援引西方资本主义市场经济制度,苏东国家改革后的蜕变和我国公有经济比重下降来佐证。其实,与西方产权学派张五常在此问题上混乱的逻辑相比,① 该学派的创始人科斯讲得比较客观,指出过去已有私有制与市场经济相结合的经验,至于社会主义与市场经济能否相结合,这一点目前不能证伪。观察中外现有市场经济实践的表象和本质,可以部分地得到实证的说明,即社会主义或公有制与市场经济能有效结合,而苏东国家的经济大倒退和西方国家的金融危机等,恰恰表明资本主义或私有制与市场经济的冲突和某种不相容。

重建社会主义理论经济学,必须以世界经济和人类经济的发展历史为大背景,与资本主义市场经济的多类模式相对照,重点从中外社会主义经济的多种实践中实证地描述出经济事物变动的基本现象,科学地提炼和抽象出合乎经济事物本质的规律性范畴和原理。尽管恩格斯揭示过不成熟的经济关系与不成熟的经济理论之间的内在联系,但这并不妨碍社会主义经济理论的某种前瞻研究。事实上,社会主义市场经济的良性运转及其体制的不断完善,正有赖于社会主义理论经济学的变革与创新。即使是作为中国经济史的计划经济实践,也需要继续进行客观的实证分析和辩证的规范定性,以便成为新经济学的经济史基础。

(二)理论基点:马克思主义经济学的主要假设

在19世纪和20世纪,社会主义的定义有100多种。其中有资产阶级右翼和左翼的社会主义、小资产阶级的激进社会主义、空想或批判的社会主

---

① 程恩富:《西方产权理论评析》,当代中国出版社,1997年。

义，也有马克思主义的科学社会主义。中国社会主义理论经济学既然要从根本上反映作为先进生产力和生产关系代表的工人阶级利益，那就必定要以马克思主义经济学为理论指南。如果对以往"左"的教条主义采取矫枉过正的学术态度，便容易形成一种善意的折中主义或保守的右倾思潮，以为社会主义理论经济学只应进行"问题"的实证分析，而无须进行含有"主义"的价值判断，或者以为当代西方经济学教科书都是普遍真理，只要加点中国经济实例即为创新的社会主义理论经济学。其实，每个经济学流派均或多或少地确立了特定"主义"的价值判断。斯密主义与李斯特主义，凯恩斯主义与货币主义等等，难道没有价值判断的"主义"之争？所以，症结不在于要不要"主义"一类的价值判断和思辨，而在于其客观性和科学性如何。

过去，由于人们强调马克思主义经济学的真理性和现实性，因而一律偏好使用"普遍原理"或"基本原理"之类的词汇，不愿或不敢退一步，把其某些经济思想同时也视为一种"理论假设"，似乎假设都是脱离实际的或无意义的空想和幻想，[①] 进而贬低了马克思主义经济学原理的重要性。出于同当代西方经济学对话或论战的需要，应当改变近代西方经济学和马克思经济学的用语习惯，经常采用"理论假设"一词及其逻辑叙述方法。如同西方经济学同时把"生产三要素""私有高绩效""经济人"等说成是原理、公理和假设一样，我们也可以把"劳动二重性""公有高绩效""利益人"等说成是原理、公理和假设。在某一经济学理论假设算不算作公理的问题上，渗透着研究者主体的不同价值判断。基于不同的方法和立场，即使马克思主义者拿出再硬的实证史料和逻辑证据，资产阶级经济学家也不一定承认马克思主义经济学的一些基本理论是正确的，但会确认其为理论假设，这有益于讨论的简化和深化。

此外，马克思经济学、列宁经济学上某些被资本主义或前资本主义经

---

① 程恩富、齐新宇：《重建中国经济学的若干基本问题》，《政治经济学研究报告（第1集）》，社会科学文献出版社，2000年。

济实践证明是正确的理论，以及属于对向社会主义过渡或社会主义的理论分析，均必须在中外社会主义经济实践中进行检验及展开逻辑体系的完善。从这个意义上说，那些原理、公理或理论预见，不妨都可称之为理论假设。

简言之，采用马列主义经济学的"劳动二重性""公有高绩效"和"利益人"（与西方经济学的"经济人"或"自私人"不同，"利益人"是利己与利他相结合的）等主要假设为理论基点，积极包容古今中外合理的经济思想，并由此构筑社会主义理论经济学的新假设和新范式，便能实现超越马克思经济学、苏联经济学和西方经济学的创新目标。

例如，从马克思经济学中概括出来的"公有高绩效"假设，是指生产资料归全社会成员共同所有的公有制体系能达到社会绩效最大化。从邓小平经济理论中概括出来的"公有高绩效"假设，是指生产资料全民所有制和集体所有制能达到社会绩效最大化。但其中均存在多种复杂的假设前提，如不存在严重的社会腐败，委托代理双方权责是合理的，国企承担额外社会义务需另行核算，政府政策和操作没出现大失误，选聘的经营者有较高素质，等等。只有大体同时具备这些前提条件，社会主义公有制与市场经济的结合才能呈现高绩效。

倘若过去或现实生活中搞好社会主义公有制的假设条件不存在而导致低绩效，这并不能证明计划经济或市场经济的条件下公有制经济不可行。可见，重建中的社会主义理论经济学，必须借鉴西方经济学表述"科斯定理""帕累托最优"或"市场效率假设"等方式，精心研究马克思主义经济学经典和社会主义新经济理论所必然涉及到的这类假设及其前提条件，大幅度提高理论的科学解释力和预见力。

（三）学术渊源：古今中外经济学说的合理成分

广义地说，沿用式的继承、批判式的发展和否定式的摈弃等，均呈现出某种学术渊源联系。狭义地理解，也可将学术渊源界定为一种学术与另一种学术相互继承和发展的来源关系。重建中的中国社会主义理论经济学，不能采取传统的做法，只强调马克思主义经济学经典作家的学术地位和渊源关系，而盲目排斥其他；或者反过来，只强调西方资产阶级经济学经典作品的学术作用。经典是必须拥有和重视的，但仅仅拥有经典是远远不够的。

综观人类经济理论变迁的历史，任何一种新的经济学术体系均难以彻底抛弃前人的思想，而往往是将超越和创新同继承有机地结合起来，在不同程度上有扬有弃。不仅穆勒、马歇尔、萨缪尔森等近现代经济学说的综合经济学家，李嘉图、弗里德曼、诺思等创立了新学派的西方经济学家，而且马克思、恩格斯、列宁、斯大林、毛泽东和邓小平创立和发展的科学社会主义经济理论，都一概如此。中国社会主义理论经济学的重建，应在保持与马克思主义经济学的主要学术渊源关系之外，放眼世界，综观历史，积极汲取古今中外一切经济学说的合理成分，并实现某些理论原创。其重点有两个：

首先，创新的中国社会主义理论经济学，必须科学地汲取当代外国经济思想。现代主流西方经济学的理论和西方诺贝尔经济学奖得主的理论，自然要高度重视，但也不能轻视发达国家非主流经济学和发展中国家的经济学说。譬如，美国的激进政治经济学和加尔布雷思的制度主义，英国的凯恩斯左派经济学，发展中国家的"中心—外围""依附"和"不平等交换"等国际贸易理论，日本的非正统马克思主义经济学说，以及关于经济全球化悖论的经济思想，等等。其中，西方激进政治经济学关于"市场社会主义"的各种经济理论和政策主张，对我国完善社会主义市场经济理论与实践具有较直接的借鉴意义。

其次，创新的中国社会主义理论经济学，必须科学地汲取中国古近代经济思想。我国古代的消费思想、人口思想、财政思想、生态经济思想，康有为的社会主义"大同"经济学说，孙中山的"三民主义"经济理论等，均有一定的合理颗粒。台湾学者构建的"新儒学经济与管理"思想体系，加拿大华人学者倡导的"中庸经济学"理论，也值得高度关注。①

---

① 林国雄：《新儒学经济与管理》，台湾慈惠出版社，1997 年；陈慰中：《中庸经济学》，中国财政经济出版社，1997 年。

（四）方法泛化：相关社会科学和自然科学的可用知识

马克思精通资产阶级政治经济学，但在最后构建《资本论》3 卷本政治经济学新体系时，并未主要沿用当时西方经济学的一套方法，尽管这些经济学方法也曾被视为学术前沿和最新工具。这是因为，马克思要实现对传统政治经济学的充分革命和全新超越，决不能囿于资产阶级或小资产阶级政治经济学那套新方法。事实上，马克思在重视以往经济学方法论的同时，重点是批判地借鉴了黑格尔的辩证法和费尔巴哈的唯物论，采用原创的唯物辩证法和历史唯物主义来改造政治经济学旧程式的。

要真正实现同时超越马克思经济学和西方经济学，必须学习马克思的这一独创精神，突破中外政治经济学说史上的某些方法局限，在重建中国社会主义理论经济学的过程中广泛借鉴和采用相关社会科学和自然科学的可用知识，做到经济学方法论体系的有机整合。其中，有以下 10 个关键点：

——借鉴现代哲学的方法和知识。在整个社会科学领域，包括科学哲学在内的哲学方法对理论经济学的功用将逐渐凸现为最大和全面性的。① 人本主义、解释学、总体异化论和范式说等，具有不可忽视的影响。

——借鉴现代政治学的方法和知识。尽管政治经济学名称中的"政治"原意并非指现代意义的政治（目前西方建立的新政治经济学又属于另一种含义），然而，理论经济学不是不要汲取政治学的营养。关于市场与国家或政府的关系，关于经济周期与行政推动或政治选举的关系，关于经济全球化与政治霸权主义的关系，无不需要结合一定的政治学方法和观点去透彻地解释之。

——借鉴现代法学的方法和知识。理论经济学在研究经济制度和经济权利时，必定要涉及到中外法学的分析方法和理论，尤其是有关现代企业制度、市场制度和国家决策制度的问题。

——借鉴现代社会学的方法和知识。社会学中关于社会阶层及其分化

---

① 程恩富：《充分认识哲学对经济行为分析的积极效应》，《中国社会科学》1999 年第 2 期；《新华文摘》1999 年第 7 期。

理论，人的交往理论，社会发展的综合动力理论，财富和收入分配及贫富分化理论等，对理论经济学深入阐发阶级、交换和交易、经济制度变迁以及国民财富，不无学术意义。

——借鉴现代伦理学的方法和知识。倘若说市场是第一只"看不见的手"和第一种调节经济的机制或力量，政府是一只"看得见的手"和第二种调节经济的机制或力量，那么，伦理便是第二只"看得见的手"和第三种调节经济的机制或力量。在个人、企业、市场、政府乃至全球经济活动中，伦理紧紧地与经济行为掺揉在一起，表现为对公平与效率、义与利、诚与信等不同理解。理论经济学理应纳进"道德"和"至善"等伦理学的概念（西方新制度经济学已接受"败德"和"机会主义"的术语）。

——借鉴现代美学的方法和知识。美是事物具有的某种形式、结构、属性和法则，是一种能产生某种美感的客观性质。经济活动中存在美与丑的现象，也有股市这类"野兽之美"的状态。"经济美"可归属为与自然美相并列的社会美范畴，是指人类经济活动中具有制度公正、运行有序和发展和谐等属性。"经济学美"是指经济学理论体系形式上的完整和谐与该理论所揭示的内容上的完整和谐。应当用中外美学的某些思想来提高理论经济学的科学抽象度和学术品位。

——借鉴现代心理学的方法和知识。要改造西方经济学使用的"心理预期""心理偏好"和"主观效用"等范畴，吸收消费心理学、管理心理学和商业心理学基本理论层面的东西，并以现代心理学和社会心理学的知识去拓展理论经济学。

——借鉴现代数学的方法和知识。不仅作为理论经济学重要内容的实证经济研究需要借助于各种数学方法，而且规范经济研究也需要采用数学工具。博弈论可以论证微观经济、宏观经济和宇观经济（全球经济）的许多理论问题，包括用以阐释作为社会主义市场经济一种微观组织模式的"豫南一枝花"（亦有人贬之为经济怪物），即南街村。①

---

① 邓英淘、崔之元：《南街村》，当代中国出版社，1996 年。

——借鉴现代生物学的方法和知识。人类是生物进化的产物，其经济活动和演化过程仍有与生物相似的一面，呈现为一定的仿生性。按照恩格斯的提示，在废除私有制和市场竞争制度之前，人类没有最终脱离动物界。凭借现代生物学和社会生物学的方法和理论，理论经济学可以充分发掘"利己人""利他人""利益人""自由人""市场人"和"计划人"等经济行为特征，从而更深刻地揭示社会主义市场经济的运行机制和演进规律。

——借鉴系统论、信息论和场态论之类的方法和知识。依据系统优于非系统的特性，将经济对象和经济行为作系统化分析；依据层次系统优于非层次系统的特性，将经济系统作层次化分析；依据开放系统优于封闭系统的特性，将经济系统作开放状态分析。不确定性、风险、信息的对称与不对称等信息学观点，"场"等物理学观点和"社会场"的观点，均对经济改革与经济发展的理论层面考察具有方法论的价值。

（原载于《学术月刊》2000 年第 2 期）

《资本论》中关于共产主义
经济形态的思想阐释

马克思的科学共产主义这个"幽灵"自一百多年前诞生之日起，就成为无产阶级进行革命和建设的指导思想和最高纲领。从巴黎公社到十月革命，从十月革命到中华人民共和国成立和欧亚社会主义国家的建立，从积弱积贫的半封建半殖民国家到中国特色社会主义道路的成功实践，历史的轨迹已经表明，共产主义已不再是"幽灵"，而是高高飘扬的旗帜。

如果说《共产党宣言》宣告了科学共产主义的诞生，那么《资本论》则标志着科学共产主义的成熟；如果说《共产党宣言》第一次系统阐述了科学共产主义的基本原理，那么《资本论》则以无懈可击、无可辩驳的经济事实和剩余价值理论论证了共产主义原理的科学性。自从有了《资本论》，共产主义就不再是马克思唯物史观的简单结论，更不是被资产阶级经济学家所攻击的历史进步主义的简单推论，而是把唯物史观运用到资本主义生产方式的研究中所得出的科学结论。正如恩格斯所说，马克思的唯物史观和剩余价值学说两大发现使社会主义由空想变为科学，而《资本论》正是唯物史观和剩余价值学说的完美结合和运用。"科学的社会主义就是从此开始，以此为中心发展起来的"。①

《资本论》是马克思一生的巅峰之巨作，在马克思主义整个理论体系中处于核心地位。它作为研究资本主义生产方式的一部政治经济学著作，既

---

①《马克思恩格斯全集》第 20 卷，北京：人民出版社，1971 年，第 222 页。

是辩证唯物主义和历史唯物主义方法论的具体运用，又是阐述科学社会主义基本原理的著作。马克思坚决拒绝像空想社会主义者那样，从公平、正义等理性原则出发来批判资本主义，并在此基础上构想未来的理性王国。《资本论》站在工人阶级的立场上，以劳动价值论为基石、以剩余价值论为核心，坚持辩证唯物主义和历史唯物主义世界观和方法论，把对未来社会的研究建立在对资本主义和资产阶级经济学的严格解剖和分析批判的基础上的，发现和构建了共产主义新世界；它从资本主义经济运动形式内部发现了否定资本主义经济制度的种种物质因素，从而揭示了资本主义的内在矛盾和运动规律，揭示了资本主义必然灭亡和共产主义必然胜利的必然性，赋予了无产阶级争取自身解放并最终解放全人类的历史使命和思想武器。《资本论》不仅在对资本主义的剖析中把共产主义奠定在更加坚实的理论基础之上，而且预示了未来社会的一系列特征。然而，就在《资本论》刚刚问世的时候，实证主义哲学家奥·孔德的信徒叶·瓦·德罗贝尔蒂指责马克思"只限批判地分析既成事实，而没有为未来的食堂开出调味单"。① 果真如此？本文的任务就在于系统梳理《资本论》给未来社会开出了怎样的"调味单"。

从《资本论》中发掘共产主义的经济形态，陈征、黎健坤、储东涛、蓝蔚青、梅荣政、李红军等，从共产主义代替资本主义的必然性和无产阶级的历史使命，以及共产主义的所有制、收入分配、再生产、经济管理和经济核算、人的发展、教育等方面进行了一定程度的梳理和阐述，富于启发。但是从系统性上来说，还没有把《资本论》中关于共产主义经济形态的完整内容展示出来。本文以《资本论》第一、二、三、四卷为蓝本，从中系统梳理马克思对共产主义经济形态的研究，以期对中国特色社会主义建设和共产主义运动有所启示。

在马克思的著作中，"共产主义"和"社会主义"两个词一般是作为同义词使用的，但是为了把自己的理论与当时流行的各种空想的、改良的社

---

① 《马克思恩格斯全集》第 23 卷，北京：人民出版社，1972 年，第 19 页。

会主义相区别，马克思更多地用"共产主义"而不是"社会主义"来表达自己的思想。在资本论中，马克思用"自由人联合体"和"共产主义"来表达他对未来社会的设想。虽然这时还没有像《哥达纲领批判》里那样明确地把未来社会分为低级阶段和高级阶段两个阶段，但《资本论》中已经有关于未来社会阶段划分的思想。比如，在第一卷第一章对商品拜物教的分析中设想的自由人联合体的分配制度时说："这种分配的方式会随着社会生产机体本身的特殊方式和随着生产者的相应的历史发展程度而改变。"①这里所说的"社会生产机体本身的特殊方式"以及"生产者的相应的历史发展程度"，本身就包含着共产主义因发展程度不同而产生的阶段的区分。

《资本论》是把共产主义作为资本主义的发展趋势来论述的，共产主义是优于资本主义的更高一级的新的社会制度，是按照历史发展规律必然实现的先进的社会制度。当然，《资本论》中的共产主义还不是现存的社会主义，而是作为原理的共产主义。马克思设想的共产主义社会，由于生产力高度发达，商品、货币等范畴已不存在，这和我国当前生产力水平还不高，还需要利用商品、货币等经济杠杆来建设社会主义的情况有所不同。但马克思对共产主义经济形态所作的预示及其原理和方法，不仅对我国当前中国特色社会主义建设具有重要指导意义，而且关系着人类历史发展的命运，是极其宝贵的理论财富。

一、　资本主义生产关系必然转化为共产主义生产关系

马克思把人类社会的发展理解为"一个自然历史过程"，资本主义也是这个自然历史过程中的一个阶段。"它是既不能跳过也不能用法令取消自然的发展阶段"，② 也不是永恒的历史阶段，它只是从小私有制向共产主义公有制的过渡阶段，这是以"铁的必然性"发挥作用的必然趋势。

---

①《马克思恩格斯全集》第 23 卷，北京：人民出版社，1972 年，第 95 页。
②《马克思恩格斯全集》第 23 卷，北京：人民出版社，1972 年，第 11 页。

1. 资本主义生产关系的对抗性质，必然导致共产主义生产关系的产生

《资本论》中自始至终贯穿着资本的逻辑，马克思从资本主义的经济细胞商品开始研究资本主义生产关系。"商品流通是资本的起点"，货币"是资本的最初表现形式"。① 然而，"有了商品流通和货币流通，决不是就具备了资本存在的历史条件。只有当生产资料和生活资料的占有者在市场上找到出卖自己劳动力的自由工人的时候，资本才产生。"② 也就是说，当资本家购买到劳动力商品的时候，货币才能转化为资本，资本才能产生。于是，资本和劳动的关系，准确地说是资本主义的雇佣劳动关系，成为资本主义社会体系中的核心关系——资本主义的生产关系。

"资本只有一种生活本能，这就是增值自身，创造剩余价值"③。当资本进入生产过程以后，资本表现为物，这些物作为资本增殖的手段进入资本家的生产消费，在生产消费的过程中，资本由于消费劳动力而使自身增殖，从而获得剩余价值。所以，资本表面上是物，其实质是一种生产关系，是以资本主义私有制为基础的生产关系，是资本家对劳动力创造的剩余价值的无偿占有关系，是资产阶级对无产阶级的剥削关系。资本主义生产从一开始就生产着这种对抗的生产关系和阶级关系。

资本追求剩余价值的运动是无休止的。作为资本人格化代表的资本家，要不断把剩余价值转化为资本，通过资本积累和扩大再生产实现资本不断增殖的能力。资本积累"在一极是财富的积累，同时在另一极，即在把自己的产品作为资本来生产的阶级方面，是贫困、劳动折磨、受奴役、无知、粗野和道德堕落的积累"，④"社会财富即执行职能的资本越大，它的增长的规模和能力越大，从而无产阶级的绝对数量和他们的劳动生产力越大，产业后备军也就越大"。⑤ 由此可见，资本积累的一般规律充分体现了资本主

---

① 《马克思恩格斯全集》第 23 卷，北京：人民出版社，1972 年，第 171 页。
② 《马克思恩格斯全集》第 23 卷，北京：人民出版社，1972 年，第 198 页。
③ 《马克思恩格斯全集》第 23 卷，北京：人民出版社，1972 年，第 260 页。
④ 《马克思恩格斯全集》第 23 卷，北京：人民出版社，1972 年，第 743－744 页。
⑤ 《马克思恩格斯全集》第 23 卷，北京：人民出版社，1972 年，第 742 页。

义生产方式的对抗性质，资本主义的再生产同样是再生产出资本主义的对抗性的生产关系和阶级关系。因此，"只有把资本看作一定的社会生产关系的表现，才能谈资本的生产性。但是如果这样来看资本，那么这种关系的历史暂时性质就会立刻显露出来。对这种关系的一般认识是同它的继续不断的存在不相容的，这种关系本身为自己的灭亡创造了手段。"①

2. 资本主义矛盾包含着资本主义关系的解体向社会共同占有生产条件的转化

资本主义的内在矛盾蕴藏着其必然的走向。在马克思看来，"资本的伟大的文明作用"就在于它在一定的历史阶段推动了生产力的巨大发展，但这种文明作用既始于社会关系的变革，也会终于社会关系的革命性变革，②从而为未来新社会的产生创造出各种有利的因素。随着剩余劳动不断转化为资本，剩余劳动的积累就越成为资本家手中的权力。资本家则以资本来量化权力，以公司或国家的形式，共同支配整个社会、控制社会生产。随着资本权力的增长，社会生产条件与实际生产者之间的分离越是在增长，资本越是表现为异化的、独立化了的社会权力，来控制整个社会生产秩序，统治整个社会。这种权力作为物，作为资本家通过这种物取得的权力，与社会相对立。资本主义积累的对抗性质，使资本主义生产从一开始对资本主义生产关系的巩固，发展成为创造和积累它自身矛盾手段。"由资本形成的一般的社会权利和资本家个人对这些社会生产条件拥有的私人权力之间的矛盾，发展得越来越尖锐，并且包含着这种关系的解体，因为它同时包含着生产条件向一般的、共同的、社会的生产条件的转化。这种转化是由生产力在资本主义生产条件下的发展和实现这种发现的方式所决定的。"③当资本主义社会的生产力与生产关系变得不相适应时，共产主义新社会的

---

① 《马克思恩格斯全集》第 26 卷，第 3 分册，北京：人民出版社，1974 年，第 291 – 292 页。

② 资本作为一个历史范畴，其作用是双重的。马克思对资本的批判是一种历史的批判，既肯定了其历史地位，也指出其未来的归宿，这也正是马克思主义经济理论科学性的体现。（参见周德海：《也论资本的文明作用——对马克思资本概念的重新认识》，《管理学刊》2017 年第 1 期）

③ 《马克思恩格斯全集》第 25 卷，北京：人民出版社，1974 年，第 294 页。

"一些交往关系和生产关系"必然在资本主义社会的胎胞里孕育、成熟,并成为"炸毁这个社会的地雷"。共产主义就是要消灭这种由榨取劳动者的剩余劳动堆砌而成的资本的社会权力,并将这种社会权力由劳动者共同拥有和支配。生产条件不再由部分私人所有,而是全社会共同所有;劳动者的剩余劳动不再为私人资本积累,而是作为社会的公共积累,作为历史关系的资产阶级对抗性生产关系将必然导致没有阶级对抗的共产主义生产关系。①

3. 代替自由竞争的垄断为整个社会剥夺资本家做好了准备

资本主义内在竞争规律使生产越来越集中在少数资本家手中,这种生产集中和资本的集中引起的垄断,最初是"少数资本家对多数资本家的剥夺",进而将为整个社会剥夺资本家做好了准备。马克思在1860年代就看到了这种曙光,"在英国,在这个构成整个化学工业的基础的部门,竞争已经为垄断所代替,并且已经最令人鼓舞地为将来由整个社会即全民族来实行剥夺做好了准备。"②"规模不断扩大的劳动过程的协作形式日益发展,科学日益被自觉地运用于技术方面,土地被日益有计划地利用,劳动资料日益转化为只有共同使用的劳动资料,一切生产资料因作为结合的、社会的劳动的生产资料使用而日益节省,各国人民日益被卷入世界市场网,从而资本主义制度日益具有国际的性质。随着那些掠夺和垄断这一转化过程的全部利益的资本巨头不断减少,贫困、压迫、奴役、退化和剥削的程度不断加深,而日益壮大的、由资本主义生产过程本身机制所训练、联合和组织起来的工人阶级的反抗也不断增长。资本的垄断成了与这种垄断一起并在这种垄断之下繁盛起来的生产方式的桎梏。生产资料的集中和劳动的社会化,达到了同它们的资本主义外壳不能相容的地步。这个外壳就要炸毁

----

① "资产阶级生产关系被看作仅仅是历史的关系,它们将导致更高级的关系,在那里,那种成为资产阶级生产关系的基础的对抗就会消失。"(参见:马克思恩格斯全集:第26卷第3分册,北京:人民出版社,1974年,第472页)

②《马克思恩格斯全集》第25卷,北京:人民出版社,1974年,第495页。

了。资本主义私有制的丧钟就要响了。剥夺者就要被剥夺了。"① "资本主义生产由于自然过程的必然性，造成了对自身的否定。这种否定不是重新建立私有制，而是在资本主义时代的成就的基础上，也就是说，在协作和对土地及靠劳动本身生产的生产资料的共同占有的基础上，重新建立个人所有制。"② 事实正是如此，从 19 世纪 20 年代自由竞争的英国首次爆发经济危机、50 年代主要资本主义国家首次爆发世界性经济危机，一直到 90 年代末基本形成垄断资本主义，资本主义基本矛盾日益激化，导致苏联和欧亚社会主义国家的建立，并表明资本主义的外壳已被炸毁、私有制丧钟已经敲响、剥夺者已被剥夺。这些社会主义国家的最终目标都是要在实行生产资料公有制的基础上，重建部分消费品的个人所有制。至于苏东欧国家剧变，那只是社会主义波浪式发展的一种曲折性。

4. 资本主义是直接处于实行自觉改造的共产主义社会以前的历史时期

在资本主义私有制条件下，劳动一开始就和劳动条件相异化；从生产的结果来看，劳动者与自己的劳动产品相异化；随着劳动对资本从形式上的隶属转变为实际的隶属，工人越来越成为局部工人，"使劳动过程的智力与工人相异化"。③ "在这个直接处于人类社会实行自觉改造以前的历史时期，实际上只是用最大限度地浪费个人发展的办法，来保证和实现人类本身的发展。"④ 马克思在《资本论》中反复强调，资本主义社会的雇佣劳动作为劳动的 "极端的异化形式" 必然会过渡到自己的反面自主性 "联合活动"。随着劳动异化的不断强化，它自身不断地创造和积累解决自身矛盾的条件和力量，这也就意味着，只有到了资本主义雇佣劳动阶段，"解放" 一词才具有了实际的社会意义，人类解放才具有直接的历史必然性和现实可能性。只有通过消灭私有制和市场经济，建立公有制和计划经济，才能最

①《马克思恩格斯全集》第 23 卷，北京：人民出版社，1972 年，第 874 页。

②《马克思恩格斯全集》第 23 卷，北京：人民出版社，1972 年，第 874 页。

③《马克思恩格斯全集》第 23 卷，北京：人民出版社，1972 年，第 748 页。

④《马克思恩格斯全集》第 25 卷，北京：人民出版社，1974 年，第 105 页。

终消灭异化，才能实现"人是人的最高本质"① 的理想。中国特色社会主义是后资本主义与前共产主义之间的一个历史时期，是逐步实现共产主义这一理想和目标的过渡社会形态。

5. 资本主义私有制向公有制的转化是一个长期而困难的过程

"无论哪一个社会形态，在它所能容纳的全部生产力发挥出来以前，是决不会灭亡的；而新的更高的生产关系，在它的物质存在条件在旧社会的胎胞里成熟以前，是决不会出现的"② "以个人自己劳动力为基础的分散的私有制转化为资本主义私有制，同事实上已经以社会生产为基础的资本主义所有制转化为公有制比较起来，自然是一个长久得多，艰苦得多，困难得多的过程，前者是少数掠夺者剥夺人民群众，后者是人民群众剥夺少数掠夺者。"③ 共产主义战胜资本主义，"需要有一定的社会物质基础或一系列物质生存条件，而这些条件本身又是长期的、痛苦的发展史的自然产物。"④

当今资本主义的发展，尤其是二战以后，资本主义国家从自由竞争和私人垄断的资本主义过渡到国家和国际垄断资本主义以来，通过一定程度的经济"计划化"和国有化，采取了一系列缓和阶级矛盾的措施。这些措施的实施，一方面表明资本主义生产关系还有能够容纳生产力发展的空间，另一方面表明国家和国际垄断资本主义正在为共产主义准备经济基础。2007年发生于美国并席卷全球的金融和经济危机，再次说明"现在的社会不是坚实的结晶体，而是一个能够变化并且经常变化过程中的有机体"⑤ 资本主义不是近现代资产阶级庸俗经济学家竭力维护的那个永恒的美好社会。由公入私易、由私入公难，其根源在于剥削阶级的反抗和人性的自私性，但随着科技和生产力的不断发展，无产阶级的有效斗争和人性的利他性，必然促使资本主义私有制向公有制的转化在曲折和反复中最终成功。

---

① 《马克思恩格斯全集》第 1 卷，北京：人民出版社，1956 年，第 461 页。

② 《马克思恩格斯全集》第 13 卷，北京：人民出版社，1962 年，第 9 页。

③ 《马克思恩格斯全集》第 23 卷，北京：人民出版社，1972 年，第 832 页。

④ 《马克思恩格斯全集》第 23 卷，北京：人民出版社，1972 年，第 97 页。

⑤ 《马克思恩格斯全集》第 23 卷，北京：人民出版社，1972 年，第 11 页。

二、 共产主义是由资本主义过渡而来的新的社会经济形态

1. 关于资本主义向共产主义过渡

根据历史唯物主义观点，在生产力与生产关系、经济基础与上层建筑的矛盾运动中，人类社会是会从低级到高级出现原始社会、奴隶社会、封建社会、资本主义社会、共产主义社会五大社会形态，其中，每个国家和地区不一定都会经历完整和充分发展的奴隶社会、封建社会或资本主义社会，但原始社会和共产主义社会则是整个人类社会时间最长的必经社会，剥削社会只是短暂的历史制度，这是人类社会发展的一般与特殊相统一的客观规律。根据这个规律，历史上的资本主义只是向社会主义共产主义的一个过渡形态。因而马克思说"自从资产阶级生产方式以及与它相适应的生产关系和分配关系被认为是历史的以来，那种把资产阶级生产方式看作生产的自然规律的谬论就宣告破产了，并且开辟了新社会的远景，开辟了新的经济形态的远景。而资产阶级生产方式只构成向这个形态的过渡。"①

那么，是不是所有国家和民族都必须依次经过五种形态呢？马克思曾设想社会主义革命首先在几个发达的资本主义国家同时取得胜利，而事实却是，发达的资本主义国家并没有首先进入社会主义，而是俄国等一些经济落后的国家率先建立了社会主义制度。这是否意味着马克思的唯物史观出现错误？当然不是。其一，唯物史观讲的是人类社会发展的一般规律和总趋势，社会发展的规律性并不排除每个国家、每个民族发展道路的特殊性和差异性以及某个发展阶段和发展程度上的跳跃性。在俄国十月革命之前的 1881 年马克思在《给维·伊·查苏利奇的复信》（草稿）中，就预言到了在俄国这样的落后国家，由于土地公社所有制的存在，"能够不通过资本主义的卡夫丁峡谷，而占有资本主义创造的一切积极的成果"②，走上社

①《马克思恩格斯全集》第 26 卷第 3 分册，北京：人民出版社，1974 年，第 472 页。
②《马克思恩格斯全集》第 19 卷，北京：人民出版社，1963 年，第 436 页。

会主义道路。其二，俄国农村公社作为集体生产的因素，"和资本主义生产是同时代的东西，所以它能够不通过资本主义生产的一切可怕的波折而吸收它的一切肯定的成就"①，在"不是脱离现代世界孤立生存"的背景下，直接进入社会主义。

马克思关于社会经济形态过渡的思想告诉我们，第一，不管一个国家或民族在发展过程中经历什么样的道路，但是最终走向共产主义则是全人类共同的目标和归宿。第二，每个国家和民族都可以通过扬弃同时代别的国家或民族制度的优缺点，选择自己的发展道路，甚至走跨越式发展道路。也就是说，像中国这样同样跨越了半资本主义的卡夫丁峡谷走上了社会主义道路，并不意味着社会主义共产主义不是在资本主义的基础上建立的，相反，它们是对资本主义进行扬弃的结果。鸦片战争以后的旧中国，长期属于半殖民地与半宗主国、半封建与半资本主义并存的社会，在饱受帝国主义侵略的同时，发展了一定程度的资本主义。新中国在与全球资本主义共处一个时代的同时，可以通过改革开放，充分利用资本主义创造的生产力，吸收资本主义所创造的一切文明成果，并抛弃资本主义的弊端，如生产的盲目性、两极化、经济危机等等，进一步发展社会主义社会的生产力，为逐步实现共产主义创造物质条件和生产关系。因此，那种认为中国没有经历充分发展的资本主义，而需要补资本主义的课，并借着社会主义市场经济体制改革之机，企图走私有化或民营化道路的想法和做法，都是不符合唯物史观和最终过渡到共产主义的客观规律的。

2. 资本榨取剩余劳动的方式和条件有利于共产主义新形态各种要素的创造

从近现代私人资本榨取剩余劳动的方式来看，它不顾劳动力的生理界限和社会道德底线，无疑是残酷的、野蛮的、不人道的。然而，"资本的文明面之一是，它榨取剩余劳动的方式和条件，同以前的奴隶制、农奴制等形式相比，都更有利于生产力的发展，有利于社会关系的发展，有利于更

---

① 《马克思恩格斯全集》第 26 卷第 3 分册，北京：人民出版社，1974 年，第 431 页。

高级的新形态的各种要素的创造。"①

（1）资本主义剥削方式的变化，为人的自由全面发展提供了空间。

"资本一方面会导致这样一个阶级，在这个阶段上，社会上的一部分人靠牺牲另一部分人来强制和垄断社会发展（包括这种发展的物质方面和精神方面的利益）的现象将会消灭；另一方面，这个阶段又会为这样一些关系创造出物质手段和萌芽，这些关系在更高级的社会形式中，使这种剩余劳动能够同物质劳动一般所占用的时间的更大的节制结合在一起。"② 在资本主义社会，资产阶级凭借对生产资料的所有权，靠牺牲工人的休息、娱乐、学习和发展的时间，而使自己成为不劳动的阶级。"由于资本积累而提高的劳动价格，实际上不过表明，雇佣工人为自己铸造的金锁链已经够长够重，容许把它略微放松一点"，③ "使他们能够扩大自己的享受范围，有较多的衣服、家具等消费基金，并且积蓄一小笔货币准备金。但是，吃穿好一些，待遇高一些"，④ 同样 "不会消除雇佣工人的从属关系和对他们的剥削"。⑤ 但是，资本主义榨取剩余劳动的方式随着生产力的发展而变化。在劳动生产率没有提高的情况下，以榨取绝对剩余价值为主要方式。而以绝对延长工作日从而延长剩余劳动时间的剥削方式，会遭到工人的反对。于是，通过社会劳动生产率的提高获得相对剩余价值成为剥削的主要途径。随着社会劳动生产率的提高，工作日不断缩短，工人用于自由发展的时间增多，工作日之外的自我发展不再是资产阶级的专利，劳动者可以利用工作日之外的时间发展多种技能从而逐步摆脱 "局部工人" 对资本的依附关系。

劳动生产率的提高和剥削方式的变化，孕育着人的自由全面发展的因素，同时为社会再生产过程的不断扩大和有组织的社会化大生产创造了条

---

① 《马克思恩格斯全集》第 25 卷，北京：人民出版社，1974 年，第 925–926 页。
② 《马克思恩格斯全集》第 25 卷，北京：人民出版社，1974 年，第 926 页。
③ 《马克思恩格斯全集》第 23 卷，北京：人民出版社，1972 年，第 678 页。
④ 《马克思恩格斯全集》第 23 卷，北京：人民出版社，1972 年，第 677–678 页。
⑤ 《马克思恩格斯全集》第 23 卷，北京：人民出版社，1972 年，第 678 页。

件。当社会财富扩大到一定程度，物质生产领域的彼岸"自由王国"就到来了。

（2）资本主义社会的合作工厂和股份公司是由资本主义转化为共产主义的过渡形式。

机器大工业这种社会化生产力的发展，要求生产必须以工厂（企业）的方式进行。资本主义企业最初主要采取个人出资的私人资本主义企业形式，十九世纪中叶第一次科技革命的完成，大大提高了生产的社会化程度，生产社会化同资本主义私人占有之间的矛盾也进一步深化了。于是，在工厂制度的基础上，新的生产组织形式合作工厂和股份制企业产生了。

合作工厂是工人为了摆脱经济危机所带来的失业和被雇佣地位，由劳动者出资、自愿结合劳动而形成的一种企业形式。资本主义的合作工厂，"再生产出并且必然会再生产出现存制度的一切缺点"，"工人作为联合体是他们自己的资本家，也就是说，他们利用生产资料来使自己的劳动增殖"。① 但是，合作工厂"是在旧形式内对旧形式打开的第一个缺口"。它把资本的联合与劳动的联合结合起来，节约了监督劳动的费用，调动了劳动者的积极性。"监督劳动的对立性质消失了，因为经理由工人支付报酬，他不再代表资本而同工人相对立这种形式。""这种工厂表明，在物质生产力和与之相适应的社会生产形式的一定发展阶段上，一种新的生产方式怎样会自然而然地从一种生产方式中发展并形成起来。"② 因此，马克思把合作工厂称之为"工人自己的合作工厂"和"积极扬弃"，并且从来没有怀疑过它是资本主义向共产主义的过渡形式和中间环节。③ "合作工厂同资本无关，就像这个形式一旦把资本主义的外壳炸毁，就同资本完全无关一样"。④ 在当代资本主义社会，合作企业有着较广泛的发展，但不可能成为主体生产方式。

---

① 《马克思恩格斯全集》第 25 卷，北京：人民出版社，1974 年，第 497－498 页。

② 《马克思恩格斯全集》第 25 卷，北京：人民出版社，1974 年，第 497－498 页。

③ 恩格斯在给奥倍倍尔的信中指出"在向完全的共产主义经济过渡时，我们必须大规模地采用合作工厂作为中间环节，这一点马克思和我从来没有怀疑过"（参见：《马克思恩格斯全集》第 36 卷，北京：人民出版社，1974 年，第 416 页）

④ 《马克思恩格斯全集》第 25 卷，北京：人民出版社，1974 年，第 435 页。

在社会主义初级阶段，合作制依然是适应现阶段生产力的企业组织形式。20世纪 50 年代初期，我们就充分利用供销合作联合社、联社加工厂、手工业合作社等合作工厂以及农业合作社形式发展生产力。党的十一届三中全会以后，利用集体积累和银行贷款等途径发展了一批合作工厂，后来在企业改革中，把原来的一部分小型国有企业和乡镇企业改造为股份合作制企业，提高了企业活力。在当前农村经济体制改革中，贵州塘约合作模式和以家庭联产承包责任制为基础的合作经营模式，也应当大有作为。

"资本主义的股份企业，也和合作工厂一样，应当被看作是由资本主义生产方式转化为联合的生产方式的过渡形式，只不过在前者那里，对立是消极地扬弃的，而在后者那里，对立是积极地扬弃的。"① 股份制的出现，带来了企业组织形式和资本组织形式的新变化，股份制使单个资本不可能建立的企业出现了，生产规模惊人地扩大了，单个私有者的企业转变成社会的企业，私人资本取得了社会资本（即社会集资）的形式并与私人资本相对立，使资本增殖的职能同资本所有权相分离，劳动也已经完全同生产资料的所有权和剩余劳动的所有权相分离，在更大规模上适应了社会化大生产的需要。在资本主义条件下，股份制企业并没有改变资本主义基本经济制度的基础，它是在资本主义生产方式本身范围内对资本主义私人产业的消极扬弃。然而，股份制客观上为共产主义生产方式准备着条件。"资本主义生产极度发展的这个结果，是资本再转化为生产者的财产所必要的过渡点。不过这种财产不再是各个相互分离的生产者的私有财产，而是联合起来的生产者的财产，即直接的社会财产。另一方面，这是所有那些直到今天还和资本所有权结合在一起的再生产过程中的职能转化为联合起来的生产者的单纯职能，转化为社会职能的过渡点。"②

在社会主义初级阶段多种所有制并存的条件下，可以利用股份制形式，增强公私资本的积极性和的流动性，提高企业的活力和竞争力。但是绝不

---

① 《马克思恩格斯全集》第 23 卷，北京：人民出版社，1974 年，第 498 页。
② 《马克思恩格斯全集》第 25 卷，北京：人民出版社，1974 年，第 494 页。

可以妄断股份制就是公有制。① 股份制企业的性质是由控股权决定的。在当前发展混合所有制经济，对国有企业进行股份制改造时，要坚持公有主体型的产权原则，确保公有资本的控制权，这样才能扩大和巩固国有经济的主导地位。②

（3）信用和银行制度是向共产主义生产方式过渡的有力杠杆。

"没有从资本主义生产方式中产生的信用制度，合作工厂也不可能发展起来。信用制度是资本主义的私人企业逐渐转化为资本主义的股份公司的主要基础，同样，它又是按或大或小的国家规模逐渐扩大合作企业的手段。"③ 资本的社会性质，只是在信用制度和银行制度有了充分发展时才会表现出来并完全实现。首先，"信用制度和银行制度把社会上一切可用的、甚至可能的、尚未积极发挥作用的资本交给产业资本家和商业资本家支配，以致这个资本的贷放者和使用者，都不是这个资本的所有者和生产者。"④ 其次，银行制度（信用制度）缩短了从商品资本转化为货币资本的过程，加速了消费，调节了生产资本的分配，促进了生产力的发展。再次，"在由资本主义的生产方式向联合起来劳动的生产方式过渡时，信用制度会作为有力的杠杆发生作用。"⑤ 信用加速了资本的集中和资本的联合，不仅为资本主义生产方式创造了崭新的生产条件和交换条件，而且为社会主义生产准备了合作工厂和股份公司这种社会化生产的组织形式。"银行制度造成了社会范围的公共簿记和生产资料的公共的分配形式"⑥ 合作工厂、股份公司以及银行制度所造成的公共分配的形式，尽管它们只是形式而已（实质上是私人的），但它在一定程度上"会被赋予社会主义的意义"。⑦

---

① 厉以宁在《论新公有制企业》（载《经济学动态》2004 年第 1 期）一文中，将股份制企业作为社会主义公有制的新形式，这与马克思关于股份制企业的论述是相违背的。

② 程恩富：《要坚持中国特色社会主义政治经济学的八个重大原则》，《经济纵横》2016 年第 3 期。

③《马克思恩格斯全集》第 25 卷，北京：人民出版社，1974 年，第 498 页。

④《马克思恩格斯全集》第 25 卷，北京：人民出版社，1974 年，第 686 页。

⑤《马克思恩格斯全集》第 25 卷，北京：人民出版社，1974 年，第 686 页。

⑥《马克思恩格斯全集》第 25 卷，北京：人民出版社，1974 年，第 686 页。

⑦《马克思恩格斯全集》第 25 卷，北京：人民出版社，1974 年，第 686－687 页。

在马克思看来，商品货币关系和生产资料私有制是信用制度的基础。"只要当生产资料不再转化为资本，信用本身就不会再有什么意义"。① 也就是说，在共产主义社会信用制度会消亡。在社会主义初级阶段，社会主义市场经济作为发达的商品经济形式，虽然建立在公有制的主体地位基础上，但是私有制经济在一定范围内还存在，商品货币关系还存在，因而，信用还大有作为。但是，必须注意到信用是把双刃剑，它"一方面把资本主义生产的动力——用剥削别人劳动的办法来发财致富——发展成为最纯粹、最巨大的赌博欺诈制度，并且使剥削社会财富的少数人的人数愈来愈减少；另一方面又是转到一种新生产方式的过渡形式"②，因此，在社会主义市场经济建设中，一方面要通过发展信用制度，促进实体经济的发展；另一方面要加强信用体系建设，加强金融监管，坚持信用工具适度创新的原则，限制信用在虚拟经济中的作用，预防脱实向虚、信用欺诈和金融危机。

三、 共产主义社会的物质基础

1. 共产主义社会的物质基础是比资本主义社会更高的社会生产力

根据唯物史观关于生产力与生产关系的基本原理，生产力是社会发展的根本动力和决定性因素，生产力决定生产关系，生产关系要充分适应生产力的发展。私有制是与较低的生产力水平相适应的，共产主义公有制是与高度发达的生产力相适应的。因此，高度发达的社会生产力是共产主义建立的物质基础和根本条件。只有把共产主义建立在高度发达的生产力基础上，才能实现社会财富的极大丰富，才能为最大限度的满足社会成员的物质和文化生活需要提供可靠的保证。那时，无论是人们的物质生活，还是人们的精神生活，都能得到充分的满足；人们征服自然的能力才能最大限度的得到提高，自然资源才能得到充分合理的利用，人与自然才能和谐

---

① 《马克思恩格斯全集》第 25 卷，北京：人民出版社，1974 年，第 687 页。
② 《马克思恩格斯全集》第 25 卷，北京：人民出版社，1974 年，第 498 页。

相处，人类才能成为真正的自然界的主人。

2. 以发展生产力为己任的资本不自觉地为共产主义生产方式创造了物质条件

"新的生产力和生产关系不是从无中发展起来的，也不是从空中，又不是从自己产生自己的那种观念的母胎中发展起来的，而是在现有的生产发展过程内部和流传下来的、传统的所有制关系内部，并且与它们相对立而发展起来的。"① 同样，共产主义生产方式的出现，是在资本主义的胎胞里孕育发展起来的。在资本主义社会，生产力以前所未有的速度发展，它创造的生产力"比自有人类历史以来创造的生产力的总和还要多还要大"，其根本动力来自于对剩余价值的追求。"发展社会劳动生产力，是资本的历史任务和存在理由。资本正是以此不自觉地为一个更高级的生产形式创造物质条件"。② "他（指资本家——编者注）狂热地追求价值的增殖，肆无忌惮地迫使人类去为生产而生产。从而去发展社会生产力，去创造生产的物质条件；而只有这样的条件，才能为一个更高级的，以每个人的全面而自由的发展为基本原则的社会形式创造现实基础。"③ 从第一次工业革命蒸汽机的发明到电力的广泛利用，从电子信息技术的广泛应用到绿色工业革命的兴起，资本主义经历的四次工业革命，极大地提高了社会生产力。资本主义生产力的发展，一旦提高到资本主义的外壳所不能包容的程度，就必须通过生产、占有和交换的方式同社会化大生产相适应来解决。哪里有资本主义生产，那里就有社会化大生产与资本主义私有制的矛盾，就有社会主义公有制取代资本主义私有制的客观要求。当今世界，美国的生产力发展比其他资本主义国家更需要公有制，否则就要通过美元霸权和贸易战等不良政策来维持生产力的缓慢发展；欧盟便是为了适应生产力而在资本主义框架内的区域紧密合作。

3. 劳动者重新掌握生产资料所有权，要在资本创造的物质基础上通过

---

① 《马克思恩格斯全集》第 20 卷，北京：人民出版社，1971 年，第 235 – 236 页。

② 《马克思恩格斯全集》第 25 卷，北京：人民出版社，1974 年，第 289 页。

③ 《马克思恩格斯全集》第 23 卷，北京：人民出版社，1972 年，第 649 页。

革命来实现

虽然以发展生产力为己任的资本主义为共产主义的到来准备了物质前提，已经具备了实现公有制的基础，但是，资产阶级不会自动退出历史舞台，无产阶级必须通过无产阶级革命才能实现劳动者对生产资料的所有权（当然一般说来资本主义生产力已经发展到能够发生革命的必要高度为前提。[①]

马克思不仅论证了社会主义代替资本主义的历史必然性，而且指出变革资本主义生产关系、开创社会主义新纪元的伟大历史使命，只能由无产阶级来担当。马克思认为，资本主义在其发展过程中不仅"不自觉地为一个更高级的生产形式创造物质条件"，而且为自身的灭亡准备好了掘墓人——无产阶级。正如英国著名哲学家特里·伊格尔顿在《马克思为什么是对的》一书中所说，资本主义的最大贡献之一便是为了自身利益培养了无产阶级，然而无产阶级却反过来成为资本主义的掘墓人。哪里有资本主义生产，那里就有产业工人，就有社会主义制度取代资本主义制度的主观力量。工人阶级是资本主义生产关系下成长起来的最进步、最有远见和最具有发展前途的阶级，肩负着解放全人类和最终实现共产主义的伟大历史使命。无产阶级只有通过革命，暴力夺取政权，实行无产阶级专政，才能建立共产主义社会。"劳动和所有权（后者应理解为对于生产条件的所有权）之间的分离。破裂和对立就成为必要的了，这种破裂的最极端的形式（在这种形式下社会劳动的生产力同时会得到最有利的发展）就是资本的形式。原有的统一的恢复，只有在资本创造的物质基础上，并且只有通过工人阶级和整个社会在这个创造过程中经历的革命，才有可能实现"。[②] 空想社会主义、小资产阶级的民主社会主义等，主张资本主义自动进入社会主义的自发性和平过渡，纯属幻想。纵观俄国十月革命和中国共产党领导的新民主

---

① "是这些生产资料使用他们工人，还是工人作为主体使用生产资料这个客体来为自己生产财富。当然这里要以资本主义生产一般说来已把劳动生产力发展到能够发生这一革命的必要高度为前提。"（参见：《马克思恩格斯全集》第 26 卷第 2 分册，北京：人民出版社，1973 年，第 661 页）

② 《马克思恩格斯全集》第 26 卷第 3 分册，北京：人民出版社，1974 年，第 466 页。

主义革命和社会主义革命的胜利，都是马克思无产阶级革命理论的胜利。这一革命形式或手段包括直接暴力或以暴力为后盾、议会斗争和街头政治等一切灵活有效行为。当今世界，各国无产阶级革命的客观经济条件早已成熟，关键在于是否具有高水平的无产阶级政党及其领袖这一主观条件。

四、 共产主义社会的生产资料和生活资料所有制及生产目的

1. 共产主义社会生产资料和劳动产品归共同所有

"共产党人可以把自己的理论概括为一句话：消灭私有制。"① 《资本论》运用生产力与生产关系矛盾运动的原理分析了资本主义的基本矛盾，从多个角度论证了共产主义社会实行公有制的必然性。

生产力与生产关系的矛盾在资本主义社会表现为生产的社会化与资本主义私有制之间的矛盾。资本主义基本矛盾表现为两种形式：无产阶级与资产阶级的对立和个别企业生产的有计划性、有组织性与整个社会生产的无政府状态之间的矛盾，其根源是资本主义私有制。首先，资产阶级主要通过暴力手段掠夺小生产者，建立了资本主义私有制，使小生产者成为一无所有的劳动力商品，成为资本的雇佣者。资本家通过对剩余价值的榨取和资本积累，使无产阶级贫困化的命运在资本主义社会无法改变。要改变无产阶级的命运，就必须推翻资本主义制度，消灭资本主义私有制。其次，个别企业生产的有组织有计划性与整个社会生产的无政府无计划性之间的矛盾，必然导致周期性的经济危机。尽管资本主义在"二战"以后国家不得不承担起对生产的指导，表现为大规模的将邮政、电报和铁路等部分收归国家，但资本主义国家所有制没有动摇资本主义私有制的主体地位，没有从根本上解决资本主义基本矛盾，各种危机依然不可避免，贫富对立依然存在甚至激化。因此，只有消灭私有制，才能从根本上消灭工人阶级受压迫受剥削的根源。

---

① 《马克思恩格斯全集》第 4 卷，北京：人民出版社，1958 年。

虽然国家所有制没有从根本上解决资本主义基本矛盾，但却表明解决这一矛盾的线索：生产资料的社会占有并在此基础上实行有计划的生产将是生产力又好又快发展的必然产物。如果说"从资本主义生产方式产生的资本主义占有方式，从而资本主义的私有制，是对个人的、以自己劳动为基础的私有制的第一个否定"，那么"资本主义生产由于自然过程的必然性，造成了对自身的否定，这是否定的否定，这种否定不是重新建立私有制。"① 这个在否定的否定基础上建立的公有制，是通过剥夺剥夺者来实现的。②

通过对剥夺者的合理剥夺，在生产资料共同占有的基础上建立未来"自由人联合体"的经济基础。既然生产资料成为联合起来的劳动者的共同财产，那么他们的产品自然也成为共同的产品。"设想有一个自由人联合体，他们用公共的生产资料进行劳动，并且自觉地把他们许多个人劳动力当作一个社会劳动力来使用。在那里，鲁滨孙的劳动的一切规定又重演了。不过不是在个人身上，而是在社会范围内重演。鲁滨孙的一切产品只是他个人的产品，因而直接是他的使用物品，这个联合体的总产品是社会的产品。"③ 只有在自由人联合体中，商品拜物教、货币拜物教、资本拜物教的神秘性才能消失，人与人之间、人与物之间关系的物化性质、资本对人的统治，才能变成人与人之间的平等；劳动条件和实际日常生活条件，在人们面前才直接表现为人与人之间和人与自然之间极明白而合理的关系；以物质生产和它所包含的关系为基础的社会生活，才表现为自由结合自觉活动并且控制自己的社会运动的人们的产物，人才能彻底得到解放。

2. 共产主义社会作为生产条件所有者的工人使社会化的生产从属于

---

① 《马克思恩格斯全集》第 23 卷，北京：人民出版社，1972 年，第 832 页。

② "在这里，剥夺已经从直接生产者扩展到中小资本家自身。这种剥夺是资本主义生产方式的出发点；实行这种剥夺是资本主义生产方式的目的，而且最后是要剥夺一切个人的生产资料。这些生产资料随着社会生产的发展已不再是私人生产的资料和私人生产的产品。它们只有在联合起来的生产者手中还能是生产资料。因而还能是他们的社会财产，正如它们是他们的社会产品一样。"（参见：《马克思恩格斯全集》第 25 卷，北京：人民出版社，1974 年，第 497 页）

③ 《马克思恩格斯全集》第 23 卷，北京：人民出版社，1972 年，第 95 页。

自己

在资本主义社会，工人和生产资料一样都是资本家的生产条件。不仅如此，工人作为主观的生产条件与生产资料这个客观条件相对立。资产阶级经济学家却极力地为资本主义私有制辩护，为资本雇佣劳动辩护。在他们看来，"如果生活资料和劳动资料不具有成为资本的属性。如果构成劳动条件的劳动产品不消费劳动本身。如果过去劳动不消费活劳动。如果这些物属于工人而不属于自己本身或受委托的资本家。那么，这些生活资料和劳动资料就不会作为生产的客观条件起作用。"①

首先，在资本主义社会，机器代替手工工具是革命性的进步，但是机器的资本主义使用却强化了工场手工业的旧式分工，使雇佣工人成为机器的附属物，使雇佣工人对资本的隶属从形式上转化为实际上的隶属。所以，机器的使用从资本家主观角度来看，它只是榨取剩余价值的手段和条件。而在共产主义社会机器作为劳动者共同占有的生产资料，是增加物质财富的生产，节省社会劳动，减轻工人劳动的强度、缩短劳动时间、增加休闲、提高工人精神文化生活的手段。在资本主义社会，只有当机器的价值小于所替代的劳动力的价值的时候，资本家才会使用机器。"只有在工人必须为他们的雇主增加剩余价值和剩余产品的情况下才能被工人所使用。是这些生产资料使用他们工人"而不是"工人作为主体使用生产资料这个客体"。而"在共产主义社会，机器的作用范围将和在资产阶级社会完全不同"②"工人是生产条件的所有者，就是说生产条件属于社会化的工人，工人作为社会化的工人进行生产，并把他们自己的生产作为社会化的生产从属于自己。"③ 如果生产过程可能会对工人的身体造成危害或劳动强度太大，即使采用机器比使用人更贵，也要采用机器，即消除了采用机器的资本主义限制。

其次，劳动力同样作为资本家生产的条件，被资本家占有和使用，从

---

① 《马克思恩格斯全集》第26卷第3分册，北京：人民出版社，1974年，第300页。
② 《马克思恩格斯全集》第23卷，北京：人民出版社，1972年，第431页。
③ 《马克思恩格斯全集》第26卷第3分册，北京：人民出版社，1974年，第583页。

而使劳动力的使用价值取得了与普通商品不同的特点。劳动力的使用价值不仅是价值的源泉，而且是剩余价值的源泉。他们的劳动不属于自己，属于资本家。只有到了共产主义社会，工人不再是被雇佣，不再作为资本家的客体，他们不仅是生产资料的主人，而且是自己的主人，"工人作为主体使用生产资料这个客体来为自己生产财富"，"能够为自己而生产，他们就会很快地，并且不费很大力量地把资本提到（用庸俗经济学家的话来说）他们自己的需要的水平。"① 只有当劳动者成为生产的主体来使用生产资料，才能最大程度地调动工人劳动的积极性，劳动才能成为第一需要。那时候，资本家强加的纪律在工人为自己的利益而劳动的社会状态（共产主义社会）中就成为多余。②

再次，在资本主义社会旧的分工条件下，劳动者与生产条件相异化，劳动与劳动成果相异化，劳动者与自己相异化，产生人对物的依赖，人们奴隶般地服从于旧的分工，劳动只是谋生的手段。只有在共产主义社会，才能消灭建立在私有制基础上的"固定且强迫的分工"——旧的分工，才能建立起"自愿而全面发展的分工"——新的分工。马克思要消灭的分工不是分工本身，而是分工的私有制属性和阶级对抗性；消灭的并不是生产力维度的"分工"，而是资本主义生产关系维度的"分工"。③ 资产阶级经济学家却认为如果劳动条件不属于资本家，如果劳动条件作为客观条件不消费劳动者，分工就会消失。④ 显然，这是把生产力维度的分工与生产关系

① 《马克思恩格斯全集》第 26 卷第 2 分册，北京：人民出版社，1972 年，第 661 页。

② "资本家强加给结合工人的纪律，这种纪律在工人为自己的利益而劳动的社会状态中是多余的，正如现在在实行计件工资的地方已经几乎完全是多余的一样"。（参见：《马克思恩格斯全集》第 25 卷，北京：人民出版社，1974 年，第 99 页）

③ 马克思在《德意志意识形态》中用的"消灭分工"，在后来的著作中更多的用的是"消灭旧的分工"，恩格斯在《共产主义原理》中明确提出"消灭旧的分工"。《哥达纲领批判》一文中，马克思把消灭分工看作是共产主义高级阶段的首要标志。

④ "如果劳动条件属于联合起来的工人，如果这些工人同劳动条件的关系，就像同自然的劳动条件的关系一样，也就是像同他们自己的产品和他们自己活动的物的要素的关系一样。那么，分工似乎就不是同样可能的（虽然分工在历史上不可能从一开始就以它只有作为资本主义生产发展的结果才能表现出现的那种形式出现）"。（参见：《马克思恩格斯全集》第 26 卷第 3 分册，北京：人民出版社，1974 年，第 300－301 页）

维度的分工混为一谈，目的是为私有制及其剥削辩护。

五、 共产主义社会的产品生产和交换

1. 没有商品生产的共产主义物质生产过程是直接明了的

人类社会的经济形态，就其占支配地位的劳动交换方式而言，依次经历自然经济、商品经济、产品经济三种形式。自给自足的自然经济生产的目的是满足生产者个人、家庭或生产单位的需要，劳动在一个封闭系统中进行，不具有社会化特征，因而不存在劳动的交换；商品经济和产品经济都是社会化劳动，都是给社会生产使用价值或财富。不同之处是：商品经济需要通过市场交换私人劳动，才能转化为社会劳动，劳动交换是通过商品交换或通过市场调节来实现的；而产品经济条件下劳动直接成为社会劳动，产品不需要采取商品形式，劳动的交换不需要通过商品交换，而是通过计划调节来实现的。劳动交换方式的更替归根到底是由生产力发展的客观规律决定的。自然经济与低下的生产力水平与相适应，产品经济与高度发达的生产力相适应，商品经济处于由自然经济到产品经济的中间阶段，是生产力既有一定发展、又没有达到高度发达的阶段，是为未来社会高度发达的生产力准备条件的阶段。

商品经济的神秘性以各种形式的拜物教表现出来，就是因为商品经济条件下私人劳动与社会劳动存在矛盾。《资本论》第一篇对商品和商品经济的一般分析表明，生产商品的劳动首先表现为私人劳动，私人劳动生产"社会使用价值"，而不是为自己生产使用价值。私人生产者之间必须通过商品交换，才能把具体劳动转化为抽象劳动，把使用价值转化为价值，私人劳动才能转化为社会劳动。也就是说，商品交换需要"著名的'价值'插手其间"。商品交换表面上是交换商品，其实质是商品生产者之间劳动的交换，体现商品生产者之间的生产关系。这种人与人之间的生产关系却被物的关系所掩盖，表现为商品拜物教。当商品生产和商品交换发展到一定阶段，货币成为价值形式的完成形态，成为价值的代表，成为社会劳动的

直接化身，成为"物的神经"和财富的"绝对社会形式"，于是出现了货币拜物教。资本主义商品经济条件下，货币转化为资本，资本"自行增殖"的魔力产生了资本拜物教，并衍生出利息拜物教、地租拜物教。各种形式的拜物教，都是以物的外在形式掩盖了人与人之间的生产关系，其根源于劳动产品采取商品形式和商品生产的私人性质，具有客观属性和主观表现的双重性质，体现的生产关系复杂且会颠倒地表现出来。

要消灭社会物质关系的神秘性或拜物教性质，消灭物对人的控制，就必须消灭商品本身以及由此派生的货币、资本关系，消灭商品经济和市场经济代之以共产主义的产品经济，从而使生产关系简单明了。"只有当社会生活过程即物质生产过程的形态，作为自由结合的人的产物，处于人的有意识有计划地控制之下的时候，它才会把自己的神秘的纱幕揭掉。"① "在那里，人们同他们的劳动和劳动产品的社会关系，无论在生产上还是在分配上，都是简单明了的。"② 产品经济条件下，劳动成为直接的社会劳动，不存在私人劳动与社会劳动的矛盾，劳动的交换不需要通过市场，不需要采取商品、货币形式，"人们在其社会生产中的关系就不表现为'物'的'价值'"，③ "货币资本所引起的交易上的伪装也会消失"④ 那时，各种拜物教性质和观念将成为历史，产品对生产者的统治将随之消除。可以看出，马克思立足对资本这一核心范畴的分析，通过"资本内在否定性"这个手术刀科学地对资本主义社会进行了解剖，正确地阐释和体现了资本主义条件下正在发生的向其对立面的转化——共产主义社会的生成过程，从而为那个尚未充分实现的、以潜在形成存在于旧世界之中的新世界"助产"。⑤

资本主义经济作为发达的社会化商品经济是向共产主义的过渡阶段，

---

① 《马克思恩格斯全集》第 23 卷，北京：人民出版社，1972 年，第 97 页。

② 《马克思恩格斯全集》第 23 卷，北京：人民出版社，1972 年，第 95—96 页。

③ 《马克思恩格斯全集》第 26 卷第 3 分册，北京：人民出版社，1974 年，第 139 页。

④ "如果我们设想一个社会不是资本主义社会，而是共产主义社会，那么首先，货币资本会完全消失，因而，货币资本所引起的交易上的伪装也会消失。"（参见：《马克思恩格斯全集》第 24 卷，北京：人民出版社，1972 年，第 350 页）

⑤ 沈斐：《资本内在否定性与社会形态的演化》，《海派经济学》2016 年第 3 期。

或为共产主义准备条件的历史时期。资本主义商品生产虽然生产社会使用价值，但其目的是生产剩余价值，前者是为后者服务的。而共产主义消耗劳动的生产目的不是生产价值和剩余价值，而是生产使用价值，生产社会物质精神财富。因此，"如果说，在资本主义生产由联合体代替以后，产品的价值还依旧不变，却是错误的。"① 当然，共产主义社会，随着劳动产品的商品性质的消失，价值概念也就消失了。于是，"在社会公有的生产中，货币资本不再存在了。社会把劳动力和生产资料分配给不同的生产部门。生产者也许会得到纸的凭证，以此从社会的消费品储备中，取走一个与他们的劳动时间相当的量。这些凭证不是货币。它们是不流通的。"② 货币消失后的共产主义第一阶段即社会主义社会，代之以"劳动券"这种纸的凭证，作为衡量劳动量多少的依据，作为劳动者与他人进行劳动交换、获取消费资料的依据，即成为按劳取酬的表现形式和途径，这比市场化按资分配和按生产要素产权分配要简单明了得多。

2. 共产主义通过有计划的控制生产过剩来满足社会再生产所必需的各种物质资料

当货币成为交换的媒介以后，买卖在时间上、空间上相分离。卖了不立即买或买了不立即卖，就会造成买卖的不平衡或供求失衡。这种不平衡在小商品经济条件下，不会给经济带来经济危机的剧烈震荡，而商品生产的资本主义形式或资本主义的社会化商品经济，货币的"独特作用"潜藏着给经济带来剧烈震荡的可能性。货币使年产品的正常交易变成了一种单方面的交易，即"一方面是大量的单纯的买，另一方面是大量的单纯的卖"，社会再生产顺利进行要求"单方面的买的价值额要和单方面的卖的价值额互相抵销"，③ 但是资本主义市场调节的自发作用，却往往使买和卖不能抵销。"就像简单的商品流通不是单纯的产品交换一样，年商品产品的交换也不能分解为它的不同组成部分的单纯的、直接的互相交换。货币在其

①《马克思恩格斯全集》第25卷，北京：人民出版社，1974年，第745页。
②《马克思恩格斯全集》第23卷，北京：人民出版社，1972年，第397页。
③《马克思恩格斯全集》第24卷，北京：人民出版社，1972年，第504页。

中起一种独特的作用，这种作用尤其在固定资产价值再生产的方式上表现出来。（假如生产是公有的生产，不具有商品生产的形式，情况又会有哪些不同，这是以后研究的问题）"① 寿命已经完结因而要用实物补偿的那一部分固定资本的数量大小，是逐年不同的。如果在某一年数量很大，那在下一年就一定很小。因此，生产资料的生产总额在一个场合则必然减少。社会再生产中固定资本补偿中的不平衡性，需要用不断的相对的生产过剩来补救，即一方面要生产出超过直接需要的一定固定资本，另一方面，特别是原料等等的储备也要超过每年的直接需要（这一点特别适用于生活资料）。社会再生产中固定资产补偿所需要的生产过剩的调节方式，在不同的生产方式下是不同的。在共产主义社会"这种生产过剩等于社会对它本身的再生产所必需的各种物质资料的控制"，"在资本主义社会内部，这种生产过剩却是无政府状态的一个要素"。② 社会主义市场经济，可以发挥社会主义公有制主体地位的优越性，加强国家宏观、中观和微观的多种调控，通过建立再生产的风险调节基金，解决固定资产补偿中可能出现的社会再生产的不平衡问题。③ 因此，包括中国在内的所有社会主义国家都没有出现过生产相对过剩的经济危机和金融危机。不过，我国融入经济全球化以后，应防止西方国家危机的影响和转嫁，预防各种风险和危机。

六、 共产主义社会的经济计划和比例

1. 有计划按比例发展是共产主义经济的一个基本特征

按比例发展规律的经典表述是马克思在 1868 年给库格曼的信中明确提出来的："要想得到与各种不同的需要量相适应的产品量，就要付出各种不同的和一定数量的社会总劳动量。这种按一定比例分配社会劳动的必要性，绝不可能被社会生产的一定形式所取消，而可能改变的只是它的表现形式，

---

① 《马克思恩格斯全集》第 24 卷，北京：人民出版社，1972 年，第 505 页。
② 《马克思恩格斯全集》第 24 卷，北京：人民出版社，1972 年，第 527 页。
③ 何干强：《资本论的基本思想和逻辑》，北京：中国经济出版社，2005 年，223 页。

这是不言而喻的。"① 其实，《资本论》作为马克思专门阐述政治经济学的著作，始终贯穿着按比例发展规律的描述。② 资本主义私人生产和消费的有计划性与全社会生产与消费的盲目性，在价值规律的自发作用下，以经济波动并最终以危机的方式实现生产与消费的平衡。资本主义无法自觉地遵从按比例发展规律，"全部生产的联系是作为盲目的规律强加于生产当事人"，③ 这种盲目地受价值规律的强制作用实现的经济活动的比例关系，造成了社会财富的巨大浪费。"只有在生产受到社会实际的预定的控制的地方，社会才会在用来生产某种物品的社会劳动时间的数量，和要由这种物品来满足社会需要的规模之间，建立起联系。"④ 自由人联合体的生产和消费"是作为由他们的集体的理性所把握。从而受他们支配的规律来使生产过程服从于他们的共同的控制"，⑤ 这种生产规模和社会需要的规模之间的比例关系，是通过"劳动时间的社会的有计划的分配，调节着各种劳动职能同各种需要的适当的比例。"⑥

资本主义生产的无政府状态，在古典经济学家那里被奉为"一只看不见万能的手"，并被庸俗经济学奉为原教旨。马克思在批判马尔萨斯和萨伊在为"万能的手"辩护时说，他们假定"（1）是资本主义生产，其中每一个别行业的生产以及这种生产的增加，都不是直接由社会需要调节，由社会需要控制，而是由各个资本家离开社会需要而支配的生产力调节；（2）尽管如此，生产却是这样按比例地进行，好像资本直接由社会根据其需要使用于各个不同的行业。"恰恰是"假定资本主义生产完全是社会主义的生产，那么，实际上就不会发生生产过剩。"⑦ 这实际上是证明了社会主义生产直接由社会需要调节和控制并按比例地进行，从而不会发生全社会生产

---

①《马克思恩格斯全集》第 32 卷，北京：人民出版社，1974 年，第 541 页。

②段学慧：《按比例发展规律及其实现机制》，《当代经济研究》2016 年第 9 期。

③《马克思恩格斯全集》第 25 卷，北京：人民出版社，1974 年，第 286 页。

④《马克思恩格斯全集》第 25 卷，北京：人民出版社，1974 年，第 209 页。

⑤《马克思恩格斯全集》第 25 卷，北京：人民出版社，1974 年，第 286 页。

⑥《马克思恩格斯全集》第 23 卷，北京：人民出版社，1972 年，第 96 页。

⑦《马克思恩格斯全集》第 26 卷第 3 分册，北京：人民出版社，1974 年，第 126 页。

过剩的优越性。

资本主义生产也有人为的控制，这种控制是资本家集团为了利润的需要而进行的局部和短期控制。比如，原料价格昂贵而直接影响资本家利润率的时期，产业资本家就联合起来，组成协会来调节生产。当资本家的这些刺激目的一旦达到，他们就会重新让"价格"去调节供给。这种控制其实是资本家集团之间的"短期价格协定"，目的是使资本家的利润不受损，不可能圆满实现社会生产与需要之间的平衡。"一切企图对原料生产进行共同的，果断的和有预见的控制——这种控制整个说来是和资本主义生产的规律根本不相容的，因而始终只是一种善良的愿望，或者只是在面临巨大危险和走投无路时例外采取的一种共同步骤——的想法，都要让位给供求将会互相调节的信仰。"①

马克思的分析表明，按比例规律是一切社会共有的经济规律，资本主义私有制为主体的社会化商品经济依靠市场的盲目调节，无法自觉实现按比例发展；只有建立公有制，实行计划调节，才能自觉地实现按比例发展。在我国社会主义市场经济中，以公有制为主体多种所有制经济共同发展的基本经济制度决定了国家调节规律或计划调节规律与市场调节规律相结合，才能形成功能上良性互补、效应上协同的有机整体来实现按比例发展。② 当今，以萨缪尔森等资产阶级经济学家继续为这只"看不见的手"进行粉饰。他们断言，市场制度并不是一个混乱和无政府的制度，而是具有着一定的秩序。在他们看来，市场经济天然地是一架精巧的机构，能够通过一系列的价格和市场，无意识地协调着人们的经济活动。显然，这些资产阶级经济学家无限夸大了市场的作用，其目的在于消减计划和政府的调控作用。

2. 生产的计划调节和簿记为劳动生产率的提高开辟了广阔的道路

不管是自然经济、商品经济还是未来的产品经济，劳动生产率的衡量

①《马克思恩格斯全集》第25卷，北京：人民出版社，1974年，第137页。

② 高建昆，程恩富：《论按比例规律与市场调节规律、国家调节规律之间的关系》《复旦学报（社会科学版）》，2015年第6期。

标准是一样的，较高的劳动生产率以单位商品加入的劳动量较少为标志。① 因此，"在资本主义生产方式消灭以后，但社会生产依然存在的情况下，价值决定仍会在下述意义上起支配作用：劳动时间的调节和社会劳动在各类不同生产之间的分配。"② 共产主义社会，价值作为历史范畴已经消失，但是作为价值实体的劳动量，依然作为计划调节的内容，也就是说价值依然在按比例分配社会劳动的意义上存在。未来社会有计划地分配劳动时间，克服了资本主义生产的无政府状态对社会劳动的浪费，为劳动生产率的提高开辟了广阔的道路。与生产的计划性和劳动生产率的提高相适应，"簿记，将比以前任何时候都要重要。"③ 簿记作为计划执行的手段和对生产过程的控制和观念总结，对公有生产比资本主义的私人生产更为必要。"过程越是按社会的规模进行，越是失去纯粹个人的性质，作为对过程的控制和观念总结的簿记就越是必要；因此，簿记对资本主义生产，比对手工业和农民的分散生产更为必要，对公有生产，比对资本主义生产更为必要。但是，簿记的费用随着生产的积聚而减少，簿记越是转化为社会的簿记，这种费用也就越少。"④

3. 联合起来的生产者将合理调节经济发展与自然之间的关系

《资本论》研究的对象是人与人的生产关系，但是人与自然的关系也是贯穿始终的。因为"劳动首先是人和自然之间的过程，是人以自身的活动来中介、调整和控制人和自然之间的物质变换的过程"⑤，是"人类生活得以实现的永恒的自然必然性"⑥。正是在人与自然关系的基础上，发生了人与人之间的关系；而人与人之间的社会关系一旦发展起来，就对人与自然

①"因此，加入商品的劳动总量的这种减少，好像是劳动生产力提高的主要标志，无论在什么社会条件下进行生产都一样。在生产者按照预定计划调节生产的社会中，甚至在简单的商品生产中，劳动生产率也无条件地要按照这个标准来衡量。"（参见：《马克思恩格斯全集》第25卷，北京：人民出版社，1974年，第291页）

②《马克思恩格斯全集》第25卷，北京：人民出版社，1974年，第936页。

③《马克思恩格斯全集》第25卷，北京：人民出版社，1974年，第936页。

④《马克思恩格斯全集》第24卷，北京：人民出版社，1972年，第152页。

⑤《马克思恩格斯全集》第23卷，北京：人民出版社，1972年，第202页。

⑥《马克思恩格斯全集》第23卷，北京：人民出版社，1972年，第208页。

的关系产生巨大的反作用。资本主义雇佣劳动制度下，资本对剩余价值的贪婪导致资本对自然的无节制地开发和利用，引起人与自然关系恶化的生态环境危机。在资本主义社会，人与自然的关系其实就是资本同自然的关系，背后是人与人的关系。资本主义生态环境危机实质上是由于资本对自然的疯狂占有和掠夺所引起的资本同自然之间关系的恶化。因此，只有消灭资本主义生产方式，才能较快地使人和自然的关系得到健康和谐的发展。"社会化的人，联合起来的生产者，将合理地调节他们和自然之间的物质交换，把它置于他们的共同控制之下，而不让它作为盲目的力量来统治自己；靠消耗最小的力量，在最无愧于和最适于他们的人类本性的条件下来进行这种物质交换。"① 那时，不仅解决了人与人之间关系的异化，而且也解决了人与自然之间关系的异化。二百多年的工业文明在创造巨大物质财富、取得巨大社会进步的同时，全球范围内的气候变化、环境污染、生态退化问题不仅没有得到有效遏制，反而日趋恶化。第四次工业革命——绿色工业革命已经到来，但是经济全球化所带来的资本全球化，能够较快实现全球的绿色革命吗？无疑在这一进程中，需要各国和国际社会联合起来的生产者，合理地调节他们和自然之间的物质交换，人与自然才能达到最大的统一。我国自实行市场经济以来，生态环境问题也日益严重，马克思的分析给我们解决这一问题提供了指导原则：坚持公有制的主体地位，加大国家调节或计划调节的力度。

七、 共产主义社会的再生产

1. 共产主义社会的总产品仍然分为生产资料和消费资料两大部类

马克思的社会再生产理论，把社会生产分为两大部类，社会总产品的实物形态分为生产资料与生活资料，其价值构成为 c、v、m。在此基础上研究了社会总资本简单再生产和扩大再生产的一般条件。马克思对社会总资

---

① 《马克思恩格斯全集》第 25 卷，北京：人民出版社，1974 年，第 926 - 927 页。

本再生产和流通进行的一般考察或理论抽象所揭示的社会再生产规律，目的是为了说明：第一，任何社会生产都要按比例进行。第二，社会再生产要顺利进行，不仅两大部类之间即生产资料的生产要与消费资料的生产要保持平衡，而且各部类内部各个产业之间、各产业内部各部门之间的生产也要保持平衡，即供给和需求的总量平衡和结构平衡。第三，在资本主义市场经济条件下，受剩余价值规律的支配，个别企业生产的有目的性和整个社会生产的无政府无秩序状态，无法实现社会生产的按比例进行。要实现社会生产的按比例进行，必须首先消灭生产无政府状态的私有制根源，实行生产资料公有制，然后对生产进行有计划的调节。

马克思指出共产主义社会的总产品仍然分为生产资料和消费资料两大类："这个联合体的总产品是社会的产品。这些产品的一部分重新用作生产资料。这一部分依旧是社会的。而另一部分则作为生活资料由联合体成员消费。"① 马克思在这里指出了未来社会总产品是属于社会的，属于联合体全体成员的。马克思还进一步指出，共产主义社会再生产不再是盲目的，人们可以计算再生产所需要的劳动时间，"假定国民跟全体资本家有所不同，国民在某种意义上也可以把价值同价值这样相比：国民可以计算用于补偿消费了的不变资本部分和加入消费的产品部分的全部劳动时间，以及花在创造用来扩大再生产规模的余额上的劳动时间。"② 不表现为商品价值的劳动时间的直接计算，保证了社会劳动在可控的条件下按比例地分配到再生产的各个环节，这在不断先进的计算机和大数据时代，更容易较精确地实现。

2. 社会公共生产的第 I 部类某些产品需要在本部类内交换

马克思在分析社会总资本的再生产和流通时曾经不止一次地指出，当再生产的资本主义形式一旦废除，在社会公有的生产的基础上，他所阐明的再生产理论将仍然适用，共产主义社会产品的实现也存在社会总产品在

①《马克思恩格斯全集》第 23 卷，北京：人民出版社，1972 年，第 95 页。
②《马克思恩格斯全集》第 26 卷第 3 分册，北京：人民出版社，1974 年，第 372 页。

两大部类内部和外部进行交换的需要和运动。马克思在分析第一部类的不变资本时指出："如果生产是社会公有的，而不是资本主义，那么很明显，为了进行再生产，第Ⅰ部类的这些产品同样会不断地再作为生产资料在这个部类的各个生产部门之间进行分配，一部分直接留在这些产品的生产部门，另一部分则转入其他生产场所，因此，在这个部类的不同生产场所之间发生一种不断往返的运动。"① 同样，第二部类生产的生活资料也需要在各个生产部门之间进行分配，一部分供这些生活资料的生产部门的劳动者消费，另一部分则转入其他生产部门的消费者消费。

3. 再生产的资本主义形式一旦废除，固定资本更新和物质储备要由相对过剩来补偿

共产主义社会再生产也必须有剩余劳动和剩余产品用于补偿消耗掉的劳动条件。工人"他自己也必须用总产品的一部分补偿这些劳动条件，以便按原有的规模继续再生产或者扩大再生产（而后者由于人口的自然增长也是必需的）"。② 因为共产主义社会依然存在固定资本更新和物质储备的需要，必须有剩余产品来对其进行补偿的准备，也就是要有必要的生产过剩。"再生产的资本主义形式一旦废除，问题就归结如下：寿命已经完结因而要用实物补偿的那部分固定资本（在这里指消费资料生产中执行职能的固定资本）的数量大小，是逐年不同的。如果在某一年数量很大（像人一样，超过平均死亡率），那在下一年就一定会很小。假定其他条件不变，消费资料年生产所需的原料、半成品和辅助材料的数量不会因此减少；因此，生产资料的生产总额在一个场合必须增加，在另一个场合必须减少。这种情况，只有用不断的相对的生产过剩来补救；一方面要生产出超过直接需要的一定量固定资本；另一方面，特别是原料等等的储备也要超过每年的直接需要（这一点特别适用于生活资料）。这种生产过剩等于社会对它本身的再生产所必需的各种物质资料的控制。"③ 要保持整个社会再生产的顺利进

---

①《马克思恩格斯全集》第24卷，北京：人民出版社，1972年，第473－474页。

②《马克思恩格斯全集》第26卷第3分册，北京：人民出版社，1974年，第388页。

③《马克思恩格斯全集》第24卷，北京：人民出版社，1972年，第526－527页。

行，首先必须保证生产资料的优先增长，优先增长的剩余部分，一方面用于补偿固定资本更新，另一方面用于物质储备以预防各种意外和风险。其次，生活资料的生产也要有相对的过剩，以满足扩大再生产所需要的劳动力的再生产以及各种风险的预防。共产主义社会的生产过剩与资本主义不同，资本主义的生产过剩是基于私有制的生产无政府状态所造成的，是相对于劳动人民的购买力来说的普遍过剩。而共产主义的生产过剩是根据社会客观需要而有计划有控制的后备性过剩或剩余。

4. 在公有社会再生产过程中，也要注意生产周期不同的产业之间的协调发展

社会生产由于"劳动过程的物质条件"不同，生产周期不同，"有些事业在较长时间内取走劳动力和生产资料。而在这时间内不提供任何有效用的产品；而另一些生产部门不仅在一年内不断地或者多次取走劳动力和生产资料，而且也提供生活资料和生产资料。在社会公有的生产的基础上，必须确定前者按什么规模进行，才不致有损于后者。在社会公有的生产中，和在资本主义的生产中一样。在劳动期间较短的生产部门，工人将照旧只在较短时间内取走产品而不提供产品；在劳动期间长的生产部门，则在提供产品之前，在较长时间内不断取走产品。因此，这种情况是由各该劳动过程的物质条件造成的，而不是由这个过程的形式造成的。"① 也就是说，不仅共产主义生产，而且所有社会生产，都要注意生产规模大的长期投资与生产规模小的短期投资之间的比例关系。对那些生产周期长的部门，"如铁路建设，在一年或一年以上的较长时间内不提供任何生产资料和生活资料，不提供任何有用效果。但会从全年总生产中取走劳动、生产资料和生活资料。"② "在资本主义社会，社会的理智总是事后才起作用。因此可能并且必须会不断发生巨大的紊乱。"③ 在共产主义社会"社会必须预先计算好，

---

① 《马克思恩格斯全集》第 24 卷，北京：人民出版社，1972 年，第 396－397 页。

② 《马克思恩格斯全集》第 24 卷，北京：人民出版社，1972 年，第 350 页。

③ 《马克思恩格斯全集》第 24 卷，北京：人民出版社，1972 年，第 350 页。

能把多少劳动，生产资料和生活资料用在这样一些产业部门而不致受任何损害。"①

在社会主义市场经济条件下，我们依然要遵循马克思的社会再生产理论，尤其是共产主义再生产的思想，保持经济总量平衡和经济结构平衡，处理好积累与消费的关系和供给侧与需求侧的关系，对那些关系国计民生的基础性和长远性的大的投资项目，政府要在财力物力许可的条件下有计划的实施，确保经济建设过程中的战略重点，为市场经济的顺利运行提供公共产品和公共服务。

八、 共产主义社会的必要劳动和剩余劳动

1. 必要劳动和剩余劳动是一切社会生产方式所共有的基础

马克思在《资本论》第一卷为了说明剩余价值的来源，把劳动分为必要劳动和剩余劳动。相应地，工作日分为必要劳动时间和剩余劳动时间两部分，但这并不意味着必要劳动和剩余劳动是资本主义的特殊范畴。马克思在第三卷第七篇"各种收入及其源泉"中对必要劳动和剩余劳动进行的进一步分析表明，必要劳动和剩余劳动是一切社会生产方式所共有的基础。他分析说："当然，如果我们把工资归结为它的一般基础，也就是说，归结为工人本人劳动产品中加入工人个人消费的部分；如果我们把这个部分从资本主义的限制下解放出来，把它扩大到一方面为社会现有的生产力（也就是工人的劳动作为现实的社会劳动所具有的社会生产力）所许可，另一方面为个性的充分发展所必要的消费的范围；如果我们再把剩余劳动和剩余产品，缩小到社会现有生产条件下一方面为了形成保险基金和准备金，另一方面为了按社会需要所决定的程度来不断扩大再生产所必要的限度；最后如果我们把那些有劳动能力的人必须为社会上还不能劳动或已经不能劳动的成员而不断进行的劳动，包括到必要劳动和剩余劳动中去，也就是

①《马克思恩格斯全集》第24卷，北京：人民出版社，1972年，第350页。

说，如果我们把工资和剩余价值，必要劳动和剩余劳动的独特的资本主义性质去掉，那么，剩下的就不再是这几种形式，而只是它们的为一切社会生产方式所共有的基础。"① "在任何社会生产（例如，自然形成的印度公社，或秘鲁人的较多是人为发展的共产主义）中，总是能够区分出劳动的两个部分，一个部分的产品直接由生产者及其家属用于个人的消费，另一个部分即始终是剩余劳动的那个部分的产品，总是用来满足一般的社会需要，而不问这种剩余产品怎样分配，也不问谁执行这种社会需要的代表职能；在这里我们撇开用于生产消费的部分不说。"②

2. 共产主义社会消灭了必要劳动和剩余劳动之间的对抗性矛盾

虽然必要劳动和剩余劳动是一切社会生产方式所共有的基础，但是在不同的社会经济形态中，必要劳动和剩余劳动所采取的不同的社会形式，则反映着不同的生产关系。剩余劳动归劳动条件的所有者占有。在阶级社会，广大劳动阶级投身于物质生产活动，以他们的剩余劳动使社会上少数人从必要劳动中解脱出来。这部分少数人，不仅不从事必要劳动，而且占有劳动阶级的剩余劳动。资本主义社会的资本家同奴隶主、封建地主一样，都是占有剩余劳动的剥削者。不同之处是在于，资本家通过占有剩余价值这种价值表现的财富来占有剩余劳动。资本家将雇佣工人的必要劳动和剩余劳动一起混合在工作日中，因而对剩余劳动的剥削与以往的剥削相比，不是赤裸裸的，而是具有隐蔽性和无限性。可见，资本主义社会作为最后一个阶级社会，必要劳动时间和剩余劳动时间二者是对立的。马克思对资本主义条件下必要劳动和剩余劳动的分析，深刻提示了资本主义生产的实质和无产阶级同资产阶级之间的对抗性矛盾。共产主义社会，生产条件归劳动者共同所有，剩余劳动自然归劳动者共同占有，消除了必要劳动和剩余劳动之间的对抗性矛盾，"一切为养活不劳动的人而从事的劳动都会消失。"③

---

① 《马克思恩格斯全集》第 25 卷，北京：人民出版社，1974 年，第 990 页。
② 《马克思恩格斯全集》第 25 卷，北京：人民出版社，1974 年，第 992－993 页。
③ 《马克思恩格斯全集》第 25 卷，北京：人民出版社，1974 年，第 958 页。

在资本主义私有制条件下，只有为资本家生产或带来剩余价值的劳动才是生产劳动。相反，在共产主义社会只有创造和占有剩余劳动的工人的劳动才是真正意义的生产劳动①。共产主义社会剩余劳动存在的意义在于：一方面剩余劳动是为社会创造新财富的劳动，另一方面还需要"为那些由于年龄关系还不能参加生产或者已不能参加生产的人而从事的剩余劳动"。那时，必要劳动时间被缩减到最低限度。但"并不是为了获得剩余劳动而缩减必要劳动时间，而是直接把社会必要劳动缩减到最低限度，那时，与此相适应，由于给所有的人腾出了时间和创造了手段，个人会在艺术、科学等等方面得到发展"。②

在共产主义社会，必要劳动与剩余劳动划分的内涵与资本主义不同。一方面随着资本主义生产方式的消灭，所有劳动都直接成为社会劳动，剩余劳动的阶级属性消失。另一方面"剩余劳动的一部分将会列入必要劳动"的范围，剩余劳动与必要劳动界限逐渐消失，从而把工作日限制在必要劳动上。于是，必要劳动的范围扩大了，它不仅要生产劳动者自己不断扩大的生活需求，而且要为那些由于年龄关系还不能参加生产或者已不能参加生产的人而从事剩余劳动，即为社会生产准备金和积累基金③。

在社会主义条件下，劳动者的活劳动依然分为必要劳动和剩余劳动。社会主义初级阶段多种所有制的存在，要求我们厘清剩余劳动和剩余价值的性质和归属。全民所有制的国有企业的剩余价值归国家所有，即国有资本获取"国有剩余价值"；集体所有制企业的剩余价值归集体所有，即集体资本获取"集体剩余价值"；而私营企业和外资企业的剩余价值归私人资本

---

① 马克思说："假定不存在任何资本，而工人自己占有自己的剩余劳动，即他创造的价值超过他消费的价值的余额。只有在这种情况下才可以说，这种工人的劳动是真正生产的，也就是，它创造新价值。"（参见：《马克思恩格斯全集》第26卷第1分册，北京：人民出版社，1974年，第143页）

②《马克思恩格斯全集》第46卷下册，北京：人民出版社，1980年，第218-219页。

③ 马克思说："只有消灭资本主义生产形式，才允许把工作日限制在必要劳动上。但是，在其他条件不变的情况下，必要劳动将会扩大自己的范围。一方面，是因为工人的生活条件日益丰富，他们的生活需求日益增长。另一方面，是因为现在的剩余劳动的一部分将会列入必要劳动，即形成社会准备基金和社会积累基金所必要的劳动。"（参见：《马克思恩格斯全集》第23卷，北京：人民出版社，1972年，第578页）

所有，即私人资本获取"私人剩余价值"，带有明显的剥削性质。这就要求我们要坚持公有制的主体地位，提高公有制的控制力和影响力，对非公有制经济要严格坚持"鼓励、支持和引导"的方针。尤其是要在"引导"上下功夫，引导非公有制经济在法律许可的范围内"合法合理"地获取剩余价值，限制其一切为追求剩余价值而无视劳动者利益和损害社会利益的行为，与必要劳动和剩余劳动相对应，社会主义阶段劳动者活劳动的产品也分为必要产品和剩余产品。其中，必要产品用于劳动者及其家属的生活需要，剩余产品用于扩大再生产和储备、国家党政管理、国防等某些非生产部门劳动者及其家属的生活需要，以及社会公共事业的发展需要等。这就要求我们要处理好积累和消费的关系，过高的积累率在短期会促进生产的增长，但从长期看却牺牲了生产增长的后劲（消费）。

不劳动的剥削阶级占有劳动阶级的剩余劳动，既是生产力发展的结果，也是生产力不够发达的结果。社会主义初级阶段以公有制为主体多种所有制共同发展的所有制结构，意味着剥削在一定范围还存在，也意味着消灭剥削、消除两极分化、实现共同富裕和人的自由全面发展，将是社会主义初级阶段的长期任务。其根本途径是发展社会主义的生产力，不断扩大公有制的活力、竞争力、控制力和影响力。

九、 共产主义社会的各种基金

1. 共产主义社会需要有剩余劳动来生产和提供各种基金

"一般剩余劳动，作为超过一定的需要量的劳动，必须始终存在。"[1] 无论是在资本主义社会，还是在共产主义社会，都必须有剩余劳动，必须有积累以及为了社会保障基金的筹集等必须进行的社会总产品的扣除。不同的是，资本家以占有私人剩余劳动为目的，而且对剩余劳动的追求超越了社会道德界限和劳动者的生理界限；共产主义剩余劳动的存在，目的是为

---

①《马克思恩格斯全集》第 25 卷，北京：人民出版社，1974 年，第 925 页。

了生产积累基金、保险基金和准备金等各种基金，那时剩余劳动将"缩小到社会现有生产条件下一方面为了形成保险基金和准备金，另一方面为了按社会需求所决定的程度来不断扩大再生产所必要的限度。"① 可见，共产主义社会的剩余劳动已不同于资本主义条件下工人为资本家的剩余劳动，而是劳动者直接为社会劳动，同时也是为自己劳动。从这个意义和性质上来说，剩余劳动也是必要劳动。②

2. 共产主义社会的各种基金

积累基金是共产主义社会扩大再生产使物质财富极大富有的手段。共产主义社会的积累基金不同于资本主义的资本积累：资本主义的资本积累是加大剥削工人的条件，而共产主义的积累基金是劳动者为自己积累，是保证社会生产顺利进行的基本前提。马克思在《资本论》第二卷中论证了，即使在资本主义制度被推翻以后，为了社会再生产的顺利进行，社会也必须有为了固定资本的实物更新所需要的物质储备和人口的再生产所需要的生活资料的储备，即"为了对偶然事故提供保险，为了保证必要的，同需要的发展以及人口的增长相适应的累进的扩大再生产（从资本主义观点来说叫做积累）就需要一定量的剩余劳动。"③

防止意外如不幸事故、自然灾害、疾病、残障等所需要的社会保障基金是社会的安全网，任何社会都应当有社会保障基金以应对各种风险。"即使不谈资本主义的生产，生产者在这方面也会有一定的支出，就是说，他们必须支出自己的一部分劳动或者说一部分劳动产品，以防自己的产品、财富或财富的要素遇到意外等。"④ 然而，资本主义的积累一方面是通过对剩余劳动的占有而形成的财富的积累，另一方面是劳动者的失业、贫困的

---

① 《马克思恩格斯全集》第 25 卷，北京：人民出版社，1974 年，第 990 页。

② 马克思说："只有消灭资本主义生产形式，……现在的剩余劳动的一部分将会列入必要劳动，即形成社会准备基金和社会积累基金所必要的劳动。"（参见：《马克思恩格斯全集》第 23 卷，北京：人民出版社，1972 年，第 578 页）

③ 《马克思恩格斯全集》第 25 卷，北京：人民出版社，1974 年，第 925 页。

④ 《马克思恩格斯全集》第 26 卷第 3 分册，北京：人民出版社，1974 年，第 394 页。

积累。"资本是根本不关心工人的健康和寿命的，除非社会迫使它去关心。"① 资本主义只是到了阶级矛盾尖锐化的时候，为了缓和阶级矛盾，维护资本主义统治和社会稳定，维持劳动力的再生产，不得不采取社会保障措施救济贫民、抚恤伤残等。况且，资本主义社会或高或低的各种社会保障基金的来源，实质都是剩余价值或工资的一种扣除，但表面上似乎与社会主义计划经济体制的高保障差不多，因而带有"人民资本主义""真正社会主义"等很大的理论迷惑性。共产主义社会保障基金"也是在剩余价值。剩余产品，从而剩余劳动中，除了用来积累，即用来扩大再生产过程的部分以外，甚至在资本主义生产方式消灭之后，也必须继续存在的唯一部分。当然，这要有一个前提，就是通常由直接生产者消费的部分，不再限于它目前的最低水平。"② 共产主义社会的社会保障基金来源于劳动人民剩余劳动的积累，它是通过社会总产品的分配和再分配形成的。共产主义社会把各种保险基金通过计划分配纳入正常的社会运行体系，以保证每个人的平等的发展权。社会主义初级阶段实行市场经济，社会风险比马克思预想的要大的多，必须处理好消费与积累、公平与效率的关系，在发展生产力的同时，做好社会保障，降低社会风险，才能全面建设小康社会。

用于教育、保健、社会福利等的发展基金是保障人的自由全面发展的基本手段。"这部分利润归结为剩余劳动时间，即使没有资本存在，社会也必须不断地完成这个剩余劳动时间，以便能支配一个所谓发展基金——仅仅人口的增长，就已使这个发展基金成为必要的了。"③ 教育、保健、社会福利等发展基金是劳动者体力和智力的基本保障，是劳动力再生产的基本内容，是每个人自由发展的前提。我国现阶段教育、医疗保健、社会福利的城乡差异和地区差异还非常大，必须按照马克思的共产主义原则，坚持以人民为中心的发展思想，发挥公共财政的积极作用，实现发展基金在社会成员之间的公平分配。

---

① 《马克思恩格斯全集》第 23 卷，北京：人民出版社，1972 年，第 299 页。
② 《马克思恩格斯全集》第 25 卷，北京：人民出版社，1974 年，第 958 页。
③ 《马克思恩格斯全集》第 26 卷第 1 分册，北京：人民出版社，1974 年，第 89 页。

十、 共产主义社会的农业和土地

1. 合理的农业所需要的是联合起来的生产者的控制

资本主义的土地制度比起奴隶制的、封建制的土地所有权来说，把人从超经济统治关系和从属关系下解放出来了，并且使所有权和使用权完全分离开来，一方面把小农经济改造成了资本主义的大农业，提高了农业的劳动生产率和农业的社会化程度，另一方面形成了大土地所有者、农业资本家和农业雇佣工人三者之间的物质利益关系，这种物质利益关系的集中体现就是地租。地租反映农业的资本主义生产方式所特有的经济关系，是农业雇佣工人创造的、农业资本家缴纳给土地所有者的超过平均利润的那部分剩余价值（超额利润）。租种土地的农业资本家为了获得更多的利润，总是尽其所能地榨取土地的自然生产率和农业工人的剩余劳动，"破坏着人和土地之间的物质变换，也就是使人以衣食形式消费掉的土地的组成部分不能回归土地，从而破坏土地肥力的永恒的自然条件。这样，它同时破坏城市工人的身体健康和农村工人的精神生活。"① 因此， "在现代农业中，……劳动生产力的提高和劳动量的增大是以劳动力本身的破坏和衰退为代价的。此外，资本主义农业的任何进步，都不仅是掠夺劳动者的技巧的进步，而且是掠夺土地的技巧的进步，在一定时期内提高土地肥力的任何进步，同时也是破坏土地肥力持久源泉的进步。"② 资本主义对土地的掠夺式经营和对农业工人身体和精神的摧残，是由于资本主义的土地所有权与经营权的分离，"土地所有权本来就包含土地所有者剥削土地，剥削地下资源，剥削空气，从而剥削生命的维持和发展的权利。"③ 这说明"资本主义制度同合理的农业相矛盾，或者说，合理的农业同资本主义制度不相容（虽然资本主义制度促进农业技术的发展），合理的农业所需要的，要么是

① 《马克思恩格斯全集》第 23 卷，北京：人民出版社，1972 年，第 552 页。
② 《马克思恩格斯全集》第 23 卷，北京：人民出版社，1972 年，第 552 页。
③ 《马克思恩格斯全集》第 25 卷，北京：人民出版社，1974 年，第 872 页。

自食其力的小农的手，要么是联合起来的生产者的控制。"① 然而，小农经济与落后的生产力相适应，不能满足经济发展和社会化大生产的需要，"在小规模园艺式的农业中，例如在伦巴第，在中国南部，在日本，也有过这种巨大的节约。不过总的说来，这种制度下的农业生产率，以人类劳动力的巨大浪费为代价，而这种劳动力也就不能用于其他生产部门。"② 因此，与马克思分析的"私地悲剧"不同，合理的农业必须是由"联合起来的生产者"控制。"如果土地所有权归人民所有，资本主义生产的整个基础，使劳动条件变成一种独立于工人之外并同工人相对立的力量的基础，就不再存在了。"③ 只有在共产主义社会，把农业建立在土地等生产资料公有制的基础上，才能有计划地合理地开发利用土地，并保障农业劳动者的自由全面发展。

由于投入土地的资本以获得平均利润为前提，因而在农业中，农产品的市场价值由条件最差的土地产品的个别生产价格决定，它的市场价值含量要比它所包含的劳动时间高得多，因而，在它的市场价值中出现了一个虚假的社会价值。④ 农产品虚假的社会价值是由于资本在所有领域都要获得平均利润，以及肥力有差别的土地的私人垄断经营造成的。它意味着级差地租中包含着由农业以外的其他部门支付的剩余价值，降低了非农业生产部门获取的平均利润，最终会损害社会再生产的平衡。所以，资本主义土地私有制不仅不能实现农业的合理经营，还会给社会再生产的顺利进行造成影响。只有消灭资本主义土地私有制，建立自觉的有计划的联合体，农产品才能按照实际包含的劳动时间与其他部门进行交换。

2. 共产主义社会只是土地的占有者和合理利用者

① 《马克思恩格斯全集》第 25 卷，北京：人民出版社，1974 年，第 139 页。

② 《马克思恩格斯全集》第 25 卷，北京：人民出版社，1974 年，第 115 页。

③ 《马克思恩格斯全集》第 26 卷第 2 分册，北京：人民出版社，1974 年，第 108 页。

④ 马克思说："如果我们设想资本主义的社会已被推翻，社会已被组成一个自觉的，有计划的联合体，10 夸特就会只代表一定量的独立的劳动时间，而和 240 先令内所包含的劳动时间相等。因此，社会就不会按产品内所包含的实际劳动时间的二倍半来购买这种土地产品；这样，土地所有者阶级存在的基础就会消失。"（参见：《马克思恩格斯全集》第 25 卷，北京：人民出版社，1974 年，第 745 页）

"从一个较高级的社会经济形态的角度来看，个别人对土地的私有权，和一个人对另一个人的私有权一样，是十分荒谬的。甚至整个社会，一个民族，以至一切同时存在的社会加在一起，都不是土地的所有者。他们只是土地的占有者，土地的利用者，并且他们必须像好家长那样把土地改良后传给后代。"① 在共产主义社会土地公有的条件下，绝对地租、级差地租都将不复存在，人们投入到土地上的劳动量不会因为利润的驱使而有所不同，那时投入到土地上的总劳动量会减少，投入到不同土地上的劳动量却相等，② 这样不管土地等级的优劣，土地都能得到合理的改良和利用。

3. 公有生产要安排好用于林业生产的土地

马克思在分析资本周转时间时，不仅分析了农业部门生产时间与其他部门生产时间的不同，而且分析了农业中林业部门生产时间与其他农业生产的不同。林业生产的周转时间漫长，资本周转速度慢，为购买造林用地而投下的资本，只有经过长时期以后，才会获得有益的成果，因此不适合私人经营，也不适合资本主义经营。"在公社生产的情况下，不需要这种资本；问题只是在于公社从耕地和牧场能抽出多少土地用于林业生产"③，因为在社会共同占有的土地制度下，不是以利润为生产目的，不因林木的周转时期长而不生产，只需要根据社会的需要合理地计划和安排用于林业生产的土地。

马克思关于农业和土地制度的理论，对我国当前农村经济改革具有重要启示。第一，改革开放初期实行的农村土地集体所有权与农户家庭土地承包经营权"两权分离"基础上的家庭联产承包责任制，与当时农业生产

---

① 《马克思恩格斯全集》第 25 卷，北京：人民出版社，1974 年，第 876 页。

② 马克思说："保持不变的只是这种情况（指级差地租与资本主义生产一起消失后——编者注）：社会劳动耕种肥力不同的土地，而且，尽管使用的劳动量不同，这种社会劳动在各种土地上的生产率都会提高。但是较坏土地产品所耗费的较大的劳动量，决不会产生资产阶级制度下的那种后果，也就是对较好土地的产品也必须以较大的劳动量来支付。相反，在 Ⅳ 上节省下来的劳动，会用来改良 Ⅲ，在 Ⅲ 上节省下来的劳动，会用来改良 Ⅱ，在 Ⅱ 上节省下来的劳动，会用来改良 Ⅰ；因此，现在由土地所有者吞食的全部资本，那时将被用来使不同土地上的劳动相等，并使农业上花费的总劳动量减少。"（参见：《马克思恩格斯全集》第 26 卷第 2 分册，北京：人民出版社，1974 年，第 111 页）

③ 《马克思恩格斯全集》第 24 卷，北京：人民出版社，1972 年，第 271 页。

力水平和干部素质较低相适应。目前，家庭联产承包责任制所释放的生产力已经达到最大化，难以适应农业现代化、新型城镇化和新型工业化的需要，必须进行家庭联产承包责任制的创新。第二，必须真正落实农业双层经营制度中的集体层生产经营，而不宜长期维持"一分了之"个体家庭层生产经营，进而在不断壮大村或联村集体层生产经营的基础上，实现农业的"第二次飞跃"①。邓小平数次强调社会主义农业改革和发展的"第二次飞跃"，就是发展适度规模经营、发展集体经济或集体化。河南的南街村、河北的周家庄乡等均为"第二次飞跃"的先例。第三，应在土地"三权分置"的基础上实现农村合作经济。2015年11月，中共中央办公厅、国务院办公厅印发《深化农村改革综合性实施方案》，提出了以"三权分置"为内容的农村土地制度改革的基本方向，其内容就是在落实集体所有权、稳定农户承包权的基础上放活土地经营权，坚守土地公有性质不改变、耕地红线不突破和农民利益不受损"三条底线"。应在"三权分置"基础上积极组织村或联村的合作经济，学习借鉴目前贵州等多省市广泛推行的"塘约合作经济模式"。要防止盲目以扩大私人家庭农场为改革最终目标的土地变相私有化和"私地悲剧"，要防止私人资本下乡对农业的破坏和对农民利益的侵犯。要言之，应在家庭经营的同时，大力组织村或若干联村的集体层经营、集体经济和合作经济，高度重视贯彻邓小平多次强调的社会主义农业的改革和发展"第二次飞跃"。这无疑有利于现代农业的发展和现代农民的培育，对缓解"三农"困境、推动新农村建设、新型城镇化建设将起到深远的影响。

---

① 1990年3月3日，邓小平明确指出："中国社会主义农业的改革和发展，从长远的观点看，要有两个飞跃。第一个飞跃，是废除人民公社，实行家庭联产承包为主的责任制。这是一个很大的前进，要长期坚持不变。第二个飞跃，是适应科学种田和生产社会化的需要，发展适度规模经营，发展集体经济。这是又一个很大的前进，当然这是很长的过程。"（参见：《邓小平文选》第3卷，第355页）

十一、 共产主义社会的分配

《资本论》在揭露资本家剥削剩余价值这种资本主义分配关系的过程中，预示了未来社会的分配制度。

1. 分配制度是由生产资料所有制决定的

分配是由生产资料的所有制关系决定的，是所有制的"背面"和收益实现形式。马克思在分析资本主义的分配关系时说："所谓的分配关系，是同生产过程的历史规定的特殊社会形式，以及人们在他们生活的再生产过程中互相所处的关系相适应的，并且是由这些形式和关系产生的。这些分配关系的历史性质就是生产关系的历史性质，分配关系不过表示生产关系的一个方面"① "分配关系本质上和生产关系是同一的，是生产关系的反面"。② 资本家之所以占有工人剩余劳动创造的剩余价值，工资之所以是劳动力的价值而不是劳动的报酬，就是因为资本主义私有制，因为资本家是资本的"人格化"代表而获得了索取剩余为私有的经济权力。然而，"只要工人和资本家的社会关系发生改变。只要支配资本主义生产的关系发生革命，这种情况（指较多工人为资本家生产消费品，较少工人为自己生产消费品——编者注）就会立即发生变化。收入，用李嘉图的话来说，就会'实现在不同的商品上'"。③ 显然，要消灭资本主义的不平等的分配关系，只有消灭资本主义私有制，建立生产资料公有制。

2. 劳动时间将是计量生产者个人在共同劳动产品的个人消费部分中所占份额的尺度

马克思设想了一个自由人联合体，联合体成员用共同所有的生产资料进行生产，产品在成员之间共同分配。那里没有私有制，没有商品生产，作为价值表现形式的交换价值和货币都将消失，但是作为价值决定的物质

---

① 《马克思恩格斯全集》第 25 卷，北京：人民出版社，1974 年，第 998 – 999 页。

② 《马克思恩格斯全集》第 25 卷，北京：人民出版社，1974 年，第 993 页。

③ 《马克思恩格斯全集》第 26 卷第 2 分册，北京：人民出版社，1974 年，第 660 – 661 页。

内容的劳动时间，仍然在生产和分配中起着计量尺度的作用。"仅仅为了同商品生产进行对比，我们假定，每个生产者在生活资料中得到的份额是由他的劳动时间决定的。这样劳动时间就会起双重作用。劳动时间的社会的有计划的分配，调节着各种劳动职能同各种需要的适当的比例。另一方面，劳动时间又是计量生产者在共同劳动中所占份额的尺度，因而也是计量生产者个人在共同产品的个人消费部分中所占份额的尺度。"[1] 马克思在这里阐述的是共产主义低级阶段即社会主义阶段的分配依据和分配方式：在生产资料公有制条件下，劳动时间是衡量个人在共同劳动中的贡献大小的尺度，依据劳动贡献的大小确定分配给个人的消费品份额——按劳分配。

3. 社会公有的生产将通过不流通的"纸的凭证"来实现按劳动时间分配

在马克思设定的全社会公有制和无商品货币关系的计划社会主义自由人联合体中，随着劳动成为直接的社会劳动，分配不再通过价值形式，而是通过"纸的凭证"来进行。"在社会公有的生产中，货币资本不再存在了。社会把劳动力和生产资料分配给不同的生产部门。生产者也许会得到纸的凭证，以此从社会的消费品储备中，取走一个与他们的劳动时间相当的量，这些凭证不是货币。它们是不流通的。"[2] 这个纸的凭证，就是每个人提供的劳动时间多少的证明。

诚然，我国现阶段是实行邓小平设定的初级阶段社会主义经济制度，即公有制为主体的市场社会主义，因而不仅按劳分配需要采取货币和市场的形式，而且在坚持按劳分配主体地位的前提下，其他多种分配方式也是重要组成部分。由于马克思和邓小平设定或划分社会主义的标准不同，因而不存在二选一的对错问题，而是分别作为社会主义初级阶段和高级阶段的基本分配制度。[3]

4. 未来社会的分配方式不是一成不变的

---

① 《马克思恩格斯全集》第 23 卷，北京：人民出版社，1972 年，第 95—96 页。
② 《马克思恩格斯全集》第 24 卷，北京：人民出版社，1972 年，第 397 页。
③ 程恩富：《社会主义发展三阶段新论》，《江西社会科学》1992 年第 3 期。

马克思认为共产主义社会的分配方式不是一成不变的，而是随着生产力水平的变化、社会生产关系的变化而变化。他说自由人联合体"这种分配的方式会随着社会生产机体本身的特殊方式和随着生产者的相应的历史发展程度而改变。"① 首先，未来社会生产力是不断发展的。刚刚从资本主义脱胎出来的社会主义，生产力还不是高度发展，劳动还是谋生的手段，不可能使物质极大富有，所以只能实行按劳分配；只有到了共产主义高级阶段，生产力水平极大发展，物质财富充分涌流，才具备了实行按需分配的物质基础。其次，未来社会的生产关系也是在不断完善之中。在向共产主义社会的过渡阶段，所有制不可能实行全社会所有，还会存在较低级的公有制形式比如合作制、集体所有制，旧的分工还存在，所以只能实行按劳分配。只有当公有制发展成熟成为全社会占有和完全计划经济的时候，才能实行按需分配。

我国社会主义初级阶段，生产力不发达，公有制的形式还不成熟，且公有制与私有制并存。与此相适应，收入分配制度实行按劳分配与多种分配方式并存。社会主义初级阶段与马克思为我们设想的"完全社会所有制＋完全社会按劳分配＋完全计划经济"还有很大差距。② 在建设社会主义的征途上，只有坚持公有制的主体地位和按劳分配的主体地位，才能保证市场经济的社会主义方向，才能逐步实现共富共享。针对当前财富和收入分配差距悬殊的情况，应当从所有制状况中寻找根源，才能从根本上缩小不合理的差距。

十二、 共产主义社会的劳动时间和自由时间

1. 工作日的缩短是建立在必然王国基础上的自由王国繁荣起来的根本条件

---

① 《马克思恩格斯全集》第 23 卷，北京：人民出版社，1972 年，第 95－96 页。

② 徐惠平、程恩富：《不断加深关于社会主义初级阶段的认识》，《中共云南省委党校学报》2008 年第 6 期。

人类的历史就是一个不断地从必然王国向自由王国发展的历史。自由王国就是以"每个人的全面而自由发展为基本原则的社会形式",一种全体社会成员共同占有了自由时间的社会形态——共产主义。"自由王国"存在于真正的物质生产领域的彼岸,但并不是说物质生产领域的彼岸就是"自由王国",只有当人类把自己能力的发展作为目的本身时,才有真正的自由王国。在那里,劳动不是为了谋生,而是超越生存、超越个人物质需求而自觉地进行的劳动。物质生产活动的"此岸"和"彼岸"的对立,实质上是劳动时间和自由时间的对立。自由王国的实现,是劳动时间和自由时间的对立的扬弃。其直接表现就是工作日的缩短和劳动的普遍化。所以马克思说,"事实上,自由王国只是在由必要和外在目的规定要做的劳动终止的地方才开始;因而按照事物的本性来说,它存在于真正物质生产领域的彼岸。像野蛮人为了满足自己的需要,为了维持和再生产自己的生命,必须与自然进行斗争一样,文明人也必须这样做;而且在一切社会形态中,在一切可能的生产方式中,他都必须这样做。这个自然必然性的王国会随着人的发展而扩大,因为需要会扩大;但是,满足这种需要的生产力同时也会扩大。这个领域内的自由只能是:……但是不管怎样,这个领域始终是一个必然王国。在这个必然王国的彼岸,作为目的本身的人类能力的发展,真正的自由王国,就开始了。但是,这个自由王国只有建立在必然王国的基础上,才能繁荣起来。工作日的缩短是根本条件。"[①]

2. 共产主义社会,劳动时间是财富的创造实体和生产费用的尺度,自由时间就是财富本身

共产主义社会,劳动时间作为财富创造的实体和生产财富的费用的尺度,依然存在。[②] 不过,它与资本主义社会的创造财富的劳动性质完全不同。资本主义劳动的特点是"劳动从属于资本",资本主义条件下所谓"自由"劳动,具有极大的对抗性、强迫性和剥削性:资产阶级享有自由的时

---

①《马克思恩格斯全集》第 25 卷,北京:人民出版社,1974 年,第 926 – 927 页。

② 马克思说:"即使交换价值消灭了,劳动时间也始终是财富的创造实体和生产财富所需的费用的尺度。" 参见:《马克思恩格斯全集》第 26 卷第 3 分册,北京:人民出版社,1974 年,第 282 页。

间，是以工人的全部生活时间都转化为劳动时间为条件的。即使在正常工作日确立以后，资本还会通过提高劳动生产率来缩短必要劳动时间以延长剩余劳动时间，工人的劳动时间依然受资本支配。只有社会化的人联合起来的劳动，才能使劳动从资本的奴役下解放出来。"在一个更高级的社会形态内，使这种剩余劳动能够同一般物质劳动所占用的时间的较显著的缩短结合在一起。因为，按照劳动生产力发展的不同情况，剩余劳动可以在一个小的总工作日中显得大，也可以在一个大的总工作日中相对地显得小。"①人的自由全面发展在时间支配上的体现是：工作日缩短，劳动时间将较显著地缩短，自由时间显著地增加。"不言而喻，随着雇主和工人之间的社会对立的消灭等等，劳动时间本身——由于限制在正常长度之内，其次，由于不再用于别人而是用于我自己——将作为真正的社会劳动，最后，作为自由时间的基础，而取得完全不同的、更自由的性质，这种同时作为拥有自由时间的人的劳动时间，必将比役畜的劳动时间具有高得多的质量。"②人真正成为自己、社会和自然的主人。一方面"自由时间，可以支配的时间，就是财富本身"。③因为"一部分用于消费产品，一部分用于从事自由活动。这种自由活动不像劳动那样是在必须实现的外在目的的压力下决定的，而这种外在目的的实现是自然的必然性，或者说社会义务——怎么说都行。"④另一方面，财富就是可以自由支配的时间。因为"一个国家只有在劳动 6 小时而不是劳动 12 小时的时候，才是真正富裕的。财富就是可以自由支配的时间，如此而已。"⑤

3. 共产主义社会劳动的普遍化是工作日缩短从而自由时间增加的社会基础

共产主义社会公有制的实行，消灭了剥削，"一切为养活不劳动的人而

---

①《马克思恩格斯全集》第 25 卷，北京：人民出版社，1974 年，第 926 页。

②《马克思恩格斯全集》第 26 卷第 3 分册，北京：人民出版社，1974 年，第 282 页。

③《马克思恩格斯全集》第 26 卷第 3 分册，北京：人民出版社，1974 年，第 282 页。

④《马克思恩格斯全集》第 26 卷第 3 分册，北京：人民出版社，1974 年，第 282 页。

⑤《马克思恩格斯全集》第 26 卷第 3 分册，北京：人民出版社，1974 年，第 280 – 281 页。

从事的劳动都会消失。"劳动的特征之一是"劳动的普遍化",除了老病残幼等特殊情况外,每个有劳动能力的人都必须从事劳动。

劳动普遍化的前提是消灭阶级、消灭剥削、消灭资本主义生产方式,"如果所有的人都必须劳动,如果过度劳动者和有闲者之间的对立消失了,——而这一点无论如何只能是资本不再存在,产品不再提供占有别人剩余劳动的权力的结果"①"如果资本不再存在,那么工人将只劳动6小时,有闲者也必须劳动同样多的时间。这样所有的人的物质财富都将降到工人的水平。但是所有的人都将有自由时间,都将有可供的发展的时间。"②"资本主义消灭后大多数'非生产'工人都会因劳动状况变化而转化为'生产'工人,如果明天把劳动普遍限制在合理程度,并且把工人阶级的各个阶级再按年龄和性别进行适当安排,那么,要依照现有的规模继续进行国民生产,目前的工人人口是绝对不够的。目前'非生产'工人的大多数都不得不转化为'生产'工人。"③

只有劳动实现了普遍化,工作日的缩短才能成为可能。"在劳动强度和劳动生产力已定的情况下,劳动在一切有劳动能力的社会成员之间分配得越平均,一个社会阶层把劳动的自然必然性从自身上解脱下来并转嫁给另一个社会阶层的可能性越小,社会工作日中必须用于物质生产的部分就越小,从而个人从事自由活动,脑力活动和社会活动的时间部分就越大。从这一方面来说,工作日的缩短的绝对界限就是劳动的普遍化。"④ 只有所有人都劳动,才能使所有人都有发展才能等更多的自由支配时间。

4. 劳动生产率的提高是缩短工作日、实现劳动普遍化的技术条件

"如果把资本创造的生产力的发展也考虑在内,那么,社会在6小时内将生产出必要的丰富产品,这6小时生产的将比现在12小时生产的还多,同时所有的人都会有6小时'可以自由支配的时间',也就是有真正的财

---

① 《马克思恩格斯全集》第26卷第3分册,北京:人民出版社,1974年,第281页。
② 《马克思恩格斯全集》第26卷第3分册,北京:人民出版社,1974年,第280-281页。
③ 《马克思恩格斯全集》第23卷,北京:人民出版社,1972年,第689页。
④ 《马克思恩格斯全集》第23卷,北京:人民出版社,1972年,第579页。

富，这种时间不被直接生产劳动所吸收，而是用于娱乐和休息，从而为自由活动和发展开辟广阔天地，时间是发展才能等等的广阔天地。"① 资本主义的雇佣劳动作为自然必然性，促进了生产力的发展，使劳动时间不断缩短，为共产主义高度发展的生产力奠定了基础，也为自由时间的扩大创造了条件。但是，纵观近现代资本主义国家，不仅劳动力参与率普遍比社会主义国家要低，而且法定的工作日制度也难以真正实行，变相延长工作日的状况属于常态。因此，要真正消除劳动时间与自由时间的对立，实质性地主动缩短劳动时间，必须消除资本主义私有制的限制，在公有制和生产力不断发展的基础上积极提升全体劳动者的自由时间。

十三、 共产主义社会的教育、 人的发展和家庭

1. 机器大工业在对劳动力摧残达到一定程度时，必然转变为人类教育发展的源泉

"现代工厂和手工工场雇用的大部分儿童从最年幼的时期起就被束缚在最简单的操作上，多年遭受着剥削，却没有学会任何一种哪怕以后只是在同一手工工场或工厂中能用得上的手艺。"② 资本主义机器大工业把童工和妇女卷入了劳动之中，儿童由于学不到知识和技能而"无知、粗野、体力衰退和精神堕落"，"骇人听闻的最疯狂的资本主义剥削在那里为所欲为。"③ 这种"过火现象"被社会进步阶级力量所反对，从而使儿童、妇女被纳入工厂法的保护范围。"由各种年龄的男女组成的结合工人这一事实，尽管在其自发的、野蛮的、资本主义的形式中，也就是在工人为生产过程而存在，不是生产过程为工人而存在的那种形式中，是造成毁灭和奴役的祸根，但

---

① 以上是马克思分析当时的一个小册子《国民困难的原因及其解决办法》时的论述。（参见：《马克思恩格斯全集》第 26 卷第 3 分册，北京：人民出版社，1974 年，第 280－281 页）

② 《马克思恩格斯全集》第 23 卷，北京：人民出版社，1972 年，第 521 页。

③ 《马克思恩格斯全集》第 23 卷，北京：人民出版社，1972 年，第 527 页。

在适当的条件下，必然会反过来变成人类发展的源泉。"① 机器大工业在大量使用妇女、儿童的过程中，客观上需要重视妇女儿童的教育，以便把这些劳动力也纳入劳动力生产和再生产的轨道，目的在于资本和利润，而被迫重视雇佣劳动者的教育培训，势必促进人类的发展。

2. 教育是提高劳动者素质，提高劳动生产率和"造就全面发展的人的唯一方法"

马克思认为，教育是提高劳动者素质，提高劳动生产率和"造就全面发展的人的唯一方法"，是"直接把劳动能力本身生产、训练、发展、维持、再生产出来的劳动"，②"要改变一般的人的本性，使它获得一定劳动部门的技能和技巧，成为发达的和专门的劳动力，就要有一定的教育或训练。"③"比社会平均劳动较高级较复杂的劳动是这样一种劳动力的表现，这种劳动力比普通劳动力需要较高的教育费用，它的生产要花费较多的劳动时间，因此它具有较高的价值。既然这种劳动力的价值较高，它也就表现为较高级的劳动，也就在同样长的时间内物化为较多的价值。"④

马克思通过对资本主义工厂制度的分析，一方面批判了资本主义机器大工业的出现，使工人的子女为了生存被迫离开学校进入工厂，成为资本家榨取剩余价值的廉价工具，他们不仅智力被荒废，而且道德堕落。而成年工人也成为机器的附属品，成为局部工人，智力得不到提高。这种忽视工人阶级及其子女的教育的不平等，根源于旧的社会分工和资本主义私有制。另一方面，马克思在对资本主义工厂制度分析的基础上，预示了未来社会的教育状况。随着机器大工业的发展，为了提高利润，满足赚钱的欲望，资本家也会培训工人，发展教育。尽管这种教育是服务于资产阶级剥削剩余价值的需要，但是从中出现了现代教育的萌芽。他指出："从工厂制度中萌发出了未来教育的幼芽，未来教育对所有已满一定年龄的儿童来说，

① 《马克思恩格斯全集》第 23 卷，北京：人民出版社，1972 年，第 527 页。
② 《马克思恩格斯全集》第 26 卷第 1 分册，北京：人民出版社，1974 年，第 164 页。
③ 《马克思恩格斯全集》第 23 卷，北京：人民出版社，1972 年，第 195 页。
④ 《马克思恩格斯全集》第 23 卷，北京：人民出版社，1972 年，第 223 页。

就是生产劳动同智育和体育相结合。它不仅是提高社会生产的一种方法，而且是造就全面发展的人的唯一方法。"①

3. 共产主义实行教育与生产劳动相结合

资本主义大工业以前时期，教育主要以家庭的父传子和行会师傅带学工的方式进行，教育的内容取决于他们的特殊生产知识和劳动技能。随着机器生产逐步代替了手工劳动，要求劳动力必须具有一定的文化科学知识和专业技能，从而促进了生产劳动与教育的互相结合。"如果说，工厂法作为从资本那里争取来的最初的微小让步，只是把初等教育同工厂劳动结合起来，那么毫无疑问，工人阶级在不可避免地夺取政权之后，将使理论的和实践的工艺教育在工人学校中占据应有的位置。"② 当然，在资本主义条件下，教育与劳动的结合是劳动者谋生的需要，劳动与教育的结合是资本家为利润所驱使。但是，教育与生产劳动相结合是社会化大生产的必然趋势。大工业的本性决定了劳动的变换、职业的变动和工人的流动性，职业变换和劳动流动性的频繁，要求培养全面发展的人以适应现代生产的客观要求。因此，建立在大工业基础上的现代教育预示着未来教育的萌芽。"人类的才能的这种发展，虽然在开始时要靠牺牲多数的个人，甚至靠牺牲整个阶级，但最终会克服这种对抗，而同每个人的发展相一致；因此，个性的比较高度的发展，只有以牺牲个人的历史过程为代价。"③ 共产主义以人的自由全面发展为目的的教育，必将取代资本主义的功利性教育和教育上的重要阶级差别。

4. 大工业使用女工和童工，为共产主义家庭和两性关系创造了新的经济基础

资本主义的机器大工业把妇女儿童卷入到劳动者队伍中来，必然伴随着野蛮的剥削和掠夺，以及对人的本性的摧残和蹂躏。然而，资本主义的工厂制度瓦解了旧的家庭关系。一方面，在资本主义制度下，工人为了维

---

① 《马克思恩格斯全集》第 23 卷，北京：人民出版社，1972 年，第 531 页。
② 《马克思恩格斯全集》第 23 卷，北京：人民出版社，1972 年，第 535 页。
③ 《马克思恩格斯全集》第 26 卷第 2 分册，北京：人民出版社，1974 年，第 124 – 125 页。

持家庭生计，丈夫不得不让妻子、父母不得不让子女进工厂劳动，于是妻子、子女走出家庭，到社会上来；另一方面工厂制度催生的未来教育的萌芽以及对儿童教育和妇女职业教育的重视，提高了妇女儿童在家庭和社会的地位，从而"使妇女、男女少年和儿童在家庭范围以外，在社会的组织起来的生产过程中起着决定性的作用，它也就为家庭和两性关系的更高级的形式创造了新的经济基础。"① 社会主义社会还将存在工厂制度，这种新的工厂制度当然和资本主义的工厂制度有着本质的区别。只要废除了资本主义这个"造成毁灭和奴役的祸根"，公有工厂制度必然会反过来成为社会主义新型两性关系和家庭关系发展的源泉。

新中国建立以来，我党确立的教育和劳动相结合，德、智、体全面发展的教育方针，与马克思的共产主义教育思想是完全一致的。社会主义市场经济体制下，要遵循马克思的教育理论，首先，要加大教育投入，把转变经济发展方式真正转移到依靠提高劳动者素质和提高劳动生产率上来。其次，要保证教育资源的公平配置，要着力解决由于收入差距拉大、区域经济发展平衡和城乡经济发展不平衡所导致的不同地区、不同群体受教育权利和教育资源占有的不平衡问题。第三，要走教育与实践相结合的道路，创新教育管理体制和教育模式，尊重和激发个性潜能，克服过度突出应试教育的弊端，处理好普通教育与职业教育的关系，培养具有创新能力的多方面发展人才。第四，要特别重视女性和儿童的教育，提高女性劳动力参与率，并从小培养少年儿童热爱各类劳动的良好习惯。

结束语

《资本论》中的共产主义经济形态的思想是丰富和科学的，但马克思和恩格斯没有为社会主义和共产主义社会设计具体模式。在他们看来，这是要靠共产主义建设者们去解决的。"所谓'社会主义社会'不是一成不变的东西，而应当和任何其他社会制度一样，把它看成是经常变化和改革的社

---

① 《马克思恩格斯全集》第23卷，北京：人民出版社，1972年，第536－537页。

会。"① "我们的任务不是推断未来和宣布一些适合将来任何时候的一劳永逸的决定",② "我们没有最终目标,我们是不断发展论者,我们不打算把什么最终规律强加给人类。"③

共产主义既是一种理想的社会制度,又是一种"消灭现存状况的现实的运动","对实践的唯物主义者即共产主义者来说,全部问题都在于使现存世界革命化,实际地反对并改变现存的事物。"④ 可见,共产主义并不是在未来才实现的东西,不应是只停留在"理想"层面,而是体现为现实的运动。在这一运动中,"资本的伟大的文明作用"将为全社会掌握,进一步推动生产力的巨大发展,使社会关系的革命性变革成为可能,最终为未来新社会的产生创造出各种有利的因素。⑤ 确切地说,共产主义经济目标和理想与中国特色社会主义经济制度信念是紧密相连的,社会主义初级阶段发展生产力、实现公有制主体基础上的共同富裕实践,就是批判和改变资本主义现存状况并向共产主义过渡的现实运动。

社会主义初级阶段距离马克思为我们论证的共产主义还有一个相当长期的过程。从马克思关于生产方式二重性理论可以看出,社会生产方式的结构本质上具有二重性,故对生产方式诸因素的内在联系和相互作用需要联系一定的历史条件作全面的考察,从这个意义上说,中国特色社会主义的生产方式存在着历史必然性和合理性。由此,也更需要科学地分析我国现阶段生产方式的内在矛盾。⑥ 实际上,现阶段所有制和生产关系的二元化,导致调节手段的二元化(市场与计划两种手段)、经济规律的二元化(市场调节规律与国家调节规律、资本主义经济规律与社会主义经济规律同时发挥作用并互相影响)等等。要处理好当前国民经济中的二元化矛盾,必须坚持和完善公有制和按劳分配为主体、多种所有制和多种分配方式共

---

① 《马克思恩格斯全集》第 37 卷,北京:人民出版社,1971 年,第 443 页。
② 《马克思恩格斯全集》第 1 卷,北京:人民出版社,1956 年,第 416 页。
③ 《马克思恩格斯全集》第 22 卷,北京:人民出版社,1965 年,第 618 页。
④ 《马克思恩格斯全集》第 3 卷,北京:人民出版社,1960 年,第 48 页。
⑤ 周德海:《也谈资本的文明作用:对马克思资本概念的重新认识》,《管理学刊》2017 年第 1 期。
⑥ 安师领:《马克思关于生产方式的二重性理论》,《海派经济学》2016 年第 1 期。

同发展的主要经济制度。① 既要考虑到发展生产力的主要任务，也不能搞唯生产力论和唯生产力标准论，而是要把发展生产力与发展社会主义生产关系和上层建筑统一起来。在全面深化改革之际，我们面临来自国际国内的前所未有的挑战，我们不仅要坚决抵制与《资本论》原理相悖的新自由主义影响，而且要学好用好《资本论》中关于资本主义和共产主义的理论精神，把中国特色社会主义和共产主义事业推向前进。

在西方金融危机十周年之际，危机和巨大风险依然阴魂不散，这再次验证了《资本论》关于资本主义和共产主义理论的预见性和科学性。马克思在《资本论》第一卷《第二版跋》中写道："使实际的资产者最深切地感到资本主义社会充满矛盾运动的，是现代工业所经历的周期循环的各种变动，而这种变动的顶点就是普遍危机。"② 一百多年前，危机"会把辩证法灌进神圣普鲁士德意志帝国的暴发户们的头脑里去"③。如今，危机又一次把辩证法和共产主义思想灌进了西方资产阶级的头脑里④，更加坚定了我们社会主义事业的信心和共产主义的科学信仰。

（原载于《经济纵横》2017 年第 4 期、第 5 期。程恩富，段学慧）

---

① 吴宣恭：《当前阶段我国所有制和经济规律的变化》，《经济纵横》2013 年第 8 期。
②《马克思恩格斯全集》第 23 卷，北京：人民出版社，1972 年，第 24—25 页。
③《马克思恩格斯全集》第 23 卷，北京：人民出版社，1972 年，第 25 页。
④ 2008 年金融危机以后，《资本论》骤然热销，德国柏林专门出版学术著作的卡尔－迪茨出版社销售业绩显示，仅 2008 年前 10 个月《资本论》就卖出 1500 套，是 2007 年全年销量的 3 倍，更是 1990 年销量的 100 倍。法国总统萨科奇拍摄和传播阅读《资本论》的照片；英国坎特伯雷大主教威廉斯给予了马克思正面评价："长久以前，马克思就窥探到了资本主义的运转之道"；罗马教皇赞扬马克思有"绝佳的分析技巧"；银行家和经理们也开始读《资本论》，试图从中探究资本主义经济危机的根源。（见中新网转发香港《文汇报》2008 年 11 月 10 日的文章《谁盗窃了财富？欧美重新认识马克思》，http://www.chinanews.com/hb/news/2008/11-10/1443488.shtml）而英国女王 2008 年 11 月访问皇家科学院时质询"毁灭性的市场危机扑面而来，经济学家为何无法觉察并预警？"，更是宣告了西方主流经济学的破产（孙涤：《经济学家为何未能预测金融危机》，http://book.sohu.com/20091110/n268088608.shtml）。

当代垄断资本主义经济金融化的
特征和影响及中国对策

金融化是当代垄断资本主义在经济方面的最重要特征之一，由西方金融资本所推动的金融全球化正以前所未有的力度和广度在全球展开。早在100多年前，资本主义经济就已经呈现出金融化的趋势，这是当年列宁写作《帝国主义是资本主义的最高阶段》的重要背景①。列宁指出："资本主义的一般特性，就是资本的占有同资本在生产中的运用相分离，货币资本同工业资本或者说生产资本相分离，全靠货币资本的收入为生的食利者同企业家及一切直接参与运用资本的人相分离。帝国主义，或者说金融资本的统治，是资本主义的最高阶段"②。在最近100年的时间里，资本主义发生的变化可谓翻天覆地，但错综复杂的国际形势，尤其是一些国家和地区发生的战争与冲突，均与国际金融垄断资本主导的金融全球化运动密切相关。继承和发展列宁的金融帝国主义论，剖析当代垄断资本主义的经济金融化特征及影响，提出我国务实的应对之策，具有十分重要的理论和现实意义。

一、 当代垄断资本主义经济金融化的本质

100年前，列宁敏锐地觉察到资本主义经济金融化的到来。他指出：

---

① 列宁指出："如果必须给帝国主义下一个尽量简短的定义，那就应当说，帝国主义是资本主义的垄断阶段。"（《列宁专题文集：论资本主义》，北京：人民出版社，2009年，第175页）

② 《列宁专题文集：论资本主义》，北京：人民出版社，2009年，第148页。

"总之，20 世纪是从旧资本主义到新资本主义，从一般资本统治到金融资本统治的转折点"①。所谓金融资本，"就是和工业家垄断同盟的资本融合起来的少数垄断性的最大银行的银行资本"②。尽管列宁没有明确使用"经济金融化"一词，但根据马克思列宁主义一般原理，可以知道经济金融化是金融资本主导和决定资本主义经济关系和经济运行的必然结果。

第一，在资本主义社会，资本具有不断增值自身的本能，资本主义生产的实质是剩余价值的生产。资本家雇佣工人生产的目的不是为了消费，而是为了获取利润且是进行无休止的不断获取利润的运动。正是因为如此，在资本主义市场经济中，竞争异常激烈，竞争的结果往往是较强的资本战胜较弱的资本。资本家竞相采取新技术来提高劳动生产率是为了获取超额剩余价值，资本家不断将剩余价值转化为资本即进行资本积累，也是为了提高竞争力以防止在市场中被淘汰。通常更多的资本意味着资本家可以支配更多的劳动力，进而获得更多的利润。

第二，资本对剩余价值和利润的疯狂追逐，必然会促使信用制度的产生和虚拟资本的出现。其一，激烈的竞争斗争和生产规模的不断扩大，需要大量的货币资本，借贷资本将资本作为一种特殊的商品投入到流通中获取利润，不同形式的资本（产业资本、商品经营资本、银行资本等）便发生联系，资本要求平等剥削劳动力的权利使剩余价值的转化形式——利润——被不同形式的资本按照各自在总资本中的比例进行分割。其二，随着生产规模的扩大和物质财富的增加，包括商业信用、银行信用等形式在内的信用制度最终产生并逐渐普遍化。信用制度的出现，既节约了货币量，加速了流通过程，突破了资本积累的瓶颈，促进了资本的集中，又容易进一步加剧生产过剩和过度投机等问题。其三，伴随生产规模的扩大和信用制度的发展，虚拟资本也逐渐产生。虚拟资本一般以有价证券形式呈现出来，它代表一种索取权，"所有这些证券实际上都只是代表已积累的对于未

---

① 《列宁专题文集：论资本主义》，北京：人民出版社，2009 年，第 135 页。
② 《列宁专题文集：论资本主义》，北京：人民出版社，2009 年，第 175 页。

来生产的索取权或权利证书，它们的货币价值或资本价值，或者像国债那样不代表任何资本，或者完全不决定于它们所代表的现实资本的价值"①。伴随信用制度和虚拟资本的便是虚拟经济和食利者阶层的出现，而这又极大地放大了资本的功能。

第三，资本追逐剩余价值和利润的本性，在促使信用制度与虚拟资本普遍化的条件下，形成了资本的金融化，金融化就是信用化和虚拟化。信用是资产和债务的统一体。在货币化和信用化的经济体系中，信用的扩大往往是通过以银行为核心的金融体系中的信贷扩张、货币发行、金融创新等途径实现的。"银行家提供的信用，可以采取不同的形式，例如：向其他银行签发汇票、支票、开立同样的信用账户，最后，对拥有钞票发行权的银行来说，是发行本行的银行券。银行券无非是向银行家签发的、持票人随时可以兑现的、由银行家用来代替私人汇票的一种汇票"②。通过银行体制所进行的信用创造，就等于是增发货币，在一定程度和范围内会促进经济的繁荣。

因此，资本主义经济金融化的根源在于资本追逐剩余价值和利润的本性，金融化也是一种积累方式。资本主义经济金融化和虚拟化的出现标志着信用地位的空前提高，信用维系社会稳定，关乎经济发展，影响财富分配，"创造信用，拥有创造信用的权利是支配社会和世界财富分配的最佳手段"③。

经济金融化是金融垄断资本出现后的必然现象。约翰·贝拉米·福斯特将金融化定义为资本主义经济重心从生产向金融的长期转变，其转变包括这些基本指标：金融利润占总利润的比重不断上升；债务占 GDP 比重不断上升；金融、保险和房地产等行业占国民收入份额不断增加；舶来的和不透明的金融工具不断扩散；金融泡沫不断膨胀④。随着资本主义经济金融

①《马克思恩格斯文集》第 7 卷，北京：人民出版社，2009 年，第 531 页。
②《马克思恩格斯文集》第 7 卷，北京：人民出版社，2009 年，第 454 页。
③ 黄树东：《大国兴衰：全球化下的路线之争》，北京：中国人民大学出版社，2012 年，第 10 页。
④ 江涌：《道路之争：工业化还是金融化？》，北京：中国人民大学出版社，2015 年，第 18 页。

化程度的不断提高，经济活动必然更多地从实体经济部门转向金融部门，而金融资本作为私人资本的最高形态，逐利性极强的本性决定了其不可避免地对经济、政治、社会、文化等各个方面进行渗透和施加影响。当代垄断资本主义是更为典型的金融帝国主义及其大时代①。我们可以将当代垄断资本主义的经济金融化，概括为由金融资本主导经济运行、金融资产增长速度和规模远大于实体财富、金融资本对其他各个领域产生影响的这样一种资本制度和特殊积累方式。

二、 当代垄断资本主义经济金融化的基本特征

当年列宁从五个方面概括帝国主义的特征②，结合列宁的论述，我们将当代垄断资本主义的经济金融化基本特征归纳为五点。

1. 金融部门成为调节和控制整个市场经济的核心，利用金融信用的资本放大作用进行资本积累和集聚被演绎到极致，进而过量债务被创造出来。

金融是现代经济的核心，本是用来优化资源配置、促进实体经济发展的，但在当代垄断资本主义经济中，金融体系异常复杂，金融部门如同经济体中的大动脉和发动机，决定资本和信用的流向。金融资本也早已具有控制生产、流通和贸易的能力，以致成为控制整个市场经济甚至国家的终极力量。同时，国际金融垄断资本往往可以利用大量的金融衍生工具，在发达的国际资本市场进行大规模的集资活动，各类金融机构（证券公司、投资银行、共同基金、对冲基金等）由此非理性地放大金融杠杆，信用风险不断积聚。另一方面，通过各种形式的金融创新，较少的资产可以形成巨大的交易量，推动资产膨胀，进而创造大量的流动性，大量金融资本进入期货市场，又使得一些国际大宗商品具有了金融属性，导致国际市场上的一些重要资源（如粮食、石油、铁矿石）价格的升降完全取决于金融资

---

① 李慎明：《对时代和时代主题的辨析》，《红旗文稿》2015 年第 22 期。
②《列宁专题文集：论资本主义》，北京：人民出版社，2009 年，第 175－176 页。

本和金融寡头的意志①。在过去的几十年中，金融体系内部交易的增长速度远快于实体经济，金融交易量急剧上升。1984 年，石油期货交易量不足石油产量和消费的 10%，而目前是石油产量的 10 倍；当前，全球外汇交易量约为全球产品和服务贸易量的 73 倍；1980 年前后在全球金融体系中衍生品交易的作用微乎其微，到 2007 年末清偿利率衍生品合约的名义本金高达 400 万亿美元，相当于当期全球 GDP 的 9 倍。与此同时，许多国家的债务额不断上升。2016 年第一季度末，欧元区 19 个成员国的政府债务额占 GDP 比重平均达 91.7%，较之 2015 年第四季度末的 90.7% 上升了一个百分点②；美国的债务余额则由 20 世纪 80 年代的约 9000 亿美元上升到 2014 年 5 月的 175169.58 亿美元③。

经济金融化在促使金融部门和金融体系作用增强、重要性增加的同时，也使得在当今资本主义国家中，财产性收入成为普通家庭收入的重要部分。一般而言，家庭收入分为工资性收入、经营性收入、转移性收入、财产性收入，其中，财产性收入包括不动产（房屋、土地、专利、车辆等）和动产（银行存款、股票、债券、基金、所有形式的金融投资）所获取的收入。在经济金融化特别是金融创新盛行以来，资本的形态发生了重大变化，金融资产收益成为发达国家普通家庭收入的重要来源。2010 年，发达国家每位居民的年平均收入为 3 万欧元，拥有约 18 万欧元的财富，其中 9 万欧元以房产的形式存在，另外 9 万欧元则是股票、债券、储蓄以及其他投资④。从企业方面看，通过对金融资产进行运作以获取利润已成为企业的重要业务活动。例如，在美国几大汽车集团中，汽车金融公司的车贷经营业务早已超过汽车制造业务，成为集团的主要利润来源，通用汽车金融公司的利

---

① 最近几年，国际金融寡头试图将二氧化碳排放量货币化，即把二氧化碳排放配额作为可以交易的金融产品进行自由挂牌交易与转让。显然，一旦这种国际货币制度安排成为现实，将极大地抑制发展中国家的发展，因为发展中国家正在进行大规模的工业化，二氧化碳排放量必然处于上升之中，这种国际货币制度安排也将使已经完成工业化的西方国家获取极大的利益。如果真正要贯彻以人为本和人权原则，而非发达国家为本的改革精神，那么，应当先确定人均二氧化碳排放量及其货币化，再自由挂牌交易与转让。

② 数据来源于欧洲统计局网站，http://ec.europa.eu/eurostat/web/products-press-releases/-/2-22072016-AP。

③ 数据来源于美国财政部网站，https://www.treasury.gov/Pages/default.aspx。

④ 托马斯·皮凯蒂：《21世纪资本论》，巴曙松等译，北京：中信出版社，2014 年，第 52 页。

润近年来一直占通用汽车集团利润总额的 50% 以上[①][②]。

2. 发达国家在控制国际金融、高科技、资源能源和海外市场的同时，对外转移中低端产业，输出知识产权，形成了与发展中国家之间特殊的"二元经济结构"。

工业革命以来，西方资本主义国家工业生产能力不断扩张，国内市场无法消化过剩产能，周期性经济危机始终无法摆脱。对外开拓市场、建立殖民地成为摆脱危机、促进经济持续发展的重要手段，这形成了当时的"资本家同盟瓜分世界"[③] 的局面。但到了当代金融垄断资本主义时代，旧的殖民统治体系早已瓦解，西方大国不再使用直接的行政控制和领土占领形式支配他国，而是在不放弃对国际金融、高科技、资源能源和海外市场控制的同时，垄断知识产权[④]，对外转移中低端产业，形成了发达国家主导高端产业和金融业、发展中国家成为资源和市场供给地，发达国家向发展中国家输出金融产品、发展中国家向发达国家输出物质财富的这样一种特殊的"二元经济结构"。

20 世纪五六十年代，第三世界国家掀起了民族独立运动，最终基本获得政治独立，进而采取了包括国有化本国资源在内的工业化建设措施。但到了七八十年代，西方金融寡头通过打压资源品价格和操控国际金融等手段迫使大量第三世界国家的国民经济濒临破产，不得不通过私有化方式廉价出售资源，加上西方大量跨国公司向世界各地扩张，相当部分第三世界国家最终陷入依附和半依附境地。冷战结束以来，西方金融资本进一步利

---

① 企业从事金融活动以致自身逐渐金融化的例子还有很多。如，美国采取的几轮量化宽松（QE）政策制造了极低的利率环境，使得很多上市公司借钱分红和举债回购股票，由于举债的成本低于发放股息的成本，因而举债发放股息可以"套利"（在美国，债务利息可以抵扣应税收入，而股息则会被双重征税）。著名的苹果公司曾在 2013 年 4 月通过举债的方式进行史上最大的回购股票计划。显然，在这样的经济金融化背景下，企业无论是回购还是发放股息，都会导致债务规模增加，企业往往乐于从事炒资产赚钱快的业务。

② 江涌：《道路之争：工业化还是金融化？》，北京：中国人民大学出版社，2015 年，第 13 页。

③《列宁专题文集：论资本主义》，北京：人民出版社，2009 年，第 155 页。

④ 自由竞争的资本主义阶段，商品输出为主要特征；到了垄断资本主义阶段，其特征是资本输出。作为 20 世纪 90 年代以来的经济全球化阶段的输出，其突出特征是知识产权输出，垄断也不是一般的垄断，而是知识产权垄断。知识产权垄断导致南北差距比过去更大。它是靠商标、专利，靠核心技术、技术标准、技术许可证转让手段，来拉大发达国家和发展中国家之间的差距。（参见程恩富：《经济理论与政策创新》，北京：中国社会科学出版社，2013 年，第 422 页）

用美元的国际支付和结算功能，获取大量国际信用，创造了新的货币霸权模式，攫取了大量霸权红利，进一步加剧了南北之间的发展失衡。有研究指出：自美元与黄金脱钩仅到 2001 年，美元贬值了 87%，到 2006 年，美元贬值了 94%，如果估定 1967－2006 年美国的外债累计为 3 万亿美元左右，那么通过美元贬值 90%，美国因减轻外债负担而获取国际通货膨胀税为 2.7 万亿美元，年均获益 675 亿美元，而美国的债权国相应总共损失 2.7 万亿美元，年均损失 675 亿美元①。

3. 金融危机成为当代垄断资本主义危机的主要形态，金融危机的动因在于金融资本过度膨胀，严重透支信用。

正是由于当代垄断资本主义经济的金融化、虚拟化以及对外转移大量中低端产业，加上现代信息技术被用于对国民经济各部门进行有效管理，当代垄断资本主义经济危机的主要形态已经不是资本主义早期那种较为单纯的生产过剩型危机，而是与某些领域的生产过剩有关，但首先集中在以银行为核心的金融流通领域内的金融危机或信用危机，经过一段时间后才会进一步大规模传染到实体经济。由于经济的过度虚拟化和泡沫化，资产的市场价格经常会严重偏离基础价值，因而发生于当代垄断资本主义时代下的金融危机所造成的损失更大，波及面更广。此外，金融系统和金融部门堪比国民经济中的大动脉，这种极端重要性使得通过向经济体注入大量货币或流动性，成为当代资本主义国家纾解金融危机的主要手段。以美国为例，2007 年的金融风暴首先从房地产泡沫破裂开始，接踵而来的是债券泡沫的破裂、股票市场崩盘、养老基金的净值被腰斩，危机波及所有臃肿的金融部门，上万亿美元资产瞬间蒸发②。在应对危机上，当时美联储在 13 周内印发的货币数量是原先一个世纪的货币发行量的两倍，而在过去 30 年时间里，正是美联储超发货币和美国挥霍借贷造就了金融和房地产领域的大量泡沫，这些泡沫构成了美国绝大部分财富③。

---

① 程恩富、夏晖：《美元霸权：美国掠夺他国财富的重要手段》，《马克思主义研究》2007 年第 12 期。

② 艾伦·布林德：《当音乐停止之后：金融危机、应对之策与未来的世界》，巴曙松等译，北京：中国人民大学出版社，2014 年，第 8－9 页。

③ 戴维·斯托克曼：《资本主义大变形》，张建敏译，北京：中信出版社，2014 年，第 328－345 页。

4. 借助信息技术、网络技术等高科技手段，金融资本不仅可以在全球范围内快速流动，还可以发动大规模的掠夺财富的金融战争，同时对外轻松转嫁危机。

资本只有在不断运动和周转中才能获取更多的利润，而信息技术、网络技术等高科技的出现，不仅使得全球经济相互融合成为一体，也大大便利了金融资本在全球范围内的流动①。更重要的是，雄厚的西方金融资本垄断着全球网络资源，可以制造和保持信息不对称，加上世界各国的股票、证券、期货、外汇、商品等各种市场，都已经通过经济全球化、金融自由化、网络信息化相互密切连接起来，这意味着一旦拥有操纵市场的垄断力量，便能获取巨额利润，便能在高盛的纽约总部转瞬间发动全球范围的金融快速打击，将原本属于世界各地各个社会阶层的部分财富掠夺到自己囊中②。金融帝国主义主导的金融战已经成为当今世界频繁发生的半隐形战争，轻者可以导致一国国民财富大规模流失，重者可以导致一国政权更迭、社会动荡③。金融垄断资本不仅可以对外发动金融战争以掠夺巨额财富，而且由金融资本推动的金融全球化，还可以使得处于国际金融中心的西方发

---

① "借助计算机和金融技术可以在几秒钟内把上亿美元资金在全球范围内调来调去……全世界每天金融交易约为 5 万亿美元，其中与生产、贸易活动有关的不足 2%，98% 以上是以投机为目的的交易。"（庄起善主编：《世界经济新论》（第二版），上海：复旦大学出版社，2008 年，第 176－177 页）

② 程恩富、杨斌：《当前美国金融垄断资本主义的若干新变化》，《当代世界与社会主义》2014 年第 1 期。

③ 20 世纪 80 年代末，以华尔街为首的西方金融资本曾对日本发动金融战，使用股票指数期货这一金融衍生品击垮日本股票市场，股票市场的崩溃迅速波及到银行业、保险业、房地产业，致使日本大量国民财富被卷走，经济陷入长期衰退。日本学者吉川元忠在《金融战败》中坦言：日本 1990 年前后，经济泡沫破灭，国家财富的损失程度相比第二次世界大战有过之而无不及。（[日] 吉川元忠：《金融战败：发自经济大国受挫后的诤言》，孙晓燕译，北京：中国青年出版社，2000 年，第 1－2 页）在苏联解体过程中，也发生过西方金融寡头掠取财富的金融战，"在卢布汇率市场崩溃后，原来设下金融骗局的国际资本劫掠者仅仅用少得可怜的美元就结算了原来的巨额卢布债务，并且低价买入了苏联的国有资产……美国仅仅动用几亿美元就把苏联人民积攒 70 年的财富——价值 28 万亿美元的财富赚到手了。"（刘福垣：《金融殖民》，北京：中信出版社，2011 年，第 10 页）类似的金融战在 20 世纪 90 年代的亚洲国家再次上演，泰国、马来西亚等国都曾在金融战中损失惨重。进入 21 世纪，这种金融战愈演愈烈，包括中国这样的经济大国也难于幸免。2007 年 5 月 30 日至 6 月 5 日上午，A 股指数从 4335 点跌到 3461 点，七成股票连续五天跌停，市值蒸发接近 20 万亿元人民币，进入中国的西方金融大鳄们联手放空人民币。不到五天的时间内，大鳄们掠取了中国经济改革发展 30 多年全国人民创造的总量 GDP 经济价值的 1/4。换句话说，全中国人民近 8 年时间创造的全部经济价值被西方金融杀手在五天（准确地说是 100 小时）之内通过虚拟的股票网络系统而洗劫一空。（何新：《统治世界》，北京：中国书籍出版社，2011 年，第 47 页）2015 年 6－8 月，中国连续发生数场严重股灾，动辄千股跌停，无数财富蒸发，西方金融寡头难逃其咎。

达国家对外轻松转嫁危机。由于控制着国际金融，拥有大量的国际信用（典型的是大量过剩美元），欧美发达国家往往可以在本国经济衰退或出现经济泡沫情况下，将大量的流动性引导到资本市场开放的发展中国家，大量金融资本涌入这些国家的房地产、股票市场后，形成巨大的资产泡沫，最后金融资本在席卷大量财富后离开，本国的经济泡沫进而可以得到很大程度的释放。

5. 少数金融寡头和金融家族及其组织控制着本国乃至整个世界经济的命脉。

列宁当年分析指出："瓜分世界的资本家国际垄断同盟已经形成"[1]。在金融垄断资本推动的金融全球化的今天，从表面上看，是美欧日少数发达的资本主义大国控制着世界经济命脉，主导着不公正的国际政治经济秩序，但事实上，政治从来都是为经济服务的，"在资本面前，'一切神都要退位'"[2]。在金融资本主导经济，金融成为一国经济制高点的时代，美欧日国家的政府和政要们早已成为少数金融寡头赚钱的工具，"今天的美国其性质已从一个独立的主权国家异化为一个受到华尔街国际资本及其支持的共济会组织控制的'半独立'国家，美国及其美利坚民族只不过是增加华尔街力量的工具"[3]。美国著名经济学家、地缘政治学家恩道尔先生花费38年时间研究发现：欧美国家的150家跨国公司占据全球财富的40%以上，控制全球规则制定权，这些大公司构成了全球私人权利联盟，包括美国政府在内的各国政府始终在其鞍前马后，而在150家跨国公司背后控制全局的，是华尔街和伦敦金融业屈指可数的一些人，这些人通过把持金融市场和国际银行体系来掌控150家大型跨国公司[4]。

在信息技术极为发达的当代，西方金融寡头集团及其组织早已改变了

---

[1]《列宁专题文集：论资本主义》，北京：人民出版社，2009年，第176页。

[2] 张文木：《基督教佛教兴起对欧亚地区竞争力的影响》，北京：清华大学出版社，2015年，第180页。

[3] 张文木：《基督教佛教兴起对欧亚地区竞争力的影响》，北京：清华大学出版社，2015年，第186页。

[4] 威廉·恩道尔：《目标中国：华盛顿的"屠龙"战略》，戴健等译，北京：中国民主法制出版社，2013年，前言，第Ⅱ、Ⅲ页。

过去"位居一线"的统治模式，而是采取多种方式退居幕后，"低调行事"。例如，金融集团采取建立基金会的方式捐献自己的财富，这样不仅可以隐蔽财产，淡化社会对其的关注，更可以逃避遗产税、赠与税①；成立新的公司时，采取所有权和控制权相分离的模式，公司由职业经理人打理，但将董事会和关键股权牢牢控制在自己的金融家族手中；成立其他各种投资集团，委托一些金融机构和资产管理公司运作自己的资产，等等。

从历史上看，通过控制金融来操控他国和世界是西方共济会的一贯伎俩。因此，在当今西方金融寡头及其组织控制世界的时代，以国家为单位观察和分析国际问题已经变得不够准确，当前所有的重大国际政治事件尤其是不安宁的国际局势，几乎都是国际金融寡头主导或参与长期运作的结果，一些国家表面上看似不合情理的行为背后基本都有西方金融共济会的身影②。

三、 当代垄断资本主义经济金融化的影响

当代垄断资本主义经济金融化是金融资本主导经济运行后的必然结果，但经济金融化所带来的影响绝不仅仅限于经济方面，也不限于西方资本主

---

① "富人正不断发明更新、更复杂的法律结构来隐藏其财富。信托基金以及基金会等形式不仅可用来避税，也限制了后人对相关资产的使用自由度……现在很难区分一家基金是纯粹的私人家族基金会还是慈善基金会。实际上，富豪们的基金会通常有传承财富和推动慈善的双重目的，而且即便家族资产是放在以慈善为主的基金会里，家族也往往会精心设计以确保其对资产的控制权。"（托马斯·皮凯蒂：《21世纪资本论》，巴曙松等译，北京：中信出版社，2014年，第466—467页）

② 关于此方面的研究成果，可参见张捷：《霸权博弈》，太原：山西人民出版社，2010年；赵亚赟：《金融战》，北京：电子工业出版社，2011年；何新：《统治世界》（共两部，北京：中国书籍出版社，2011年；北京：同心出版社，2013年）；高鹏程：《共济会核心组织》（共三部，北京：东方出版社，分别出版于2014、2015、2015年）。根据这些学者的研究可知：自罗马时代起，欧洲和亚洲之间的商路（如丝绸之路）、欧洲的金融体系等就已经被西方少数金融家及其组织（共济会）所控制，文艺复兴以来的欧洲史，就是犹太金融家和商人们及其组织（共济会），逐步击败国王、教会和贵族，主导欧美，进而图谋主宰世界的历史。需要指出的是，西方金融寡头及其控制的西方国家之间也存在矛盾和斗争（如，美国、英国、欧洲大陆之间的斗争，美元与欧元之间的斗争），但在维护不公正的国际政治经济秩序方面，他们始终是一致的。

义国家。这是由金融资本的性质所决定的，"金融资本是一种存在于一切经济关系和一切国际关系中的巨大力量，可以说是起决定作用的力量，它甚至能够支配而且实际上已经支配着一些政治上完全独立的国家"[①]。

1. 经济金融化导致资本主义国家贫富差距不断扩大，经济泡沫化严重，金权操控经济政治。

第一，在资本主义社会，分配本就由资本量大小所决定，这一点在金融垄断资本主义时代尤甚。美国经济学家加尔布雷思早就指出，一个国家的金融部门越庞大，该国的不平等就越严重，二者之间的联系不是偶然的[②]。

在经济金融化下，经济增长模式发生了重大变化，资产价格上涨幅度远超实体经济平均利润率，实体企业的生存环境发生极大改变。发达国家出现去工业化和经济活动过度集中虚拟经济领域等现象，虚拟资产规模不断增大，但缺少坚强的实体经济支撑的虚拟经济和虚拟资产发展到一定程度后必然是积累大量泡沫，直至泡沫破灭，危机不断。在虚拟经济和实体经济不均衡的发展过程中，资本的主要属性是金融资本，金融资本的量的多少决定了获取利润的大小，加上资本所得的乘数效应，最终结果必然是两极分化。金融寡头本就拥有雄厚的资本，在经济金融化的过程中，以惊人的速度进行"钱生钱"活动，用巨大的泡沫置换有形财富和资产，以高杠杆攫取社会财富。自 2010 年以来，在大多数欧洲国家，尤其是在法国、德国、英国和意大利，最富裕的 10% 人群占有国民财富的 60%。在美国，美联储所做的调查表明，最上层 10% 的人群占有美国财富的 72%，而最底层的半数人口仅占 2%[③]。

经济金融化在导致财富和收入分配差距持续扩大的同时，也带来了借贷消费和过度透支行为的盛行，制造了金融创造财富的神话，债务驱动经济增长的独特模式开始形成。由于大量资金涌入虚拟经济，加上层出不穷

---

① 《列宁专题文集：论资本主义》，北京：人民出版社，2009 年，第 169 页。

② 约瑟夫 E. 斯蒂格利茨：《不平等的代价》，张子源译，北京：机械工业出版社，2013 年，第 72 页。

③ 托马斯·皮凯蒂：《21 世纪资本论》，巴曙松等译，北京：中信出版社，2014 年，第 261–262 页。

的金融创新行为，推动资产价格疯涨，金融机构可以通过套利交易获取巨额财富，金融泡沫对于拥有大量金融资产的富人的财富效应必然远大于普通民众。为了维持这种经济增长模式，即保持资产价格上涨机制，资本主义国家的政府不仅让渡征税权，对富人避税行为视而不见，进而导致巨额财政赤字出现，更从政策和制度上鼓励普通民众进行借贷消费，如推出次级抵押贷款和"增值抵押贷款"①。这种经济模式运行的长此结果是国家和民众的超高负债，福利社会制度的基础遭削弱。据美联储的数据，在过去的50年中，美国家庭部门债务年均增速近8%，家庭部门债务占GDP的比重由20世纪60年代的40%左右上升到2013年的82%。

第二，资本是逐利的，经济金融化释放了资本逐利的最大潜能，资本特别是金融资本的最高意志是打破一切限制，消解主权国家对其的监管，在全球范围内实现完全自由、毫无羁绊的运行，最终控制全世界。要实现这些目标，金融资本不仅要控制本国的政治，广泛渗透到工业、商业、传媒、军事、外交、教育等各个领域，制造全球化概念和新自由主义理念，更要削弱甚至废除世界各国的国家主权②。

经济金融化从表面上看是市场中的金融机构和金融部门的正常经济行为，但背后一直有金融寡头及其操控的政府部门相关机构积极主动推动。如果没有央行长期的超低利率政策，就不可能有股票市场和债券市场的繁

---

① 从2001年到2003年，美联储曾连续13次降息试图刺激经济增长，但却制造了美国历史上最大的房地产泡沫，房地产泡沫又助长了一系列金融创新行为。例如，如果一个普通民众在去年用10万美元购买一套房子，今年增值到20万美元，则银行就允许和鼓励他将增值中的10万美元以"增值抵押贷款"方式贷出其中的一部分（如6万美元），该民众就可以用这6万美元进行消费、旅游等活动，表面上是会促进经济增长，但这却会带来更大的房地产泡沫，更严重的是，该民众的负债是增加的，其收入增长的速度将赶不上债务膨胀，所以资产膨胀的背后其实是债务的膨胀。一旦超低利率政策结束，这种资产膨胀推动的经济繁荣模式也会终结。

② 当前，国际社会的一大热点话题莫过于英国的脱欧公投事件，不少学者认为这是英国乃至整个西方世界衰落的标志，也有学者认为这是美国的一大胜利。倘若我们将这一事件放在垄断资本主义经济金融化、金融寡头操控政府和官员的视角下看的话，我们会发现，此次事件的最大获利者显然不是西方各国的政府和普通民众，因为他们是危机的埋单者，这一事件的最大获利者是金融寡头们，他们可以利用这一危机倒逼各国政府实行改革，迫使其让出国家经济金融主权，最终成立一个独立的合众国。结合前面提到的碳排放量金融化，以及几年前西方经济理论界批判所谓"万恶的主权货币"，未来西方金融寡头很可能会制造各种经济金融危机，迫使更多国家交出经济金融主权，最终达到用金融和财政的手段控制各国政府、以基金会形式控制教育与医疗体系、以资本手段控制全球媒体，直至控制全世界的目的。

荣；没有宽松的货币政策就不会有大量的流动性流入金融系统，刺激更大的泡沫；没有金融危机期间政府部门使用纳税人的钱补贴贪婪的金融寡头，就不会有金融市场的反弹；没有利益集团的游说和运作，新自由主义思潮就不会泛滥，公营部门私有化和监管部门自由化就不会持续不断①……因而，经济金融化下的西方世界早已走上了金权操控政治的邪路，典型的是美国华尔街金融机构和政府部门之间的"旋转门"现象，即华尔街金融机构的高管们进入政府部门（包括金融监管机构）担任官员，卸任后再到华尔街担任高管②。

2. 经济金融化导致全球发展失衡问题更加严重，国际局势动荡不已。

垄断资本主义经济金融化在给西方国家自身带来种种负面问题的同时，也导致了全球发展失衡问题更加严重，突出表现在全球财富的分配极端不合理。瑞信银行《2014 年度全球财富报告》显示：从区域分布看，欧洲、北美和亚太国家（不含中国和印度）分别拥有世界总财富的 32.8%、31.7% 和 20%，拉丁美洲拥有 3.8%，而非洲和印度仅拥有 2.5%，拥有世界人口总量 58% 的发展中、最不发达国家和地区仅仅拥有全球财富的16%③。之所以会出现这种状况，有其必然性。其一，金融资本推动的全球化使得不受约束的金融资本不断突破一些国家的主权，在世界各地寻租，发动一场场掠夺财富的战争。其二，金融资本利用美元霸权获取大量霸权红利。中国科学院国家健康研究组对外发布的《国家健康·第 1 号》披露：2011 年，美国从全球攫取的霸权红利达 73960.9 亿美元，霸权红利占 GDP的比例高达 52.38%，换言之，美国有 52.38% 的 GDP 是通过霸权获得的。

①　因而，2007 年的次贷危机及其引发的金融海啸很大程度上是国际金融寡头们主动引爆的。金融寡头和金融机构首先以金融衍生品炒作投资概念，然后通过股票市场、债券市场、期货市场向全球集资，大量的"有毒资产"被销往世界各地，全球资金涌入美国，金融寡头们套取巨额资金。这种典型的"庞氏骗局"在历史上重复多次，以精明著称的金融家们不可能不知道其后果。在危机爆发后，无数财富灰飞烟灭，世界各地的投资者利益受损严重，美国以救市为名，超发美元，世界各国分担美国赤字经济和各种金融机构的烂账。

②　类似的例子举不胜举。如，美国的布什家族与石油集团和军工集团关系极为密切，小布什的内阁成员（副总统切尼、国防部长拉姆斯菲尔德、国务卿鲍威尔、国家安全助理赖斯等）均有很深的石油背景。因此，在小布什担任总统期间，石油价格从 2001 年的每桶不到 20 美元一路上涨到 2008 年的近 150 美元。

③　肖斌、付小红：《全球财富分配失衡的现状与解析》，《红旗文稿》2015 年第 5 期。

中国损失的霸权红利高达 36634 亿美元，是霸权红利损失占 GDP 最高的国家，达 51.45%。若按照劳动时间计算，中国劳动者有 60% 左右的工作时间是在无偿为国际垄断资本服务，创造"剩余价值"。如果没有霸权红利损失，中国劳动者每天工作时间至少可以缩短 20%－30%，完全可以实行每周 4 天工作制[1]。其三，西方发达国家主导着经济全球化的规则，在金融资本的运作下，资本可以从发展中国家向发达国家流动，加上发达国家大量实体产业转移海外，导致以美国为首的发达国家的经常账户出现长久的逆差，而中国和亚洲的一些新兴经济体保持持续的经常账户顺差。1998－2008年，全球经常账户总的盈余和赤字占全球 GDP 的比例从 0.5% 上升至 2%，从盈余国家转向赤字国家的资本流动并未用于更高水平的投资，而是推动了消费和房地产的繁荣[2]。

垄断资本主义经济金融化不仅导致全球发展失衡问题更加严重，更导致了全球局势的持续动荡。从欧洲、美洲，到亚洲、非洲，从南海、朝鲜半岛到中东、北非，地区和国家间的矛盾和冲突有增无减，这些均与国际金融资本主导的金融全球化运动密切相关。因为只要发生动乱或战争，金融寡头就能浑水摸鱼、趁乱获利，食利和寄生性的体制就可以继续维系。同样，任何妄图破坏有利于金融资本攫利的现行经济秩序和规则的人和行为，也会遭到金融寡头的严厉打击[3]。早在 1975 年，美国精英们就提出"世界经济有控制解体战略"，西方战略家布热津斯基也曾公开倡导推行"智能帝国主义"政策，即通过各种途径拉拢腐蚀各国领导人，然后进行威胁敲诈、操控主流媒体、互联网进行妖魔化宣传，挑唆、唆使不同地区的邻国发生冲突、战争，扶持伊斯兰原教旨恐怖组织制造横跨欧亚大陆的弧

---

[1] 杨多贵等：《国家健康报告·第 1 号》，北京：科学出版社，2013 年，第 217 页。另据美国摩根士丹利的研究报告，从 1999 年到 2007 年，中国产品为美国消费者节省了 6000 多亿美元。转引自王勇、范从来：《产业结构与货币需求的政治经济学分析——基于中美 M2/GDP 差异的研究》，《马克思主义研究》2014 年第 11 期。

[2] 阿代尔·特纳：《债务和魔鬼：货币、信贷和全球金融体系重建》，王胜邦等译，北京：中信出版社，2016 年，第 22 页，第 156 页。

[3] 例如，伊拉克与叙利亚之所以会遭到西方打击，不仅是两国地缘位置十分重要，富含石油，更因为两国的领导人——萨达姆和卡扎菲主张石油结算的非美元化，挑战了现行的西方金融寡头主导的国际金融体系。

形动荡地带，怂恿、支持日本、菲律宾等国制造东海、南海紧张局势等①。

四、 当代金融垄断资本主义的未来与我国应对之要点

早在 1915 年底和 1916 年初，列宁在为布哈林的《世界经济和帝国主义》一书写的序言中就明确揭示到："典型的世界'主宰'已经是金融资本。金融资本特别机动灵活，在国内和国际上都特别错综复杂地交织在一起，它特别没有个性而且脱离直接生产，特别容易集中而且已经特别高度地集中，因此整个世界的命运简直就掌握在几百个亿万富翁和百万富翁的手中"②。在《帝国主义是资本主义的最高阶段》中，列宁进一步强调："帝国主义的特点，恰好不是工业资本而是金融资本"③。确实如此，20 世纪初，西方主要资本主义国家进入帝国主义阶段，金融资本开始逐渐主导经济和社会发展。在随后的约 100 年内，西方金融资本逐渐通过全球金融一体化和国际通货的美元化，推动资本主义体系在全球进一步大扩张，金融帝国主义的时代特征和控制更加显著，垄断资本主义经济走向更高程度的金融化，而金融全球化又成为经济全球化的重要推手和构件。

对当代垄断资本主义经济金融化的特征和影响分析表明：当代资本主义的垄断性、寄生性和腐朽性远超过列宁所处的年代，其垂死性或过渡性仍然客观存在。列宁说的"垂死性"只是比喻，正式的术语是"过渡性"，而作为人类社会形态的过渡性或垂死性可以是几年，也可是几十年甚至更长，那种"垂而不死"质疑，是缺乏对马克思主义的了解。但如果据此认为整个当代金融垄断资本主义会迅速走向灭亡，则恐怕过于乐观了。恰恰相反，在金融帝国主义的时代，金融资本和金融寡头具有主动制造危机的

---

① 杨斌：《金融战争、文明冲突与美国的世界经济解体阳谋》，北京：中国社会科学出版社，2015 年，第 12、16 – 17 页。

②《列宁全集》第 27 卷（第 2 版），北京：人民出版社，1990 年，第 142 页。

③《列宁专题文集：论资本主义》，北京：人民出版社，2009 年，第 178 页。

能力，危机成为了资本主义进行自我调节的重要途径。结合当前美元转强，全球货币、资产和商品价格出现重新调整的趋势，在金融资本及其组织的长期布局下，未来会发生更加激烈的争夺资源和市场，并有可能发生金融控制权的局部战争（美国在南联盟和伊拉克等发动的军事入侵均与维护金融霸权密切相关），世界经济政治形势将更加复杂和失序。

缘由之一，垄断资本主义经济金融化的本质和金融系统在当今世界经济中的重要性，决定了当代垄断资本主义只有依托金融霸权才能实现利益的最大化，因而以强大的金融优势构筑强权之网，遏制广大第三世界国家发展，稳坐"金融食物链"顶端，坐享金融霸权之利，是金融资本和金融寡头始终努力确保的重要目标。金融危机以来，西方金融资本打着"美国"的标识和预防危机的借口，大力强化"金融监管"力量，组建"美国"控制的国际监管体系，扩张金融权利，消解他国的金融主权，确保在未来的金融战中实施精确打击、重创对手，更为未来在全球范围内更加自由的流动铺平道路，这无疑极大地削弱了其他发达国家和发展中国家金融机构的竞争力①。

缘由之二，当前无论是美国、日本、欧盟等发达国家，还是中国、印度、南非等金砖国家在内的新兴经济体，几乎都面临较为严重的债务问题，一些国家甚至存在长期的经济结构失衡问题②。历史经验表明，通过引爆他国危机和转嫁危机，用以邻为壑的方式缓解问题，巩固自身霸权地位，是

① 2010 年，美国通过《外国账户税务遵守法案》，要求瑞士的银行向美国国税局提供其客户的信息；2010 年 5 月 20 日，美国参议院通过金融监管改革法案即《多德—弗兰克法案》；2012 年 2 月，美国财政部宣布，美国、英国、德国、西班牙等国家将组建一个国际监管体系，要求外国的金融机构向美国国税局报告美国账户持有人的详细信息；2012 年，美国对欧洲大型银行罚款金额高达 60 多亿美元，约等于这些银行当年预估获利的 25%；2014 年初，美国通过各种途径将反映国际金融市场重要基准指标的伦敦银行同业拆借利率（Libor）掌控权从欧洲转移到美国；2014 年 5 月，瑞士承诺，将自动向其他国家交出外国人账户的详细资料……

② 据国际清算组织统计，部分新兴国家中非银行机构的美元债务在 2015 年第三季度已经达到 3.3 兆亿美元，并且这个统计数额自去年 6 月份以来一直没有变化。由于美国加息推高了美元，美元的升值扩大了以本国货币为单位的贷款绝对数额激增的国家。为了改变并适应这些情况，新兴国家的一些企业开始削减投资、减债、出售所拥有的资产。（参见王倩：《2016 年新兴经济体面临变数仍很大》，《上海证券报》2016 年 2 月 16 日）

西方金融寡头和国家的常用手段，而有时危机过后，金融资本控制下的西方主要国家反而比以前更加强大。因而在未来，国际金融垄断资本必然会使用一系列手段，力图诱发更加严重的全球性的大危机，吸引发展中国家的资金外流，促使他国大量优质企业倒闭和大量优质资产价格暴跌，然后以升值的美元开展廉价大收购，对全球财富进行再分配①。

对于金融垄断资本及其失序的国际金融体制机制，西方非马克思主义的有识之士和国际经济组织也不断抨击，要求改革美国和整个国际金融制度。例如，2016 年 5 月，国际货币基金发表的研究报告公开承认，根据长期的全球数据进行的分析表明，新自由主义主张的两项政策有很大弊端，一是削减社会开支的财政紧缩政策，一是跨国的资本自由流动和资本市场全球化，不仅扩大了社会不平等，还危害了经济的持续增长，也令全球各国的资本市场不稳定。又如，桑德斯在纽约州的竞选讲演中尖锐指出，"今天美联储受到了被监管的银行家绑架，这种状况无法容忍。我们还将对美联储进行改革，促使其成为民主管理的监管机构，听取普通美国民众的意见，而不仅仅听命于华尔街的亿万富翁。我担任总统之后，将不再允许'黄鼠狼看鸡窝'，不允许大银行的高管担任美联储官员，不允许随意任人

---

① 金融战一向是国际金融寡头打压他国的撒手锏。在历史上，美国对货币政策的调整导致美元转强必然会引发其他国家和地区爆发金融危机，这是因为西方金融寡头控制的美国处于世界金融的中心，美元是世界信用，金融寡头既可以采取"水漫金山"的方式用大量流动性淹没他国，也可以采取倒吸方式导致他国流动性枯竭。一般而言，金融寡头首先采取扩张性货币政策（低利率，扩张世界信用），然后再进入高利率时期（紧缩货币，收缩世界信用），相关国家就会出现大量资金流向欧美、本国货币贬值的现象。自美元与黄金脱钩后，在历史上曾经两次走强，第一次是 1980 年到 1985 年，美元指数从 84.22 上涨到 164.72，导致拉美国家爆发主权债务危机；第二次是 1995 年到 2002 年，美元指数从 78.33 上涨到 120.04，导致亚洲爆发金融危机。21 世纪初，美元再次转弱，尤其是 2007 年次贷危机爆发后，美国史无前例的量化宽松政策向世界经济体注入天量流动性，导致大量美元过剩。可以想象，此轮美国加息导致美元转强所吸引的资金回流规模也是空前的，势必会引发大量国家发生严重的经济和金融危机。

唯亲"①。再如,英国《卫报》网站刊登美国《时代》周刊经济专栏作家、美国有线电视新闻网全球经济分析师拉娜·福鲁哈尔的题为《美国资本主义陷入危机,大多数美国人沦为失败者》的文章。福鲁哈尔认为,当前的资本主义危机不同于过去40年里的任何一场危机,资本主义国家面临的诸多问题与经济金融化密切相关,金融化制造了虚假的繁荣,危害着市场经济的正常运行。福鲁哈尔在文章的最后警示世人:靠金融化推动经济增长的模式行将结束,我们需要一个不为金融利益所掌控的经济管理体制和一个支撑经济而非干扰经济的金融部门②。

由西方金融资本主导的金融全球化运动不可避免地对中国造成较大影响,甚至金融垄断资本实力最强的美国已经将中国作为未来实现全球统治的最大对手③。但历史经验也表明,危机之中既有"危",也有"机",西方金融危机往往蕴含社会主义复苏和发展的机会。中国的应对之策,必须在坚定不移地走中国特色社会主义道路的基础上,确立发展与金融有关的正确思维和务实措施。其要点至少如下:

其一,应深刻反思美欧推行的新自由主义金融改革和创新。其实,在

---

① Pam Martens and Russ Martens, Key segments of Bernie Sanders' speech on Wall Street reform disappear from videos, Wednesday 06 January 2016, https: //www. sott. net/article/309874 – Key – segments – of – Bernie – Sanders – speech – on – Wall – Street – reform – disappear – from – videos. 顺便说明:美联储不是全球的公共金融机构,而是华尔街私人银行持股并控制的金融机构。美联储还曾向华尔街秘密注资二十多万亿美元。美国联邦审计署的调查报告显示,美联储曾向有关国家央行秘密注资三万多亿美元,试图以此诱迫这些国家央行滥发货币刺激各种资产泡沫,从而给国际资本带来丰厚的投机暴利。(参见http: //wallstreetonparade. com/2016/01/key – segents – of – bernie – sanders – speech – on – wall – street – reform – disappear/)

② Rana Foroohar, US capitalism in crisis while most Americans lose out, Sunday 22 May 2016, http: //www. theguardian. com/commentisfree/2016/may/21/crisis – in – capitalism – and – role – of – wall – street.

③ 美国高调宣扬"亚太力量再平衡",并积极组织军事包围和排斥中国的《跨太平洋伙伴关系协定》(TPP),也被称作"经济北约",便是如此。2010年4月15日,西方金融寡头的代言人、美国总统奥巴马在接受澳大利亚电视台采访时公开警告中国:"如果10多亿中国人也过上与美国、澳大利亚同样的生活,那将是人类的悲剧,地球资源根本承受不了,全世界将陷入非常悲惨的境地。美国并不想限制中国的发展,但中国在发展的时候要承担起国际责任。中国人要富裕起来可以,但中国领导人应该想一个新模式,不要让地球无法承受。"(转引自张文木:《大国经济要政治挂帅》,载江涌:《道路之争:工业化还是金融化?》,北京:中国人民大学出版社,2015年,序言,第1-2页)奥巴马不想改变美国人均高污染和不合理消费的状态,却蛮横地要求中国经济和民生不应逐步达到美国水平,凸显西方强权的真实面目。

不少方面都属于金融复旧和倒退，因为美欧废除了罗斯福实施的真正金融改革的法规政策，恢复了曾导致上世纪 30 年代大萧条的金融混业经营模式和金融工具，允许商业银行贷款支持投资银行的投机性交易，不限制金融资本通过借债加杠杆扩大投机规模。2016 年 7 月美国的金融改革思潮骤然发生了剧变，民主党、共和党的大选纲领都提出了新的金融改革主张，将恢复罗斯福遏制金融资本贪婪的监管法规作为改革方向。中国应该借鉴罗斯福实行的金融分业经营和分业监管成功模式，这是美欧长期实践证明能够较有效防止金融危机的成功改革，而 1999 年美国废除储蓄银行与投资银行不能混业经营这一成功改革后短短数年，就导致了大萧条阴影回归。

其二，应高度重视已对我国经济和金融主权产生重要影响的西方金融资本，加强对其监控，确保我国金融领域免受西方金融资本渗透和控制，尤其是防止美国加息对我国经济的影响，做好充分的评估和应对措施。要防止外国资本在中国形成金融垄断。外国资本在中国的金融垄断，不仅会攫取大量的金融垄断利润，而且使中国失去经济自主权和国家安全的屏障。在我国发展混合所有制的过程中，要通过法律法规严格限定外国资本在商业金融机构的参股比例和参股条件，更不允许外国金融资本联合控股中国金融企业。

其三，金融发展要确立服务实体经济和强国富民的原则。这是新常态下经济平稳运行的前提条件。服务于实体经济是金融的基本职能，这一职能正常发挥作用的条件是金融发展的速度和水平与实体经济相适应。金融业开放发展滞后于实体经济，就会阻碍实体经济的发展；金融业开放发展超前于实体经济，则会使金融风险不断积累，在金融监管缺位的情况下最终将导致金融危机和经济危机。2015 年我国股灾从一个重要角度印证了这一点。

其四，加快金融市场的事先、事中和事后全过程和全方位监管，特别是加强以有效治理股灾的股市监管法制和能力建设。一方面，全国人大要完善金融市场监管的法律制度体系，使法制建设与金融市场发展实践相适应；另一方面，金融监管部门要在监管人员素质、监管技术、监管机制等方面不断提高监管能力。我国中国银行业监督管理委员会、中国证券监督管理委员会和中国保险监督管理委员会应改革为"三合一"的"金融监督管理委员会"，以便加强金融系统为实体经济范围和对外博弈的协调和高效监管。不仅如此，还要积极参与全球金融治理和监管工作，增大我国在国际金融制度改进的话语权和国际金融机构的人事权，以便使国内外金融体制机制有序化和良性化。

其五，要充分利用我国货币增发红利的巨大财源和巨额外汇储备。一些美欧国家中金融大财团操纵央行垄断了货币增发红利，不用于支持实体经济和社会保障而用于刺激虚拟泡沫经济，导致政府主权债务危机、社会债务过度膨胀和金融危机频发。我们不宜盲目效仿美欧国家，放弃货币增发红利归人民所有的独特优势，放任货币增发红利刺激泡沫遭到国际资本的剪羊毛式的掠夺。应探索利用货币增发红利的财源，而以不增加债务的方式提供给财政，用于符合国家政策的项目。如妥善安置失业职工、解决雾霾等污染难题、化解产能过剩、补充国有银行资本金防范爆发系统性金融风险、用作各种专项投资基金和战略投资基金的长期资本金、补充重点企业、重点项目的资本金并降低杠杆率、建立国家安全基金等等。外汇储备过多，美国等又不允许参股或控股实体企业，而只能主要买美欧日国债，这不仅造成资源浪费、贬值，而且对国内宏观经济和政策调控形成一定的压力。应尽快加大直接或间接地用外汇购买国外实体性资产、参股和并购国外媒体、在主要国家设立主权基金、各类基金会、改善国内民生和弥补国防欠账等战略性措施。

其六，要谨慎对待并充分论证资本项目开放的问题。资本项目管制是防止国外资本严重冲击国内经济发展的有效手段。资本项目开放的程度和速度要与国内资本市场的抗风险能力和金融监管部分的监管能力相适应。

人民币"入篮（SDR）"后，金融改革仍应基于国家安全原则，以加强自主型高层次开放。人民币"入篮"不等于要立即开放资本项目。斯蒂格利茨、蒙代尔、梯诺尔和克鲁格曼四位诺贝尔经济学获得者都建议中国短期内不宜开放资本项目。基于"三元悖论"，即资本自由流动与汇率稳定和货币政策存在着"钟摆效应"，就是说保证三个宏观经济政策目标中的一个目标实现的同时，另外两个会实现一定程度的摆动，现阶段我国应采取的政策选项是：保证货币政策有效性，在汇率制度弹性和资本流动程度之间进行摆动。具体说来，保证货币政策有效性的同时，实现有管理的浮动汇率制度配合有管制的资本流动。

（原载于《社会科学辑刊》2016 年第 6 期。副标题：纪念列宁《帝国主义是资本主义的最高阶段》100 周年。程恩富，谢长安）

日本马克思主义经济学与现实问题
研究态势

一、 日本马克思主义经济理论研究的特点与态势

在日本，马克思主义经济学的传播和研究起源于 19 世纪末，并在 20 世纪上半期对留学日本的中国学生和中国学术界产生了重大影响，90 年代以来面临苏东社会主义国家瓦解的新形势，日本学术界的马克思主义经济理论探讨又掀起了新热潮。2003 年 10 月 18 日～19 日，笔者应邀出席在日本经济理论学会第 51 届大会期间，就深深地感受到这一浓厚的学术气息。其研究特点和态势表现为：

首先，传承与创新相结合。在日本，一方面继续研究和刊行《资本论》创作史、经典文献阐释和马克思经济学入门的论著，另一方面，国立东京大学和横滨大学、私立武藏大学等众多高校仍继续开设马克思经济学课程以及用马克思经济学来分析的世界经济课程，并作为经济学科研究生入学考试内容和必修课。日本不仅马克思经济学的现代传播和学术传承搞得出色，而且更富有理论创新精神。会长大谷祯之介等教授认为，马克思和新古典经济学都是把市场经济作为研究对象的，但今日多元的诸多现象，有必要扩大研究范围，因而新构建的社会经济学（现代政治经济学）是以马克思经济学为主体或中心的，而现存的非市场领域也须列为重要的分析对象，进而应吸收生态学、性经济学之类的成果；须研究经济体系同自然环

境、法律、文化、社会规范的相互影响。学术繁荣的重要标志是形成众多学派，而继承和独创融合的结果必然促进学派的不断产生和流变。目前，日本广义的马克思主义经济学流派，有重视黑格尔逻辑学的见田派、数理马克思主义的置盐派、新的新古典派马克思主义、伊藤诚领衔的宇野派、市民社会派和八木的调节学派等。

其次，借鉴与批评相结合。与我国相比，马克思主义经济学的数学化属于日本学术前沿和重要主题之一，而借鉴数学工具和现代西方经济学的分析技术，凸现为一个鲜明的特色。大西广关于马克思主义经济学最适宜增长理论的新解释——作为最适宜迂回生产系统的资本主义数学模型，武井博之关于资本主义的模式化和商品数量问题，濑尾崇关于个别资本的进化竞争模型等，均是如此。比如，在贸易和资本转移的克鲁格曼模型与列宁模型及其一般化的研究中，京都大学统计学教授大西广就国际间不均衡经济发展问题，对克鲁格曼的扩散理论与列宁的收敛理论进行了比较，分析了利润率从"克鲁格曼状况"向"列宁状况"的历史转换。对西方经济学的科学批评，仍然是当代日本马克思主义经济学家的学术责任和思想进化的表现。石原洋介在探究伴随着全球经济一体化和资本流动的国际化和短期化问题时指出，其实并非像新自由主义所说的是有效资本的分配和对发展中国家经济成长的保证，而是掠夺了发展中国家经济增长的部分果实；况且，当今全球经济一体化都是保证投资资本及其所有者的富裕阶层的利益为优先；为了纠正这样的不正确性质，至少要以马来西亚的资本限制规定为成功案例，对短期资本流动的作出必要的限制。世界著名经济学家、东京大学伊藤诚教授认为，中国社会主义公有制占主体类型的市场经济发展成就，是对西方新自由主义和新古典主义思潮的驳斥，而进一步巩固和完善社会主义市场经济体制的关键，在于消除西方主流经济意识形态和政策的影响。

再次，规范与实证相结合。在立命馆大学松井晓等教授看来，规范理论是实证理论的相反概念，论述该有的体制、制度和伦理的理想，不过，自由主义主导的规范研究是有缺陷的，因为去掉平等原理是不能构成关于社会的规范原理的。他们指出，罗尔斯的正义论中虽有关于制度方面的论述，但关于资本主义体制中榨取和阶级的存在这样的问题却未提及，因而现代马克思主义经济学不能不关心规范理论。面对社会经济的多元化倾向，日本一些马克思主义经济学家试图以规范分析的观点促使马克思主义经济理论的体系化，并努力以自由、平等（含所得和资产的平等）、共同（含合作）这些根本价值的视点为基础评价现代世界社会、福利国家资本主义和现存社会主义以及环境问题，进而形成"后马克思经济学新综合"。在日本，诸如山本二三丸的《人本主义经济学》和对人类经济社会终极关怀之类的规范分析较出色，然而从总体上观察，实证性的研究更多。例如，探讨能源的商品化和电力资源市场化对社会的影响，以日本群马、栃木县制造业空洞化为例的区域经济发展波动，全球化和国际金融市场的不稳定问题，美国的世界战略与全球化，以中国为例的市场经济和劳动力配置的性别歧视问题等等。日本马克思主义经济学家除了高度重视对本国经济的规范和实证分析以外，还特别关注中国和俄罗斯不同性质的经济体制改革。伊藤诚的《市场经济与社会主义》，大西广的《资本主义前后的社会主义》等，便是其代表作。

第四，原论与应用相结合。在马克思经济学原理与方法的导引下，广泛研究其他理论经济学和应用经济学的学科，深入探究日本和世界经济的多样化具体实践。举例来说，把马克思经济学渗透到产业经济学，探讨日本的产业空洞化和产业结构不合理等问题；渗透到劳动经济学，探讨南北经济不平衡发展条件下的劳资谈判和雇佣以及日本的劳动力自由流动等问题；渗透到金融学，探讨日本、亚洲和世界金融危机和控制等问题；渗透到财政学，探讨日本财政政策及如何激活处于长期低迷的国民经济等问题；渗透到企业组织学，探讨日欧美国家类型不一的企业形态和不断涌现的新业态等问题；渗透到可持续发展经济学，探讨环境、资源和人口之间的良性循环，以及制度和政策怎样去促进等问题；渗透到世界经济学，探讨全球化中的非均衡发展、贫富分化、新旧国际经济秩序及资本主义的"原理像"与"变容（变样）"的差异等问题。这类应用性的经济学和经济管理学的论著日渐增多。在此基础上，日本马克思主义经济学家通过参与政府和财团的课题研究和决策咨询，教育与管理人才的培养等多种途径，来推行其经济理论和政策主张。这不仅从根本和长期对日本和世界经济的发展具有积极的作用，而且推动了本国经济的近期发展。事实上，战后日本经济的快速增长，有效的产业政策，贫富差别小于美国，独特的劳资关系和企业管理模式，均与马克思主义经济理论和政策的研究、宣传或必要的论战密切相关，日本马克思主义经济学家一直为对本国经济的健康发展作出了重要贡献而感到自豪。他们把马克思主义经济学的批判性与建设性灵活地统一起来，颇值得我们借鉴。

二、 关于若干经济理论的深入探讨

（一）社会经济学和规范理论的探讨

立命馆大学的松井晓教授提出的理论要点如下：社会经济学把马克思经济学作为中心，可是，对其方法论、实证分析的对象和规范理论还没有讨论清楚。

1. 关于方法论。近年的制度乃至有进化的经济学的兴起，新古典经济学和社会经济学的差异，方法论的个人主义和集团主义。人类经济学和社会经济学，过度倾向于主体合理性、利己性的固定的方法论的一面。确实方法论对于社会经济学的主体性来讲，不用说占有相当大的比重。可是，从恩格斯的《科学社会主义》和分析的马克思主义贡献，能够看得出方法论的个人主义的采用。对于经济学分析来说，说这一方法完全没有意义是过分的。这并不是对资本主义市场经济的支持。方法到底是一种手段，而研究对象更重要。

2. 关于实证分析的对象。（1）新古典经济学的对象：把市场经济作为中心，但并不忽视非市场经济，只是非市场经济被作为市场经济交换的延续来加以理解的。（2）马克思经济学的对象：核心是存在于资本主义中的榨取、阶级和贫困化带来的恐慌（危机）。其根本原因是资本主义的基本矛盾。战争、公害自不必说，就其他方面的问题都归结到资本主义的矛盾。马克思经济学构建了一个整体的理论体系，但为了接近其今日多元的诸多现象，有必要把研究范围扩大。（3）社会经济学的研究对象：超出了《资本论》和现代资本主义理论的范围，有总体把握现代危机的必要。现代社会的四大危机：a. 贫困、不平等、经济不稳定；b. 战争、纷争；c. 环境、资源问题；d. 管理社会、人们关系疏远。社会经济学要接触以上诸问题，需具备哪些因素？经济体系对自然环境、法律、政治、文化、社会规范有怎样的影响，还有后者对前者又如何影响，这样相互关联的问题成为视点。

不要把研究对象只限定为市场经济。把生产、分配、消费这些超历史的经济哲学范畴作为基础，现存的非市场领域是社会经济学的重要的分析对象。应该吸收生态学、非理性经济学等的成果。即使在现代，权力仍然是理解经济社会的关键概念，如美国的政策与市场原理相比，是权力本位的自由主义。社会经济学必须追求对象的扩大，可是，怎样处理对象，经济社会应有怎样的状态，这就涉及规范的观点，于是，有必要追究一下什么是规范理论。

3. 关于规范理论。规范理论是实证理论的相反概念，论述该有的体制、制度、伦理的理想。有不同的经济学规范：一是自由主义主导的规范。罗尔斯的正义论中虽有关于制度方面的论述，但是，关于资本主义体制中榨取和阶级的存在这样的问题却未提及。一般地超历史的论述规范的诸概念的倾向较强，对于历史的状况和现代社会经济的变化的议论则比较少。纯粹自由主义是特有权力的个人、集体的自由社会，与市场原教旨主义（无政府资本主义）相比，虽更彻底，可是，却不能成为建构社会的规范原理。

二是马克思经济学和规范理论。以资本主义法则的必然性为基础的规范理论和伦理学是相互轻视的。在严加区别科学和意识形态的宇野学派中也是一样。在冷战时期，维持经济高速增长的是一种功利主义。马克思主义经济学的要点是恐慌等于危机论，经济成长是评价基准。可是在现在，倡导脱离经济成长论在抬头，评价经济体制和制度的规范基础不明确，其结果丢掉了危机论。为了构筑新的危机论，规范的观点很必要。被叫作社会主义的体制中，经济成长也成为中心目标，而正义和权力从属于这个中心目标，这一点上也是一种功利主义的表现。自然环境、资源的制约性——根据生产力的发展，无限富裕是不可能的——正义的环境持续。马克思派也不能不关心规范理论。可是，在自由主义范围内开展的规范论的诸标题（如平等论、共同论），为马克思经济学框架内的充分摄取是可能的，并对马克思经济学本身的发展非常重要。

三是社会经济学和规范理论。（1）多元问题群和规范的观点：面对社会经济的多元化倾向，规范的观点可使其成为体系化具有可能性。例如，把共同体和协会等非市场的经济制度放入视野进行考虑的情况下，讨论效率以外的价值。（2）作为实证分析的基础：提供了什么是对于现代社会来说本质性的危机及什么能为判定重大问题提供基准。根植于市场、国家、中介机构这样的制度立场上的社会主义的诸价值观，怎样被实现的观点受到了重视。应当以自由、平等、共同的根本价值的视点为基础，评价现代世界社会、福利国家资本主义和现存社会主义。（3）历史的变化的视点：和自由主义乃至新古典派的规范理论不同，在社会经济学范围中，与上述的重大危机和经济社会的倾向变化相关联，作为经济结构和上层建筑的社会规范如何互相影响，现在又怎样进行变化等方面的研究受到重视。（4）制定社会经济学的体制、制度和运动的规范的基础。作为经济学，为把存在于现代社会的社会经济学的尝试理论化，根据以下的新的诸理论和实践，并用自由、平等、共同的规范观点作为基础。这些理论分别是：社会民主主义、市场社会主义、自主管理型企业、协会、协同工会、基本所得、新的社会运动和自发的发展论等。

四是社会主义的规范概念。（1）围绕社会主义的规范理论的课题：在马克思主义里，规范理论道德应该怎样进行定位呢？应当如何看待功利主义、非功利主义呢？共同体主义、生态学，还有历史唯物论和规范论有怎样的关系？社会的正义幻想论与规范论和进化的社会理论有怎样的联系？（2）为了再构社会主义的规范理论：社会主义理念实际上对人类社会来说是自然的理想，社会主义的产生是必然的，不过，我们自身必须体系化，社会主义的理念是自由、平等和共同的实质化，而不是自由的否定。

（二）全球化和元理论的探讨

东京大学著名中年教授小幡道昭的具体观点如下：

1. 帝国主义以后

第一个问题，是什么把马克思经济学导引到今天的样式中呢？一般说，马克思经济学是使《资本论》体系中的马克思学说得到发展的经济学说。只是今天的马克思经济学固有的特性是在马克思去世后、伴随后发资本主义的抬头、大规模资本主义变动而形成的。从自由主义阶段向帝国主义过渡之际，马克思以后的马克思经济学家们，一边以《资本论》为基础进行研究，一边关注国家和共同体、制度和习惯、意识形态和宗教、文化等非市场的诸多因素给市场带来的影响，并进行了各种各样的理论化研究尝试。在竞争现象退潮的现实中，把19世纪的政治经济学作为市场经济的一般理论形式化，并且对于被提高到与自然科学并肩高度的后马克思经济学潮流，在正视资本主义的历史现实，对其特殊性进行解释，同时作为综合社会科学的一环，在经济学被定位的潮流中产生了，确立了作为今天的政治经济学的马克思经济学的主体性。

第二个问题，帝国主义阶段的资本主义的特质在哪里呢？简单地说，就是对于资本主义特有（部分性）的认识。向帝国主义阶段的过渡，资本主义国家有快有慢，并不是以同一模式分别扩张，资本主义化的道路把日本关在了最后，资本主义本国和殖民地关系断开明朗化的同时，资本主义各国间尖锐的对立也突出起来了。在对外方面，资本主义关系被抑制的旧有的支配关系被保存强化的同时，在内部通过国家的政策介入和劳资协调的制度调整得以强化，这样的非市场因素的增大，使背离自由主义阶段的各种现象越来越显著。对于此类现象的解释，要把用市场原理说明的可能领域，同对资本主义变化和对立类型多样化的历史文化解释领域区别开，构筑资本主义的元理论将成为必需。"非"市场的诸多因素，暂且把市场的因素作为基准用否定的形式规定之外，没有别的作法。这样，一边把元理论作为基础，同时把多元化的社会的诸要素串联起来的综合观点，成了20世纪日本马克思经济学的特征。在近似面和预测可能性方面，它与追求有效性的西方经济学理论不同。马克思经济学的元理论明确了与现实资本主义的关系，并捕捉其历史阶段和对立类型作为基准而发展起来。

第三个问题，全球化主义在某种意义可说是资本主义的任务。应该指出的是，从东亚到南亚这一区域，是典型的资本主义的兴起，特别是由中国的市场经济的蓬勃发展决定的。即使在先进资本主义各国的内部，在原来市场外观上进行处理，将以科学知识、生产技术、技能培养、组织管理等新的形式追求资本利润核心的同时，带来了在医疗、教育、保育等各个层面的市场竞争，维持社会生活的各种制度和习惯在不断地解体、重组，于是就产生了宗教文化价值观和意识形态的动摇和对立。应该说，这是与外面的全球化主义相适应而出现的内面的全球化主义。在此变动的基础上，元理论在适应现实的方法和理论的展开方法两方面，不得不进行再思考。

2. 作为变容论的元理论。第一个问题，全球化主义给元理论一个怎样的反省（震撼）呢？目前的元理论是带有帝国主义阶段特征的（部分性），怎样捕捉产生那个结果的资本主义对立的多样性呢？回过头我们看一下，那种没有核心的被认为是类型论的研究方法。这种方法认为只要是资本主义，就会把劳动力商品化等一些不变的条件作为前提，之后再构成只有用市场因素才能说明的资本主义像，以此为基准形成了把构成现实资本主义的非市场因素分割开来的理论方法。现实的资本主义被看成是市场因素和非市场因素的混合经济，其多样性需加入专门的非市场因素才能说明。这种研究方法，只是用单一的资本主义像（图像）回答了"资本主义是什么"的这样一个问题。而《资本论》则认为，资本主义的发展实际上与资本主义像不断接近，这样的收敛说不断浓厚，同时，与由于资本主义内部矛盾积累而自动崩溃这一认识互为表里。资本主义本来以原理像（图像）为基准，现实又始自哪里？目标何处？这样的远近距离来给历史进行定位，从哪个部位看出多少端倪，来捕捉历史的多样性。其中，资本主义自身崩溃说也是被变换继承的，即把帝国主义阶段规定为从其本来形态脱颖而出资本主义没落期形态。

第二个问题，怎么捕捉存在于全球化主义的多样性的特征呢？帝国主义不否定资本主义的多样化，采用怎样的方法把元理论展开，以与现实相联系好呢？要接近多样性的本质，变容论的研究法可谓是新的且必要的方法。通过市场因素的作用与反作用，把资本主义本体情况改变的性质作为本源的着眼点，把资本主义多样性作为变容（变样）结论进行说明的方法。没有这样的方法的转换是不行的。

第三个问题，多样性的类型化，要求怎样重新认识元理论？以变容论研究法成为主要方法，是元理论中外在条件的处理方法。资本主义是通过市场进行社会化再生产的社会，或多或少会遗留下光靠市场处理不了的窗口。用怎样的非市场因素，去填充这种规定的窗口，资本主义的情况也有大的变化。在窗口部分的变化，会导致整体构造发生变化。

3. 市场原理和资本的理论。第一个问题，全球化主义是意味着资本主义的收敛性吗？"市场原理"的表现被应用在各种场合。变容论的资本主义像，要求资本主义表层市场合理性扩充，同时在深层填充非市场的因素，也就是，市场原理的同一性和资本主义理论的多样性同时存在。市场覆盖的领域越扩大，补充其界限的国家、制度、观念形态等的作用，也同时越被强化。资本主义新的多元化也随之而诞生。

第二个问题，如何应对新生无政府主义？把资本主义的收敛等同于内部崩溃论和不纯化等同于没落论联成一线的变容论，研究法近似于主张无资本市场的可能性，及把由等价交换带来的公正市场进行理念化，并摸索保证实施的货币、信用制度改革的市场社会主义的无政府主义。

第三个问题，全球化主义把元理论导向何处？资本主义遗留下单靠市场原理处理不了的部分，具有分解外在条件再重新组合的变容作用。变容论的研究法凭借这种作用，今天开拓重建综合的社会科学之路。用社会哲学的更加广博的观点进行再评价，非常之必要。

（三）评松井晓和小幡道昭观点，兼论"资本主义能够存在下去吗"

立教大学的名誉教授久留间健就此为题进行了阐述：第一，基础马克思主义经济学的评价。松井、小幡在重新讨论 20 世纪经济学在明确其意义和界限的同时，探讨了 21 世纪马克思主义经济学的可能性。在总结评论过去的理论基础上，难道不会呈现出一种新的方向性来吗？我未曾怀疑过马克思经济学在现实生活中的有效性和作为长期理论的妥当性。从宏观上看，现实几乎都遵循马克思理论，这是我的实感。这里我所说的马克思经济学，是以《资本论》为代表的马克思理论体系。

第二，马克思经济学中的非市场的因素定位。松井把这个问题用"社会经济学"范畴考虑，而小幡则认为是"变容论的研究法"，但两人的问题意识相同，即作为现在的政治经济学的马克思主义经济学研究对象，不仅仅是市场经济，还要包含非市场因素。他们两人所说的非市场因素已经很清楚了。（1）马克思经济学是把资本主义市场作为分析的对象，新古典派也是把市场经济作为研究对象，可是，坠入"没有价值论的价格论"的新古典派，只不过认为市场供求决定价格变动，从而主张市场经济的合理性。新古典派把市场经济等同于应有的人类社会。对此，马克思经济学认为，市场经济只是人类社会的存在状态之一。因此，我把"市场理论"和"人类社会伦理"之间的差异作为问题，就是这个原因。马克思经济学把市场经济作为对象时也含有非市场的因素在内。（2）国家和国民经济是历史的产物。现实的世界市场，常带有历史的规定性，能否把这个考虑为非市场因素是问题之一。（3）马克思经济学对象不单是作为下部构造的经济关系，还包括上层建筑的资本主义社会全体，这就意味着原本就含有非市场因素，我认为现代经济学必须同时具有文明论的这一侧面。

第三，现代政治经济学的主体性。松井、小幡都按照共同论题，将马克思经济学定位为现代政治经济学。关于今后的政治经济学的主体性，我认为把马克思经济学看成现代的哲学政治经济学，也许有其合理性；凯恩斯经济学即便可以说成现代政治经济学，但马克思经济学即使在现代还应该是"经济学批判"。

第四，怎样评价唯物史观。松井、小幡两人都就作为社会变革理论的马克思经济学阐述了自己的看法，只是松井重视马克思经济学的规范理论，小幡重视马克思经济学的历史理论。用生产力和生产关系的矛盾来论述社会变革的必然性，这就是与唯物历史观评价有关联的论点。我用"资本主义能够存在下去吗"来表明明确的唯物史观立场。二战后，资本主义是从成长经济经过低成长时期，避开了长期深刻的破绽发展过来的，但追求无限生产力发展的结果终于遇到了大的界限，其结果扩大了市场理论和人类社会理论之间的冲突，这就是我的基本认识。用单纯的唯物史观说明从远古到现在的人类社会历史是有问题的，不过，以"生产力和生产关系"为基础的唯物史观，来论述资本主义是相当合适的。资本主义追求生产力的无限发展，会带来短时期的生产力的发展，但在这种资本主义的自然力当中，同时其发展界限也被划定了。问题在于：唯物史观是自动崩溃论吗？我不认为唯物史观是"自动崩溃论"。由于市场的界限，资本主义困境不单是资本主义体制的危机，也可能会带来人类社会的危机。

第五，社会像论。松井、小幡二人认为，原来的马克思经济学不能充分提示取代资本主义的社会像。对于资本主义提示怎样的社会像，是个重要的研究课题。在市场经济存在的同时，进行宏观理性调控和探求资本主义的社会像，哪方面存在不同呢？像这种社会像论，似乎是接近于马克思主义否定过的改良主义的研究方法。现在市场的困境倾向在发展，企业社会伦理和人类社会伦理之间的对立在扩大。凭借企业社会伦理就这样扩展的话，21 世纪将会成为人类的危机时代。我的主张是在经济社会中组建一种作为抑制企业社会的理论，与之相对抗的理论势在必行。我不主张通过改良来达到理想社会。

第六，迄今研究的问题意识和"资本主义能否存在下去吗？"我从战后还是资本主义危机论流行的时候，就认为日本资本主义已经开始了新的发展，考虑到还要经历相当长的成长时期。维持战后经济成长的各种各样的诸多条件排列着，由于各国的不兑换制度以及国际的美元体制的金融货币的特殊情况，现在的资本主义已经具有了不易露出破绽的体制构造。这是我的基本的问题意识，也是与想弄清凯恩斯政策的意识和界限这样的问题意识相关联的。有关这样问题意识的主要文章是 2000 年集录的《货币信用论和现代——不换制的理论》一书。现代资本主义不会轻易进入困境，对于想弄清其根由和界限的前后问题意识来说，写"资本主义能否存在下去吗"的背景是战后资本主义发展终于触及了其界限，企业社会的理论和人类社会理论的对立继续快速扩大，通过其冲突开始诞生了对于新的社会的展望。"就要到马克思的时代了"，这是我的实感。这里，称为"马克思时代"指的是，"对于把追求利润作为基本原理，追求经济成长作为资本主义的应有状态，产生质疑的人增加的时代"。

（四）全球一体化和国际金融体系的不稳定化探讨

一桥大学研究生院石原洋介对此作了下列几点阐述：

1. 20 世纪 80 年代后期以后的全球金融一体化，体现在国际资本通过投资组合和短期银行融资的形态，加快了国际资本的流动。与某个特定国家的中长期固定资本这类直接投资不同，这样的短期投入资本对被投资国的经济反应敏感，而频繁在被投资国流入或流出，引起该国的经济繁荣或衰退。这个结果体现在 1997 年的亚洲金融危机中，以及以此为代表的世界金融体系的不稳定。伴随着全球经济一体化和资本流动的国际化和短期化，其实际上并非像新自由主义论所说的，是有效资本的分配和对发展中国家经济成长的保证，而是掠夺了发展中国家经济增长的果实。而且，现在所谓的全球经济一体化，都是保证投资资本及其所有者的富裕阶层的利益为优先，有这样一种不正确的性质。为了纠正这点，我觉得至少要将对短期资本流动的限制规定作为当前紧要的课题。

2. 现代经济全球化指什么？根据新自由主义理论和奉行此理论的美国政府和国际货币基金组织称，20 世纪 80 年代后半期以来，包括发展中国家在内的经济全球化进一步发展。东亚各国通过国家调控的方式，相比其他地区经济得到了高速增长。进入 20 世纪 90 年代后，由于金融市场转向自由化，消除了各种限制，这些国家都经历短期资本的大量流入与流出。全球化使世界金融市场融为一体，消除了资本流动的障碍。但另一面，在达到全球化的目的时，其完全用了非全球化的手段和经济现象。高利率、廉价劳动力、较低的环保要求、优先的税率制和补贴，在比较借方（被投资国）可出具的各种条件后，投资方将资本投入最符合其条件的投资地。借方为了超过其他竞争对手就必须不断开出更优厚的条件。这样，最终必然导致最富裕的国家和最贫穷的国家之间的差距比全球化前更大。作为掌握经济命脉的投资者，其对发展中国家经济成长成果的掠夺，使资本所有者在现实中和进行生产活动的劳动者相比，有绝对优势。这种资本所有形式和世界大多数人民之间的矛盾激化正是 21 世纪资本主义（全球化资本主义）的最显著特征。

3. 对短期资本做出限制规定的必要性——以马来西亚的资本限制规定为例。现在分析一下马来西亚成功抑制短期资本增多的措施。马来西亚在 1994 年经济处于高度增长中，为了抑制不断增长的短期资本的流入，实行了短期的资本流入限制措施。和其他亚洲国家相比，马来西亚的短期资本流入维持在较低水平，使流入国内的投资基本以直接投资为主。在受到亚洲金融危机冲击的东亚各国中，只有马来西亚没有依靠 IMF 的融资帮助，能进行自身的经济重建。这便是它得益于对短期资本基础进出控制的结果，马来西亚的资本限制措施在当时受到发达国家的强烈批评，其实，限制规定对经济的稳定和恢复经济增长是有效的。但是，实施国家范围内的限制的话，也会导致该国难以吸引到投资的风险。为了让国际资本的流动以直接投资为中心，就要在国际上强调，向短期资本交易收取税金等制度。与此同时，各国也应该针对本国在不同时期的经济状况，在短时间内实行像马来西亚那样的强制性措施，并且相互认同尊重彼此采取措施的权利。

（五）全球经济一体化进程与阻碍的探讨

立看护大学的长田浩关于经济全球化问题进行了如下分析：

1. 全球经济一体化的概念和基本内容。20 世纪 90 年代以后全球经济一体化加速，其重要原因正如很多分析家指出的那样有以下两点：一是苏联、东欧社会主义阵营的崩溃和东西对立局面的结束，中国和越南引入了社会主义市场经济体制。二是由因特网带来的信息通信技术的发展。

由于这样的变化随之所产生的就是人、财、物和信息都在全世界范围内迅速流动，将世界各国更加紧密地联系在一起，即全球一体化的进程进一步发展。作为加速全球化进程的组织，世贸组织及其前身发挥了很大作用。

2. 经济全球化的影响。上述观点是从发达国家的角度出发的，表现为积极主动的全球经济一体化。但是，很多发展中国家却是被动地被牵扯到这一一体化中来，即使是在发达国家中，也有一些中小企业和消费者是被动地参加到全球一体化中的。这会带来怎样的负面影响呢？只要看看一体化结合作为思想和政治主心骨的"新自由主义"，就能明白了。对于全球一体化的不良影响有：A. 区域经济地位下降；B. 失业者增多；C. 贫富差距加大；D. 对弱势群体的社会服务和保障不足；E. 粮食自给率下降；F. 自然环境和生态系统遭到破坏；G. 资金流动混乱。新自由主义正是引起这些事态的原因所在。世界银行在向发展中国家及中等发达国家贷款时，作为条件贷款对象国要有相应的政策变化，即撤销保护关税、废除进口替代、废除外国来此投资的限制、向单一出口农业转变、废除价格体系和强制工资控制、大幅度削减社会和医疗保障、政府机关积极民营化等七条，无论哪条都是推进全球化进程的因素，这七条因素导致了前面所说的七个不良影响。

3. 全球一体化的抵制。对全球一体化的抵制，体现在那些受全球化直接影响，并陷于困境的南方国家中没有土地的农民、小规模农家和渔民对WTO 等组织发起的抗议运动上。这些运动也得到了北部国家支持者的共同参与，在全球范围内这些人联合起来，共同倾诉他们的贫困现状，直接掀起了迫使国际政策做出变革的运动，形成了"全球一体化的反全球一体化运动"。与此同时，起着全球化带头作用的北部国家中，国家间及国家内部也开始出现贫富差距加大，对环境、健康、安全、平等价值观的颠覆等现实问题，对此，人们的反应也很强烈。在全球范围内重复运行的资本的生产，消费和废弃的加速大大加重了自然环境的负荷，这一点已为越来越多的人所认识。

与直接对抗不同，也有依靠现有的权威发挥作用的情况。这主要是通过擅长信息收集和分析的 NGO（日本政府援助机关）专家组所提供的政策批评和变革建议，以及向媒体和议员们提供各种信息来实现。他们将 IT 技术这一全球化的产物反之加以利用到全球一体化抵制中，将世界各地有着共同价值观和目标的人联系在一起。这种行动有时会凌驾于被国家利益及个人利益所分隔开的国家和企业之上。在 NGO 专家组的帮助下，欧洲的市民对含生长激素的牛肉和转基因食品的安全性提出质疑，从而反对这两种物品的进口，影响欧盟的贸易政策。

（六）银行衰退论和市场原教旨主义金融行政探讨

静冈大学的鸟畑与一教授探究了这一问题，认为在美国，以产业银行中资金中介占有率低下等作为背景条件提出来了"银行衰退论"，被泡沫经济崩溃后的日本作为自醒的真理而接受。

可是，以像这样的"银行衰退论"为前提的金融体系改革和金融行政的展开，引起日本银行制度的深刻危机。向"市场金融典型"转移是加速否定传统银行资本作用的社会经济机能，使经济危机进一步深刻化。在这里可以肯定的是，提高个别银行资本的获益性和健全性的所有合理的举措，维持金融顺利和发挥银行资本的社会经济机能，全靠"无形的手"。由于银行资本的社会经济机能丧失，导致经济危机深刻化的今天，如何把存在于现代资本主义中的银行资本的本质机能和它的运行，与现实资本的运作科学地联系在一起，成了燃眉之急的研究课题。

1. 否定银行的社会机能的银行理论束缚。1982 年提出这样一个问题，银行和其他金融中介机构竞争激烈化和同质化进程中，"银行就能特别存在吗"？属于金融中介机能的银行占有率低的背景下，凯利卡恩总裁提出两点：（1）提供通过决算的结算体系；（2）把以信用为基础的流动性供给机能作为银行资本的普遍本质。在包含贷出的资金方面，和其他的金融机关具有同质性。由于要维持资金运用方面的竞争力，银行经营方面便容易丧失健全性，并且，由于债务的特别性而不能保住银行的特殊地位。美依亚先生于上世纪 70 年代后半期以来发表了一篇文章，指出"银行变脸已不具有往日容颜"。在金融信息技术革新中，银行资本由于在金融中介方面竞争力的下降而变成了衰退产业，促进了银行资本从传统的银行业务中脱离出来。在这一过程中，把规模以及范围经济性为基础的银行业务、证券业务等所有的金融服务业综合进行开展，而成为金融复合企业和金融服务的专门化。例如，以贷出组成功能、接受风险职能、辐射职能等职能分化为基础的专门金融机关，被认为是全球化金融市场条件下的生存之道，其共同的前提是传统的银行业务落后于时代的"银行衰退论"。

像这样的传统的银行业务的衰退和向新的商业类型转移被视为当然的过程中，起支持作用的银行理论也在发生着变化。原来在经济学中把金融中介机构的职能分为两类：（1）金融中介职能；（2）通货供给职能，同时，利用作为金融中介机关的银行的独立性，来提供结算账户形成结算业务和创造信用，通过预贷业务以金融中介职能（1）和（2）合并（如1993年池尾和人编的《现代银行》）。通过预贷业务（创造信用），金融职能被看成是银行的本职业务，这其中银行资本在以下两种职能中提高竞争力：一是借方的审查和监视系统产生信息的职能；二是分散风险和减少风险的风险管理职能。可是，现在开始注意银行在信息生产职能和风险管理职能中传统业务竞争能力的倒退，及基于市场结构基础上的资本市场的信息生产职能和风险管理职能的优越性。例如，根据把预贷业务作为基准的长期合作关系，银行资本的信息生产职能由于信息技术革新而降低信息的生产成本，及由于机构投资家因风险评价机能的发展而失去优越性的同时，给长期合作带上了枷锁，不能合理地分散管理风险的缺陷大大地增加了。基于与现实资本关系基础上的信息生产和风险管理，一方面会诱导会员交易，一方面因有碍风险的合理分散而被予以否定。由于肯定了资本市场的优越性，凯里卡恩等人认为作为银行本质的结算业务和预贷业务，根据新的商业模式在银行资本中已不再认为是本质的部分。池尾和人解除了传统银行资本金融中介机构一般方向的理论，认为银行资金提供职能不会失去金融中职能的核心。

2. 由于否定了银行的社会职能，导致经济危机爆发。银行资本与其他的金融机构的同一性被理论化的结果，银行资本被看成和在资本市场中的投资银行和投资基金，同样也被看作是各种规避风险确保收益的金融机关。"金融体系将来展望"是作为"金融业承担风险，管理风险获得收益。银行是承担贷款企业信用的风险，管理风险获得利润"。其结果，否定了传统银行业务中被视为合理的银行业务。由于这种传统的银行资本的否定，银行资本通过结算业务和预贷业务成为现实资本，以和现实资本长期商业关系为基础形成的信息生产机能和管理机能，把风险集中到银行资本的这种结果被否定了。通过景气循环，凭长期视野的信息生产和风险评估被否定，银行资本加强了以短期的风险评估为基础的贷方行为，失去了把长期性连续性作为本质的信息生产和风险管理机能。把在资本市场中被称为高风险、高回报的风险和回报的一层关系适用于现实资本的多种信用风险评估，只能是单一的机械的风险评估。在经济不景气的阴影下，对于支付能力低下的企业，机械地停贷或者要求提高利息的行为被看成是合理的。

3. 支持持续经济成长的银行体系的展望。美国型的股份资本主义全球化和支持它的美国标准的世界标准化，不适合以间接金融为中心的诸国的实际情况，不能强制进行以直接金融为中心的金融体系的再重组。由于否定了以投资家为核心的、以市场原理为基础的间接金融理论，迫使各国经济危机深刻化起来。可是，对于无视各国经济和企业发展阶段及特性的间接金融理论来说，空论直接金融理论的优劣也是错误的。并且，间接金融理论和直接金融理论具有本质的不同，无视它们的特性一般也是错误的。

投资银行和投资基金等的金融中介机构一般是不能解体的，由于结算业务和预贷业务的有机结合，发挥了银行资本固有的机能作用。银行资本是利息的源泉，关系到维持扩大现实资本的积蓄运动。一方面，利息率基本上适合于现实资本的积蓄水准，而且把社会上零散的货币集中作为基础，通过信用创造，把个别信用用银行的社会信用维持发挥机能作用。像这样，银行资本的社会的经济机能是资本的市场的价格机构不能代替的固有属性。

现在，在准备 2006 年实施的"自我资本约束制度国际协约"的修订工作中（瑞士），根据银行拥有的信用风险等的计算尺度，自有资本、保证金、贷出利息的设定、追求收益的力度将被强化。可是，个别银行的健全性和收益性这样极小的合理性，在经济景气期，使银行资金过剩；在经济不景气时期，促使其停贷，因而造成极大的经济危机，这备受人们关注。解除银行贷出机关的金融监督的理论矛盾深刻化起来了。

（原载于《经济经纬》2004 年第 4 期）

近年现代马克思主义经济学
若干重大理论创新评述

近年来，现代政治经济学的争鸣和创新主要表现在四个最重要的理论上。下面各节首先综述各种不同理论观点的背景、现状和核心内容，然后再对其进行独立评论和理论分析。

一、经济人假设在争鸣中发展

随着我国社会主义市场经济的确立和建设，以市场经济为基础的西方经济学学说体系被大量引入。西方经济学的经济人假设作为其进行理论分析和学说建构的逻辑起点和前提条件，不仅在西方经济学内部各流派之间不断地存在争鸣和批判，而且从西方经济学引入我国之时起，在我国学术界也从未间断对其的研究、讨论和争鸣。

第一种观点认为，西方经济学的经济人假设虽然是片面的，却是合理的，是一种科学的理论抽象。持该观点的学者认为，西方经济学经济人假设的片面性，既是社会科学分工发展的需要，也是经济学建立严谨理论体系的需要，其不足应由其他社会科学的发展来弥补。建立中国特色的社会主义经济学，并不需要否定这个假设。在理论与政策上确认经济人假设，对促进我国的社会科学发展、完善社会主义市场经济建设等都具有非常重要的意义。① 经济人假设的自利行为与大量事实基本相符，同时也是完全正当的。针对经济人假设的形式化表达，有限理性论提出者西蒙的意见与其说是批评，还不如说是补充；行为经济学和实验经济学的批评本身包含很大的问题。经济人假设虽然受到许多批评，却仍应是经济学研究坚持的正确方法。② 经济人假设的基本思路是降低对人的行为的要求，而提高对制度的要求。经济人假设的突出意义之一，就是对人的属性进行简化，在多维人性中，抓住了人的自利性这个维度，从而大大方便了对人的行为的分析。强调人的理性的学术意义在于，它可以用求极值等数学手段对人的选择行为进行模拟，这毫无疑问是为经济学的研究提供了一个简洁而确定的路径。判断一个假设是不是合理的，主要看两个方面：一是看这个假设在多大程度上推进了学术研究；二是看根据这个假设所得出的结论是否具有现实意义。经济人假设符合近年现代马克思主义经济学若干重大理论创新述评这两个方面，也许不是一个完美的假设，但肯定是"好"的假设。③

第二种观点认为，作为西方经济学的经济人假设，把"人的本性是自私的"看成是不可更改的、永恒的，这是历史唯心主义的；把资产阶级的特殊人性看成是一般人性，是非科学的；西方经济学的经济人假设不应作为构建马克思主义政治经济学的理论前提和分析社会主义市场经济关系的出发点。持此观点的学者指出，"自私"是一种观念形态、一种思想意识，属于上层建筑的范畴。自私、利己主义不是天生的，不是人一生下来就自然而然具有的本性。社会存在决定社会意识，经济基础决定上层建筑，作为一种观念、一种思想的"自私"，是由社会存在、经济基础决定的。几千年私有制的存在和发展，使得在意识形态领域中占统治地位的剥削阶级的自私自利思想逐步影响到劳动人民。自私自利、利己主义思想的普遍化是

---

① 杨文进：《略论"经济人"假说片面性的合理性》，《东岳论坛》2006 年第 2 期。
② 梁东黎：《论经济人假设在经济研究中的合理性》，《江苏社会科学》2006 年第 4 期。
③ 胡均、杨静：《"经济人"假设的历史观和方法论》，《经济学家》2005 年第 6 期。

私有制长期统治的结果，而不是人的不可改变的"本性"。因此，从哲学上讲，"经济人"假设是历史唯心主义的命题，因而是反科学的；从政治上说，"经济人"假设是资产阶级学者反对社会主义的重要工具；从经济上说，在社会主义国家里，"经济人"假设为推行私有化提供了理论根据；从思想上说，"经济人"假设是宣传没落腐朽的剥削阶级思想的一种形式。①"经济人"假设尽管成为西方资产阶级经济学的根本出发点，但实际上它对资本主义制度是缺乏解释力的，而"资本人格化"的概括却是实在地表现了资本主义制度下人们之间关系的现实，从而有更大的解释力。因此，认为"经济人"假设对资本主义制度有充分解释力，只不过是一种肤浅的虚伪幻象。

第三种观点认为，应该批判和超越西方经济学的经济人假设，构建马克思主义政治经济学的前提假设。比较典型的假设有"利己与利他经济人假设"和"科学经济人假设"。"利己与利他经济人假设"提出者指出，该假设的方法论是整体主义、唯物主义和现实主义的，这包含三个基本命题：其一，经济活动中的人有利己和利他两种倾向或性质；其二，经济活动中的人具有理性与非理性两种状态；其三，良好的制度会使经济活动中的人在增进集体利益或社会利益最大化的过程中实现合理的个人利益最大化②。"科学经济人假设"提出者认为，我国已经进入以科学发展观为指导，完善社会主义市场经济体制新的阶段，重视诚信和道德建设，重视生态保护和可持续发展，健全经济秩序和规范市场行为，为"科学经济人假设"的提出创造了条件。"科学经济人"实现了"利己人"和"利他人"的统一，"理性人"和"非理性人"的统一，"经济人"和"社会人"的统一，"经济人"和"道德人"的统一，"经济人"和"生态人"的统一，是以唯物史观为指导、运用抽象法分析我国现实经济生活实际得出的新概念，似乎

---

① 周新城：《评"经济人"假设》，《学习论坛》2005 年第 1 期。
② 程恩富：《现代马克思主义政治经济学的四大理论假设》，《中国社会科学》2007 年第 1 期。

可以成为新马克思经济学综合学派的重要基本范畴之一。①

假设是科学研究的重要环节,但是,任意假设下的研究及其结论往往是局部的、片面的或错误的。根据假设与现实的关系,可分为接近现实的或远离现实的假设;根据假设的科学性程度,近年现代马克思主义经济学若干重大理论创新述评,可分为较科学的或不科学的假设;根据假设的覆盖面,可分为全面的或片面的假设;根据假设的抽象程度,可分为基本的或具体的假设。现代马克思主义政治经济学理论则注重假设的现实性、科学性和辩证性,因而具有更大的理论认知功能和社会建设功能。

西方经济学的"经济人假设"包含三个基本命题:其一,经济活动中的人是自私的,即追求自身利益是驱策人的经济行为的根本动机;其二,经济活动中的人在行为上是理性的,具有完备或较完备的知识和计算能力,能视市场和自身状况而使所追求的个人利益最大化;其三,只要有良好的制度保证,个人追求自身利益最大化的自由行动会无意而有效地增进社会公共利益。该假设的理念源于功利主义,同预设主义相吻合,充斥着历史唯心论的精神,渗透着形而上学的偏见,存有"经济——道德"二元悖论。它奉行唯理论的教条,崇尚人类低级本能的意识,局限于"店老板"的狭隘思维和人性异化心理。因此"经济人假设"存在不少理论误点。

我们依据人类实践和问题导向,并受马克思的思想启迪,提倡确立一种新"经济人"假说和理论,即"利己和利他经济人假设"。作为逐渐脱离动物界和超越动物本能的人类,具有极其丰富的情感和理智,不是单纯地表现为完全的自私性。至于社会上利己和利他哪种行为特征突出或占主导地位,那就取决于社会制度和各种环境。把一切利他行为均视为利己行为,是不合情理的。事实上,利己与利他、主观与客观之间的典型组合有四种:主观利己,客观利己;主观利他,客观利他;主观利己,客观利他;主观利他,客观利己。广义地说,理性具有纯洁与肮脏、合理与荒唐、正义与

---

① 李炳炎、江皓:《"科学经济人":现代马克思主义经济学的基本假设》,《学术研究》2005 年第 12 期。

邪恶、完善与欠缺、不变与可变、单一与多样、简单与复杂等特性。不过，狭义地说，理性是指认识的纯洁、合理、正义和完善，是认识能力强和认识的高级阶段，而认识的不纯洁甚至肮脏、不合理甚至荒唐、不正义甚至邪恶，以及不完善甚至欠缺，便相对地算作非理性。可见，理性与非理性一般呈现出相对性、程度性和历史性。个人一味地优先追求自身利益最大化，经常会同各类群体利益和社会利益发生矛盾与冲突，个人利益的总和不一定等于群体利益或社会利益的总和与潜在的最大化。在私有经济范围内，个人追求自身利益最大化的自由行动会无意而正负效应程度不同地增减社会公共利益。在社会公有经济范围内，良好的制度会使经济活动中的人在增进集体利益和社会利益最大化的过程中实现合理的个人利益最大化。可见，在涉及人性善恶的"经济人"假设和理论等问题上，有必要实现"马学为体、西学为用、国学为根"的综合创新。

二、 劳动价值论在争鸣中拓展

在马克思创建劳动价值论一个多世纪后的当今时代，劳动手段的自动化、智能化和信息化已经超越了马克思时代的机械化，资本、技术、信息、管理和知识等生产要素相对于体力劳动和简单劳动更加凸显，满足人类需求的服务提供和精神文化生产已经改变了物质生产为主体的经济结构，我国社会主义市场经济的构建也与马克思当年设想的社会主义相区别。时代的发展召唤劳动价值理论的拓展。我国学术界对需要拓展马克思的劳动价值论已达成共识，不过对于如何拓展劳动价值论却分歧渐远。

（一）对价值创造的分歧

1. 一些学者继承马克思的只有活劳动才创造价值的观点，不过对创造价值的活劳动的范围进行了拓展。不同的学者拓展的边界不同，从只有物质生产领域的活劳动创造价值，到所有领域的活劳动都创造价值，宽窄不同。比较典型的观点是"新的活劳动价值一元论"①。该论者认为，凡是直接为市场交换而生产物质商品和精神商品，以及直接为劳动力商品的生产和再生产服务的劳动，其中包括自然人和法人实体的内部管理劳动和科技劳动，都属于创造价值的劳动或生产劳动。具体内容包括：第一，生产物质商品的劳动是创造价值的生产性劳动；第二，从事有形和无形商品场所变更的劳动是创造价值的生产性劳动；第三，生产有形和无形精神商品的劳动是创造价值的生产性劳动；第四，从事劳动力商品生产的服务劳动是创造价值的生产性劳动。不能把整个第三产业的服务劳动都视为创造价值的生产性劳动，有的属于不为市场交换的目的或不进入市场交换而进行的政治、行政、军事、法律等服务劳动，如党、政、军，公、检、法等有关部门的活动，不创造价值。科技劳动和管理劳动以及资本家的部分生产性管理都创造价值。劳动生产率的提高是由于劳动的复杂程度、熟练程度和强度的提高而引起的，因而从长期来看，商品的价值总量和社会价值总量会具有一种向上变动的趋势，而不是不变。

2. 另一些学者突破马克思的只有活劳动才创造价值的观点，认为物化劳动和活劳动都创造价值。不过这些学者都宣称，只有劳动创造价值，非劳动不创造价值。比较代表性的观点是"社会劳动价值论"②和"整体劳动价值论"③。"社会劳动价值论"提出者认为，物化劳动是物质化的活劳动的简称，是凝结的活劳动，具有物质与活劳动两重性。物化劳动——设备、材料和工艺，是由其他有关企业的活劳动生产的，而且可以严格地逻辑证明，是本期活劳动生产的，不是过去活劳动生产的。因此，从企业看，其剩余价值是由物化劳动（劳动手段、劳动对象）与活劳动（劳动力）共同创造的，但从社会看，是活劳动创造价值，且来自本期的活劳动。长期以

---

① 程恩富：《确立"新的活劳动价值一元论"》，《财经研究》2001 年第 11 期。
② 钱伯海：《社会劳动价值论》，中国经济出版社，1997 年。
③ 钱津：《劳动价值论》，社会科学文献出版社，2001 年。

来，认为物化劳动只能转移价值，不能创造价值，并且把物化劳动等同于资本，讲物化劳动创造价值就是讲资本创造价值，就是资产阶级庸俗经济学的三要素论，是严重的理论扭曲。只有确认物化劳动创造价值，按资本和技术分配才有充分的依据，科学技术是第一生产力才能够成立。① "整体劳动价值论"提出者认为，劳动是劳动主体（人）与劳动客体（自然）的统一，劳动绝不是单纯的劳动主体活动，没有劳动客体就没有现实的劳动的存在，也没有抽象的劳动存在。由于商品的使用价值与价值是统一的，只要承认物化劳动即劳动客体对创造使用价值起作用，就必然要承认同样对创造价值起作用，才符合逻辑。因此，劳动整体创造价值，不可能存在单纯劳动主体作用凝结的价值。②

3. 还有一些学者认为包括"劳动"在内的所有生产要素都参与价值的创造。不过这些学者认为，他们的价值理论既不同于马克思的劳动价值论，也不是马克思批判的萨伊"三要素价值论"。比较代表性的观点是"广义价值论"③ 和"多元价值论"④。"广义价值论"的提出者认为，马克思的劳动价值论、新古典边际生产力价值论和斯拉法价值论都只是一种狭义的价值理论。广义价值论就是关于价格运动一般规律及其特殊形式的学说。广义价值规律就是商品的交换价值是由平均比较利益率决定，或者说根据比较利益率相等的原则决定，广义价值的实体就是比较成本。因此，比较生产力与广义价值量成正比，劳动要素与资本、土地等非劳动要素共同创造价值。⑤ "多元价值论"提出者认为，社会经济发展的条件、动力和主体多元化了，与其相适应的经济价值论也必然要多元化，商品价值的本质是人的

① 钱伯海：《关于深化劳动价值认识的理论思考》，《厦门大学学报（哲学社会科学版）》2001 年第 2 期。

② 钱津、王俊发：《论劳动整体创造价值》，《青海社会科学》2005 年第 6 期。

③ 蔡继明、李仁君：《广义价值论》，经济科学出版社，2001 年。

④ 晏智杰：《顺应历史发展潮流，重塑多元价值理论——论深化改革与促进发展的经济学价值论基础》，《北京航空航天大学学报（社会科学版）》2002 年第 2 期。

⑤ 蔡继明：《另一种可供选择的价值理论》，《数量经济技术经济研究》2004 年第 1 期。

需求同商品之间的关系，商品价值的决定是一个多层次多元的综合体系，它由供求均衡论、生产要素论和需求要素论所构成。"广义价值论"者和"多元价值论"者都认为劳动价值论是他们理论中的"特例"。

（二）对价值创造与价值分配二者关系的分歧

一种观点认为，价值分配并不由价值创造决定，简称"非决定论"。"非决定论"者认为，价值分配的依据并不是价值创造的多少，价值创造与价值分配无关。有学者指出，在存在商品价值关系的条件下，价值的生产是价值分配的基础，价值创造的多少，制约价值分配的多少，这是不言而喻的事情。但是，分配方式或者分配制度的选择与确定，不是由价值理论决定的。马克思提出社会主义实行按劳分配与劳动价值论无关，资本主义实行按资分配或按生产要素分配，也不是以要素价值论为理论依据的。按劳分配是以社会主义公有制为依据的，而按要素分配则以生产要素所有权为实际依据。①

另一种观点却认为，价值创造决定价值分配，简称"决定论"。"决定论"者认为，价值分配的直接依据和多少，是价值创造与否和多少。决定论者大多不承认"活劳动创造价值一元论"，认为只有承认物化劳动或者各种生产要素都创造价值，才可以解释现实经济中的"按生产要素分配"。有学者认为，生产要素所有权只能是生产要素所有者获取相应收入的法律依据，至于各种生产要素所有者获得的收入份额的大小，则必须以各种生产要素在价值创造中所做的贡献为基础。②

我国理论界在劳动价值论研究的分歧和争鸣中已取得不少可喜的成果，但也存在不少问题。一是有些研究成果似乎能够解释经济现实，却不能坚持马克思的劳动价值论，从而也就谈不上发展的问题；二是有些研究成果虽然坚持了马克思的劳动价值论却无法或非常牵强地解释某些现实问题；

---

① 卫兴华：《关于劳动和劳动价值论讨论中的几个问题》，《甘肃省经济管理干部学院学报》2001 年第 3 期。
② 蔡继明：《按生产要素贡献分配的理论基础和政策含义》，《学习论坛》2004 年第 7 期。

三是现有的研究成果自称是坚持和发展了马克思的劳动价值论，但是内容却与马克思的劳动价值论大相径庭。为此，我们强调要深化对劳动和劳动价值论的认识和研究，其实质是要在新的时代背景下，进一步拓展劳动价值论的理论空间，以更好地分析和指导中外现实经济的发展。

由于当时研究目的的需要和所在时代的局限，马克思的原有理论不可能完善地解答当今时代的实践发展问题，但是，马克思的劳动价值论是马克思主义政治经济学的基石，革新的现代政治经济学也必须以劳动价值论为理论基点。劳动价值论这一学术地位和政治重要性，使得资产阶级经济学家和政治家也一致强调，只有推翻它才能从理论逻辑上摧毁马克思经济学和共产党的理论大厦。我国理论界出现了各种各样的模糊价值理论，尽管有各种不同的理论称谓，但归纳起来，不外乎活劳动价值学说和生产要素价值学说两大类。坚持马克思的劳动价值论，就是不能离开活劳动创造价值这一核心观点。发展马克思的劳动价值论，就要在坚持劳动价值论基本核心观点的基础上，结合新情况、新实际，做出科学的理论阐释，以完善和发展劳动价值论。

为此，要消除对马克思原创的劳动价值理论的认识误点。误点之一，认为劳动创造价值是指体力劳动，因而在知识和信息等经济要素日显重要的条件下，劳动价值论过时了；误点之二，认为劳动价值论产生于小生产时代，因而在当今新科技革命时代中劳动价值论已不适用；误点之三，认为劳动价值论不承认有形或无形的生产要素对创造使用价值和价值的重要作用；误点之四，认为劳动价值论仅适用于实物交换的场合和一国内部的交换；误点之五，认为物化劳动或劳动的土地生产力创造价值，是合乎劳动价值论的核心论点和方法；误点之六，认为创造价值的劳动不包括科技劳动和企业管理劳动。

为了清晰地使有关价值、财富与分配的各种现象和本质联系都可得到较圆满的科学说明，我们提出和阐述了"新四说"：各种生产性活劳动创造商品价值——活劳动价值说；全生产要素或经济要素创造社会财富或商品使用价值——全要素财富说；多种产权关系决定按资和按劳等多种分配方式——多产权分配说；按生产要素贡献分配的形式是要素所有者创造价值和财富并据此参与分配，而实质是按生产要素产权分配——按要素贡献的分配形式与实质说（按贡献分配形质说）。在"新四说"的基础上，我们较完整地阐述了"新的活劳动价值一元论"的基本内容，既超越和发展了马克思"原创的活劳动价值一元论"，也同各种新的多元价值论划清了科学界限。

三、 公平与效率关系在争鸣中创新

经济公平与效率既是人类社会经济生活中的一对基本矛盾，也是经济学研究和论争的永恒性主题。我国学术界对经济公平与效率关系的争鸣从改革开放之初一直延续至今，这一方面缘于具有客观性的经济公平同时具有历史性和相对性，以及经济效率也具有多样性、具体性和局限性；另一方面缘于我国经济实践和政策的演变。我国在改革开放之初为迅速打破平均主义导致吃"大锅饭"的低效率局面，优先强调了"效率"。党的"十三大"明确提出"在促进效率提高的前提下体现社会公平"，十四届三中全会进一步明确提出"效率优先，兼顾公平"。但进入新世纪以来，经济在继续保持快速增长的同时，收入分配差距过度拉大，分配不公加剧进而成为人们关注的焦点。十六届五中全会及时地提出"在经济发展的基础上更加重视公平"。学术界对公平与效率关系的认识主要有三种观点。第一种观点认为，公平与效率具有替代关系，公平必然带来低效率，高效率必然导致不公平，公平与效率不可同时兼得。比较代表性观点是"效率优先论"和"公平优先论"。效率优先论者认为，只有把效率放在首位，生产力发展了，把"蛋糕"做大了，每个人才能分得更多的"蛋糕"，才会有公平。市场经济内在地要求初次分配讲究效率，再次分配讲究公平。市场保障效率，政府负责公平。①②③　即使我国现阶段收入差距扩大了，仍应坚持"效率优先，兼顾公平"的原则。只有效率提高了，公平才能最终实现。如果过早地强调公平，最后的结果只会是共同贫穷④。公平优先论者认为，在任何时候公平和效率都不能兼得，两个目标之间只能存在相互兼顾的关系。既然兼顾就有个谁为先的选择。原有体制严重低效率，改革原有体制无疑要以效率为先。现在我国改革遇到的突出问题已转移到不公平问题，如分配的不公平、改制的不公平、市场交易的不公平、公共产品供给的不公平，等等。由于存在的不公平问题日益突出，根据改革成果惠及全体人民的要求，改革需要转到公平为先，在此基础上构建和谐社会。⑤

第二种观点认为，公平与效率具有并重关系。公平与效率都是人类经济活动追求的目标，不可偏废，它们具有同等重要的地位。典型观点是"公平与效率并重论"。公平与效率并重论者认为，公平与效率是对立统一的关系，效率是公平的基础，公平也是效率的基础。如果不公平超出一定程度，两极分化，就必然影响经济发展环境的稳定，降低经济效率，甚至最后可能导致整个社会处于一种"无效率"状态；如果收入分配出现绝对平均现象，干与不干一个样，干好干坏一个样，也会挫伤劳动者的积极性，使得整个社会经济出现低效率现象。因此，要在理论上把握二者相互依存、互为基础的关系，在政策上使二者并重兼得，避免强调一个方面忽视另一个方面、甚至用一个方面代替另一个方面的片面倾向⑥。我国现在基尼系数

---

① 李正发：《"效率优先"原则过时了吗——公平与效率关系新探》，《经济学动态》2006 年第 4 期。

② 杨尧忠：《转型与发展对收入分配的必然要求：效率优先兼顾公平——兼议范恒山"效率与公平并重"的主张》，《长江大学学报（社会科学版）》2005 年第 2 期。

③ 刘开云：《关于效率与公平问题的思考》，《经济前沿》2005 年第 2 期。

④ 袁丽美：《"效率优先，兼顾公平"尚未过时时——对"效率与公平并重"的质疑》，《当代经济》2005 年第 1 期。

⑤ 洪银兴：《构建和谐社会要坚持统筹公平与效率的改革观》，《中国党政干部论坛》2005 年第 3 期。

⑥ 于连坤：《为什么要强调公平与效率并重？》，《红旗文稿》2005 年第 6 期。

客观上还处在上升阶段，如果不采取措施，则有迅速向两极分化和承受极限接近的危险。所以，我们必须从现时起进一步重视社会公平问题，调整效率与公平的关系，加大社会公平的分量。"效率优先，兼顾公平"的口号现在就可以开始淡出，逐渐向"公平与效率并重"或向"公平与效率优化结合过渡"。①

第三种观点认为，公平与效率具有辩证统一关系，越公平就越有效率，越不公平越没有效率。典型观点是"公平与效率交互同向论"。公平与效率交互同向论者认为，经济公平与经济效率具有正反同向变动的交促互补关系，即经济活动的制度、权利、机会和结果等方面越是公平，效率就越高；相反，越不公平，效率就越低。当代公平与效率最优结合的载体之一是市场型按劳分配。按劳分配显示的经济公平，具体表现为含有差别性的劳动的平等和产品分配的平等。这种在起点、机会、过程和结果方面既有差别，又互为平等的分配制度，相对于按资分配，客观上是最公平的，也不存在公平与效率哪个优先的问题。国内外日趋增多的正反实例也表明，公平与效率具有正相关联系，二者呈此长彼长、此消彼消的正反同向变动的交促关系和互补性。② 公平与效率的辩证关系表现为，公平是效率的前提，效率是公平的结果。公平产生效率，效率反映公平。公平与效率是一个硬币的两面。公平是市场经济必须遵守的基本原则，也是市场经济产生效率的基本条件。③

我国学术界对公平与效率关系的认识出现了很大的分歧，主要是由于对公平与效率的定义不同，特别是对公平涵义的理解不同。因此，科学解析公平与效率的关系需要正确理解公平和效率的概念。第一，公平不等于收入均等或收入平均。经济公平的内涵大大超过收入平均的概念。从经济

---

① 刘国光：《进一步重视社会公平问题》，《中国经贸导刊》2005 年第 8 期。

② 程恩富：《公平与效率交互同向论》，《经济纵横》2005 年第 12 期。

③ 陈永杰：《新公平/效率观——对公平与效率问题的重新审视》，《经济理论与经济管理》2006 年第 5 期。

活动的结果来界定的收入分配是否公平，只是经济公平的涵义之一。结果公平至少也有财富分配和收入分配两个观察角度，并且财富分配的角度更为重要。学术界中一种流行观点把经济公平和结果平等视为收入均等化或收入平均化，并以此分析公平与效率的关系，是有明显的逻辑起点错误，容易导致"公平与效率替代论"；第二，微观经济高效率不一定带来宏观经济的高效率。经济效率涉及到生产、分配、交换和消费各个领域，涵盖到经济力和经济关系各个方面，包括微观经济效率和宏观经济效率两大效率问题。市场经济中企业等微观经济主体的高效率也可能会带来宏观经济的低效率。因此，经济效率总是以一定的经济体制和宏观经济调控为基础的。认为微观经济高效率一定导致宏观经济高效率，容易强调"效率优先论"。

经济学意义上的公平，是指有关经济活动的制度、权利、机会和结果等方面的平等和合理。经济公平具有客观性、历史性和相对性。把经济公平纯粹视为心理现象，否认其客观属性和客观标准，是唯心主义分析方法的思维表现。把经济公平视为一般的永恒范畴，否认在不同的经济制度和历史发展阶段有特定的内涵，是历史唯心论分析方法的思维表现。把经济公平视为无需前提的绝对概念，否认公平与否的辩证关系和转化条件，是形而上学分析方法的思维表现；经济学意义上的效率，是指经济资源的配置和产出状态。对于一个企业或社会来说，最高效率意味着资源处于最优配置状态，从而使特定范围内的需要得到最大满足或福利得到最大增进或财富得到最大增加。经济效率具有多样性、具体性和局限性。不同内涵的经济效率总是受到一定具体条件的约束，因而都具有一定程度的局限性。

我们提出"公平与效率正反同向说"，指出经济公平与经济效率具有正反同向变动的交促互补关系。即使号称机会最平等的美国，由于收入分配和财产占有反差巨大、市场机制经常失灵、接受教育环境不同、生活质量高低悬殊、种族性别多方歧视等缘故，因而人们进入市场之前和参与市场竞争的过程中，机会和权利也存有许许多多的不平等性。高效率是无法脱离以合理的公有制经济制度为基础的公平分配的。从现实可能性来观察，可将所有制、体制、公平和效率这四个相关因素的结合链分归四类：公有制→体制优越→最公平→高效率（效率Ⅰ）；私有制→体制较优→不公平→中效率（效率Ⅱ）；公有制→体制次优→较公平→次中效率（效率Ⅲ）；私有制→体制较劣→不公平→低效率（效率Ⅳ）。即使在传统体制和国际环境有利于私有制大国的条件下，中苏两国的发展业绩和效率也超过了绝大多数西方国家，就是一个例证。在制度成本最低和相对最公平的状态中实现高效率，是坚持和完善社会主义市场经济体制改革方向的终极目标。一方面，收入和财富的差距并不都是效率提高的结果，另一方面收入和财富差距拉大的刺激效应达到一定程度后便具有递减的趋势，甚至出现负面的效应。我国市场型按劳分配为主体的分配格局所形成的合理收入差距，能够促使劳动和其他生产要素资源得到优化配置，可以实现共同富裕和经济和谐。

四、 公有制经济定位在争鸣中确立

公有制经济作为我国社会主义制度的经济基础，决定了公有制经济体制的改革和完善始终是我国经济改革的中心和学术界关注的焦点。为增进公有制经济的效益，强化公有制经济的主导作用，提高公有制经济的控制力、带动力和影响力，增进公有制经济的竞争力，夯实实现最广大人民根本利益和共同富裕的经济基础，学术界针对公有制的实现形式、公有制经济在国民经济应该占有的比重、公有制经济布局等问题展开了研讨和争鸣。

（一） 对公有制实现形式的争论

一种观点认为，作为现代资本运作方式和组织方式的股份制企业，不管是由国家或者集体独资、控股或参股的，还是全部由公众持股的，都是公有制企业，都是公有制的实现形式；公众持股的股份制企业是一种新型的集体所有制，应该作为公有制的主要实现形式。比较代表性的观点是"新公有制企业论"和"公众股份制企业论"。新公有制企业论者认为，新公有制企业有四种类型：一是政企分开的政府独资或由国家的几个机构持股的股份公司，即经过改制的新的国家所有制企业；二是由国家控股或国家参股的股份制企业，即混合所有制企业；三是公众直接持股或公众间接持股的股份制企业，即新的集体所有制或共有制企业；四是资金来自私人捐赠的公益型基金所办的企业。国有企业改制让出一部分股权给民营企业或外资企业，国有企业转让给职工持股的公众所有制企业，国有企业转让给已改制的公众持股的股份制的民营企业，都不是实行私有化，而是正在新公有化。①② 公众股份制企业论者认为，股权分散的公众股份制的公有制性质，主要表现为以下三方面原因：一是资本与企业的最终所有权不是掌握在个别私人或少数资本所有者手中，而是掌握在广大公众和劳动者手中；二是企业的资产作为独立于任何私人财产的法人财产，直接地成为社会财产；三是资本的收益权即企业的剩余索取权，也不是掌握在个别私人或少数资本所有者手中，而是掌握在广大公众和劳动者手中，这样，公众股份制表现出明显的公有制性质，它是不同于以"共同所有"为主要特征的经典社会主义或传统社会主义的公有制实现形式，是以"公众所有"为主要特征的崭新的现代公有制形式，是一种公有制的主要实现形式。③④

　　另一种观点认为，股份制虽然作为公有制的主要实现形式，但并不是所有的股份制企业都是公有制性质的企业形式；国家或者集体独资或控股的股份制企业是公有制性质的股份制企业，公众持股的股份制企业是私有制性质的企业；公有制的主要实现形式是国家或集体独资或控股的股份制企业。持此观点的学者认为，从企业的生产、经营和分配是否以劳动者共

① 厉以宁：《论新公有制企业》，《经济学动态》2004 年第 1 期。
② 厉以宁：《论"新公有制"》，《领导决策信息》2003 年第 38 期。
③ 于金富：《公众股份制是我国现阶段一种公有制主要实现形式》，《经济学动态》2004 年第 4 期。
④ 于金富：《构造与市场经济相适应的现代公有制企业形式》，《经济经纬》2003 年第 2 期。

同所有的财产（或代表劳动者共同利益的国家所有）为主、是否以劳动合作为主、是否以按劳分配为主，可以判断出经过改制的国有独资和控股公司、国有资本和集体资本共同控股或集体资本控股的混合所有制企业、国有资产转让给职工形成的以劳动合作为核心的股份合作制企业、由职工集体联合拥有所有权和经营权实行民主管理的集体所有制企业，都是公有制企业形式。① 从社会主义公有制的三条基本特征即生产资料公有、劳动者在生产经营活动中拥有充分的当家做主的权利、对个人收入实行按劳分配来考察，全部由公有产权（或国有资本，或集体资本，或国有资本与集体资本）构建的股份公司是社会主义公有制企业；公有产权绝对控股的股份制企业，大体上属于社会主义公有制企业；公有产权相对控股的股份制企业性质尚待研究；公有产权参股的股份制企业不属于社会主义公有制企业。② 公众持股股份公司的属性是私有制而不是公有制，使股份制成为公有制的主要实现形式，不是要把国有制和集体所有制本身转化成所谓的"公众所有制"。③

（二）对公有制经济比重的分歧

第一种观点认为，公有制经济比重的高低不是社会性质的决定因素，也不是共产党执政地位和政权合法性的决定因素；社会主义是通过生产力的发展来达到共同富裕，而这可以通过确立劳动者个人所有制和国家对市场和收入分配的调控来实现。持此观点的学者认为，习惯于把公有制（尤其是国有制）比重的高低看作是决定社会制度性质的事情，甚至看作是决定共产党领导权合法地位的事情，严重束缚了我国所有制改革的进程。社会主义的最本质的规定是其根本目的，而不是其手段和途径④。社会主义的

---

① 张丰兰、韩凤永：《公有制、股份制与企业形式》，《经济学动态》2004 年第 7 期。

② 郭飞：《社会主义公有制与股份制若干问题探讨》，《经济学动态》2004 年第 7 期。

③ 胡钧：《正确理解"使股份制成为公有制的主要形式"——评"新公有制"、"现代公有制"》，《高校理论战线》2005 年第 3 期。

④ 张军扩：《马克思的"两个决不会"思想与现阶段我国的所有制改革》，《理论前沿》2005 年第 20 期。

主要目标就在于在最大限度内使劳动者获得全面和自由的发展，只有劳动者真正拥有财产权利以及行使这一权利的自由，才能体现其自身的价值，并获得全面和自由的发展。劳动者个人所有制的普遍存在，导致收入分配的拉大，这需要通过国家对生产要素市场和收入分配领域的宏观调节来防止[①]。

第二种观点认为，社会主义是以公有制经济为主体，但是国有经济不再是社会主义制度的经济基础；混合所有制经济和公众所有制经济都是公有制经济；社会主义是以混合所有制经济和公众所有制经济为主体的。持此观点的学者认为，扩大公有制的内涵，把混合经济、基金都作为公有制经济，这样扩大了以后，公有制的主体地位仍可以保持。[②] 国有企业的股份制改革，虽然包括国有资本控股的股份制形式，但是大多数国有企业却不易采取这种形式。国家控股企业减少，而国家参股但不控股的企业增加，并导致国有资本总量增加，则国有经济就得到增强[③]。新公有制企业论者和公众股份制企业论者也都持有此观点。

第三种观点认为，社会主义是以公有制经济为主体，公有制经济是社会主义的经济基础，也是共产党的执政基础和共同富裕的保证；公有制经济包括国有经济和集体经济，并主要以国有和集体独资或控股的企业形式存在；公有制经济在国民经济中要在"量"和"质"上都占优势。持此观点的学者认为，只有公有制占主体，按劳分配的原则才能占主体，共同富裕才能得到根本保证。公有制失去了主体地位，国家政权的性质和上层建筑必将跟着改变，劳动人民就不可能真正成为社会的主人。而公有制经济并非效率低，其整体经济效益远远高于其他所有制经济，目前国有经济上交的利税占国家财政收入的比重仍在50%以上就是有力的例证。一些国有

---

① 林水源：《公有制实现形式的讨论须走出传统理论的误区》，《经济学动态》2005 年第 9 期。

② 高尚全：《民本经济论》，社会科学文献出版社，2005 年第 4 期。

③ 汤在新：《不要把股份制和公有制对立起来——兼与项启源教授商榷》，《经济学动态》2004 年第 7 期。

企业的亏损并不是公有制的原因,社会主义制度不能只靠税收。[1] 公有制主体地位与国有经济主导作用是中国共产党执政的主要基础。国有企业的现实困境,根源在于政府机构或政治体制改革的滞后。只要深化改革,强化国有企业自身,就能够完成公有制与市场经济相结合的伟大探索,从而巩固党的执政基础。[2] 我国的国有企业改革是把其改为适合市场经济要求的微观基础,以巩固公有制的基础地位,不应是私有化。只要国家掌握了企业的"控股权",将不但确保企业的公有制性质,而且还可以通过发行股票吸收社会公众(个人和企业)投资为己所用,壮大国有企业。股份制是公有制实现的好形式,但不能把股份制本身说成公有制或所谓"社会所有制"[3]。

(三)对公有制经济布局的争论

第一种观点认为,作为公有制经济主要组成部分的国有企业,实际上是政府管理的,而政府主要职能是提供公共服务的,因此政府创办的国有企业可以从所有领域退出。持有此观点的人认为,国有企业进入战略性行业、支柱行业、国家安全行业和从竞争性行业退出的理由是讲不清楚的。因为任何行业从经济均衡的角度都是战略性行业,都是国家不可缺少的;军工行业只是涉及保密问题,发达国家做军工的也都是私人企业;一方面让国有资产保值增值,并从国家发展战略的角度出发,要国有资产进入新兴的竞争性行业,另一方面又让它从竞争性行业退出,这是相矛盾的。出售国有资产只是资产从经营性形态向现金形态转化,不是资产流失。国有资产要从经营性资产转移到非经营性资产上来,为社会提供公共服务、基础设施和为民营企业及其他各行各业提供好的投资环境[4]。

第二种观点认为,国有企业应该仅存在于自然垄断性行业、国家安全

① 宗寒:《坚持公有制的主体地位就是"公有制崇拜"吗?》,《红旗文稿》2005年第23期。

② 袁恩桢:《公有制是共产党执政的经济基础》,《上海行政学院学报》2005年第2期。

③ 黄范章:《股份制是社会主义公有制实现的好形式》,《经济学动态》2006年第1期。

④ 樊纲:《国企改革与国有资产管理体系改革》,《长白学刊》2005年第4期。

行业、战略性行业和支柱行业、提供重要公共产品和服务的行业，以及私人企业不愿进入的风险高的高科技行业，而应从一般竞争性行业退出。持此观点的学者认为，国有企业有所为和有所不为，是国有企业进行战略性调整的基本原则。对于国家安全、资源稀缺、为公众提供公共产品的部门，对于支柱产业和高新技术产业中的骨干企业，国家要独资或者控股，对于一般竞争性企业，要加大力度、加快进度逐步退出。①

第三种观点认为，国有企业既要掌控自然垄断的行业、提供重要公共产品和服务的行业、支柱产业和战略性产业，以及关键领域的高新技术产业，更要在竞争性行业中发展壮大。持此观点的学者认为，国有企业改革的战略定位是巩固国有企业在国民经济中的支柱地位，增强国有企业的竞争力，充分发挥对经济发展的主导地位。国有企业本身是符合现代经济发展要求的，也是社会主义市场经济的制度性特征，对于巩固党的执政基础有着至关重要的作用。经济改革的目标是增强国有企业的竞争能力。根据市场竞争规律，没有效率和竞争力的企业，无论国有企业还是非国有企业，都会在市场竞争中被淘汰。先做出国有企业退出竞争性领域的结论，再说国有企业没有竞争力，是不符合逻辑的。② 社会主义国家和非社会主义国家都有公营企业，又称政府企业或公共企业，但只有社会主义国家才有国有企业，其性质是社会主义全民所有制的。公营企业主要在非竞争性领域，主要以社会效益为目标。属于全民所有的社会主义国有企业主要在竞争性领域，主要以经济效益为目标，国有企业在竞争性领域发展壮大，是社会主义市场经济的发展要求。③ 公有制企业作为市场经济的主体，完全可以参与市场交换，公平市场竞争并非要求公有经济退出。④ 所谓的"国退民进"

---

① 萧灼基：《国有企业要加大力度，加快进度》，《中外企业家》2005 年第 5 期。

② 顾钰民：《论国有企业改革的战略定位——兼对"国退民进"观点的质疑》，《高校理论战线》2005 年第 2 期。

③ 钱津：《论国有企业与公营企业之异同》，《中州学刊》2006 年第 1 期。

④ 杨承训：《准确把握社会主义市场经济改革的要谛》，《经济学动态》2006 年第 9 期。

和"国有企业从竞争领域退出"是违背市场经济"游戏规则"的，认为即使把国有企业卖光，变成私人企业，公有制的性质还是没有变，以及国有经济从实物形态转化为货币形态后，国家仍然掌握大量基础设施、财政资金和税收收入，公有经济仍然占主体的说法，是糊弄人的理论逻辑，掩盖了其鼓吹新自由主义改革的真实目的。①

学术界对公有制实现形式的讨论，突破了把公有制等同于公有制实现形式的认识。所有制与所有制的实现形式是内容与形式的关系。所有制是一种经济制度，规定了经济活动中人与人之间的关系，其核心是生产资料归谁所有。而所有制的实现形式是生产资料及其产品所有、占有、支配、使用和处置的组织形式和运作方式。公有制是指生产资料归代表全体人民的国家或劳动群众集体共同占有、所有者与劳动者是一体的、实行按劳分配的经济制度；私有制是指生产资料最终归个人所有、所有者与劳动者是分离的、实行按要素分配的经济制度。同一种所有制可以有多种实现形式，不同的所有制也可以采用相同的实现形式。股份制企业作为适合现代生产力发展的资本组织方式和经营方式，既可以作为私有制的实现形式，也可以作为公有制的实现形式。股份制企业可为公有制所用，只要国家或集体控股的股份制企业，就是公有制性质的企业。但是作为私有制实现形式的股权分散的个人持股的公众股份公司或由个人投资组成的机构投资者控股的股份公司，虽然是对业主制企业的个人所有制的扬弃，具有一定的"社会性"，但仍然是私有制性质的企业。如果把所有股份制企业都看成是公有制企业，则英、美等发达资本主义国家早已是社会主义国家了，这显然是不合乎经验和逻辑的。国家或集体控股的股份制企业既保证了股份制企业的公有制性质，又有利于扩大公有制经济的控制力、影响力和带动力，增强为实现共同富裕的目标服务的功能。

学术界对公有制经济比重和布局的讨论，突破了只有私有制才能与市

---

① 卫兴华：《警惕"公有制为主体"流于空谈》，《经济学动态》2005 年第 11 期。

场经济相结合的认识，确立了社会主义市场经济的改革方向。经济基础决定上层建筑，确立公有制经济的主体地位，才能保证政权的社会主义性质，保障分配方式以按劳分配为主，进而实现共同富裕。公有制经济主体地位的削弱，必然导致社会主义政权性质的蜕变和共产党执政基础的丧失。私有制的市场经济实行按要素分配，其财富占有的差异和市场竞争的"马太效应"，致使收入分配的两极分化不可避免，对此，国家财政税收调节和宏观调控只能缓和而不能根本解决。缺乏公有制经济的保障，企图以国家财政税收调节和宏观调控来解决两极分化问题，共同富裕的目标是不可能实现的。公有制与市场经济的结合，要求公有制经济尤其是国有经济在竞争性领域中发展壮大，这也是社会主义公有制市场经济与资本主义私有制市场经济的根本区别所在。国有经济在质量上提高，可以增强国有经济的主导作用和控制力，而这是以国有经济在数量上占优势为前提的。

我国社会主义经济体制改革的重要任务，是为社会主义市场经济塑造独立经济利益的公有制经济微观主体。这是前无古人的伟大实践，在理论上必须突破现代西方经济学把国有企业功能定位在弥补"市场缺陷"的认识局限。为实现公有制与市场经济的有效结合，我们提出社会主义国有经济利用股份制应具备的四个内在基本制度要素（至于企业科学管理制度、技术改造制度、破产制度、社会保障制度等是一切现代企业发展所需具备的重要制度，并非国有经济所特有）。第一，要建立以政资职能分离为目标的管理系统。这是推行股份制和重塑国有企业制度的大前提。该管理系统设置三个层次：国有资产所有权的立法管理和最终监管归各级人民代表大会及其机构；国有资产所有权的行政管理归各级人民政府及其机构（国有资产管理局或国有资产管理委员会）；国有资产所有权的商务管理或产权管理归各种国有资产产权经营机构（国有资产的集团控股公司等）。第二，建立以公有法人相互持股为主体的现代企业制度。这是社会主义利用股份制的一个关键性制度要素。第三，建立以个人财产抵押为基础的经营者年薪制。这是集收入、财产、职位和荣誉等多重制约为一体的制度要素。第四，建立以党政相互兼职为特征的法人治理结构。我们要充分发挥股份制国有经济的基础服务功能、支柱构筑功能、流通调节功能、技术示范功能、社会创利功能和产权导向功能，确保市场经济的社会主义性质和经济改革的社会主义方向①。

（原载于《社会科学管理与评论》2007 年第 2 期。程恩富，王中保）

---

① 程恩富：《资本主义和社会主义如何利用股份制——兼论国有经济的六项功能》，《经济学动态》2004 年第 10 期。

习近平关于政治经济学思想解读

党的十八大以来，习近平围绕经济问题发表了一系列重要讲话，尤其是 2015 年 11 月 24 日在中共中央政治局第二十八次集体学习时强调发展当代中国马克思主义政治经济学的讲话，内容丰富，思想深刻，发展了当代中国社会主义政治经济学理论。限于篇幅，这里主要选择性地讲解进一步完善社会主义初级阶段的基本经济制度、基本分配制度、基本调节制度、自主开放型经济制度以及实施创新驱动战略共五个问题。

一、关于完善社会主义初级阶段基本经济制度的思想

习近平说："坚持和完善公有制为主体、多种所有制经济共同发展的基本经济制度，关系巩固和发展中国特色社会主义制度的重要支柱。"① 对于全面深化改革期的经济发展来说，坚持公有制的主体地位和作用尤为必要。通过巩固公有制经济主体地位坚持改革性质，通过完善公有制实现形式深化改革，两者都体现了公有主体型产权制度对于我国经济发展的重要意义。这一发展思想，有利于消除改革过程中"国有企业私有化、土地私有化、金融自由化"的新自由主义干扰和负面影响。

---

① 习近平：《关于〈中共中央关于全面深化改革若干重大问题的决定〉的说明》，《人民日报》2013 年 11 月 16 日。

（一）完善基本经济制度的总体思路

把握习近平完善社会主义基本经济制度的思想，必须首先把握其总体思路。总体思路主要有两条：一是强调坚持两个"毫不动摇"；二是必须深化改革。前者体现了"战略定力"，后者则需要"问题意识"，都具有极为重要的现实针对性。

两个"毫不动摇"最初是在党的十六大提出的，是对一百多年来中国共产党人关于社会主义初级阶段基本经济制度长期探索的总结。1978 年我国开始搞改革开放，逐步出现了公有制实现形式多样化和多种经济成分共同发展的局面。1997 年党的十五大正式将"公有制为主体，多种所有制经济共同发展"，作为社会主义初级阶段的基本经济制度固定下来。实践充分证明，我国当前的基本经济制度符合"三个有利于标准"，必须坚持。没有这种习近平称之为的"战略定力"，中国特色社会主义也就失去了最重要的根基，就会导致"颠覆性"错误。

但是，随着社会经济发展，现阶段坚持两个"毫不动摇"也碰到了一些严峻挑战。概括地说，即习近平所指出："如何更好体现和坚持公有制主体地位，进一步探索基本经济制度有效实现形式，是摆在我们面前的一个重大课题。"[1] 具体而言，第一，公有资产虽然在社会总资产中仍占明显优势，但在经营性资产中已不占优势，公有制企业的就业人数明显少于非公有企业的就业人数。一些人甚至提出土地私有化、国企私有化和金融自由化主张，发起了对公有资产在社会总资产中优势地位的根本性挑战。第二，改革开放以来，我国国有企业已总体上与市场经济相融，但仍然存在如何进一步高效地与市场经济结合的问题。尤其是如何在改革中实现习近平所强调的提高活力、控制力、影响力和抗风险能力，这是一个新的挑战。第三，如何进一步支持和引导非公有制经济发展，实现其与公有制经济融合

---

[1] 习近平：《关于〈中共中央关于全面深化改革若干重大问题的决定〉的说明》，《人民日报》2013 年 11 月 16 日。

共进和双赢合作。显然，这只能依靠全面深化改革，倒退和走邪路都没有出路。

简言之，习近平明确提出，"国有企业不仅不能削弱，还要加强"；① 强调"把国有企业做强做优做大，不断增强国有经济活力、控制力、影响力、抗风险能力""确保党的领导、党的建设在国有企业改革中得到体现和加强""防止国有资产流失"；（2015 年 6 月 5 日，习近平在中央全面深化改革领导小组第十三次会议上讲话）"公有制主体地位不能动摇，国有经济主导作用不能动摇，这是保证我国各族人民共享发展成果的制度性保证，也是巩固党的执政地位、坚持我国社会主义制度的重要保证。"（习近平：《发展当代中国马克思主义政治经济学》，新华网 2015 年 11 月 24 日）

（二）重点发展公有资本控股的混合所有制

积极发展混合所有制，是十八届三中全会的一个重要部署，是习近平经济思想的重要内容。

"混合所有制经济"是党的十五大第一次提出的概念，后来又经过党的十五届四中全会和党的十七大的重要发展。新一届党中央和习近平总书记则将积极发展混合所有制思想推向一个新高度。第一，在混合所有制经济的定位上，提出了两个根本性论断：一是首次肯定它是我国基本经济制度的重要实现形式，二是提出它成为新形势下坚持公有制主体地位，增强国有经济活力、控制力、影响力的有效途径和必然选择。两大论断对于坚持公有制主体地位前提下，各种所有制经济平等竞争合作、共同获得发展机会，奠定了强有力的思想认识基础。

第二，确立了三个"允许"和三个"鼓励"的政策框架。前者即"允许更多国有经济和其他所有制经济发展成为混合所有制经济"，"国有资本投资项目允许非国有资本参股"，"允许混合所有制经济实行企业员工持股，

---

① 缪毅容、谈燕：《"三年多没去上海了，看到大家，很亲切"——习近平总书记参加上海代表团审议侧记》，《解放日报》2014 年 3 月 6 日。

形成资本所有者和劳动者利益共同体"。后者即"鼓励非公有制企业参与国有企业改革,鼓励发展非公有资本控股的混合所有制企业,鼓励有条件的私营企业建立现代企业制度。"① 这为推进国有企业进一步与市场经济相融和拓展非公有制企业发展空间,解决现实中国有经济与私营经济的矛盾、收入分配矛盾等问题,提供了新的政策通道。实际上也突破了"国退民进"和"国进民退"的两极对立,强调两者应当实现融合共进。

第三,在参股经济成分的地位与作用上,强调发展公有资本控股为主,也鼓励发展非公有资本控股的混合所有制企业。其中,习近平特别提到要吸取过去国企改革经验和教训,不能在一片改革声浪中把国有资产变成谋取暴利的机会。② 这将确保混合所有制真正成为公有主体型基本经济制度的重要实现形式。

值得注意的是,十八届三中全会后仍然有舆论提出,要单向重点发展非公有资本控股的基本方向,或者对谁控股态度模糊,这是不符合党中央相关决定和习近平思想的。第一,全会的思路在于,一方面提出"三个允许""三个鼓励"的政策框架,另一方面又提出发展混合所有制是因为两个"有利于",即"有利于国有资本放大功能、保值增值、提高竞争力,有利于各种所有制资本取长补短、相互促进、共同发展。"显然,政策框架作为手段应当着眼于和服务于两个"有利于"的政策目标。相关"解读"要以此为据,更不能走向反面。第二,"国有企业总体上已经同市场经济兼容"表明,并不存在国有资本与"市场化"的逻辑对立。只有在有利于更好完成国有经济布局战略调整,不影响公有制主体地位和国有经济主导地位前提下,一般竞争性领域利用非公有资本的优点,适当鼓励发展非公有资本控股的混合所有制企业,这才是对待习近平"积极发展混合所有制经济"

---

① 最后一个"鼓励"是否关涉混合所有制还有不同意见,但我们认为,"私营企业"在建立现代企业制度过程中亦不能排除发展为混合所有制。

② 吴林红、黄永礼:《向改革要活力创发展新优势——习近平总书记参加安徽代表团审议侧记》,《安徽日报》2014年3月10日。

思想的正确态度。

因此，我国的基本经济制度将是，在全社会上是以公有制经济为主体、多种所有制经济混合发展，在微观上以公有资本控股为主的混合所有制经济大大发展，并适当发展非公资本控股的混合所有制经济，使之成为基本经济制度的重要实现形式，这就是"基本经济制度"的科学内涵。

（三）支持和引导非公有制经济健康发展

生产关系结构归根到底是由生产力发展水平和社会经济管理结构的复杂状况决定的。由于我国生产社会性的多层次性、生产力发展的不平衡性和社会经济管理的复杂性等原因，还必须允许多种所有制共同发展。实践证明，改革开放以来非公有制经济在支撑增长、促进创新、扩大就业、增加税收等方面具有重要作用，是基本经济制度的重要组成部分。多方面鼓励、支持、引导非公有制经济发展，激发其经济活力和创造力，也是习近平经济思想的一个特点。

在党的十八届三中全会和其他多次讲话中，习近平系统阐述了关于支持非公有制经济健康发展思想。

第一，在功能定位上，明确公有制经济和非公有制经济都是社会主义市场经济的重要组成部分，都是我国经济社会发展的重要基础。

第二，在产权保护上，明确提出公有制经济财产权不可侵犯，非公有制经济财产权同样不可侵犯。这是保护非公有制经济并促其发展的一个关键。

第三，在政策待遇上，强调坚持权利平等、机会平等、规则平等，实行统一的市场准入制度。这就要求，废除对非公有制经济的各种不合理规定，消除各种隐性壁垒。

这里我们要特别指出的是，历届中央和习近平一直强调，在鼓励和支持非公有制经济发展的同时，必须加强对其引导。所谓引导，就是要使它的发展坚持社会主义方向，克服消极面和离心倾向，为社会主义的总体目标服务。不可否认，非公有制经济的主要经营宗旨是追求自身利益最大化，或称之为唯利是图，必定有与社会主义实现经济社会调控目标和共同富裕宗旨不相吻合的一面。其中的私营经济和外资经济对职工有剥削关系，对于社会责任也往往被忽视，存在经济学所说的"外部性"。尤其是超富阶层，加剧了社会分配不公，助长了两极分化。因此，忽视对它的引导和规制，是违背社会主义原则的。将鼓励、支持和引导三者相结合，这是促进我国非公有制经济健康发展的根本保证。

二、 关于完善社会主义初级阶段基本分配制度的思想

党的十八大报告指出：要"完善按劳分配为主体、多种分配方式并存的分配制度。"2012 年 11 月，在中共十八届中央政治局常委与中外记者见面会上，习近平强调："我们的责任，就是要团结带领全党全国各族人民，继续解放思想，坚持改革开放，不断解放和发展社会生产力，努力解决群众的生活生产困难，坚定不移走共同富裕的道路。"①

（一）坚持按劳主体型分配制度的必然性

分配是社会再生产的一个环节。生产对分配起着重要的决定作用，分配反过来对生产起着重要的反作用。我们首先要从理论上搞清楚，我国为什么必须实行以按劳分配为主的分配制度。

第一，只有科学贯彻按劳主体型基本分配制度，才能实现效率与公平的统一。

当代公平与效率最优结合的载体之一是市场型按劳分配。按劳分配显示的经济公平，具体表现为含有差别性的劳动的平等和产品分配的平等。这种在起点、机会、过程和结果方面既有差别，又是平等的分配制度，相

---

① 习近平：《人民对美好生活的向往就是我们的奋斗目标》，http://cpc.people.com.cn/18/n/2012/1116/c350821 - 19596022. html。

对于按资分配，客观上是最公平的，也不存在公平与效率哪个优先的问题。只要不把这种公平曲解为收入和财富上的"平均"或"均等"，通过有效的市场竞争和国家政策调节，按劳分配不论从微观或宏观角度来看，都必然直接和间接地促进效率达到极大化。这是因为，市场竞争所形成的按劳取酬的合理收入差距，已经能最大限度地发挥人的潜力，使劳动力资源在社会规模上得到优化配置。[①]

第二，实行按劳分配主体型基本分配制度，是我国生产资料所有制结构决定的。公有制的主体地位决定了按劳分配在分配领域的主体地位。而按照资本、土地、技术等生产要素贡献分配的实质是按照这些要素的产权关系进行分配，是表象与实质的对立统一。

（二）初次分配改革思想

所谓初次分配，就是在生产经营活动中企业作为主体的分配。结合国外和国内现状来看，初次分配都是人们利益关系的根本。它一般占居民收入的 80－90%，再分配只占居民收入的 10－20%（如美国为 12.5%）[②]。注重初次分配领域的深化改革，是习近平分配体制改革思想的突出特点，核心是形成合理有序的收入分配格局：

第一，着重保护劳动所得，提高劳动报酬在初次分配中的比重。

劳动收入在国民收入分配中占有较高比重，这是按劳主体型分配方式的一个重要标志。我国在较长一段时期里，按劳分配制度有所削弱，有人有意否定这一基本分配制度，主张把分配问题完全交给市场，实际上是主张按资分配为主体。从实际历程来看，改革开放三十多年群众得到了许多实惠，但最近十余年国民收入分配中劳动收入比重大大下降，加剧了劳资关系紧张。十八届三中全会明确提出要"着重保护劳动所得""提高劳动报酬在初次分配中的比重"，这就有利于提高劳动者地位，巩固党的执政基

---

① 程恩富：《现代马克思主义政治经济学的四大理论假设》，《中国社会科学》2007 年第 1 期。
② 根据萨缪尔森《经济学（第 12 版）》第 935 页提供的数据计算。

础，切实地体现按劳分配的主体地位。

怎样实现着重保护劳动所得和提高劳动报酬在初次分配中的比重？相比十八大的粗线条勾勒，十八届三中全会以来新一届中央和习近平提出了更具体的政策主张。概括起来是三条基本路径：一是提出要健全工资决定和正常增长机制。二是提出要完善最低工资和工资支付保障制度。三是适当减少国有企业管理层的薪水。四是继续推进和完善企业工资集体协商制度。

第二，健全资本、知识、技术、管理等由要素市场决定的报酬机制。十八届三中全会的这个表述颇有深意。曾经有一段时期，有舆论将劳动与资本、技术、管理等生产要素并提，笼统地讲按要素贡献参与分配。但实际上，各种要素所有者参与分配所获的量的依据和分割规律是不同的。比如，工资收入是劳动力价值的货币表现，其实际数量取决于劳动者的谈判和博弈状态，而不是劳动者的边际贡献，非劳动的生产要素所有者的收益则受竞争规律和平均利润率规律的作用。[①] 十八届三中全会将劳动与资本、技术、管理等生产要素分开提，这就有利于破除将按劳分配与按要素分配混同。另外，全会提出了要优化上市公司投资者回报机制、保护投资者尤其是中小投资者的合法权益等措施。从这里还可看出，初次分配领域也离不开更好发挥政府作用。

第三，改革机关事业单位工资和津贴补贴制度，完善艰苦边远地区津贴增长机制。这有利于实现非物质生产部门的劳动收入增长与社会经济增长同步，优化收入分配的区域格局，促进全社会共享发展成果。

（三）广义再分配思想

所谓再分配，就是政府通过税收、转移支付等手段的分配，以调节初

---

① 以美国工人为例，1992 年工会化雇员得到的平均周工资要比非工会化雇员高 35%，而对所有行业的蓝领工人来说，这个比例达 70%，但没有证据显示工会化的企业劳动生产率要高于非工会化企业。（毛增余主编：《与中国著名经济学家对话——顾海良、王振中、林岗、程恩富》第 5 辑，中国经济出版社，2003 年版）

次分配中所没有解决的不公平问题。习近平再分配思想的特点是：既注重运用税收、转移支付等经济手段，又注重运用社会保障这种重要的再分配形式；既注重发挥政府作用，也注重发挥社会力量的再分配作用；既注重一般物品的再分配，也注重建立公共资源出让的收益合理共享，从而大大拓宽了再分配领域的视界，丰富了政策主张。

第一，加大和完善社会保障。

托底社会政策，这是习近平再分配思想的一个重要支点。有人说，"一套房子压垮一个中产"。当前，在城市特别是大城市，住房、教育、医疗和养老等生活成本越来越高，工薪阶层背负着巨大生活压力。切实加强住房调控，深化教育、医疗改革，完善社会保障，是构筑底线公平和壮大中等收入群体的重要途径。这方面习近平有较多论述。比如，2013 年 10 月新一届中央政治局专门就加快推进住房保障体系和供应体系建设举行第十次集体学习会，习近平指出，保障性住房建设和棚户区改造是政府对人民的郑重承诺，必须全力完成，但要把这件好事办好，坚持公平分配，真正使需要帮助的住房困难群众受益。① 社会政策托了底，也就有利于解决困难群众的生活问题，并解除人们努力奋斗的后顾之忧，拉动社会消费增长。

第二，加大和完善税收、价格、转移支付等多种手段加大再分配。

这是习近平再分配思想的又一个重要支点。税收是加大再分配力度的基本手段，也是政府运用转移支付手段的前提。目前，我国尚未实现对于资本收入征税，工薪者所交个人所得税竟占到全国个人所得税总额的 90%以上，一些私营业者偷税漏税、甚至非法骗税，这些都是造成两极分化趋势的重要原因。"加大税收调节力度"，这是新一届中央和习近平总书记的鲜明政策取向，有利于"限高""提低"和"扩中"分配格局的形成。同时，物价波动对生产者和消费者影响都很大，政府采取有力宏观调控措施

---

① 习近平：《加快推进住房保障和供应体系建设不断实现全体人民住有所居的目标》，http://cpc.people. com. cn/n/2013/1030/c64094－23379624. html。

保持物价稳定也是维护劳动者收入的重要举措。习近平针对农产品价格问题就曾说过："政府要尽力掌控好农产品价格的度，不能太高又不能太低，高了怕城市中低收入的受不了，低了农民积极性也没有了，菜贱谷贱伤农这个问题就出来了。"① 完善阶梯电价、水价等也是明显的事例。这表明，即使在"市场决定"下，也必须用好价格政策促进收入再分配，不能陷入新自由主义的误区。

第三，加大发挥社会力量的作用。

社会慈善事业和社会捐助，有时称为"第三次分配"，具有一定的作用。对此，十八届三中全会提出了"完善慈善捐助减免税制度"的政策主张。习近平也提倡党员的示范作用，以先富带动后富。比如，2011 年他在贵州调研农民收入时就曾鼓励当地村民王元洪继续发挥党员模范作用，既要带头致富，更要带动村民共同致富。② 这样，将政府力量和社会力量有机结合，顺应当前社会力量发展的趋势共同致力于共同富裕，摆脱单靠政府进行再分配的传统思维，调动各方面的积极性，就更加有利于形成促进公平正义和共同富裕的再分配格局。

（四）规范收入分配秩序

初次分配和再分配过程，是分配的两个基本阶段和主要内容。不同的初次分配和再分配政策，将导致不同类型的分配格局。十八届三中全会提出，"规范收入分配秩序，完善收入分配调控体制机制和政策体系，建立个人收入和财产信息系统，保护合法收入，调节过高收入，清理规范隐性收入，取缔非法收入，增加低收入者收入，扩大中等收入者比重，努力缩小城乡、区域、行业收入分配差距。"③ 这为规范今后一段时期的收入分配秩

---

① 万群：《习近平贵州调研关切农民收入强调掌控农产品价格》，《贵州日报》2011 年 05 月 12 日。

② 万群：《习近平贵州调研关切农民收入强调掌控农产品价格》，《贵州日报》2011 年 05 月 12 日。

③《中共中央关于全面深化改革若干重大问题的决定》，http://news. xinhuanet. com/politics/2013 – 11/15/c _ 118164235. htm。

序指明了方向。其中，"建立个人收入和财产信息系统""清理规范隐形收入""努力缩小城乡、区域、行业收入差距"，都是重要的亮点。

人们对通过违法违规行为获得的巨额财富强烈不满。因此，必须坚决堵住国企改制、土地出让、矿产开发等领域的漏洞。深入治理商业贿赂，严打官商勾结、走私贩私、内幕交易、操纵股市、制假售假、骗贷骗汇等非法活动，坚决取缔非法收入。新一届中央和习近平对此高度重视。例如重拳反腐，提出"把权力关进制度的笼子里，形成不敢腐的惩戒机制、不能腐的防范机制、不易腐的保障机制"，"坚持'老虎''苍蝇'一起打"等等。习近平在2014年"两会"安徽代表团上，又强调不能在一片改革声浪中把国有资产变成谋取暴利的机会等等。这些都反映了新一届中央和习近平坚决取缔非法收入的决心，对于形成良好的市场秩序和市场型按劳分配秩序具有重要作用。

还有，目前对礼金、红包、回扣费、好处费及各种名目的"福利"等形式的灰色收入，监管存在不少漏洞。应加大规范力度，清理规范国有企业和机关事业单位工资外收入、非货币性福利等。2012年12月，习近平在中共中央政治局提出改进工作作风、密切联系群众的八项规定，提出厉行勤俭节约，严格遵守廉洁从政有关规定，严格执行住房、车辆配备等有关工作和生活待遇的规定。随着深入推行，而今风气日新，同样展示出良好的新局面。

总之，以按劳分配为主体的基本分配制度才能逐步实现共同富裕，而共同富裕则是中国特色社会主义的根本原则，必须使发展成果更多更公平惠及全体人民。这种以民生导向的改革开放，是广大人民群众利益和实惠所在，也是改革开放的出发点和归宿点。确立民生导向的发展、改革和开放，就不仅需要运用再分配手段，如加大转移分配力度，加快推进城乡基础设施、基本公共服务、社会保障、资源要素和户籍制度的一体化，更需要在促进公有制为主体的混合经济发展和规范初次分配领域下功夫，如提高劳动收入占比、规范劳资关系、完善劳动者权益保障制度、促进就业和创业等。只有这样，才能更好地解决共同富裕这个渐成"中心课题"的重大难题，更好体现社会主义的本质。

三、 关于完善社会主义初级阶段基本调节制度的思想

习近平在 2013 年"两会"的讲话中强调"两个更"：更加尊重市场规律，更好发挥政府作用。在十八届三中全会上，他更进一步强调要使市场在资源配置中起决定性作用和更好发挥政府作用，同时指出："我国实行的是社会主义市场经济体制，我们仍然要坚持发挥我国社会主义制度的优越性、发挥党和政府的积极作用。市场在资源配置中起决定性作用，并不是起全部作用。"①

（一）双重调节的科学内涵

顺应历史发展要求和民众普遍期望，十八届三中全会提出了"市场决定"和更好发挥政府作用。但是，一些舆论却对此片面理解，进行各种错误"解读"。如有人认为，"提出市场起决定性作用，就是改革的突破口和路线图，基本经济制度、市场体系、政府职能和宏观调控……等方面的改革，都要以此为标尺"，认为"需要摸着石头过河的改革"也因此"有了原则和检验尺度。"② 因此，必须正确理解十八届三中全会和习近平的"中国特色社会主义'市场决定性作用'论"的内涵。从总体上它是强调市场与政府的双重调节，只不过市场与政府的作用和职能是不同的。

一是在宏微观的不同层次上，中国特色社会主义"市场决定性作用论"强调国家的宏观调控和微观规制共同矫正某些"市场决定性作用"。习近平

---

① 习近平：《关于〈中共中央关于全面深化改革若干重大问题的决定〉的说明》，《人民日报》2013 年 11 月 16 日。

② 杨伟民：《党的十八届三中全会的五大亮点》，《理论导报》2013 年第 11 期。

指出，在我国社会主义市场经济中，市场在资源配置中起决定性作用，并不是起全部作用。要"健全以国家发展战略和规划为导向、以财政政策和货币政策为主要手段的宏观调控体系"①。价值规律的自发作用仍会带来消极后果，必须运用国家的宏观调控和微观规制避免或降低这些消极后果。宏观调控主要是通过财政、货币等经济手段和政策，以及必要的行政手段对投资和消费等市场活动，事先、事中或事后进行各种调节，以实现就业充分、物价稳定、结构合理和国际收支平衡等宏观经济目标。微观规制或调节主要是综合运用经济、法律、行政等手段对微观经济主体进行行为管理，以维护正常的市场竞争秩序、推动科技创新、发展自主知识产权、促进社会和谐以及保持生态良好，从而实现经济、政治、社会、文化和生态全面协调与可持续发展。

二是在"市场决定"的资源范围上，正确含义是市场对一般资源的短期配置与政府对地藏资源和基础设施等特殊资源的直接配置、与不少一般资源的长期配置相结合。"市场决定性作用"的有效性主要体现在价值规律通过短期利益的驱动对一般资源的短期配置，而政府配置资源的有效性主要体现在对许多一般资源的长期配置和对地藏资源、基础设施、交通运输等特殊资源的调控配置。因此，在一般资源的短期配置中，市场发挥完全的决定性作用。在某些一般资源的长期配置中，政府通过统筹短期利益与长远利益来实现规划配置。而由于地藏资源等特殊资源的不可再生性，政府则通过统筹短期利益与长远利益、局部利益与整体利益来加强这些资源的调控配置。具体生产经营项目的市场化操作不等于市场决定，因为市场决定的实质是微观经济主体自行决定资源的生产经营项目，而事实上不少涉及到国计民生的重要项目往往是先由政府规划决定，然后再进行市场化操作和运营的。改革以来，曾经在稀土、煤炭等资源配置上实行市场决定

---

①《中共中央关于全面深化改革若干重大问题的决定》，http：//news. xinhuanet. com/politics/2013 - 11/15/c _ 118164235. htm。

性作用，结果导致资源的破坏性低效开采和低价在国际上销售，并造成暴富的"煤老板"和矿难频发，其教训是深刻的。

三是在教育、文化、医疗卫生等非物质资源配置中，政府的主导性作用应与市场的重要作用相结合。教育和文化大发展是经济社会发展的重要内容，是社会主义核心价值体系和核心价值观的主要载体，应把社会效益放在首位，并与经济效益相结合，因而通过市场作用来实现相关资源的配置作用要小一些。教育和文化中的许多项目对经济社会发展具有全局性、长期性的智力支持功能、文化传承功能、文化凝聚功能和文化导向功能，它只能通过政府发挥主导性作用，以实现非物质资源的高效配置。医疗卫生具有相当的公益性和普惠性，大量的国有医疗卫生单位不可能实现唯利是图的市场决定。

第四，在经济体制与经济制度的关系上，中国特色社会主义"市场决定性作用论"与公有制为主体的混合经济相联系。在质上和量上占优势的公有制为主体，是中国特色社会主义市场经济的内在要求，也是其本质特征。"在社会主义经济中，国有经济的作用不是像在资本主义制度中那样，主要从事私有企业不愿意经营的部门，补充私人企业和市场机制的不足，而是为了实现国民经济的持续稳定协调发展，巩固和完善社会主义制度"。[1]如果公有制在社会主义经济中不再具有主体地位，国家调控能效便会大大削弱，便会严重影响到国家经济社会发展战略的实施，便会使国家缺乏保证人民群众根本利益和共同富裕的经济基础。[2]

第五，在分配领域，是市场和政府在财富和收入的分配领域各自发挥较大的调节作用。首先，在初次分配环节，市场通过价值规律的自发作用对收入和财富的分配发挥较大调节作用，政府则通过相关法律法规的制定

---

① 刘国光：《社会主义市场经济与资本主义市场经济的两个根本性区别》，《红旗文稿》2010 年第 21 期。

② 程恩富、孙秋鹏：《论资源配置中的市场调节作用与国家调节作用——两种不同的"市场决定性作用论"》，《学术月刊》2014 年第 4 期。

和执行，对收入和财富的分配同样发挥较大调节作用，这样才能真正实现劳动收入在初次分配中的占比增加，切实维护劳动权益，实现"限高、提低、扩中"的目标。其次，在再分配环节，政府要发挥更大作用，对初次分配造成的贫富过度分化趋势进行矫正和调节，促进居民收入增长和经济发展同步。过去，在城市居民住房问题上强调市场的决定性作用，结果导致房价大涨，开发商暴富，老百姓意见极大，直到近几年才积极发挥政府的调节作用，使住房这一重要的民生保障问题出现转机，其教训是深刻的。

（二）构建完善的市场体系

怎样实现"市场决定"和更好发挥政府作用呢？根据习近平的相关论述和十八届三中全会的决定，主要的路径有两条：构建完善的市场体系和完善政府职能。习近平曾明确指出，"建设统一开放、竞争有序的市场体系，是使市场在资源配置中起决定性作用的基础。""必须加快形成企业自主经营、公平竞争，消费者自由选择、自主消费，商品和要素自由流动、平等交换的现代市场体系，着力清除市场壁垒，提高资源配置效率和公平性。"① 可见，应将构建完善的市场体系放在基础性地位。概括起来，习近平关于构建完善市场体系的思想主要包括：

第一，完善要素市场体系。市场体系是由市场要素构成的市场客观有机系统。它是由消费品和生产资料等商品市场，资本、劳动力、技术、信息、房地产市场等要素市场，以及期货、拍卖、产权等特种交易市场之间相互联系、互为条件的有机整体。改革开放以来，我国商品市场发育较为充分，土地、资金、技术等要素市场发育滞后，要素价格不能反映稀缺程度和供求状况。十八届三中全会以来，新一届中央和习近平将主攻方向放在三大方面：构建城乡统一的建设用地市场，完善金融市场体系，健全科技创新市场导向机制。应当说，这些都有很强的现实针对性。

---

① 《中共中央关于全面深化改革若干重大问题的决定》，http://news.xinhuanet.com/politics/2013-11/15/c_118164235.htm。

第二，建立公平开放透明的市场规则。公平开放透明的市场规则是市场公平竞争的首要前提，只有着力清除各种市场壁垒，才能提高资源配置的效率。这就要求继续探索负面清单制度，统一市场准入，探索外商投资的准入管理模式，推进工商注册制度便利化，推进国内贸易流通体制改革，改革市场监管体系，健全市场退出机制等等。这对于反对地方保护，反对垄断行为和不正当竞争，建立诚信社会具有重要作用。

第三，完善主要由市场决定价格的机制。通过完善的市场体系形成价格，是市场促进资源优化配置的主要机制。价格能否灵活反映价值量变化、资源稀缺状况和供求变动，是市场体系是否完善的主要标志。新一届中央和习近平一方面着力于明确政府定价范围，将它主要限定在重要公用事业、公益性服务、网络型自然垄断环节，并强调政府定价要提高透明度，接受社会监督，另一方面提出要还原能源商品属性，推进水、石油、天然气、电力、交通、电信等领域价格改革，这就促进了价格的市场化、规范化。当然，"政府不进行不当干预"并不等于政府不干预，关键是适当与否，同样不能片面看待。

（三）更好发挥政府作用

党的十八届三中全会以来，理论界和经济界一些舆论基于对"市场决定"的片面理解，提出"有为政府"或政府作用也是由市场决定的观点，认为政府是实现"市场决定"的主要障碍，深化改革的"重心"或"中心"是"政府改革"，而政府改革又简化为"简放政权"。在新一届中央政治局第十五次集体学习会上，习近平强调："在市场作用和政府作用的问题上，要讲辩证法、两点论，'看不见的手'和'看得见的手'都要用好。""既不能用市场在资源配置中的决定性作用取代甚至否定政府作用，也不能用更好发挥政府作用取代甚至否定使市场在资源配置中起决定性作用。"[1]

---

[1] 习近平：《正确发挥市场作用和政府作用推动经济社会持续健康发展》，《人民日报》2014 年 5 月 28 日。

怎么能够将"更好发挥政府作用"理解为由"市场决定"呢？片面强调简放政权亦不对。它应是一个健全宏观调控体系、全面正确履行政府职能、优化政府组织结构的系统工程。核心是建设民主高效的法治政府和为人民服务型政府，要以人民为中心，体现人民主体性。

第一，健全宏观调控和微观规制体系。根据十八届三中全会的决定，我国的宏观调控架构将出现三大变化：一是针对一般经济主体而言，更加突出地强调国家发展战略和规划的导向地位。二是针对地方政府影响中央宏观调控实效的难点问题，强调要完善考核评价体系，纠正单纯以经济增长速度定政绩的偏向，加大资源消耗、环境损害、生态效益、产能过剩等指标的权重，加强了对地方政府的约束。三是针对国际经济协调发展而言，强调形成参与国际宏观经济政策协调的机制，推动完善国际经济治理结构。当前，要突出解决食品药品等安全和价格，确保"舌尖上的安全"（习近平语），以及住房等方面规制。

第二，全面正确履行政府职能。正确的政府调节，以政府自身正确地履行职能为前提，它必须要适应调控体系新变化的新要求。就顺应当前"市场决定"的经济趋势而言，克服官僚主义和形式主义，限制部分政府权力也确实是一个重要方向。政府则要加强发展战略、规划、政策、标准等制定和实施，加强市场活动监管，加强各类公共服务提供，不能"缺位"。第三，优化政府组织结构。职能转变及其贯彻落实，又要求必须进一步优化政府组织结构。习近平提出了"优化政府机构设置、职能配置、工作流程"，"完善决策权、执行权、监督权既相互制约又相互协调的行政运行机制"，"严格控制机构编制，严格按规定职数配备领导干部，减少机构数量和领导职数"等相关思想。

总之，今后需要将市场决定性作用和更好发挥政府作用看作一个有机整体。既要用市场调节的优良功能去抑制"国家调节失灵"，又要用国家调节的优良功能来纠正"市场调节失灵"，从而形成高功能市场与高功能政府、高效市场与高效政府的"双高"或"双强"格局。① 显然，由于我国社会主义市场经济是建立在公有制为主体、国有制为主导、多种所有制共同发展的基础之上的，包括人大、政府在内的整个国家从法律、经济、行政和伦理等多方面的调节力度和广度，必然略大于资本主义市场经济下的调节能力，从而可以显示出中国特色社会主义市场经济的优势和高绩效。

从而形成高效市场即强市场和高效政府即强政府的"双高""双强"格局。这样，既有利于发挥社会主义国家的良性调节功能，同时在顶层设计层面避免踏入新自由主义陷阱和金融经济危机风险。这根本不是某些中外新自由主义市场决定作用论者所说的中国仍在搞"半统制经济"，也不是宣扬不要国家调控的竞争性市场机制的所谓"现代市场经济体制"，更不是搞各种凯恩斯主义者都猛烈抨击的市场原教旨主义"唯市场化"改革、规避必要的政府宏观调控和微观规制。

四、 关于完善社会主义初级阶段自主开放型制度的思想

在世界新格局和新形势下，进一步扩大开放，既面临机遇，也要应对挑战。2013 年 1 月，习近平在中央政治局第三次集体学习时强调，我们要坚持从我国实际出发，坚定不移走自己的路，同时要树立世界眼光，更好把国内发展与对外开放统一起来，把中国发展与世界发展联系起来，把中国人民利益同各国人民共同利益结合起来，走和平发展道路，但决不能放弃我们的正当权益，决不牺牲国家核心利益。在扩大开放中坚持开放的自主性，构建自主开放型经济新体制，决定着我国参与国际竞争的前途和命运。

（一）构建自主开放型经济新体制的总体思路

结合历史、国情与世情变化，我国必须加快构建自主开放型经济新体

① 刘国光、程恩富：《全面准确理解市场和政府的关系》，《毛泽东邓小平理论研究》2014 年第 2 期。

制。这是习近平和新一届中央全面提高开放型经济水平的总纲领。其总体思路主要体现在：

第一，关于主要目标，就是要"实现更大范围、更宽领域、更深层次上全面提高开放型经济水平。"根据习近平在海南博鳌亚洲论坛 2013 年年会上的讲话、在周边外交工作座谈会上的讲话、在坦桑尼亚尼雷尔国际会议中心和在韩国首尔国立大学的演讲等历次重要讲话，更大范围，就是既要继续推进与发达国家经济联系，又要加强推进与新兴国家和非洲等地落后地区的经济交往；既要促进全球经济一体化进程，又要优先促进同周边国家的互联互通；既要保持和优化传统商贸阵地，又要拓宽范围保障能源资源安全。更宽领域，就是要双向促进中外之间在更多领域的相互开放。比如，我国将进一步扩大金融、电信、医疗、教育、体育、文化、物流等领域的对外开放，放开会计审计、养老育幼、电子商务等领域的外资准入限制，同时也希望外国的大门要对中国进一步敞开。更深层次，就是要在更加自主的基础上提升合作层次，促进国内外资源和市场更深度融合。比如要优化交流合作的体制机制，扩大人文交流，加强援外战略谋划，统筹多边、双边、区域次区域开放合作等等。更大范围、更宽领域、更深层次的对外开放，将更加有利于促进国内经济转方式、调结构、强实力、增动力，从整体上提升我国经济发展水平。

第二，关于自主型开放经济新体制的基本路径。根据习近平在十八届三中全会和其他场合的论述，主要有四条：一是对外对内开放相互促进；二是引进来和走出去更好结合；三是统筹国际国内两种资源两个市场；四是加快培育国际经济合作竞争新优势。第一条针对的是对外开放与对内开放的关系，第二条讲的是对外开放中"引进来"和"走出去"的关系，第三条进一步明确了对内对外开放的战略方向是更好利用国内外两种资源和两个市场，第四条是技术路径，即必须加快培育我国的国际合作竞争新优势。四者相互联系，构成了一个有机整体。

第三，关于推进重心，就是要对外开放要着眼于人，着力于人。这是习近平总书记在 2014 年 5 月上海召开外国专家座谈会时着重论及的思想。他指出，如果人的思想禁锢、心胸封闭，那就不可能有真正的对外开放。他同时还提出"择天下英才而用之""中国将实行更加开放的人才政策""中国要永远做一个学习大国""我们比历史上任何时期都更需要广开进贤之路、广纳天下英才"等一系列新要求、新观点。在今天，人才已成为经济社会发展的第一资源，人才的竞争已经成为综合国力竞争的核心。只有培养和吸引更多优秀人才，才能真正培育出我国合作竞争新优势。

（二）构建自主开放型经济新体制的战略举措

怎样实现引进来和走出去更好结合？怎样更好统筹国内外两种资源和两个市场？怎样培育竞争新优势？解决这些问题必须要有综合性战略抓手。在 30 多年来我党持续探索的基础上，习近平提出了加快实施自由贸易区战略等一系列战略新举措。

第一，加快实施自由贸易区战略。2013 年 9 月 29 日，中国（上海）自由贸易试验区正式挂牌成立，着力探索负面清单管理模式，以及探索在服务贸易、投资准入、金融等领域扩大开放。十八届三中全会提出，要"在推进现有试点基础上，选择若干具备条件地方发展自由贸易园（港）区"，并提出"以周边为基础加快实施自由贸易区战略"的大思路。2013 年底中央经济工作会议又强调：要注重制度建设和规则保障，加快推进自由贸易区的谈判。这样，中国的自贸区战略就发展成为既包括国内自由贸易园区，又包括国家间自由贸易区，既面向全球，又重点以周边为基础加快实施的多层次高标准自由贸易区网络，成为全方位提升开放型经济水平的综合性平台。

第二，深入推进沿边开放战略。中央已作出加快发展"东南国际经济开放圈""西南国际经济开放圈"和"东北国际经济开放圈"等建设，这是"亲、诚、惠、容"周边外交新理念的重要表现。2013 年 9 月，习近平总书记在访问哈萨克斯坦时，提出要与中亚国家共建"丝绸之路经济带"战略构想。10月，在访问印度尼西亚时又提出要与东南亚国家共建"海上丝绸之路"的战略构想。十八届三中全会强调，要加快与周边国家和区域的基础设施互联互通，推进丝绸之路经济带、海上丝绸之路建设。2013年底中央经济工作会议又提出要"抓紧制定战略规划"，"加强海上通道互联互通建设，拉紧相互利益纽带"的主张。

第三，加强对外援助。中国作为社会主义大国，历来坚持把中国人民的利益和各国人民共同利益结合起来，向其他发展中国家特别最不发达国家提供力所能及的援助。2013年4月，习近平总书记出访坦桑尼亚、南非和刚果共和国，提出"对待非洲朋友，我们讲一个'真'字""开展对非合作，我们讲一个'实'字""加强中非友好，我们讲一个'亲'字""解决合作中的问题，我们讲一个'诚'字"的四字方针。这些理念和举措更加注重厚植中非友好的社会基础，更加注重人文交流、培训、技术、规划、勘探等软援助项目，更加注重合作共赢，在促进受援国发展中也培育着我国竞争新优势，充分展现出我国负责任的大国形象。

（三）提升对外开放水平必须处理好的几对关系

既然扩大开放对中国经济发展既有有利一面，也有不利一面，我们就必须在扩大开放中倍加清醒。全面准确把握习近平构建自主开放型经济新体制思想，必须准确把握以下几对关系：

一是独立自主与合作共赢的关系。独立自主的关键是坚持中国特色社会主义道路。2013年3月，习近平在莫斯科国际关系学院的演讲中也指出："'鞋子合不合脚，自己穿了才知道'。一个国家的发展道路合不合适，只有这个国家的人民才最有发言权。"[1] 当今世界，和平、发展、合作、共赢成为时代潮流，各国相互联系、相互依存的程度空前加深，但一些国家霸权

---

[1] 习近平：《顺应时代前进潮流促进世界和平发展——在莫斯科国际关系学院的演讲》，《人民日报》2013年3月24日。

主义、强权政治、冷战思维、各种渗透依然存在，强调独立自主仍然有重要的现实性。没有独立自主，也就谈不上合作共赢，因为"最终发展起来也不过成为一个附庸国"。①

二是正确统筹自力更生与扩大开放、扩大内需和利用国际市场的关系。如前所述，我国必须更好地利用国内外两种资源两个市场，扩大开放。但是，扩大开放绝不意味着简单地扩大对外经济依赖度。它必须以更好地坚持自力更生和扩大内需为前提，不能片面强调一个方面忽视另一个方面。自力更生与扩大内需是强国之本，是中国制定发展战略、对外开放政策的立足点和出发点，任何时候都必须坚持。正如邓小平指出，"像中国这样大的国家搞建设，不靠自己不行，主要靠自己，这叫做自力更生"② 在世界主要经济体持续滑坡，国际市场疲软，外需不足的情况下，中国经济高速增长也只能主要依靠扩大内需和供给侧结构性改革来支撑，这应当成为我国全面提升开放型经济水平的重要政策方向。

三是正确处理相互尊重与聚同化异的辩证关系。由于各国历史文化传统、社会制度、意识形态和经济发展水平不同，客观上存在各种分歧和摩擦。对此，习近平在第六轮（2014）中美战略与经济对话会上提出，"只要我们双方坚持相互尊重、聚同化异，保持战略耐心，不为一事所惑，不为一言所扰，中美关系大局就能任凭风浪起、稳坐钓鱼台。"③ 这就提出了在面对差异和矛盾时必须处理好相互尊重与聚同化异的关系。

四是正确处理国际交往中"义""利"关系。2014 年 7 月，习近平在出访韩国时明确提出："在国际合作中，我们要注重利，更要注重义。"他还更进一步阐述了这种新义利观的主要内涵，"政治上，要遵守国际法和国际关系基本原则，秉持公道正义，坚持平等相待。""经济上，要立足全局、

① 《邓小平文选》第三卷，人民出版社，1993 年，第 311 页。
② 《邓小平文选》第三卷，人民出版社，1993 年，第 78 页。
③ 习近平：《努力构建中美新型大国关系——在第六轮中美战略与经济对话和第五轮中美人文交流高层磋商联合开幕式上的致辞》，《人民日报》2014 年 07 月 10 日。

放眼长远，坚持互利共赢、共同发展，既要让自己过得好，也要让别人过得好。""只有义利兼顾才能义利兼得，只有义利平衡才能义利共赢。"① 这些思想也都大大地丰富了构建开放型国际经济新体系的内涵。

总之，习近平关于自主高水平开放的基本思想是，"要坚持对外开放基本国策，善于统筹国内国际两个大局，利用好国际国内两个市场、两种资源，发展更高层次的开放型经济，积极参与全球经济治理，同时坚决维护我国发展利益，积极防范各种风险，确保国家经济安全。"（引自 2015 年 11 月 24 日习近平在中共中央政治局第二十八次集体学习时强调发展当代中国马克思主义政治经济学的讲话）

五、 关于加快实施创新驱动发展战略的思想

实施创新驱动发展战略，是党的十八大提出的重大战略部署，也是习近平有关我国如何进一步解放和发展生产力的核心思想。2013 年 9 月，新一届中央政治局举行第九次集体学习会，专门研究了实施创新驱动发展战略问题。习近平主持学习并在会上强调，实施创新驱动发展战略决定着中华民族前途命运，全党全社会都要充分认识科技创新的巨大作用，敏锐把握世界科技创新发展趋势，紧紧抓住和用好新一轮科技革命和产业变革的机遇，把创新驱动发展作为面向未来的一项重大战略实施好。② 十八大以来，习近平围绕创新驱动发展战略问题提出了很多新思想和新论断，初步形成了一套完整的创新驱动发展思想体系。

（一）创新驱动发展战略的必要性和紧迫性

十八大报告在提出创新驱动战略时指出，"要坚持走中国特色自主创新

---

① 习近平：《共创中韩合作未来同襄亚洲振兴繁荣——在韩国国立首尔大学的演讲》，《人民日报》2014 年 7 月 5 日。

② 习近平：《实施创新驱动不能等待观望懈怠》，http：//news. xinhuanet. com/politics/2013 - 10/01/c _ 117582862. htm。

道路，以全球视野谋划和推动创新，提高原始创新、集成创新和引进消化吸收再创新能力，更加注重协同创新。"习近平提出，"实施创新驱动发展战略，最根本的是要增强自主创新能力"，"科技实力决定着世界政治经济力量对比的变化，也决定着各国各民族的前途命运。"可见，创新驱动发展战略的"创新"有两大根本性特征：它主要是指基于我国自身力量为基点的自主创新；主要是指科学技术领域方面的创新。我国当前之所以必须实施创新驱动发展战略，是由于下列缘故。

第一，这是科学技术本身在生产力发展和综合国力中的特殊地位决定的。邓小平指出，"马克思讲过科学技术是生产力，这是非常正确的，现在看来这样说可能不够，恐怕是第一生产力。"[1] 纵观我国历史，1840 年我国在世界经济总量中仍占比接近 30%，但仍然在鸦片战争中惨败，习近平强调"根子之一就是科技落后。"[2] 强调创新是引领发展的第一动力。实施创新驱动战略，才能从根本上突破我国经济在历史上曾出现过的大而不强的情形。中国特色社会主义政治经济学必须坚持科技领先型的可持续发展原则。

第二，这是由当前全球范围的创新发展大势所决定的。习近平深刻认识到这种世界发展大势，在新一届中央政治局第九次集体学习会上指出："即将出现的新一轮科技革命和产业变革与我国加快转变经济发展方式形成历史性交汇，为我们实施创新驱动发展战略提供了难得的重大机遇。"[3] 但机会稍纵即逝，抓住了就是机遇，抓不住就变成挑战。这也要求我们必须加强自主研究、自主开发具有自主知识产权的核心技术，建立以自主知识产权为基础的标准体系，塑造国际名牌。

第三，这是由我国当前发展的阶段性特征所决定的。习近平指出，物

---

① 《邓小平文选》第 3 卷，人民出版社，1993 年，第 275 页。

② 习近平：《在中国科学院第十七次院士大会、中国工程院第十二次院士大会上的讲话》，http：//cpc. people. com. cn/n/2014/0610/c64094 - 25125594. html。

③ 习近平：《实施创新驱动不能等待观望懈怠》，http：//cpc. people. com. cn/n/2013/1001/c64094 - 23094405. html。

质资源越用越少，科技和人才却越用越多。我们要实现"两个一百年目标"，也不能老是用别人的昨天来装扮我们的明天。① 事实上，我国的工业化进程总体上已进入中后期阶段，要实现产业结构的转换升级，西方发达国家的尖端核心技术不可能卖给我们，只能走自主创新之路。习近平强调，要改变"造不如买，买不如租"的传统观念。种种理由表明，我们必须加快从要素驱动型发展为主向创新驱动发展为主的转变。

（二）加快科技创新与运用的体制改革步伐

目前，科技创新和运用体制仍然存在一些明显问题，制约着创新能量的充分涌流，也制约了已有成果转化为现实生产力。比如在产、学、研各环节存在明显的脱节，各领域、各部门、各方面的创新活动存在分散封闭、交叉重复的碎片化现象，成果向生产力转化的各个环节衔接不够紧密等等。创新资源是一种稀缺资源，同样必须实现资源的优化配置。对此，习近平总书记的总思路仍然是"要处理好市场与政府的关系"。

第一，如何让市场真正成为配置创新资源的力量？创新本身不是目的，是要通过创新切实驱动经济发展和各方面发展。十八届三中全会提出在经济资源配置中市场起决定性作用，也必然要求在创新驱动经济发展过程中必须充分发挥市场作用。在市场经济条件下，企业是经济发展的主体，也应当成为技术创新的主体。不过，科技创新有自身的特殊性。自主科技创新往往具有基础性、先导性、风险高、容易外部化等特点，一些基础科学研究和社会公益技术的回报低，回报周期长，市场调节作用的局限性也很明显，更要注重更好发挥政府作用。只有把两者都利用好，才能真正形成中国特色的高效自主创新之路，才是符合习近平根本精神的正确解读。在创新资源配置上我们同样不能堕入新自由主义陷阱。

第二，如何更好发挥创新驱动中的政府作用？习近平进行了深入思考，

---

① 习近平：《在中国科学院第十七次院士大会、中国工程院第十二次院士大会上的讲话》，http://cpc. people. com. cn/n/2014/0610/c64094 - 25125594. html。

概括起来主要有：其一，在关系国计民生和产业命脉的重要领域，政府要积极作为。要"加强支持和协调，总体确定技术方向和路线，用好国家科技重大专项和重大工程等抓手，集中力量抢占制高点。"① 其二，在促进创新的宏微观领域，强调要加强宏观规划引领，顶层设计和统筹协调。在微观上，则要进行创新主体的微观规制，政府还要在基础科学、哲学社会科学、公益技术、公共安全等领域发挥主要作用。其三，要加大政府科技投入力度，"引导企业和社会增加研发投入。"同时要采取措施加大资本市场对科技型企业的支持力度。其四，提出要完善推进企业技术创新的税收政策。其五，维护创新秩序。最重要的是加强知识产权保护工作，十八届三中全会提出了要设立知识产权法院的重要举措。这是实现创新成果外部性内部化，激励创新主体积极性的重要前提。其六，发挥社会主义集中力量办大事的优势。"我国很多重大科技成果都是依靠这个法宝搞出来的，千万不能丢了。"② 有舆论宣扬西方跨国公司在我国建立研发总部，就能解决我国的高科技短缺和科技现代化问题，那是肤浅的。西方跨国公司的主要战略目标是利用我国科技人才，高价出售科技产品，获取垄断利润，控制中国高科技和核心技术的自主发展。要言之，政府要加强统筹协调，集中力量办大事，抓基础、抓重点、抓尖端、抓基本，引导和撬动各方面的积极性，才能形成自主创新的强大合力。

（三）着力增强自主创新能力

实施创新驱动发展战略的关键在于增强自主创新能力，努力掌握和引领关键核心技术。"只有把核心技术掌握在自己手中，才能真正掌握竞争和发展的主动权，才能从根本上保障国家经济安全、国防安全和其他安全。"③

---

① 习近平：《实施创新驱动不能等待观望懈怠》，http：//cpc.people.com.cn/n/2013/1001/c64094-23094405.html。

② 习近平：《在中国科学院第十七次院士大会、中国工程院第十二次院士大会上的讲话》，http：//cpc.people.com.cn/n/2014/0610/c64094-25125594.html。

③ 习近平：《在中国科学院第十七次院士大会、中国工程院第十二次院士大会上的讲话》，http：//cpc.people.com.cn/n/2014/0610/c64094-25125594.html。

我国科技创新基础还不牢，自主创新能力特别是原创力不强，关键核心技术受制于人的格局没有根本改变。在市场与政府双重调节下，始终瞄准中国特色自主创新大方向，才能根本改变这种相对落后局面，实现我国民族经济"控技术、控品牌、控股份"的"三控型"产业发展模式。习近平着力增强自主创新能力思想主要有以下几点：

第一，围绕自主创新链完善资金链。资金是培育自主创新能力的重要要素，政府投入、企业和社会投入、资本市场融资是创新资金投入的三个主要渠道。新一届中央和习近平总书记强调，加大政府投入以引导企业和社会投入，完善创新资本市场。其中问题的关键，是要加大对于自主创新的资金支持力度，加强对支持资金的使用监督，发挥政府政策和资金"四两拨千斤"的作用，切实促进自主创新。

第二，着力完善人才发展机制。人才是培育自主创新能力的另一重要要素。完善人才发展机制是一项系统工程，涉及的内容很多，重要的是要围绕自主创新育好人、用好人、帮助人、引进人。关于引进人，就是要广引海内外优秀人才，为我所用。因此，也就要"制定更加积极的国际人才引进计划，吸引更多海外创新人才到我国工作。"[1]

第三，加快自主创新的主要路径。主要有四大路径，即努力推进原始创新、集成创新、引进消化再创新和协同创新。

（四）着力扩大科技开放合作

加快自主创新和扩大科技开放合作两者都是习近平一贯倡导的思想。2013 年 3 月，习近平在参加第十二届全国人大一次会议上海代表团的审议时提出"要以全球视野谋划和推动创新"；2013 年 9 月，在新一届中共中央政治局第九次集体学习会上又提出"要深化国际交流合作，充分利用全球创新资源，在更高起点上推进自主创新"；2014 年 6 月，在中国科学院和中

---

① 习近平：《实施创新驱动不能等待观望懈怠》，http：//cpc. people. com. cn/n/2013/1001/c64094 – 23094405. html。

国工程院"两院"院士大会讲话中提出"要更加积极地开展国际科技交流合作"。这些论述深刻表明,自主创新绝不是闭门造车,也不是单打独斗,更不是排斥学习先进、把自己封闭于世界之外。应该使两者相互促进、互为条件,而不是相互割裂、相互对立。从历史上看,我国古代曾长期引领科技发展,但明清时期闭关锁国,我国同世界科技发展潮流于是渐行渐远,多次错失富民强国历史机遇,就是一个沉痛教训。

辩证看待、正确处理自主创新与扩大科技开放合作的关系,必须准确把握以自主创新为基点的扩大科技开放合作的科学内涵。这也是习近平重点论述的内容。概括起来主要有:第一,发展科学技术必须要具有全球视野。否则,既不能准确把握全球科技发展新动向和新趋势,也不能把握全球经济新变化对重大科技创新的新要求,自主创新就有可能陷入低水平重复,不利于国际经济竞争。第二,发展科学技术须要以我为主充分利用全球创新资源。包括加强国际科学技术交流,创造良好环境吸引国际优秀创新人才,推进自主创新的国际合作、联合攻关等等。第三,加强自主创新必须向国际先进学习。第四,中外科技界应当携手应对全球共同挑战。这充分体现了我国的国际责任担当,也是提升自主创新能力的有效路径。简言之,就是以我为主,具备全球视野、利用全球资源、瞄准先进水平、共应全球挑战,真正走上国际领先、发挥自身优势的自主创新之路,这些思想对于迅速提升我国的产业结构水平和核心竞争力具有重要作用。

(原载于《当代马克思主义政治经济学十五讲》,中国人民大学出版社,2016 年 3 月。程恩富,黄世坤)